# 화이트

프랑스의 신고전주의 화가 윌리엄 아돌프 부그로William-Adolphe Bouguereau(1825~1905)의 〈비너스의 탄생*La Naissance de Vénus*〉. (Musée d'Orsay)

# 화이트

백인 재현의 정치학

리처드 다이어 지음
박소정 옮김

컬처룩 총서 003

WHITE

지은이 **리처드 다이어**Richard Dyer는 킹스칼리지런던 영화학과와 세인트앤드루스대학 영화학과 명예교수다. 주로 영화를 비롯한 대중문화를 통해 재현과 정체성의 문제를 다루어 왔다. 《스타*Stars*》(1979)와 《천상의 몸*Heavenly Bodies*》(1986)은 스타 연구와 셀러브리티 연구의 고전으로 꼽히며, 《화이트》(1997)는 인종과 백인성, 재현 문제를 다룬 기념비적 저작이다. 《나우 유 시 잇*Now You See It*》(1990)과 《이미지라는 것*The Matter of Images*》(1993)은 미디어 속 퀴어의 재현 문제에 대한 통찰력을 제공한다. 그 외에도 《퀴어 문화*The Culture of Queer*》(2001), 《패스티시*Pastiche*》(2007), 《영화 속 노래*In the Space of a Song*》(2011) 등을 통해 대중문화 속 인종, 젠더, 섹슈얼리티에 대한 사유를 펼쳤으며 영화 비평을 하기도 했다. 자신의 개인적 삶과 정체성을 학문적 연구를 통해 녹여 냄으로써 날카로운 통찰력과 이론적 개념들을 제시할 뿐만 아니라 이를 다시 정치적인 목소리와 운동의 힘으로 바꾸어 내는 활동을 해 왔다.

옮긴이 **박소정**은 서울대학교 외교학과를 졸업하고, 언론정보학과에서 한국의 미백 문화에 대한 연구로 박사 학위를 받았다. 현재 서울대학교 언론정보학과 BK연구교수로 있으며, 주로 미디어 문화를 통해 관찰되는 정체성과 친밀성의 문제를 연구하고 있다. 논문으로 〈신자유주의 한국 사회에서 연애하기〉, 〈K뷰티 산업의 피부색주의〉, 〈Performing Whiteness〉 등이 있고, 책으로는 《미백: 피부색의 문화정치》, 《연애정경》이 있다.

---

컬처룩 총서 003

화이트: 백인 재현의 정치학

지은이 리처드 다이어
옮긴이 박소정
펴낸이 이리라

책임 편집 이여진
본문 디자인 에디토리얼 렌즈
표지 디자인 엄혜리

2020년 5월 30일 1판 1쇄 펴냄
2022년 2월 10일 1판 2쇄 펴냄

펴낸곳 컬처룩
등록 2010. 2. 26 제2011-000149호
주소 03993 서울시 마포구 동교로 27길 12 씨티빌딩 302호
전화 02. 322. 7019 | 팩스 070. 8257. 7019 | culturelook@daum.net
www.culturelook.net

***White*** (Twentieth Anniversary Edition)
by Richard Dyer


ISBN 979-11-85521-77-0 94300
ISBN 979-11-85521-17-6 (세트)


*** 2021 세종도서 학술부문 선정도서**

---

culturelook

1 옌스 유울의 〈라이버그 가족 초상〉(1796~1797). (Statens Museum for Kunst, Copenhagen)

2 제임스 애벗 맥닐 휘슬러의 〈흰색의 심포니 3번〉(1865 ~ 1867). (Barber Institute, Birmingham)

3 조슈아 레이놀즈의 〈어느 여인의 초상화〉(1767~1769). (National Gallary of Scotland, Edinburgh)

4 티치아노의 〈남성의 세 세대〉(1512). (National Gallery of Scotland, Edinburgh)

5 지오반니 벨리니의 〈세례 요한과 성 엘리자베스와 함께 있는 성모 마리아와 아이〉(1490~1495). (Städelsches Kunstinstitut, Frankfurt-am-Main)

6 작가 미상의 〈심장에서 피 흘리는 그리스도〉. 1996년 제노아 성당에서 구입한 엽서.

7 윌리엄 에티의 〈실리시아에 도착한 클레오파트라〉(1821). (The Board of Trustees of the National Museums and Galleries of Merseyside, Lady Lever Art Gallery, Port Sunlight)

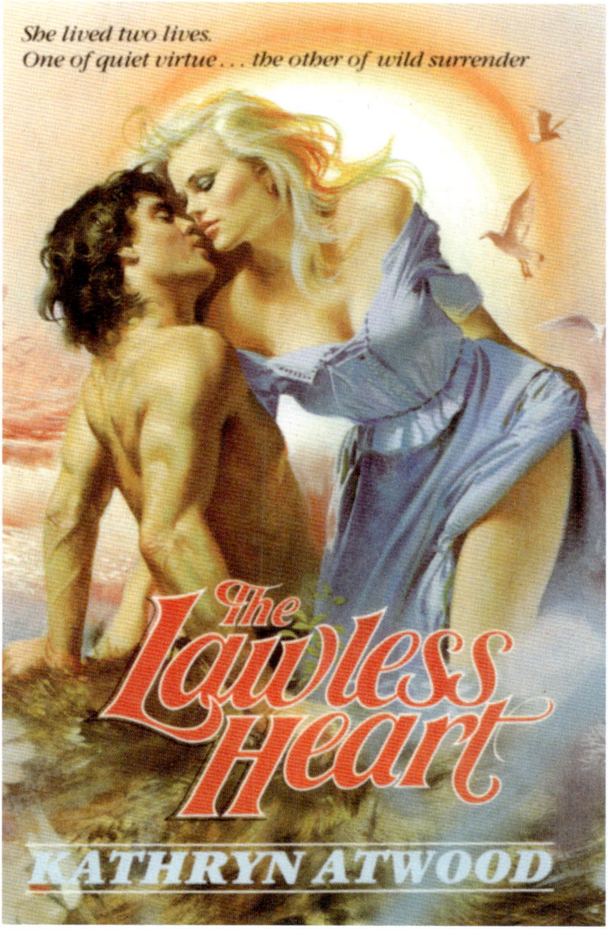


8 캐서린 앳우드Kathryn Atwood의 소설《로리스 하트*Lawless Heart*》표지(1988, 맥도널드출판사, 런던).

9 영국 화가 폴 샌드비의 〈매직 랜턴〉 (1757~1760). (British Museum)

10 미국의 화가 로버트 애빗Robert Abbett이 그린 《무적의 타잔*Tarzan the Invincible*》(에드거 라이스 버로스Edgar Rice Burroughs, 1964, 밸런틴북스, 뉴욕)의 그림.

11 로버트 애빗이 그린 《타잔과 사자 인간*Tazan and the Lion Man*》(에드거 라이스 버로스, 1964, 밸런틴북스)의 그림.

12 〈스파르타쿠스의 아들〉(1962): 스티브 리브스(가운데).

# 차례

일러두기

- 한글 전용을 원칙으로 하되, 필요한 경우 원어나 한자를 병기하였다.
- 한글 맞춤법은 '한글 맞춤법' 및 '표준어 규정'(1988), '표준어 모음'(1990)을 적용하였다.
- 외국의 인명, 지명 등은 국립국어원의 외래어 표기법을 따랐으며, 관례로 굳어진 경우는 예외를 두었다.
- 사용된 기호는 다음과 같다.

  영화, 미술 작품, TV 프로그램, 신문 및 잡지 등 정기 간행물: 〈 〉

  책(단행본): 《 》

# 지금, 한국에서 읽는 《화이트》

홍석경

서울대학교 언론정보학과 교수

리처드 다이어의 《화이트*White*》를 처음 읽은 것이 언제였는지 기억나지 않지만, 그 당시 충격은 너무도 생생하게 남아 있다. 이 책은 백인을 인류의 대표로 만들고 인종 위계의 정상에 놓은 할리우드 영화 장치를 해부한다. 할리우드가 발전시킨 영화의 장치는 백인의 피부를 아름답게 조명하면서, 서사 속에서 백인 남성을 인류의 주인공으로 만들고 백인 여성에게는 그 숭고함을 유지해 주는 역할을 부여했다고 설명한다. 할리우드에서 이름을 얻은 한국계 배우 스티븐 연은 자신이 주인공인 할리우드 작품 속에서도 자기가 잘생겨 보이지 않는다고 지적한다. 즉 이 장치는 동양인을 돋보이게 찍는 방법을 모른다. 다시 말해서 백인 피부에 맞춰진 조명 원칙은 다른 피부색의 인물들을 제대로 표현할 수 없도록 코드화돼 있음을 증언한다. 사소해 보이는 조명과 카메라 워크가 인종적 위계와 그 위에 세워진 질서를 생산하고 공고히 함을 지적하는 사례다.

이 책은 이처럼 예리한 칼로 할리우드의 미학이 어떻게 '화이트'라는 개념을 생산하고 유지하는 장치인지, 다시 말해 얼마나 인종주의적인 담론의 산물이고 식민주의적 세계 구조에 기여하는 재현 체계인지

설파한다. 근대의 역사를 배우고 식민주의의 폐해를 알고 있는 우리는 인종 개념 자체의 비과학성과 인류의 평등, 식민주의가 낳은 인종 위계의 악영향에 대해 머릿속으로는 잘 알고 있다. 그런데 이런 사실을 아는 것과 그러한 권력 관계 속에서 생산된 문화 산물에 대한 미적 판단과 취향을 바꾸는 것은 다른 문제다. 할리우드의 영웅 이야기가 이데올로기적 효과를 지닌다고 숱하게 비판해 왔지만, 그 영웅과 주인공들이 아름답고 잘생겨 보이는 것마저 그러한 권력 구조의 산물임을 인지하여 스스로의 미적 기준을 바꾸는 것은 정말 어려운 일이다. 여중고 시절 책받침을 장식하던 할리우드의 아름다운 남녀 스타들의 모습이 지식이 쌓인다고 해서 어느 순간 아름답지 않다고 느끼기는 정말 어려운 일이다. 직접 미국을 통해서든 일본을 거친 욕망의 삼각형을 통해서든, 서구 문명의 강한 영향력을 받은 한국의 시민들이 반미반독재 구호를 외치는 것과 할리우드 영화를 사랑하는 것이 모순이라고 생각할 수는 있지만, 그 영화가 재미없고 주인공들이 밉상이라고 느끼게 되지는 않는다. 1980년대 말 개봉된 영화 〈헐리우드 키드의 생애〉에서 주인공은 어렵게 자신의 영화 첫 작품을 만들고 시사하는데, 자기가 애써 만든 영화들이 모두 할리우드 영화 장면들의 연출을 무의식적으로 베껴서 이어놓은 것임을 자각하고는 자살한다.

이처럼 극단적 형태는 아니라도, 미국과 특별한 역사적, 사회경제적 관계 아래 놓인 한국인은 개인차는 있지만 다소간 미국이 만들고 전 세계 시장을 지배하는 영화와 텔레비전 프로그램의 이런저런 영향 아래 살아간다. 한국의 많은 엘리트가 젊은 시절을 미국에서 보냈고 지금은 자식들을 초중고 시절부터 미국으로 유학 보낸다. 그러니 미국이 만들어 낸 인종적 위계는 훨씬 내화되어 있을 것이다. 인종적 위계의 내화는 유색인이 백인에게 느끼는 열등감으로도 드러나지만 스스로를 명예

백인으로 여기는 주변부 엘리트들의 선민의식으로도 드러난다. 유색인이 자신이 백인처럼 생각하고 있다는 것을 인식하기가 얼마나 어려운 일인가. 이는 프란츠 파농과 스튜어트 홀의 경험에서도 알 수 있다. 우리가 이 시대의 지성들 뒤에 태어나 그들이 밝혀준 길 위에 있기에 망정이지, 아름다움을 미끼로 만들어지는 인종적 위계란 참으로 극복하기 힘든 일이다.

이상은 1980년대 문화제국주의의 이론 아래 대학 시절을 보낸 나와 같은 세대가 할 수 있는 생각이다. 이러한 생각은, 2020년 현재, 이 책의 번역자와 같은 젊은 세대, 한류가 20년의 성과를 누적한 한국의 현재에도 같은 의미를 지닐 것인지 자문해 본다. 한국은 현재 세계에서 한 사람당 가장 많은 영화를 보는 나라이고, 한국인이 보는 영화의 절반 이상이 한국 영화다. 이는 자국 영화의 예술성과 성공을 드높이 자랑하는 프랑스가 도달하지 못하는 성과다. 뿐만 아니라 한국은 문화 수출국으로서 이제 동아시아뿐 아니라 세계 속에서도 우뚝 선 나라다. 방송 프로그램 수출이 미국, 영국에 이어 세 번째일 뿐 아니라, K팝 그룹들은 전 세계에 팬을 지니고 있다. 지난 2월에는 봉준호 감독의 〈기생충〉이 아카데미의 4관왕이 되면서, 그동안 한국 대중문화에 쏟아졌던 여러 가지 의심의 시선을 누그러뜨렸다. 한국이 짧은 시간에 경제적으로 성공한 나라여서 상업성이 강한 드라마나 대중음악을 수출할 수 있었을지 모르나, 감히 예술에 속하는 영화에서 두각을 나타내리라는 것을 적어도 서구의 엘리트들은 상상하기 힘들었을 것이다.

동아시아 내부에서는 이미 한류가 새로운 욕망의 시스템을 구축하고 있고, 한류 스타들은 이 욕망 시스템을 확대하고 유지하는 아름다움의 전도사가 되었다. 이들의 아름다움은 한국식 성형과 뷰티의 인기가 증명하듯 얼굴에 집중되어 있고, 이들의 미적 기준의 핵심에 피부의 하얀 표현과 연관된 미백이 자리하고 있다. 《화이트》가 강조하듯, 피부색을 강조하는 욕망과 위계의 구축은 인종 차별주의의 위험으로부터 자유로울 수 없다.

이 책을 대학원 수업에서 사용하면서 이러한 생각을 학생들과 나눌 수 있었다. 학생들과 함께 번역을 해 볼까도 생각했었다. 하지만 영화의 빛과 조명, 기술에 대한 세부적인 설명을 이해하고 수많은 영화와 영상 문화 관련 자료를 찾아야 하는 등 번역을 하면서 닥칠 어려움 앞에 쉽사리 엄두를 내지 못하고 있었다. 그러다 '미백'을 주제로 박사 논문을 준비 중인 역자가 이미 이 책의 번역을 마쳤다는 소식을 전했다. 대단한 용기와 끈기가 필요한 작업을 학문 공동체를 위해 기꺼이 수행해 준 것을 고맙게 생각한다.

이 글을 쓰는 2020년 봄, 바깥 세계는 코로나바이러스가 창궐하고 있다. 유럽과 미국의 비극에 비해 상대적으로 정상성이 유지되는 한국에서 이 책의 의미를 고찰해 본다.

먼저, 이 책은 바이러스로 인해 유럽과 북미의 길거리에서 동아시아인들에게 가해지는 신체적, 언어적 폭력의 뿌리에 대해 성찰하게 해 준다. 서구의 집단 상상력 속에는 타자화된 동아시아가 자리하고 있다. 할리우드 시스템이 구축한 '화이트'는 백인의 인종주의적 우월성의 알리바이로서, 모든 유색인을 개인성을 확립하지 못한 미개하고 이해할 수 없고 비이성적인 집단으로 타자화하는 인종 차별적 태도를 뒷받침한다. 서구는 이번에 그들의 이러한 오리엔탈리즘과 인종 차별주의의 혹독한 대가를 치르고 있다. 서구 엘리트들에게 동아시아로부터의 바이러스는 미리 대비해야 할 두려운 것으로 인식되지 않았을 것이다.

두 번째, 이 책은 동아시아와 세계 속에 새로운 욕망의 체계를 만들고 있는 한류가 미백 중심의 미를 생산하고 있는 것이 왜 인종주의적 위험을 내포하는지 성찰할 수 있는 근거를 제공한다. 다이어가 할리우드를 바라봤던 분석적인 눈으로 한류 문화 산업에서 스타 이디지를 생산해 내는 현장을 관찰하고 해부해 볼 수 있다. 따라서 이 책은 문화 실천을 연구하는 문화연구자들뿐 아니라 한국의 문화 산업 및 미디어 종사자들에게 그들의 문화 생산 과정에 내포된 인종의 문제를 가장 첨예하게 보여 줄 수 있는 저작이다.

마지막으로 이 책은 역자가 준비 중인 박사 논문과 함께, 한국의 인종에 대한 문화연구에 첫 번째 이정표가 될 것이다. 그동안 한국 사회 속 다문화에 대한 연구들이 여러 학문 분과에서 이루어졌지만, 한국은 여전히 단일 민족이라는 믿음이 존재하고, 한국 사회에서 인종 문제가 그동안 사회 문제로서 크게 제기된 적이 없었기 때문에 인종 문제의 핵심을 다룬 심도 있는 연구가 이루어지지 못했다. 그러나 인종 문제는 한 사회의 생물학적, 인구학적 다양성을 전제로 해서만 제기되는 것이 아니다. 세계화가 진행된 지금, 세계 속 문화 수출국이 되어 새로운 미의 위계를 형성하는 여러 산업적, 문화적 실천을 전파하는 입장에서 이미 인종주의는 우리의 문제이고 한국의 미백과 뷰티 실천은 이 문제의 한가운데에 있다. 이 책을 번역해 한국 사회에 내놓는 일이 그저 좋은 책 한 권의 번역을 넘어서는 의의를 지니는 이유다. 한국 문화연구에서 인종연구Racial Studies의 초석이 될 이 번역본의 탄생이 매우 반갑다.

2020년 봄, 관악에서

홍석경

어린 시절 한 학급에 한 명 정도는 '깜시'라는 별명을 갖고 있었다. 요즘에는 감수성이 조금은 진일보하여 그런 놀림이 줄었을지, 혹은 오히려 더 '힙한' 비하 용어로 대체되었을지 모르겠으나, 단일 민족의 신화를 가진 우리 사회에서도 누군가는 피부가 더 검다는 이유로 열등감을 경험한다. 흰 피부는 아름다움의 기준으로 매우 일상적이고 자연스럽게 우리 속에 스며 있다. 리처드 다이어의 《화이트》는 그 일상성을 깨트리고 '낯설게 보기'를 주장하는 책이다.

《화이트》는 지구적 질서에서 규범으로 여겨지는 백인성에 대한 비판적인 접근을 제공한다. 백인성은 서구 문화에서 특권적인 위치를 형성해 온 문화적 구성물이라는 것이 책의 요지다. 《화이트》가 1997년 처음 출간되기 전, 이 책의 핵심적인 주장은 이미 1988년 같은 제목을 단 논문으로 발표된 바 있다. 그 논문에서 다이어는 세 영화 속 백인의 재현을 분석하면서 이것이 "백인을 백인으로서" 다루는 논의의 시작이 되었으면 좋겠다고 밝힌다. 그러고 나서 논문의 말미에 남겨든 여러 과제들, 즉 백인 얼굴을 표준으로 삼아 발전한 사진술, 할리우드 영화에서 스타를 비추는 조명 관습에서 드러나는 백인성, 기독교적인 레토릭에 부합하는 빛의 사용과 백인성의 관계 등에 대한 분석을 책 《화이트》를 통해 완수한다. 다이어가 안내하는 이 유구하고도 역동적인 백인성의 세계는 우리가 의식하지 못했던, 또는 알고서도 대수롭게 여기지 않았던 세상의 편향을 드러낸다.

지난 20여 년간 《화이트》는 백인성 연구의 새로운 장을 열며 고전으로 자리 잡았고, 미디어·기술 환경의 변화 속에서 함께 변모하는 인종 담론을 해체하려는 수많은 후속 연구들에 영향을 미쳤다. 이 책은 《화이트》 발간 20주년 기념판을 번역한 것으로, 이를 위해 프랑스의 문화연구자 막심 세르뷜Maxime Cervulle이 쓴 서문도 수록돼 있다. 세르뷜 또한 (그의 표현을 빌리자면) "시계視界를 싼 껍질을 벗겨가는" 다이어의 문화정치에 동참한다. 다이어와 마찬가지로 인종과 젠더, 섹슈얼리티에 대한 재현 문제를 주로 연구해 온 세르뷜은 고전이 남긴 예리한 통찰을 젊은 문화연구자의 시선으로 새롭게 벼려낸다. 그의 서문을 통해서 백인 권력의 정상성을 재현 체제에서의 인종주의적 "무지"로 재개념화해 보고, 다이어는 다루지 않았던, 보다 노골적인 인종주의 폭력과 얽힌 재현물들의 문제를 살펴볼 수 있다.

언어를 번역한다는 것은 단순히 외국어와 우리말 사이의 일대일 대응 관계를 찾아 순서대로 옮기는 일이 아니라, 하나의 세계를 번역해 내는 일임을 《화이트》를 통해 느꼈다. 영국의 백인 남성이 쓴 이 책을 한국의 유색인 여성인 내가 옮기는 과정은 연구자로서는 새로운 세계에 제법 깊숙이 들어가 보는 즐거운 경험이면서도 한편으로는 품 안에 다 담기지 못한 어떤 의미들이 시나브로 빠져나가는 것 같아 허둥대는 시간이기도 했다. 여기서는 그 번역의 고비에서 발견한 《화이트》의 의의를 이야기해 보려고 한다.

첫 번째 고비는 'white'와 'whiteness'라는 단어다. 이 책에서 가장 중요하고도 자주 등장한 이 두 단어는 마주하는 순간마다 번역의 고민을 불러일으켰다. 본문에서는 대부분의 경우 두 단어를 각각 '흰색'과 '흼'으로 옮겼으나, 이것이 단순히 하얀 색깔을 의미하지만은 않는다는 것을 다이어의 통찰력 있는 서술을 통해서 느낄 수 있을 것이다. 다이어는 흰색의 성질에 대해 이야기하기 위해 흰색을 색조, 인종, 피부 세 차원에 나누어 살펴보고 있다. 그리고 다시 각 차원에서 흰색이 지닌 의미가 다른 차원으로 미끄러지며 백인성의 권력을 작동시키는 양상을 분석한다. 따라서 백인성의 속성으로서의 희다는 개념은 검정에 반대되는 색으로서의 단순 명사가 아니라, 인종주의, 식민주의, 기독교, 여성성, 계급성, 이성애 규범성 등의 차원이 켜켜이 쌓여 만들어진 하나의 담론이다. 책의 제목을 우리말로 옮기지 않고 '화이트'로 둔 것은 이러한 이유에서다.

두 번째는 이 책이 분석 대상으로 끌어오는 수많은 서구 대중문화물이다. 다이어는 고전 문학부터 대중 음악, 르네상스 회화부터 20세기의 사진술, 1950년대 이탈리아 영화부터 할리우드 SF 영화까지 광범위한 영역을 종횡무진하며 백인성의 자취를 좇는다. 그리고 이들 텍스트 중 대부분은 인종을 명시적인 주제로 삼거나 노골적인 흑백 이분법적 재현에 의존하고 있지 않은 경우들이다. 다이어가 이토록 광역의 텍스트를 다루는 것은 백인성의 권력이 사실상 모든 서구 문화의 기저에 하나의 '관행(관습)'으로서 스며들어 있다는 것을 드러내기 위해서다. 이 책에서 만나게 될 사례 중에는 한국인 독자로서는 낯선 것들이 다수 있으리라 짐작한다. 이에 대해서는 역주를 통해 설명하고자 노력했다. 그러나 백문이 불여일견인 법이니 사례로 제시된 작품들을 찾아 감상하며 책을 읽어나가는 것은 이 책을 더 두텁게 읽는 방법이 될 것이다.

세 번째로, 책의 곳곳에서 1인칭 주어를 발견할 수 있다. 1장에서 다이어는 백인성과 관련된 자신의 개인사와 내밀한 감정을 고백한다. 그리고 백인인 자신이 백인성에 대해서 이야기함으로써 초래할 수 있는 정치적 위험성에 대해 경고한다. 이후에도 다이어는 자신이 백인으로서 지닌 위치를 되새기며 분석을 이어나가는 것으로 보인다. 그것은 책에서 자주 사용되는 '우리'라는 주어에서 드러난다. 다이어가 말하는 '우리'는 그 일반적인 용례처럼 자신과 독자를 포함한 일반을 일컫기 위해 사용될 때도 있지만, 때로는 다이어 자신이 속한 인종 집단, '우리 백인'을 일컫기 위함이다. 따라서 그 '우리'에 들지 못한 한국인 독자로서는 어떤 울타리에 가로막힌 순간을 마주하게 될지도 모르겠다. 그러나 다이어가 호명하는 '우리'는 '너희'를 배제하는 경계를 만들기 위함이라기보다 자신이 속한 백인이라는 정체성 범주를 특수한 것으로 만들기 위함이다.

자신의 위치에서 말해야 한다는 책임은 늘 하위 주체에게 지워진 짐이었다. 하위 주체는 세상의 질서 속에서 충분히 대변되지도 재현되지도 못해 왔기에, 자신의 존재감을 드러내고 존중받기 위해서 자신의 위치를 끊임없이 호소해야 한다. '우리 여성들은……,' '우리 흑인들은……,' '우리 노동자들은…….' 반면 백인성의 권력이란 그러한 호소를 할 필요 없다는 데서 증명된다. 백인이란 곧 인간 규범으로 여겨지며, 백인은 '우리 백인들은'이라는 주어를 생략한 채 자신이 원하는 위치에 서서 자유롭게 말한다. 백인은 어떤 속성으로 환원될 필요 없이 세상에 편재해 있는 다양한 위치에서 자신의 존재감을 드러낸다. 따라서 다이어는 백인이 '자신의 위치'에서 말하게 함으로써 그 위치의 특수성을 폭로하고자 한다. 백인 또한 특수한 맥락과 위치를 지닌 하나의 인종에 지나지 않는다는 것이다.

'white'가 내포하는 두터운 의미의 지층, 백인성을 기준으로 만들어진 서구 문화의 무수한 면면들, '우리 백인'이라는 위치, 이러한 것들이 한국인 독자들에게는 또 다른 의미로 확장되고 굴절되어 독해되리라 예상한다. 《화이트》를 읽으면서 한국인으로서의 우리는 두 가지 위치에서 볼 수 있다. 하나는 비백인이자 유색인으로서의 자리로, 그 자리에서 우리는 다이어의 서술로부터 탈식민주의적이고 탈제국주의적인 통쾌함을 느낀다. 한편 우리는 백인성을 내화한 이의 자리에도 서 볼 수 있다. 백인성이란 코카시아인에게 한정된 속성이 아니다. 한국 사회 또한 결코 인종주의나 피부색주의colorism로부터 자유롭지 않으며, 우리의 시선 속에서는 또 다른 백인성이 작동한다. 국내 체류 외국인이 230만 명을 넘어선 현 시점에서 한국 사회가 남아시아와 아프리카 등지에서 온 어두운 피부색의 외국인에게는 우호적이지 않다는 것은 다문화 수용 지수와 같은 지표를 동원하지 않아도 사회적인 분위기로 충분히 감지할 수 있다. 인종의 위계, 피부색의 스펙트럼은 상대적이기에 우리 사회는 늘 울타리와 사다리를 세움으로써 누군가를 '깜시'로 만들고 우리의 정상성을 확인받고자 한다. 《화이트》를 읽는 경험은 이 두 자리를 동시에 체험하는, 그리하여 세계화된 환경 속에서 상호 존중의 관계를 떠받쳐 줄 윤리적·정치적 감각을 형성하는 기회이기를 바란다.

끝으로 이 작은 한 문단을 빌어 마음을 표하고 싶은 분들이 있다. 《화이트》를 처음 알게 된 건 석사 과정 첫 학기 지도교수님의 수업에서였다. 이후 이 책을 번역해 보라고 권하시고 추천의 말을 써 주신 나의 선생님, 홍석경 교수님께 무한한 감사를 드린다. 이 책의 가치에 공감해 주시고 출판 과정에서 많은 배려와 노력을 해 주신 컬처룩 관계자분들께도 감사드린다. 그리고 지난겨울 긴 번역과 교정의 나날들에 봄볕 같은 힘이 되어 주었던 부모님과 도훈, 달래에게도 감사하다.

박소정

# 빛을 들여다보기

## 백인성, 인종주의, 재현 체제

막심 세르뷜

우리 눈의 수정체를 둘러싼 근육은 빛이 망막에 모여 상을 맺도록 해 준다. 시각은 이러한 근육의 수축으로 조절된다. 그런데 **우리 스스로가** 그 맺힌 상을 지각하지 못할 때 어떤 일이 벌어지는가? 프란츠 파농Frantz Fanon(1949/2015)의 표현처럼 "눈이 익사한다the eye drowns"면 어떤 일이 일어나는가? 물론 해부학적 은유를 문자 그대로 받아들일 수는 없으며, 이 표현은 우리가 가시적인 것과 맺는 복잡한 관계를 번역해 줄 뿐이다. 이미지가 (우리를) 변형시킬 때, 우리 눈에 눈물이 차올라 재현의 폭력 속에 익사할 것이라는 의미에서 말이다. 물론 이런 종류의 폭력을 일으키는 것이 이미지만은 아니다. 모든 재현 기술은 폭력 효과를 지닐 수 있다. 재현이란 때로는 그 자체를 투명성으로서 제시하는 불투명화의 과정으로 이

• 막심 세르뷜Maxime Cervulle은 파리8대학의 커뮤니케이션과 문화연구학과와 CEMTI(Centre d'études sur les médias, les technologies et l'internationalisation)에서 강의하고 있다. 저서로는 *Dans le blanc des yeux: Diversité, racisme et médias*(2013), *Cultural Studies: théories et méthodes*(공저, 2015), *Homoexoticus: race, classe et critique queer*(공저, 2010) 등이 있다. *Marges du masculin: exotisation, déplacements, recentrements*(2015), *Matérialismes, culture et communication, tome 2. Cultural Studies, théories féministes et décolonials*(2016)의 공동 편집자로 참여했다.

해할 수 있다. 이러한 관점에 따르면, 재현된 대상은 재현 이전에 존재하며, 재현은 대상과의 즉각적 관계를 변형시킨다. 이러한 점에서 재현은 객관성의 반대처럼 보이면서도, 대상의 완전한 투명성과 진실에 직접 접근이 가능하다고 가정하는 듯하다. 그러나 반대로 재현은 세계(에 대한 사유)를 창조하고 조직하는 매개 과정으로 이해되기도 한다. 이때 방점은 어떤 한 대상이 재현 가능한 것으로 여겨짐으로써 지각 영역에 특정한 형태로 나타나는 과정에 있다. 재현에 대한 이 두 가지 개념화는 부정적이거나 중립적인 이데올로기를 이해하는 두 방식으로 이어진다. 첫 번째 경우와 관련하여, 카를 마르크스Karl Marx 전통의 핵심 사상에서 이데올로기는 시선을 가린 베일로 작동하여 실제 사회적 관계에 대한 인식을 변형시킨다. 두 번째 경우는 안토니오 그람시Antonio Gramsci나 루이 알튀세르Louis Althusser의 작업에서 찾을 수 있는 것으로, 이데올로기가 우리의 경험을 매개한다고 본다. 이 두 번째 경우는 수많은 영국 문화연구자들이 취해온 관점으로,[1] 재현을 정면으로 다루면서 재현이 우리의 눈을 덮고 있는 가리개가 아니라 세상을 향해 나아가는 방식, 즉 시선의 사회화라고 개념 짓는 것을 의미한다. 리처드 다이어의 작업은 적어도 두 가지 이유에서 재현에 대한 이 두 번째 이해에 들어맞는다.

우선 리처드 다이어는 영화를 "그저 오락거리"(Dyer, 1992/2005)로 여기지 않고 현실에 대한 인식이 재구성되는 문화적 장으로 보았다. 우리가 (그토록 평범하고 일상적인) 영화와 맺는 관계는 사실 꽤 복잡하다. 영화는 투사와 동일시의 공간을 열어놓지만 서로 다른 관점의 구축을 통해 실재를 인식하는 특정한 방식들을 생성해 내기도 한다. 영화 문화는 특

1 특히 1970년대 버밍엄대학교 현대문화연구소Centre for Contemporary Cultural Studies에서 행한 연구들을 지칭한다(Sparks, 1992 참조).

정한 사회 집단과 특정한 속성 간의 연결을 생산하고 확산시켜 관객에게 그 연결밖에 보이지 않을 정도로 부각시킨다. 물론 이와 관련해서 인식의 질서를 통해 사회적 위계 관계를 구조화하는 스테레오타입의 기능에 대한 다이어의 분석(1993/2002: 11~17)을 떠올리지 않을 수 없다. 또 한편으로, 다이어의 저작들을 가로지르는 연구를 이해해 보자면, 그의 연구들은 현실을 정의 내리는 문제를 둘러싼 담론적 고투에 참여하는 성격이 있다. 물론 그의 연구가 다층적인 정치를 모두 다루는 것은 아니다. 그러나 그 담론적 고투는 시각 문화가 흐려놓거나 기존의 영화 비평이 안정적이고 안전한 해석 방식 뒤에 묻어둔 문제들에 우리의 시선이 가게끔 만든다는 점에서 매우 중요한 역할을 한다. 하지만 재현의 정치적 잠재력은 (스튜어트 홀Stuart Hall이 보여 주었듯이[1973; 1988/1996]) 재현의 모호성, 즉 재현은 완전히 상식에 기반을 둔 독해부터 완전히 대항적인 입장의 독해까지 수없이 다양한 독해가 가능하다는 사실 안에 들어 있다. 다이어는 많은 저작에서 대항적인 독해자의 자리를 취하면서 인식론적인 지평을 형성한다. 예를 들어, 게이/레즈비언 관객의 주변적 위치에서 영화를 보고 영화의 미학적이고 서사적인 세계에 들어간다는 것은 어떤 의미인가? 이 질문은 대표적으로 《나우 유 시 잇: 게이 및 레즈비언 영화 연구*Now You See It: Studies on Gay and Lesbian Film*》(1990/2003)를 비롯하여 다이어의 여러 저작에서 핵심적으로 나타난다. 이 제목은 다이어의 정치적이고 지적인 노력에 대해 많은 것을 말해 준다. 이것은 눈먼 자에게 시각을 가져다준다는 의미보다는 기독교의 격언이 말하듯 자신의 응시를 탈중심화하고 방향을 바꾸며 다르게 보는 것을 배우라는 의미다. 다이어에 따르면 문화 정치란 시각의 정치, 즉 시계視界를 싼 껍질을 벗겨 가는 것을 배우는 과정이다.

《화이트》는 그러한 다이어의 노력이 가장 강력하고 천연히 드러나는 저작이다. 1997년 처음 출판된 이 책은 영화 및 문화연구의 고전으로 여겨져 왔으며, 영화 자체를 구성하는 것(빛)을 탐구해 거기에 담긴 인종적 차원에 대한 인식으로 우리를 인도한다. 《화이트》는 백인의 인종적 이미지에 대한 질문으로부터 시작하지만, 책이 다루는 범위는 이를 넘어선다. 그 방대한 범위의 대표적인 예가 영화 촬영 기술에 있어서 백인 헤게모니의 역할을 다루는 부분에서다. 조명 기술의 역사를 살펴보는 것에서 더 나아가 영화 촬영과 사진술에 대한 교본을 분석함으로써, 다이어는 백인 얼굴을 특권화하는 한편 흑인 등장인물의 재현을 기술적 난관으로 여기게끔 만드는 영화적 장치의 핵심인 '빛의 문화'를 다룬다. 다이어는 영화의 필름, 분장, 조명에 대한 관습적인 선택이 인종화된 가치를 내포한다는 것을 보여 줌으로써, 하나의 표준이 형성되는 과정을 드러낸다. 인종적 규범에서 기술적 표준으로 넘어감으로써 백인성은 재현의 모든 가능성을 망라하고자 하고, 영화가 재현하는 인류 그 자체를 정의하는 자리에 선다. 영화 조명의 원리가 통제된 가시성이라고 할 때, 이 가시성은 인종적인 선을 명백히 긋고 있다. 인종적 분리는 인종적 편향성이 내포된 조명 관습으로 인해 비백인non-white을 '자동'적으로 배제하는 것이 더욱 당연한 것이 되어 버린다.[2] 다이어의 글이 지닌 잠재력은 급진적인 방법론적 접근에도 내재해 있다. 그가 백인성의 재현을 분석하기 위해 아우르는 엄청난 분량의 영화들을 보면 인종 역학이 문제시되거나 서사 및 미학의 차원에서 명백한 이슈를 만들어 내

2 이 문제는 오늘날 다양한 방식으로 확장되어 있다. 가령 디지털 카메라에 내장된 얼굴 인식 소프트웨어의 문제가 있다. 어떤 종류의 소프트웨어는 비백인의 얼굴을 인간 얼굴로 인식하는 데 실패한다. 더욱이 인종이 기술과 맺는 관계의 문제는 생체 인식을 둘러싼 질문과 함께 대두된다. 얼굴 인식 및 시각적 인식 기법에서 특권화된 주체로서의 백인 피사체(와 파란 눈)에 대해서는 Magnet(2011)을 참조하라.

는 영화들로만 구성된 것이 아님을 확인할 수 있다. 다이어는 모든 영화 재현이 돌이킬 수 없이 인종화의 역사에 물들어 있다는 것을 보여 준다. 따라서 은밀한 등장과 폭력적인 구현 사이를 오가는 존재인 유령처럼 인종은 "(재현) 기계 속의 유령"(Cervulle & Freitas, 2015: 10)으로 여겨지기도 한다. 물론 이러한 접근은 포스트식민주의나 탈식민 연구에서도 나타나는 것으로, 인종적 분리("생물학적 연속선 내의 중간 휴지"[Foucalut, 2003: 255])를 근대의 막을 열고 근대를 떠나지 않는 균열로서 이해하는 이들의 연구에서 발견할 수 있다(Dell'Omodarme, 2016). 영화 분석의 영역에 이러한 접근을 도입한 것은 영화적 대상을 재조명하여 그 어떤 영역도 그림자 속에 두지 않게 해 준다. 일련의 영화 생산 과정에서 기술적, 미학적, 기호학적인 영역 전반이 인종적 역학에 사로잡혀 있다는 것이다. 이로써 인종을 명백하게 다루는 영화들에만 국한해 인종 문제를 다루지 않고, 새로운 종류의 반인종주의적 영화 비평이 본색을 드러내게 되었다.

폴 길로이Paul Gilroy(1997: 193)는 인종의 범주 그 자체가 "잔상"으로 이해될 수 있다고 말한다. 우리가 세계를 바라보고 지각하는 방식은 식민주의 및 제국주의 문화가 남겨놓은 기호학적이고 물질적인 흔적이라는 것이다. 여기서 인종이란 일종의 미디어다. W. J. T 미첼W. J. T Mitchell이 개념화한 바대로 "프레임, 창문, 스크린, 렌즈를 볼 때처럼 우리는 그것 자체를 보는 것이 아니라 그것을 통해서 무언가를 본다. 인간 타자성의 형태가 매개되는 인지적이고 개념적인 필터다"(2012: xii). 따라서 반인종주의적 영화 비평의 영역은 (기술에 의해 매개되어서든 아니든) 인식의 인종화에 대한 연구와 인식의 인종화가 문화적 재현에 미치는 영향에 대한 연구 사이를 오가는 능력에 달려 있다. 《화이트》에서 다이어는 솜씨 좋게 두 영역을 모두 다룬다. 우선 그는 피부색 및 외형적 특징에 부여되어 온 문화적 가치의 변화를 분석함으로써 인종적 규범으로서의 백인성에 대한 정의가 역사적, 지리학적으로 어떻게 변모해 왔는지를 살펴본다. 이어 그는 영화가 인종적 미디어가 되어 가는 기술적 과정을 분석한다. 마지막으로 미학적, 서사적 차원이 뒤섞인 가운데 인종적 규범이 영화적 재현으로 전환되는 양상을 분석한다. 이로써《화이트》는 백인 헤게모니가 형성되고 재생산되는 문화적 기제, 백인이 일상적이고 중립적이며 보편적이기까지 한 것을 대변하게 된 기제를 밝혀낸다. 영화가 기술적으로 지지하고 시각적으로 구현하는 사회정치적 헤게모니를 비평하는 방법으로써, 다이어의 책은 낯설게하기의 과정으로 독자를 초대한다. 다이어는 우리의 상상을 채우고 있는 백인성의 재현이 만들어지는 과정을 폭로한다.

《화이트》의 시발점은 그보다 일찍 1988년 〈스크린*Screen*〉에 실린 같은 제목의 논문에서 찾을 수 있다. (이 글은 2002년 재출간되었다.) 이 논문에서 다이어는 영화 세 편을 바탕으로 백인 정체성의 재현을 분석한다. 그 작품은 〈제저벨*Jezebel*〉(윌리엄 와일러William Wyler, 1938), 〈심바*Simba*〉(브라이언 데즈먼드 허스트Brian Desmond Hurst, 1955), 〈살아 있는 시체들의 밤*Night of the Living Dead*〉(조지 로메로George Romero, 1969)이다. 다이어는 이 논문에서 사회적 약자 주체의 재현적 생산을 연구하는 것이 아니라 헤게모니적 주체의 재현적 생산을 연구함으로써 정체성 정치의 렌즈를 전복시키는 전략을 발휘한다. 이러한 작업은 스튜어트 홀이 "새로운 종족성New Ethnicities"(1996)[3]이란 논문에서 제시했던 재현에 대한 재정의와 공명하는 듯하다. 이 글에서 홀은 "어떤 문화에서 재현의 '장치'와 체제는 단순히 사건 이후의 반영 역할이 아니라 구성적 역할을 수행한다"(1996: 444)는 사실을 강조했다. 이에 홀은 흑인의 문화적 주변화와 흑인 재현을 제

3 해당 부분의 번역은《문화, 이데올로기, 정체성: 스튜어트 홀 선집》(임영호 엮음, 컬처룩, 2015)을 따랐다. — 옮긴이

약하는 스테레오타입 및 본질주의에 대한 비평에 초점을 맞추던 흑인 가시성 정치로부터 스스로 거리를 두고자 했다. 이는 재현에 대한 반인종주의적 비평의 등장만큼이나 중요한 정치적 순간이다. 다이어는 홀[4]과 같은 맥락에서 이러한 접근은 재현이 인종화된 영역임을 은폐하고 인종적 규범과 그 문화적 표현의 문제를 간과하게 만든다고 주장했다. 다이어는 다음과 같이 말했다.

> 열정적이고 외골수적인 정신으로 비주류적인 집단을 바라보는 것은 그 집단이 지닌 별종 같은 측면과 차이성, 예외성, 그들이 규범에서 벗어나 있다는 느낌을 재생산하는 효과를 가진다. 그러는 동안 규범은 인간의 의미에 대한 자연적이고 불가피하고 평범한 것으로서 지속될 것이다 (Dyer, 2002: 126).

1980년대 후반, 문화연구에서 인종주의에 대한 이해는 전환점을 맞이했다. '국민'과 '국가'가 (백인적으로) 인종화된 것에 대한 폴 길로이(1987)의 비판, 백인성의 경계를 넘어선 여성주의 자매애에 대한 헤이즐 카비Hazel Carby(1982)의 작업, 시각적 에로티시즘이 지닌 인종적 역학과 유럽 모더니티의 미학적 권위가 맞이한 위기에 대한 코베나 머서Kobena Mercer(1986)의 분석 등이 이루어졌기 때문이다. 이런 연구는 인종적 과정의 암묵적 규범을 파고든다. 이 연구들은 "백인성을 낯설게 만들기"(Dyer, 1997/2006: 4) 위한 작업이다. 다이어 자신의 연구도 이 전환점에 주요한 역할을 했다. 백인성에 대한 그의 고찰은 1990년대 이후 해당

4 홀은 논문 "로컬과 글로벌The Local and the Global"(1991)에서 '영국적임의 정체성'을 비판적 시선 속에 놓음으로써 이러한 종류의 전도를 보여 준다.

주제에 대해 미국과 유럽에서 발전해 온 비판적 학술 작업에 한 획을 그었다. 다이어의 논문 “화이트”가 발표된 이후부터 책 《화이트》가 출판되기 전까지 수많은 사회적, 철학적, 역사학적 연구들이 이 문제를 둘러싸고 전개되었다. 그중 다이어가 언급한 몇몇 연구로는 ‘백인 특권’에 관한 페기 매킨토시Peggy McIntosh(1988)의 연구, 영국 백인 여성들의 복잡한 정체성 구성에 관한 루스 프랑켄버그Ruth Frankenberg(1993)의 책, 미국 노동자 계급의 형성에서 인종의 역할에 대한 데이비드 로디거David Roediger(1991)의 연구가 있다. 여러 연구자들이 백인 헤게모니가 체화된 인종적 규범으로서 재생산되는 기제에 대해 밝히려고 하던 시기에 다이어는 이렇게 말했다.

> 백인성을 이야기하는 것이 ‘백인성 연구’의 발전으로 이어지고, 그리하여 백인성을 연구한다는 것이 마이크 필립스Mike Philips가 말하는 “백인 종족성의 주장, 백인 민족주의의 허용된 얼굴로 향하는 새로운 자기 확신”(1993: 30)의 한 부분이 될 것이라고 [……] 생각하면 간담이 서늘해진다. 나는 백인성에 대한 관심이 백인이 자신의 백인성과 친해져야 한다고 생각하는 쪽으로 나아갈까 봐 두렵고, [……] 백인성을 들여다볼 때 중요한 점은 백인성의 중심성과 권력을 회복시키는 것이 아니라 백인성을 그 중심성과 권력으로부터 떼어놓는 것이다(1997/2006: 10).

다이어의 말은 어느 정도 예언적인 톤으로 서술되었지만, 비판적 백인성 연구가 1990년대와 2000년대를 거치며 겪어 온 괄목할 만한 발전으로 미루어보면 이들 연구가 수상쩍은 정치적 목적에 복무하는 백인 민족을 낳는 결과로 나아가지는 않았다는 점을 짚을 필요가 있다. 오히려 백인성 연구는 인종주의에 대한 학술적 대화에 새로운 활기를 불어넣었다.[5] 순조롭게 작동하던 백인의 인종적 동일시에 균열을 내기 위해, 이들 연구는 헤게모니 집단이 사회적 불평등으로부터 끌어낼 수 있는 이익을 다룸으로써 백인 정체성 형성의 논리에 대한 연구의 토대를 닦았다. 어떤 의미에서 백인성에 대한 비판적 연구들은 백인성에 대한 흑인의 관점을 정립하는 데 기여하기도 했다. 19세기의 수많은 저자들뿐만 아니라 제임스 볼드윈James Baldwin[6](1984/2010)과 윌리엄 에드워드 버가트 듀보이스William Edward Burghardt Du Bois[7](1920/2003)처럼 말이다(Roediger, 1998). 이로써 영어권 학계에서는 백인성을 구조적 인종주의의 문화적인 허울로밖에 볼 수 없게 되었다. 더불어 백인성에 대한 이해는 가시적인 것과 비가시적인 것이 어떻게 나뉘는가를 바라보는 새로운 방식을 제공한다.

가시적인 것과 비가시적인 것이 인종적 논리에 따라 지각을 구성하는 변증법에 대한 비평 또한 오랜 역사를 지니고 있으며, 특히 아프리카

5 이후 백인성에 대한 학술 작업은 무수한 방식으로 발전해 왔다. 예를 들어 미디어/영화 연구만 해도 영화 속에서 백인성이 구성되는 서사적 패턴(Foster, 2003; Vera & Gordon, 2003; Bernardi, 2007), 미디어 프레이밍에 있어서 백인성의 역할(Garner, 2015), 백인 수용자의 수용에 있어 인종적 측면(Berger, 2005; Weaver, 2011; Cervulle, 2013), 백인성과 '진보' 및 '기술'과의 연결을 통해 이루어지는 '디지털 격차'의 담론적 인종화(Hobson, 2008) 등이 분석되었다.

6 미국의 작가 제임스 볼드윈(1924~1987)은 흑인이자 동성애자인 자신의 정체성을 바탕으로 소설, 수필, 희곡, 시 등을 쓰며 20세기 중반에 활발하게 활동했다. 미국 인종 문제의 어두운 현실을 담은 다양한 작품을 발표했으며, 그가 남긴 미완의 에세이 "리멤버 디스 하우스Remember This House"는 2016년 다큐멘터리 영화 〈아이 엠 낫 유어 니그로*I Am Not Your Negro*〉로 만들어지기도 했다. — 옮긴이

7 윌리엄 에드워드 버가트 듀보이스(1868~1963)는 미국의 사회학자이자 인권 운동가로, 흑인 연구Black Studies 분야를 개척한 인물로 평가받는다. 그는 에세이 《흑인의 영혼*The Souls of Black Folk*》을 통해 스스로를 백인 미국인의 시선으로 바라보며 분열감을 느끼는 흑인의 '이중 의식double consciousness'을 설명한 바 있다. — 옮긴이

계 미국 문학(Ellison, 1952)과 탈식민 이론(Fanon, 1952/2008)에서 두드러졌다. 다이어는 가시성의 질서 속에서 백인성의 위치, 즉 백인이 하나의 인종 집단으로서 비가시성을 유지한다는 점을 파고듦으로써 이러한 역사에 동참한다. '흰색'이 색의 한 종류를 지칭하기도 하지만 색의 부재를 지칭하기도 한다는 이런 모순적 정의 속에 인종화가 내재해 있다(Dyer, 2006: 45). 백인이 인종 관계에서 '중립적' 위치를 차지하는 사회 집단으로 이해된다는 것이다. 이 경우 '흰색'은 이탈성을 측정하는 규범을 나타내게 된다. 따라서 한쪽에는 보편성을 체현하는 이들이 있고, 다른 한편에서는 특수성으로 강등된 다른 수많은 집단들이 있는 가시성의 양극화가 이루어진다. 내 연구에서 백인성의 **과잉 (비)가시성**hyper(in)visibility이라는 용어를 고안함으로써 이러한 모순을 다루고자 했다(Cervulle, 2003: 119). 이 용어는 백인의 눈에 띄지 않는 비가시성, 즉 백인성 속에서 백인이 두드러지게 인식되지 않는다는 사실을 의미하는 것으로, 이는 시청각 및 영화적 재현 속에서 백인 헤게모니를 뒷받침하는 관념이다. 또한 나는 이 용어를 통해 백인 정체성에 대한 동일시 또는 탈동일시의 정도에 따라 달라지는 백인성에 대한 다양한 관점을 드러내고자 했다. 벨 훅스bell hooks(1992)와 루스 프랑켄버그(2001)가 말했듯이, 백인 헤게모니는 일상적으로 인종주의와 재현의 폭력을 경험하지 않은 이들에게만 비가시적이다. 따라서 가시적인 것의 양극화를 드러내는 것은 응시에서 주체와 객체의 위치 분석과 연결된다. 누가, 누구를, 어떻게 볼 권리가 있는가? 누가 자신이 본 것을 그리고 어떻게 보았는지를 말할 권리가 있는가? 이러한 질문들이 니콜라스 미르조에프Nicholas Mirzoeff(2001)의 연구를 비롯해 시각 문화 연구 분야에서 수많은 연구들의 핵심에 자리잡고 있다. 미르조에프는 자신이 "시각성visuality"이라고 부르는 것(가시적인 것의 질서와 그 질서화 과정에서 추려낸 요소들의 심미화에 기반해 권위를 세우는 기법)에 반하여 "볼 권리"를 주창한다. 미르조에프는 역사적으로 헤게모니적인 시각성의 세 유형으로 플랜테이션 농업, 제국주의 복합체, 군사-산업 복합체를 제시한다. 그가 주장하는 볼 권리는 역사적으로 다양하게 나타났으며, 객체/주체 관계를 전도시키고 새로운 재현 체제와 같은 '대항 시각성들counter-visualities'을 형성함으로써 권위에 거부한다. 지금 이 글은 재현의 체제들에 초점을 둔다. 그러나 나는 인종주의의 시각적 생산을 파고들기보다 또 다른 재현 체제에서 인종주의가 노출되는 양상을 분석함으로써 다이어의 분석에 대안적 관점을 제공하고자 한다.

## 인종주의를 보고 보여 주기

이 책을 읽는 한 가지 방법은 백인성의 재현에 대한 다이어의 연구를 완전히 인종화된 재현 체제의 윤곽을 추적하는 작업으로 이해하는 것이다. 다이어는 이 체제의 역사적 특수성을 인간 집단의 인종화 역사뿐만 아니라 예술사와의 관계 속에서 설명한다. 이 체제는 영화적 서사가 전개되는 기본적인 담론적 틀을 형성한다는 점에서 매우 일상적인 체제로 보인다. 재현의 인종화가 제기하는 모든 제약에도 불구하고, 나는 인종주의가 어떻게 **보일** 수 있는지를 캐묻고 싶다. 이를 분석하기 위해서는 인종주의의 극단적 형태와 이러한 것이 묘사되는 방식을 들여다봄으로써 일상성 속에 숨겨진 폭력을 드러내야 한다. 이러한 폭력의 그림자는 《화이트》에 드리워 있다. 식민주의(184~206)와 쇼아(12; 209~210)[8]는 이 책

8 나는 '홀로코스트'보다 '쇼아'라는 용어를 선호한다. 장피에르 아제마Jean-Pierre Azéma와 프랑수아 베다리다François Bédarida(1995)는 이렇게 설명한다. "전쟁 후 뉘렌베르크 재판은 유대인 몰살을 집단 학살로 명명했다. 거의 동시에 미국 작가들은 이 학살에 '홀로코스트'라는 이

의 여러 지점에서 다루어진다. 그러나 이 책은 백인 우월주의나 아리아인 우월주의와 같이 폭력의 가장 극단적인 형태와 인종적 지지의 노골적인 형태에 대해서는 간접적으로 언급할 때가 더 많다. 다이어가 한 분석의 연장선에서 인종주의의 두 가지 극단적인(심지어 발작적인) 형태에 대한 재현을 살펴보고자 한다. 바로 최근 아프리카계 미국인 남성에 대한 미국 경찰의 범죄와, 2차 세계 대전 중 (라울 힐베르크Raul Hilberg[1961]의 잘 알려진 표현처럼) "유럽 유대인 파괴"에 따라 이루어진 나치의 '인종적 정화' 프로젝트다. 《화이트》의 마지막 페이지에서 다이어는 죽음으로서의 백인성 재현을 해부하며 백인성과 주로 연관된 특성(뻣뻣함, 곧음, 자기 통제력 등)이 조지 로메로 영화 속 좀비들이나 〈블레이드 러너*Blade Runner*〉(리들리 스콧Ridley Scott, 1982) 속 아리아인의 외양을 띤 안드로이드('레플리컨트')를 통해 그대로 구현되는 양상을 다룬다. 처음에는 이러한 재현이 백인성에 대한 암묵적 비평이라고 여겨지면서, 흑인의 상상 속에서 백인이 "공포"나 "공포스러운" 것으로 나타난다는 벨 훅스(1992: 165~178)의 분석을 떠올리게 만든다. 그런데 다이어는 이러한 과도한 백인성 재현이 백인 관객에게 비교적 위안을 준다는 것을 보여 준다. 관객과 영화 속 백인 이미지 사이에 거리를 두어 백인 정체성에 대한 기존의 묘사와 더욱 대조를 이루게 함으로써, 이러한 재현물들은 백인 헤게모니의 재생산에 참여하는 것이다.

름을 붙였다. 그러나 이 이름은 희생의 의미 차원에서 문제가 된다. '홀로코스트'라는 단어를 여전히 사용하는 앵글로색슨 세계 외에 유럽의 유대인들은 '재앙'을 의미하는 단어인 '쇼아'를 점차 더 많이 쓴다." ['홀로코스트'란 본래 신에게 제물로 태워 바친 동물을 일컫는 그리스어다. 이런 연유로 홀로코스트라는 용어를 사용하는 것에 대한 문제가 제기되어 왔다. — 옮긴이]

극단적이고 매우 하얀 백인 이미지는 평범성과 관계 속에서 기능적인 역할을 하고, 심지어 백인성을 평범한 것으로 정립하는 배경 및 조건이 되어 주는 듯도 하다. [……] 따라서 극단적 백인성은 백인적이라고 특징지어지지 않으면서도 백인들이 스스로를 발견하게 만드는 어떤 여지를 남긴다. 즉 비특수성, 평범성의 여지다(Dyer, 1997/2006: 222~223).

인종적 폭력에 대한 대항적 재현의 조건을 이해하는 것은 중요한 일이다. 인종적 폭력을 노골적으로 드러낼 때와 달리, 대항적 재현이랍시고 품위 있는 척하면서 평범한 백인성을 은근슬쩍 재확인하는 식이어서는 안 되기 때문이다.

미국 경찰에 의해 자행되는 인종주의 범죄는 2013년 '블랙 라이브즈 매터Black Lives Matter' 운동의 부상과 함께 가시화되기 시작했다. 블랙 라이브즈 매터 운동은 미국에서 경찰의 폭력에 의해 흑인 남성이 목숨을 잃는 일련의 사건들(대표적으로 퍼거슨에서 일어난 마이클 브라운Michael Brown 총격 사건)이 일어나면서, 그리고 더욱이 경찰이 처벌을 받지 않음으로써 촉발되었다. 플로리다주 샌퍼드에서 10대 흑인 소년 트레이번 마틴Trayvon Martin을 쏜 백인 경찰 조지 짐머맨George Zimmerman이 무죄선고를 받은 다음날 #BlackLivesMatter라는 해시태그가 트위터상에 등장했다. 이후 이 운동은 경찰의 범죄, 인종 프로파일링, 그리고 미국 미디어 및 사법 체계에서 발견되는 인종적 불평등에 대항하는 구호로서 퍼졌다.[9] 공식적인 조직 구조나 위계질서가 없음에도 불구하고 이 운동은 행진과 퍼포먼스

9 이 운동은 앨리시아 가자Alicia Garza, 패트리시 쿨러스Patrisse Cullors, 오팔 토메티Opal Tometi가 시작했다. 블랙 라이브즈 매터의 시작에 대해서는 〈가디언*The Guardian*〉에 실린 엘리자베스 데이Elizabeth Day(2015)의 기사를 참조하라.

의 형태로 공적인 공간에서 빠르게 퍼져나갔다. 블랙 라이브즈 매터 운동의 위력은 부분적으로는 경찰 범죄의 이미지가 지닌 폭력을 폭로하는 능력에서 비롯한다. 예를 들어 에릭 가너Eric Garner가 죽던 당시 스마트폰에 찍힌 영상이나 타미르 라이스Tamir Rice를 죽음으로 몰고 간 경찰 진압이 찍힌 CCTV 자료 화면을 들 수 있다. 이들 이미지는 온라인상에서 널리 퍼졌고 미국과 국제 텔레비전 채널에서도 다루어졌다. 이러한 이미지의 확산은 경찰이 사용한 권력이 원칙적으로 불합리한 것이었음을 증명하는 기록물로 기능할 것 같았지만, 사법 차원에서는 그렇게 인정되지 못했다. 44세 흑인 남성인 에릭 가너는 무장 상태도 아니었고 법을 어기지 않았음에도 불구하고 2014년 7월 17일 뉴욕에서 경찰에게 목졸려 죽었다. 12세 흑인 소년인 타미르 라이스는 2014년 11월 22일 클리브랜드에서 장난감 총을 가지고 놀다가 경찰에 사살당했다. 이 두 사건에서 대배심은 녹화 영상을 경찰의 행동이 지닌 범죄성에 대한 증거로 채택하지 않았다. 가너를 교살한 대니얼 펜털레오Daniel Pantaleo도 라이스를 쏜 티모시 로먼Timothy Loehmann도 기소를 면했다. 그렇다면 법적 증거로서의 지위를 얻지 못하는 이러한 이미지들을 우리는 어떻게 받아들여야 할까?(Mirzoeff, 2016) 이미지가 배포되는 방식을 고려할 때,[10] 이 이미지들이 흑인들의 죽음을 스펙터클화해 온 유구한 역사의 한 부분을 형성하고 있음을 분명히 알 수 있다. 이러한 역사의 중심부에는 19세기 말부터 1950년대까지 주요하게 나타났던, 미국에서 흑인이 린치당하는 사진들이 있다(Allen, 2000). 무아지경의 백인 군중을 배경으로 목을 매단 남녀의 이미지는 기념품으로 팔

10 예를 들어 특정 미디어 기업은 독점 보도를 위해 이러한 이미지를 사기도 했고(《데일리 뉴스*Daily News*》는 가너의 죽음 이미지를 샀다), 신문사 웹사이트나 텔레비전 채널, 유튜브상의 광고 뒤를 잇는 상업적 상품으로 이용되기도 했다.

리거나 엽서로 만들어지기도 했다. 이러한 시각 역사의 프리즘을 통해 볼 때 가너와 라이스의 죽음은 깊은 모호성을 드러낸다. 누군가는 죽음의 증거로 삼고자 했던 그 이미지들이 아프리카계 미국인의 죽음을 오락거리와 미디어 소비의 소재로 만들어 버림으로써 흑인의 죽음을 하찮게 보이도록 만들었다. 블랙 라이브즈 매터는 흑인의 죽음을 스펙터클화하는 데 반대하고, 오락거리와 미디어의 흥밋거리로부터 흑인의 죽음을 떼어내서, 사회 정의를 향한 분투의 상징으로 구성하는 데 성공했다. 이는 가령 펜털레오가 가너의 목을 조를 때 가너가 남긴 마지막 말을 통해서 달성된다. "숨을 못 쉬겠어." 가너가 남긴 이 마지막 말은 널리 퍼지며 경찰들이 들은 체하지 않았던, 그래서 영원한 침묵에 잠겨 버린 흑인의 목소리에 반향을 만들어 냈다. 가너의 말은 슬로건이 되어 시위대의 배너에 사용되었다. "우리가 숨을 쉴 때, 우리는 함께 숨을 쉰다." 흑인의 목숨을 경시하고 집단으로 외쳐야만 숨통이 조금 트이는 이 사회에서 신체적 질식은 곧 상징적인 질식을 의미한다. 여기서 2014년 11월 세인트루이스에서 조직된 '드러눕는 시위die-ins'를 언급해야겠다. 마이클 브라운의 피살 당시, 특히 브라운이 총에 맞기 전 "손 들어"라는 명령에 응하던 모습을 재연하는 시위가 벌어졌고 운동가들의 "손 들어! 쏘지 마!"라는 구호는 나라 전체에 울려퍼졌다. 블랙 라이브즈 매터의 힘은 반복되는 인용 구호를 통해 가너와 브라운의 폭력적 죽음을 재연하는 대중적 제스처 레퍼토리에서 나온다. 이런 방식이 아니었다면 차마 보지 못했을 이미지들을 매개하는 역할을 한 것이다. 따라서 이러한 반복적 제스처는 병적인 스펙터클을 차단해 내면서 동시에 경찰 폭력을 폭로한다. 이제 스펙터클을 이루는 것은 흑인의 고통과 죽음이 아니라, 목소리와 제스처가 같은 호흡의 리듬에 맞추어 움직이는 집단적인 시위의 힘이다.

블랙 라이브즈 매터가 불가피하게 제기하는 질문 중 하나가 인종주의의 가시성이다. 사라 아메드Sara Ahmed가 영국의 상황과 관련해 언급했듯이, 현대의 맥락에서 인종주의는 때로 사회적 의식에서 간과되어, 인종주의의 존재를 지적하는 이들이 있으면 그 자체가 인종주의의 완전한 소멸에 방해가 된다는 비난을 받을 정도다.[11]

> 인종주의가 사회적 의식 내에서 약해지는 것으로 보아 그 문제를 '들먹이는' 이들이 눈에 띄게 되는 듯하다. [……] 유색인은 종종 인종주의의 후퇴에 수긍하도록 요구받는다. 인종주의가 '잠잠해지도록' '양보하라는' 요구를 받는다. 그뿐만이 아니다. 다양성의 약속을 체화하도록 요구받기도 한다. 그들이 만든 브로셔 속에서 미소 짓는 모습으로 말이다. 다양성의 미소는 인종주의가 표면화되지 못하게 하는 하나의 방법이며, 일종의 정치적 후퇴다(Ahmed, 2010: n.p.).

인종주의의 **가시성** 문제를 넘어서, 블랙 라이브즈 매터는 인종주의의 **재현** 문제 및 **재현 가능성**의 윤리적 조건 문제를 제기하기도 한다. 어떠한 재현적 전략을 취해야 하는가? 무엇을 보여 줘야 하는가? 구조적 인종주의가 자취를 감추는 두 가지 측면(고통받는 흑인의 스펙터클화와 '다양성의 미소')이 있는 상황에서, 인종주의를 어떻게 드러내야 할까? 이런 질문은 쇼아의 재현과 관련하여 특정한 연관성을 지닌다. 쇼아는 어느 정도 "말해질 수 없고, 생각할 수 없고, 재현할 수 없는"(Bougnoux, 2006) 것의 전형이 되었기 때문이다. 가령 자크 리베트Jacques Rivette가 질

11 '색맹 인종주의colour-blind racism'와 밀접하게 연결된 이러한 경향은 미국, 영국, 프랑스 맥락에서는, 인종주의가 미디어, 정치, 사회 전반에서 인식되는 방식에는 중요한 차이점들이 있더라도, 공통적으로 나타난다. Bonilla-Silva(2006)와 Cervulle(2014)을 참조하라.

로 폰테코르보Gillo Pontecorvo의 영화 〈카포*Kapò*〉(1960)에 대해 단호한 입장을 취했던 것을 떠올려볼 수 있다. 이 영화는 나치 강제수용소를 다룬 최초의 픽션 영화였는데, 리베트는 영화 속에서 묘사된 것보다는 "영화가 이를 보여 주는 방식"에 대해 "비참하다abject"고 평했다. 리베트가 〈카포〉의 트래킹 숏에 대해 장뤽 고다르Jean-Luc Godard의 표현을 빌려 "도덕적 문제"라고 지적한 평론은 유명하다(Rivette, 1961). 이 영화와 달리 공포를 완곡하게 표현한 영화로 클로드 란즈만Claude Lanzmann이 연출한 매우 긴 다큐멘터리 〈쇼아*Shoah*〉(1985)가 있다. 이 영화는 구술사를 미장센화하여 아카이브 이미지나 코멘터리 없이 황량감의 지형을 그려낸다. 클로드 란즈만은 픽션적 요소를 통해서든 아카이브 자료를 활용해서든 학살의 과정을 시각적으로 재현하는 것을 일절 거부한다. 〈쉰들러 리스트*Schindler's List*〉(스티븐 스필버그Steven Spielberg, 1994)가 프랑스에서 개봉했을 때, 란즈만(1994)은 "완전한 공포란 전달될 수 없다. 그렇게 할 수 있다는 것은 가장 심각한 위반을 저지르는 일이다. [……] 나는 이 경우에 재현이 완전히 선을 넘었다고 확신한다"라고 말했다. 흥미로운 점은, 란즈만에게 윤리적 부담감을 지우고 "선을 넘었다"고 여겨지는 것은 이미지이고, 청각적 측면(병적인 폭력에 대한 언어적 표현과 소리에 대한 큐레이션)은 같은 식의 문제로 여겨지지 않는다는 것이다. 조르주 디디위베르만George Didi-Huberman(2008)은 1944년 8월 '존데르코만도 Sonderkommando'[12]의 일원들이 찍은, 아우슈비츠 강제수용소라는 "지옥

12 문자 그대로는 '특공대'를 뜻하는 '존데르코만도'는 트레블링카와 아우슈비츠 수용소에서 학살당하기 전 다른 유대인들의 학살과 관련된 업무에 강제 동원되었던 유대인 수용자들을 일컫는 나치 용어다. (예를 들어 수용자들을 가스실로 데려가거나, 수용자들이 갖고 있던 물건, 귀중품, 머리카락 등을 수거하거나, 화장터에서 시신을 소각하는 일 등을 했다.) 아우슈비츠 수용소에서 일했던 일부 존데르코만도 일원들은 수용소 내에서 자신들의 거주 및 노동

에서 포착해 온" 네 장의 사진 작업을 통해 기존의 우상 파괴적인 입장을 반박했다. 디디위베르만은 역사적으로, 인류학적으로 '이미지'라는 개념 자체는 육안으로는 볼 수 없는 것을 보여 주려는 노력의 의미가 담겨 있다는 점을 강조한다(2008: 133). 그는 무언가를 알게 해 주고, 기억하게 해 주는 **상상**imagining(문자 그대로 이미지를 만들어 내는 것)의 필요성을 주장한다. 강제수용소에서 사진을 찍는 행위와 같은 이러한 "상상의 행위"(같은 책)는 "홀로코스트에는 이미지가 없었고 현재도 없다"(Wajcman, 1998: 21)라는 생각에 제동을 건다. 더욱이 이들 사진은 나치가 만들어 내려고 했던 재현적 공백에 대항하고 "학살 그 자체의 필수적 부분"(Bensoussan, 2005: 17)을 이루고 있던 부정론에 대항한다. 즉 범죄의 흔적을 모조리 없애고자 했던 암살자들의 의지에 대항하는 것이다.

〈쉰들러 리스트〉에 대한 반대는 특정한 비평적 입장의 급진화를 보여 준다. 란즈만과 그를 지지하는 이들은 이 영화의 미학과 전개 장치, 그리고 쇼아를 픽션화하려는 시도 자체까지도 비난했다. 그러나 미리엄 브라투 핸슨Miriam Bratu Hansen은 다른 시각을 보여 준다(2001: 134).

> 〈쉰들러 리스트〉에 대한 고도의 모더니스트적인 차원에서의 비평, [……] 특히 란즈만의 비평은 재현 불가능한 것을 재현하는 문제의 변증법을 보여 주느냐 마느냐의 이분법으로 환원시킨다. 서로 다른 재현물들이나 재현 양식이 경합하는 문제로서 다루지는 않고 말이다.

스티븐 스필버그는 고전 할리우드 스타일을 토대로 어느 정도의 '리

환경을 기록했다. "아우슈비츠의 기록들The Scrolls of Auschwitz"로 알려진 이 글은 역사학자 버나드 마크Bernard Mark(1985)가 책으로 출간했다.

얼리즘'(또는 그 홍보 자료에 따르면 '진정성'과 '대표성')을 겨냥하여 픽션화된 스토리라인을 택했다(Bratu Hanse, 2001 참조). 이러한 접근은 헝가리 출신 감독인 라슬로 네메스László Nemes의 영화 〈사울의 아들*Son of Saul*〉(2015)과 비교해 볼 수 있다. 〈사울의 아들〉은 칸영화제 심사위원대상과 아카데미 외국어영화상을 받으며 국제적인 성공을 거두었다. 이 영화는 아우슈비츠 수용소의 '존데르코만도' 중 하나인 헝가리계 유대인 남자가 자신의 아들이라고 믿는 소년의 시신을 묻을 곳을 찾기 위해 고군분투하는 이야기를 담고 있다. 흥미롭게도, 란즈만과 디디위베르만은 이 영화가 훌륭하다는 데 의견을 같이한다. 〈사울의 아들〉에 대해 란즈만은 "죽음이 아니라 자신의 삶을 죽음으로 내몰아야만 했던 이들의 생生"(Lanzmann & Blottière, 2015)을 다루는 영화라고 했고, 디디위베르만은 일종의 '우화'로서 자신의 아들을 상상해 내는 남자를 통해 기억의 전수를 위한 서사의 필요성을 보여 주는 이야기를 담고 있다고 했다(Didi-Huberman, 2015). 이 두 사람이 〈사울의 아들〉의 중요성과 환기력에는 동의하는 한편, 그 분석은 서로 다르게 나타난다. 란즈만에게 〈사울의 아들〉은 죽음의 공장에서 생명을 보여 주는 작품이라면, 디디위베르만은 이 영화를 죽은(또는 적어도 반쯤 죽은) 자의 시점에서 펼쳐지는 서사로 본다(Didi-Huberman, 2015: 39, 53~54). 이 논쟁의 핵심에는 재현 가능성에 대한 질문이 없는 한편, 영화가 우리에게 부여하는 시점에 대한 질문, 영화의 전개가 지닌 정치적 차원에 대한 질문이 주요한 문제로 남아 있다.

## 불가능한 증언과 재현 불가능한 것의 재현

내가 앞에서 다루었던 두 가지 사례(블랙 라이브즈 매터 운동과 쇼아의 영화적 재현)를 종합해 보면 인종주의에 대한 재현 체제의 문제를 새로운 시각에서 볼 수 있다. 이 두 사례는 각자의 방식으로 재현 불가능성의 문제를 불러일으키는 것으로 보인다. '집단 학살'이 수행되는 과정에서 행위에 대한 재현을 둘러싼 윤리적 논란의 핵심에는, 수용소의 공포란 전달 불가능하다는 이유를 들며 쇼아의 재현 불가능성을 분명하게 주장하는 시각들이 존재한다. 하지만 아우슈비츠 수용소를 말할 수 없는 영역으로 두는 것은 조르조 아감벤Giorgio Agamben이 말한 바와 같이 "학살에 신비로운 것으로서의 영예를 부여하는"(1999: 32) 것이 되거나 침묵에 갇혀 있는 생존자들의 증언을 막기 위해 흔적을 지워 냄으로써 "무의식적으로 나치의 행동을 반복하는 것"(157)까지 될 수도 있다는 주장 또한 가능하다. 그러나 우리는 이러한 재현 불가능성에 대한 주장이 재현에 대한 거부라기보다는 그 자체로 하나의 재현 체제라고 생각해 볼 수도 있다. 마치 나치가 자신들의 범죄 흔적을 없애려고 했던 것이 그 자체로 하나의 아카이브를 형성한 것처럼 말이다(모든 증거를 체계적으로 인멸하려고 했던 자료가 남아 있다).[13] 따라서 말할 수 없는 것을 **말한다**는 것은 어떤 의미인가? 설명할 수 없는 것을 설명해 주고 재현하지 못하는 것을 재현하는 힘을 지닌 서사를 개발해 내는 것인가? 다큐멘터리 영화 〈쇼아〉는 이러한 재현 방식을 재현 불가능성이라는 표지 아래에서 완벽하게 보여 주는 사례다. 〈쇼아〉가 구어적 소통에 중점을 두고 있음에도, 영화 속 증인들의 말은 마치 이제는 황량한 풍경이 되어 버린 유럽 역사 속 한 시대마냥 텅 빈 듯한 느낌이다. 란즈만이 폴란드 영토에서 찍은 독일 점령의 흔적은 그가 수집한 증언들의 유령 같은 속성과 공명한다. 이 증언들은 그 자체로 영화가 아카이빙한 **흔적**이

13 자크 데리다Jacques Derrida(1996)에 따라 모든 아카이브는 망각과 파괴가 얽혀 있는 흔적의 통제 과정에 기반한다고도 덧붙일 수 있다.

다.[14] 쇼아의 증인들은 재현 불가능성이라는 재현 체제에 대해 모순적 위치를 갖는다. 쇼아에 대한 증언은 오로지 그 내부에서, '시체 공장'의 가장 깊숙한 곳(가스실)으로부터 나올 수 있다. 이 모순으로 인해 쇼사나 펠먼Shoshana Felman과 도리 롭Dori Laub(1992: 80)은 쇼아는 어떤 의미에서 "증인 없는 사건"이라고 말하기도 했다.

블랙 라이브즈 매터의 경우, 경찰 범죄를 재현하기 위해 사용된 대중적 제스처 레퍼토리는 흑인 살해 사건에 대한 미디어 재현(암묵적이지만 적대적인 방식으로 흑인 린치와 연결짓는 것)이 형성해 온 시각적 계보학에 맞서는 대항적 재현으로 볼 수 있다. 블랙 라이브즈 매터 운동가들은 자신들의 행동에 수행적인 증언적 가치를 부여함으로써 증인의 위치를 취하고, 경찰 범죄를 담은 영상물이 증거로 채택되지 않는 상황을 보상하는 것처럼 보인다. 사법 체계가 영상물을 법적 증거로 인정하지 않는 상황에서, 운동가들은 집단적 증인으로서의 지위를 표현하기 위해 상징적 제스처를 사용하는 한편, 흑인 남성의 죽음에 대한 미디어 재현이 경찰의 과실을 입증해 내지 못하는 무능함을 공적으로 드러낸다. 그들이 보여 준 행동(손을 목에 대고 "숨을 못 쉬겠어"라고 외치거나 손을 든 채 "손 들어, 쏘지 마!"라고 외치는 것)은 그 자체로 미시 아카이브를 구성한다. 이로써 이들은 경찰의 체계적인 영향력 때문에 거의 감지되지도 못했던 경찰 폭력을 기록해 낸다. 여기서 재현 불가능성의 두 번째 차원이 드러난다. 이런 맥락 속에서, 포스트인종주의 사회의 달성을 주장하는 헤게모니적 담론이 사실상 인종주의의 구조적 형태와 노예제의 잔존하는 흔적이 제대로 재현되는 것을 가로막는다는 것이다. 따라서 블랙 라이브즈 매터

14 흔적과 아카이브에 대해서는 Schneider(2011: 87~110)를 참조하라.

는 흑인의 생명, 파괴와 범죄, 책임뿐만 아니라 망각과 부정에 치중된 정치적 논리에 대해서 살아 있는 아카이브를 만들어 낸다. 폭력적 행위를 기록하고, 누군가는 뿔뿔이 흩어져 있기를 원할 이야기들(트레이번 마틴, 마이클 브라운, 에릭 가너 등의 이야기)을 한데 모음으로써, 운동가들은 일종의 '몽타주'를 형성해 나간다고 말할 수 있다. 영화 감독 에이알 시반Eyal Sivan의 몽타주에 대한 개념화는 이 주장을 뒷받침한다.[15] 시반에 따르면, 아카이브는 재절합rearticulation을 만들어 내고 서사 간의 이동, 특히 아카이브의 형성을 관장하는 제도적 차원의 서사부터 대안적 서사로의 이동을 만들어 내기 위한 목적으로 영화에 사용되어야 한다.

나는 '재아카이브re-archive'라고 부르지만, 또 다른 말로도 부를 수 있다. 바로 '몽타주'다. 몽타주는 편집뿐 아니라 깊이의 차원에서도 고려해야만 한다. 각 이미지의 뒤에는 보이지 않는 다른 이미지가 있다. 이 이미지는 금기의 영역으로 내몰려진 이미지다. 그리고 비선형적인 방식으로 아카이브를 만들기 위해서는 지금껏 가시화되지 못했던 새로운 접속 방식을 확립해야 한다(Sivan & Boggio-Éwanjé-Épée, 2012: 38).[16]

블랙 라이브즈 매터는 서로 분리된 것처럼 여겼을 삶 이야기와 죽

15 에이알 시반은 수많은 다큐멘터리를 연출했다. 대표적인 작품으로 아돌프 아이히만Adolf Eichmann의 재판을 다룬 〈스페셜리스트*The Specialist*〉(1999)와 팔레스타인 식민화를 다룬 〈자파*Jaffa, the Orange's Clockwork*〉(2010) 등이 있다.

16 시반은 이에 대해 "예를 들어 알제리와 베트남의 식민지화를 절합해 보자. 오늘날 식민주의나 식민지화에 관한 아카이브가 없기 때문에 이 두 아카이브는 서로 떨어져 있다"(Sivan & Boggio-Éwanjé-Épée, 2012: 38)라는 제안을 한다. 고란 휴고 올슨Göran Hugo Olsson 감독의 영화 〈폭력에 관하여*Concerning Violence*〉(2014)를 이러한 재절합의 예로 들어보자. 이 영화는 프란츠 파농(1961/2001)의 《대지의 저주받은 사람들*The Wretched of the Earth*》을 시청각적으로 떠올리게 만드는 영화로, 라이베리아, 탄자니아, 모잠비크 등 다양한 배경에서의 탈식민화 노력을 보여 주는 스웨덴 텔레비전 아카이브 자료를 몽타주해 만들었다.

음의 행위를 연결짓는 스토리 전환 전략을 사용한다. 이 전략은 경찰 범죄를 기록한 각 영상물의 숏 바깥에서 벌어진 행동을 가시화해 낸다. 물론 이 '몽타주'는 다른 여느 재절합의 작동처럼 시점의 변화, 즉 보기의 관계에 개입하는 것을 암시한다. 흑인의 고통을 스펙터클화해 온 백인 응시는 여기서 가로막힌다. 고통받는 장면을 바라보는 응시는 이러한 고통에 체화된 차원을 부여하고 죽음의 위기에 처한(위협받고 있기도 하지만 그들의 존재 자체가 죽음으로 가득 차 있다는 차원에서[17]) 이들의 생명성을 그려내는 대중적 재연에 의해 가로막힌다. 블랙 라이브즈 매터의 퍼포먼스는 노예의 상징적 형상("삶 내 죽음death-in-life"의 형태[Mbembe, 2003: 21])을 불러옴으로써,[18] 또 '블랙 라이브즈 매터'라는 발언의 중심에 있는 모순을 드러냄으로써, 실제로 존재하는 노예제의 존재를 드러낸다. 이 발언의 수행적인 성격은 결정 불가능성에 의해 야기된다. 이 발언의 궁극적 필요성이 그 의미와 충돌하며, 강제수용소 증인의 위치, 즉 라슬로 네메스의 영화 속 사울처럼 죽은 것은 아니지만 거의 죽은 것과 마찬가지인 유령과 별반 다르지 않은 위치를 암시하기 때문이다. 이러한 관점은 백

17 살아야 하는 자와 죽어야 하는 자를 분리하는 힘으로서의 인종에 대해서는 Foucault(1997/2003)를 참조하라. 이 '죽음 정치necropolitics'가 작동하는 조건에 대해서는 Mbembe(2003)를 참조하라.

18 이와 같은 인종주의의 재현 양식이라는 프레임 내에서, 최근 노예제를 주제로 다룬 영화들을 대상으로 삼아 영화 속 시점의 유형과 이를 기반으로 구축되는 백인성의 유형을 분석하는 연구를 해 보면 흥미로울 것이다. 인류애를 '좋은 의도의' 인종주의의 형태로 여기는 백인성에 대한 도덕적 비판부터(라스 폰 트리에Lars Von Trier의 〈만덜레이*Manderlay*〉[2005] 속 그레이스, 압델라티프 케시시Abdellatif Kechiche의 〈검은 비너스*Vénus noire*〉[2010] 속 판사) '백인 구세주'의 상징에 대한 모방까지(스티브 매퀸Steve McQueen의 〈노예 12년*12 Years a Slave*〉[2013]에서 브래드 피트가 연기한 인물, 쿠엔틴 타란티노Quentin Tarantino의 〈장고: 분노의 추적자*Django Unchained*〉[2012]에서 크리스토프 왈츠가 연기한 인물) 여러 분석이 가능할 것이다.

인성에게 다소 신랄한 응시를 되돌려 준다. 2014년 12월 뉴욕에서 이루어진 '백만 행진Millions March'을 위해 예술가 J. R.이 만든 시위대의 플래카드 속 에릭 가너의 시선이 담긴 사진처럼 말이다. 그의 응시는 죽이는 자뿐만 아니라 **죽도록 내버려두는** 자도 규탄하는 시선이다. 그의 시선이 가 꽂히는 대상은 인종주의가 속속들이 파고들어 있는 경찰, 사법, 교도소 체계의 비범한 백인성을 넘어서서 일상적인 형태들로 나타나는 백인성이다. 같은 응시가 〈쇼아〉에서도 명백하게 드러난다. 이를 이해하기 위해서는 영화 속 "첫 번째 시기"의 시퀀스들을 떠올릴 필요가 있다. 학살이 이루어지던 당시 트레블링카나 아우슈비츠의 강제수용소 근처에 살았던 폴란드인들의 일상적이고 평범한 백인성은 매우 모호하게 나타난다. 란즈만은 이 남성 농부들이 수용소나 유대인을 실어나르는 기차가 오가던 기찻길에 인접해 있는 밭에서 일을 하거나, 수송 기차 안에서 바라보는 유대인들을 향해 손동작을 취하는 모습들을 찍었다. 목을 매달거나 목이 잘리는 것을 묘사하는 듯 목에다 손을 긋는 이 동작은 다른 서사를 통해 새로운 위치에 놓인다. 몇몇 폴란드인들은 유대인들에게 수용소에 가면 마주하게 될 일에 경고해 주기 위한 것이라고 주장하지만, 란즈만이 인터뷰했던 생존자들에게는 공포감을 불러일으키는 동작이기도 했다. 생존자들은 기차 안에서 바라본 그 손동작이 희희낙락거리는 반유대주의적 표현으로서 적대감의 표시라고 여겼기 때문이다. 란즈만이 표현한 폴란드 농부들의 동작이 지닌 기호학적 의미는 나치의 인종 프로젝트에 공모하는 것이다. 그 동작에 숨은 의도가 무엇이든 간에, 그 동작은 죽음의 수용소에 대해 **알고 있다**는 기호로 작동한다. 어떤 의미에서 손동작은 인종적 우월성을 반영하는 인식의 우월성을 드러내는 징후다. 나치가 유대인들이 실려가는 이유를 모르도록 한 점을 고려할 때(어디로 가는지, 수용소의 기능은 무엇인지, 학살될 거라는 사실도 모르게 했다), 이러한 인식의 우위는 매우 중요하다. 나치가 시행한 수많은 위장 전략(예를 들어 치클론 B[19]는 적십자 문양을 단 트럭을 통해 수용소로 운송되었다)을 넘어서, 학살은 그 자체로 유대인을 파괴하려는 의도와 유대인의 지식(과 지식을 생산하는 수단)을 파괴하려는 의도가 동반된 인식의 살해epistemicide(de Sousa Santos, 2010) 프로젝트의 성격을 지닌다.

이는 인종 관계에서 권력/지식의 위치와 관련한 인식론적 질문을 불러온다. 내가 강조했듯이, 인종 관계는 피지배 사회 집단에 의해 만들어지는 지식을 인정하지 않을 (심지어는 파괴하려 할) 뿐만 아니라 지식에 대한 접근권을 차별적으로 분배하는 것이 특징이다. 백인 헤게모니의 재생산은 어느 정도는 이러한 인식론적 통제에 기반한다. 그러나 백인성을 가로지르는 또 다른 역학이 있다. 바로 백인 정체성의 형성에 있어서 무지가 하는 구성적인 역할이다. 《화이트》의 행간을 읽어 보면, 이 문제는 책이 제시하는 지적 작업의 주요한 관심사임을 알 수 있다. 예를 들어 첫 번째 페이지부터 다이어는 그가 백인의 재현을 연구하는 핵심적인 목표가 "그저 선행 연구의 공백을 메우기 위함이 아니라, 백인의 인종적 이미지를 바라보거나 **계속 간과**ignore**하는 데** 뭔가 위태로운 지점이 있기 때문"(1997/2006: 1, 강조 추가)이라고 말한다. 정확히 이 무지에서 작동하는 것은 무엇인가? 이러한 질문을 하다 보면, 무지란 권력이나 지식이 없는 상태가 아니라 오히려 능동적인 위치라는 주장에 이르게 된다. 이브 코소프스키 세즈윅Eve Kosofsky Sedgwick은 "무지는 지식만큼이나 잠재력이 있고 다양한 것이다"(1990: 4)라고 주장하며, 특정한 경우에 무지가 어느 정도로 취약성이 아니라 특혜가 될 수 있는지를 보여 주었

19 아우슈비츠 수용소에서 사용된 독가스다. — 옮긴이

다. 모른다는 것의 특혜는 지배 관계와 그 효과에 대해 무지할 수 있는 능력에 달려 있다. 그렇다면 "상황적 지식situated knowledge"(Haraway, 1988)의 반대항으로, 현존하는 지배 관계와 협조하여 세상에 존재하는 하나의 방식으로서 **상황적 무지**가 있게 마련이다. 무지한 주체는 "나는 인종주의가 보이지 않아. 내가 어떻게 볼 수 있겠어? 색을 보지 못할 정도로 반인종주의자인데 말이야"라고 말하는 듯하다. 백인성과 무지는 본질적으로 연결되어 있다. 인종주의에 종속되지 않은 바로 그 주체가 아니고서야, 수없이 다양하게 편재하여 나타나는 인종주의에 대한 무지를 말할 수 있겠는가? 따라서 백인성을 사유하기 위해서는 "무지의 인식론"(Sullivan & Tuana, 2007)[20]이 필요하다. 내가 썼듯이, "지배 관계에 대한 무지는 백인 주체의 주체화 방식을 구성함과 동시에 체계적인 인종주의의 초석을 구성한다"(Cervulle, 2012: 51).

## 눈부시게 밝은 백인의 얼굴

그렇다면 인종주의의 재현 체제에서 무지는 어떠한 역할을 하는가? 어떻게 지식을 갖는 한 방식으로서의(Dyer, 1997/2006: xiii, 44) 재현이 사실은 무지의 매개체가 되는가? 어떠한 조건에서 **보여 주기**는 **은폐하기**가 되는가? 물론 영화에서 **외화면**hors-champ이 어떤 구성적 역할을 하는지를 다루는 연구는 많다(예를 들어, 관객의 연속적인 동일시를 조절하는 기능에 대한 연구[Metz, 1986/1997]). 하지만 내가 여기서 제시하고 싶은 정확한 문제는 이것이 아니다. 내가 흥미롭게 여기는 질문은 인종주의의 시각적 생

20 이 문제는 Mill(1997)도 참조하라.

산이 무지로서의 백인성의 주체화에 어떤 식으로 기여하는가다. 이것은《화이트》에서 주요하게 다룬 질문 중 하나이기도 하며, 어떤 차원에서는 이 책을 관통하는 질문이기도 하다. "영화 속 눈부시게 밝은 백인의 얼굴"(Dyer, 1997/2006: 7)은 어떤 식으로 인종주의에 대한 능동적 무지의 형태로서 백인 정체성을 형성하는 데 기여하는가? 이는 영화의 문화적 효과를 이해하는 차원에서뿐만 아니라 매개체로서의 인종의 재생산에 대한 이해 차원에서도 정말로 중요한 질문이다. 다이어는 이 질문에 답할 방도들을 제시함으로써 오늘날의 재현 체제 연구에 중요한 기여를 한다. 다이어의 연구를 통해 우리는 눈이 멀 지경인 백인 헤게모니의 빛 앞에서 눈을 크게 뜨고 깜박이지 않고 응시할 수 있게 된다.

참고 문헌

Agamben, Giorgio (1999). *Remnants of Auschwitz: The Witness and the Archive*. New York: Zone Books.

Ahmed, Sara (2010). "Feminist Killjoys (and Other Willful Subjects)," Scholar and Feminist Online 8 (3), http://sfonline.barnard.edu/polyphonic/ahmed_01.htm.

Allen, James (ed.) (2000). *Without Sanctuary: Lynching Photography in America*. Santa Fe: Twin Palms Publishers.

Azéma, Jean-Pierre & Bédarida, Francois (1995). *1938~1948, Les annees de tourmente de Munich a Prague: Dictionnaire critique*. Paris: Flammarion.

• 이 글은 프랑스어로 쓴 것을 에밀리 F. 핸더슨Emily F. Henderson이 영어로 번역한 것이다. 이 글을 번역하는 데 지원해 준 파리8대학의 CERA와, 특히 마리안 마타르보누치Marie-Anne Matard-Bonucci, 에마누엘 시보Emmanuelle Sibeaud에게 감사의 말을 전한다. 또한 이 서문에서 다룬 몇몇 내용에 대해 귀중한 의견을 준 마르코 델로모다르메Marco Dell'Omodarme에게도 감사를 전한다.

Baldwin, James (1984/2010). "On Being White ··· and Other Lies" in Kenan, Randall (ed.), *The Cross of Redemption: Uncollected Writings*. New York: Pantheon Books, pp.135 ~138.

Bensoussan, Georges (2005). "Préface" in *Des Voix sous la cendre. Manuscrits des Sonderkommandos d'Auschwitz-Birkenau*. Paris: Mémorial de la Shoah et Calmann-Levy.

Ber Mark, Bernard (1985). *The Scrolls of Auschwitz*. Tel Aviv: Am Oved.

Berger, Martin A. (2005). *Sight Unseen: Whiteness and American Visual Culture*. Berkeley: University of California Press.

Bernardi, Daniel (ed.) (2007). *The Persistence of Whiteness. Race and Çontemporary Hollywood Cinema*. London: Routledge.

Bonilla-Silva, Eduardo (2006). *Racism Without Racists: Color-Blind Racism and the Persistance of Racial Inequality in the United States*. New York: Rowman & Littlefield.

Bougnoux, Daniel (2006). *La crise de la représentation*. Paris: La Découverte.

Bratu Hansen, Miriam (2001). "Schindler's List is Not Shoah: Second Commandment, Popular Modernism, and Public Memory" in Zelizer, Barbie (ed.), *Visual Culture and the Holocaust*. New Brunswick: Rutgers University Press, pp.127~151.

Carby, Hazel V. (1982). "White Woman Listen! Black Feminism and the Boundaries of Sisterhood" in *The Empire Strikes Back: Race and Racism in 70s Britain*, edited by The Centre for Contemporary Cultural Studies. London: Hutchinson, pp.212~235.

Cervulle, Maxime (2012). "La conscience dominante: Subjectivation et rapports sociaux de race," *Cahiers du genre* 53, pp.37~54.

Cervulle, Maxime (2013). *Dans le blanc des yeux: Diversité, racisme et médias*. Paris: Editions Amsterdam.

Cervulle, Maxime (2014). "The Uses of Universalism: "Diversity Statistics" and the Race Issue in Contemporary France," *European Journal of Cultural Studies* 17(2), pp.118 ~133.

Cervulle, Maxime & Freitas, Franck (2015). "Techno-racismes: de la (re)production technique de la race," *Poli-Politique de l'image* 10, pp.8~15.

Day, Elizabeth (2015). "#BlackLivesMatter: the birth of a new civil rights movement," *The Guardian*, July 19, http://www.theguardian.com/world/2015/jul/19/blacklivesmatter-birth-civil-rights-movement.

Dell'Omodarme, Marco (2016). "Anibal Quijano et la saturation coloniale" in Cervulle, Maxime, Quemener, Nelly and Vörös, Florian (eds), *Matérialismes, culture et communication. Tome 2. Cultural Studies, theories féministes et décoloniales*. Paris:

Presses des Mines, pp.297～313.
Derrida, Jacques (1996). *Archive Fever: A Freudian Impression*. Translated by Eric Prenowitz. Chicago: University of Chicago Press.
Didi-Huberman, Georges (2003/2008). *Images in Spite of Everything: Four Photographs from Auschwitz*. Translated by Shane B. Lillis. Chicago: University of Chicago Press.
Didi-Huberman, Georges (2015). *Sortir du noir*. Paris: Les Éditions de Minuit.
Du Bois, W. E. B. (1920/2003). "The Souls of White Folks" in *Darkwater: Voices from Within the Veil*. New York: Humanity Books, pp.55～78.
Dyer, Richard (1990/2003). *Now You See It: Studies on Lesbian and Gay Cinema*. London: Routledge.
Dyer, Richard (1992/2005). *Only Entertainment*. London: Routledge.
Dyer, Richard (1993/2002). *The Matter of Images: Essays on Representation*. London: Routledge.
Dyer, Richard (1997/2006). *White*. London: Routledge.
Ellison, Ralph (1952). *Invisible Man*. New York: Random House.
Fanon, Frantz (1949/2015). "L'CEil se noie" in Khalfa, J. & Young, R. J. C. (eds), *Ecrits sur l'alienation et la liberte*. Paris: La Decouverte, pp.65～90.
Fanon, Frantz (1952/2008). *Black Skin, White Masks*. Translated by Charles L. Markmann. London: Pluto Press.
Fanon, Frantz (1961/2001). *The Wretched of the Earth*. Translated by Constance Farrington. London: Penguin.
Felman, Shoshana & Laub, Dori (1992). *Testimony: Crises of Witnessing in Literature, Psychoanalysis, and History*. London: Routledge.
Foucault, Michel (1997/2003). *Society must be Defended: Lectures at the College de France, 1975～76*. New York: Picador.
Foster, Gwendolyn Audrey (2003). *Performing Whiteness Postmodern Re/Constructions in the Cinema*. New York: State University Press of New York.
Frankenberg, Ruth (1993). *White Women, Race Matters: The Social Construction of Race*. Minneapolis: Minnesota University Press.
Frankenberg, Ruth (2001). "Mirage of an Unmarked Whiteness" in Brander Rasmussen, Brigit, Klinenberg, Erick, Nexica, Irene J. & Wray, Matt (eds), *The Making and Unmaking of Whiteness*. Durham: Duke University Press, pp.72～96.
Garner, Steve (2015). *A Moral Economy of Whiteness: Four Frames of Racializing Discourse*. London: Routledge.
Gilroy, Paul (1987). *There Ain't No Black in the Union Jack: The Cultural Politics of Race and Nation*, London: Hutchinson.
Gilroy, Paul (1997). "Scales and Eyes: 'Race' Making Difference" in Golding, Sue (ed.),

*Eight Technologies of Otherness*. London: Routledge, pp.189～195.
Hall, Stuart (1973). "Encoding and Decoding in the Television Discourse," *CCCS Stencilled Occasional Papers*, 7.
Hall, Stuart (1991). "The Local and the Global: Globalization and Ethnicity" in King, Anthony (ed.), *Culture, Globalization and the World System*. London: Macmillan, pp.19～40.
Hall, Stuart (1988/1996). "New Ethnicities," in Morley, David and Chen, Kuan-Hsing (eds), *Stuart Hall: Critical Dialogues in Cultural Studies*. London: Routledge, pp.442～451.
Haraway, Donna (1988). "Situated Knowledges: The Science Question in Feminism and the Privilege of Partial Perspective," *Feminist Studies* 14 (3), pp.575～599.
Hilberg, Raul (1961). *The Destruction of the European Jews*. New Haven: Yale University Press.
Hobson, Janell (2008). "Digital Whiteness, Primitive Blackness. Racializing the "digital divide" in film and new media," *Feminist Media Studies* 8 (2), pp.111～126.
hooks, bell (1992). *Black Looks: Race and Representation,* Boston: South End Press.
Lanzmann, Claude (1994). "Holocauste, la représentation impossible," *Le Monde*, 'Arts et spectacles' supplement, March 3, 1, VII.
Lanzmann, Claude and Mathilde Blottière (2015). "Claude Lanzmann: Le Fils de Saul est l'anti-Liste de Schindler," *Telérama*, 24 May, http://www.telerama.fr/festival-de-cannes/2015/claude-lanzmann-le-fils-de-saul-est-l-anti-liste-deschindler,127045.php.
Magnet, Shoshana Amielle (2011). *When Biometrics Fail: Gender, Race and the Technology of Identity*. Durham: Duke University Press.
Mbembe, Achille (2003). "Necropolitics." Translated by Libby Meintjes. *Public Culture* 15 (1), pp.11～40.
McIntosh, Peggy (1988). "Male Privilege and White Privilege: A Personal Account of Coming to See Correspondences through Work in Women's Studies," *Working Papers* 189. Wellesley: Center for Research on Women, Wellesley College.
Mercer, Kobena (1986). "Imaging the Black Man's Sex" in Holland, Patricia, Spence, Jo & Watney, Simon (eds), *Photography/Politics: Two*. London: Routledge, pp.61～69.
Mercer, Kobena (1989). "Skin Head Sex Thing: Racial Difference and the Homoerotic Imagination" in Bad Object-Choices (ed.), *How Do I Look? Queer Film and Video*. Seattle: Bay Press, pp.169～210.
Metz, Christian (1977/1986). *The Imaginary Signifier: Psychoanalysis and the Cinema*. Bloomington: Indiana University Press.
Mills, Charles (1997). *The Racial Contract*. Ithaca: Cornell University Press.

Mirzoeff, Nicholas (2011). *The Right to Look: A Counterhistory of Visuality*. Durham: Duke University Press.

Mirzoeff, Nicholas (2016). "Visualite et droit de regard: le cas de Black Lives Matter," Paper presented at the "Pour une iconographie politique des "dominés": objets, methodes, enjeux" seminar, organized by Maxime Boidy, Paris, January 15.

Mitchell, W. J. T. (2012). *Seeing Through Race*. Cambridge: Harvard University Press.

Rivette, Jacques (1961). "De l'abjection," *Cahiers du cinéma* 120.

Roediger, David (ed.) (1998). *Black on White. Black Writers on What It Means to Be White*. New York: Schoken Books.

Roediger, David (1991). *The Wages of Whiteness: Race and the Making of the American Working-Class*. New York: Verso.

Schneider, Rebecca (2011). *Performing Remains: Art and War in Times of Theatrical Reenactment*. London: Routledge.

Sedgwick, Eve Kosofsky (1990). *Epistemology of the Closet*. Berkeley: University of California Press.

Sivan, Eyal & Boggio, Ewanje-Epee Felix (2012). "Contre l'archive, pour l'archive: Entretien avec Eyal Sivan," *Poli – Politique de l'image* 6, pp.34~41.

de Sousa Santos, Boaventura (2010). *Descolonizar el saber, reinventar el poder*. Montevideo: Ediciones Trilce.

Sparks, Colin (1992). "Stuart Hall, Cultural Studies, and Marxism" in Morley, David and Chen, Kuan-Hsing (eds), *Stuart Hall: Critical Dialogues in Cultural Studies*. London: Routledge, pp.71~101.

Sullivan, Shannon & Tuana, Nancy (2007). *Race and Epistemologies of Ignorance*. New York: State University of New York Press.

Wajcman, Gérard (1998). *L'Objet du siècle*. Paris: Verdier.

Weaver, Andrew J. (2011). "The Role of Actors' Race in White Audiences' Selective Exposure to Movies," *Journal of Communication* 61 (2), pp.369~385.

# WHITE

# 머리말

이 책은 백인 서구 문화 속 백인의 재현에 대한 연구다. 백인 재현 연구의 개인적, 정치적, 방법론적, 개념적 이슈와 문제들을 주로 다룬다. 여기서는 이 책이 재현에 관한 내용임을 밝히고 책의 구성에 대해 간략히 설명하려 한다.

나는 재현에 초점을 둔다. 따라서 앞으로 이어질 내용이 진짜 백인이 어떠하고, 우리가 우리 자신에 대해 어떻게 느끼고, 다른 이들이 우리를 어떤 식으로 인식하는지를 직접 다루는 것은 아니다. 이러한 문제는 내가 인용할 다른 연구자들이 다루었지만,[1] 이 책의 직접적인 주제는 아니다. 이 책은 백인이 어떻게 재현되고, 우리가 우리 자신을 어떻게 재현하는가에 대한 것이다. 재현 연구의 일반적 공식을 사용하자면, 백인의 이미지 또는 백인에 대한 문화적 구성이라고 할 수 있다. 한편으로, 무엇이 어떻게 재현되었는가는 우리가 무언가를 생각하고 느끼고 이해하는 수단이다. 재현 연구는 현실에 대한 연구보다 더 제약을 지니지만 우리가 현실에 대한 지식을 가질 수 있는 가장 주요한 수단 중 하나에 대한 연구이기도 하다. 그렇게 본다면 이 책은 백인을 이해하기 위해 우리가, 우리 모두가 이용할 수 있는 것을 가지고 한 연그다. 나는 민족들

1 백인 의식에 관한 논의로는 Frye, 1983; McIntosh, 1988; Roediger, 1991, 1994; Ware, 1992; Frankenberg, 1993을 참조하라. 백인에 대한 비백인의 인식에 대해서는 Malbert & Coates, 1991; (charles), 1992; hooks, 1992를 참조하라. (이 문헌들은 참고 문헌[1장]을 참조하라.)

에 대한 이해가 생산되는 것과 **이해**라는 단어가 지닌 지성적이고, 정동적이며 감각적인 무게 모두를 강조하고자 한다. 따라서 독자들이 여기에 없는 것, 예를 들어 백인에 관해 다른 피부색의 인종과 나눈 인터뷰 내용이나 백인의 역사적, 사회적 존재 양상에 대한 분석 같은 것을 기대하지 않았으면 한다. 한편으로는 뒤따를 내용이 '겨우' 재현에 대한 것만도 아님을 말하고 싶다.

두 가지 정도 짚어 두고자 한다. 첫째, 이 연구는 서구 문화 내에서 백인의 백인성 생산을 다룬다. 왜냐하면 백인은 다른 이들보다 훨씬 더 많이 자신과 다른 이들을 규정하는 데 통제권을 지녀왔기 때문이다. 둘째, 완전히는 아니지만 주로 시각적 재현(주로 사진)을 다룬다. 중세 이래 서구 문화에서 시각은 특권적 감각이었고 19세기 중반부터는 사진 미디어가 지식, 사상, 감정의 중심적이고 권위적인 수단이었다. 따라서 시각적인 것과 사진에 집중하는 것이 지닌 한계에 '겨우'랄 것도 없다.

이 책은 가장 일반적인 것에서 가장 특정한 것으로 나아가도록 구성되어 있다. 1장("백인성이라는 문제")은 연구와 관련된 일반적인 방법론적, 개념적 이슈들을 다룬다. 저자로서 내가 지닌 특수성을 위치 짓기 위해, 나와 백인성 관계에 대한 매우 특수한 이야기로 시작할 것이다. 백인성을 내 주체성으로 함몰시키려는 의도도, 내가 모든 백인을 대변하려는 것도 아니다. 다만 나는 지식이 그 지식을 생산한 사람과 독립적으로 존재한다고 믿지 않는다. 더욱이 백인으로서 말하는 위치란 오늘날 백인이 거의 지각하지 못하는 부분이고 백인성의 조건과 권력을 부분적으로 구성한다. 백인은 자신이 대부분의 경우에 백인성만을 대변한다는 사실을 인정하거나 알아차리지 못한 채 자신이 말하는 것에 대한 권위를 주장하고 획득한다. 이 책의 주요한 목적은 백인 권력의 위치를 들여다봄으로써 그것을 약화시키려는 것이다. 그렇다면 내가 바로 **이** 백인의 위치를 이야기하는 것으로 시작해야 할 것이다.

이후 1장에서는 정치적이고 방법론적인 이슈들과 이 책의 분석을 뒷받침하는 주요 개념 등 보다 순수하게 일반적인 틀을 다룬다. 이에 대해 '체화embodiment' 개념을 중심으로 구성했다. 체화란 신체가 지닌of the body 정신의 발휘가 아니라 신체 내에서의within the body 정신의 발휘에 대한 관념이며, 이때 신체는 기독교, '인종'과 제국주의 등에 의해 굴절되어 가시적인 백인을 규정하는 것이다. 2장("색 없는 유색 백인")에서는 백인 재현의 특정한 측면에 초점을 맞춘다. 예를 들어 한 사회 집단을 의미하기 위한 색의 사용과 흰색이 특정한 집단을 재현하는 데 사용되는 의미 등을 다룬다. 3장("세상의 빛")은 여전히 우리가 백인을 보고, 생각하고, 느끼는 일반적인 틀을 다루면서도, 사진과 영화 같은 특정한 미디어와 이 미디어들이 백인 얼굴과 관계를 맺어 온 역사적 발전 과정에 주목한다. 1장과 2장이 백인성이라는 것 자체에 초점을 둔 주제들을 다룬다면, 3장 "세상의 빛"은 중립적인 것 같지만 실제로는 사회적 차이의 깊은 영향을 받으며 형성되어 온 미학적 기술(특정한 미디어와 그 관습적 사용)을 들여다본다.

1~3장에서도 사례 연구(특정한 텍스트들)가 사용되지만, 집중적으로 다뤄지는 것은 마지막 두 장에서다. 4장("백인 남성의 근육")에서는 영화들(근육질의 스타가 나오는 모험 영화)을 다루는데, 이 작품들은 여러 장르로 분류될 수 있다(타잔과 람보 영화, 특히 1950년대 후반과 1960년대 초의 이탈리아 '페플럼' 영화). 5장("내가 할 수 있는 건 아무것도 없어, 아무것도!")은 매우 긴(15시간) 하나의 텔레비전 시리즈 〈가장 귀한 것*The Jewel in the Crown*〉을 다룬다.

이러한 종류의 작업에서는 일반화와 특수한 사례 사이, 이론적인 것과 경험적인 것 사이의 상호 작용이 있게 마련이다. 이론은 어떤 주어진 사례가 지닌 특수성과 까다로운 지점을 통해 검증되어야 한다. 마찬가지로, 어떤 문화적 산물도 오로지 자기 성찰적이고 정교한 종류의 이론적 구성물로서의 틀을 제외하고서는 이해되지 않는다. 나는 사례를 선별함에 있어 명시적이려고 노력했다. 왜 이 사례가 선택되었는가? 어떤 것의 사례인가? 마지막 장의 사례들은 더 일반적인 논의를 하는 장들에서 다뤄진 이슈를 살펴보게 해 주는 데 명쾌한 논거로 보이기 때문에 선택되었지만, 한편으로는 특정한 문화 생산과 소비를 대변하기도 한다. 나는 장르적 차원에서 두 가지 모두에 접근했다. 장르란 하나의 특정한 텍스트보다 폭넓으면서, 비록 방식의 차이가 있을지언정 생산자와 소비자 모두에게 인식되는 문화적 생산의 전통을 의미한다. 그런데 4장은 전형적인 텍스트 사례들을 살펴보며 하나의 장르(특정한 하부 장르)를 다룬 한편, 5장은 하나의 텍스트에 집중하며 그 텍스트를 읽어 내는 데 도움이 되는 장르를 전반적으로 참조했다. 논의되는 장르들은 계급과 젠더 모두와 관련 있는 다른 문화적 구성물을 시사하기도 한다. 나는 백인성이 절대 특정한 계급, 젠더, 또는 다른 사회 문화적 특징과 따로 존재할 수 없다는 것을 보여 주면서도, 이 특수성들을 횡단하며 존재하는 것을 관찰할 수 있기를 바란다.

내용이 전개됨에 따라 초점은 점차적으로 좁아져 마지막 장("하얀 죽음")에서는 종합적인 마무리 대신 책 전체를 가로지르는 하나의 주제인 백인성과 죽음의 관계를 다룬다. 방법론적으로, 이 장은 다른 장들과 조금 다른데, 하나의 이론적 논고나 사례 연구라기보다는 많은 영화를 독해하는 식이기 때문이다. 앞서 진행되었던 논의에 추동된 독해이자, 영화의 세세한 부분과 관련되어 전개되는 독해이지만, 덜 문화·역사적인 독해다. 동시대 백인 대중문화의 순간들에 묻어 있는 감정, 즉 백인성의 종말에 대한 감각을 파악하고자 한다.

# 1

# 백인성이라는 문제

인종적[1] 이미지는 현대 세계를 조직하는 데 핵심적이다. 지역들과 국가들이 물건을 수출하는 비용은 어느 정도인가, 국제 모임에서 누구의 목소리가 들리는가, 누가 공격하고 누가 공격당하는가, 누가 어떠한 일자리, 주거, 의료 보험과 교육 접근권을 갖게 되는가, 어떠한 문화 활동이 보조금을 받거나 팔리는가, 어떤 조건에서 신용을 얻는가 등등. 이 모든 것이 인종적 이미지와 떼려야 뗄 수 없는 관계를 갖는다. 세상의 실천들을 구성하는 무수히 많은 사소한 결정들은 항상 사람들의 능력과 가치에 대한 판단, 그들이 어떻게 생겼고 어디에서 왔으며 어떻게 말하고, 심지어는 무엇을 먹는가에 의거한 판단에 영향을 받게 되어 있다. 인종적 판단 말이다. 물론 인종은 이러한 것들을 좌우하는 유일한 요소가 아니며 세상에는 인종적 편견과 장벽을 뛰어넘기 위해 분투하는 많은 선한 이들이 있다. 그러나 인종은 분명히 어떠한 요소로, 늘 작동하게 마련이다. 또한 인종 그 자체는 사람들 사이의 본질적으로 대수롭지 않은 지리적/물리적 차이를 가리키기 때문에, 작동하는 것은 인종의 이미지다.

지난 수십 년간 인종적 이미지에 대한 분석들이 이루어져 왔다. 그 분석들이란 미디어 속 흑인이나 아메리칸 인디언의 이미지 연구부터 식

1 나는 이 부분에서 '인종race'과 '인종적racial'이라는 용어를 가장 흔하지만 문제적인 차원에서 사용한다. 즉 가시적으로 구별이 된다고 추정되고, 별개의 사회 집단이라고 추정되는 것을 지칭하는 용어로 사용한다.

민주의와 탈식민주의 텍스트 속 인종적 타자에 대한 물신주의의 해체 작업까지 이른다. 그러나 최근까지도 그러한 작업 중에 백인 이미지 연구는 존재하지 않았다는 점이 주목할 만하다. 실제로 인종에 관심이 있다는 말은 백인을 제외한 다른 인종의 이미지에 관심이 있다는 것을 의미했다. 그러나 인종은 백인이 아닌 사람들에게만 한정된 것이 아닐뿐더러, 비백인 이미지만이 유일한 인종적 이미지도 아니다.

이 책은 백인의 인종적 이미지를 다룬다. 백인의 문화적 생산에서 타 인종의 이미지에 대한 것이 아니라, 백인 문화 내에서 백인 스스로의 이미지에 대한 것이다. 이 작업은 그저 선행 연구의 공백을 메우려는 것이 아니다. 백인의 인종적 이미지를 바라보거나 계속 간과하는 데 뭔가 위태로운 지점이 있기 때문에 연구를 시작하게 되었다. 인종이 오로지 유색인에게만 적용되는 한, 백인이 인종적으로 보이지도 명명되지도 않는 한, 그들/우리는 인간 규범human norm으로 기능한다. 다른 사람들은 인종이고, 우리는 그냥 인간이다.

'그냥' 인간이라는 것보다 더 강력한 지위는 없다. 권력을 주장한다는 것은 인류의 공통성을 대변해 주창하는 것이다. 인종화된 사람들raced people은 그렇게 할 수 없다. 인종화된 사람들은 오로지 자신들의 인종을 대변해 말할 뿐이다.[2]

2 섯 잴리Sut Jhally와 저스틴 루이스Justin Lewis는 중산층 아프리카계 미국인 가족 이야기로 큰 인기를 끈 TV 시트콤 〈코스비 가족*The Cosby Show*〉에 대한 연구에서 시청자들이 계속해서 등장인물들의 흑인성을 인식하면서도 '저 인물들을 그냥 인간이라고 생각'하기도 한다는 점에 주목한다. 다시 말해 등장인물들은 자기 인종만을 대변하지 않는다는 것이다. 잴리와 루이스는 등장인물 가족이 "백인 텔레비전의 일상적이고 일반적인 세계," 즉 본질적으로 중산층의 세계에 순응하기 때문에 이러한 인식이 이루어졌다고 주장한다(1992: 100). 코스비 가족은 흑인임에도 **불구하고** '평범'하다. 코스비 가족의 사회경제적 지위가 상승함에 따라 대부분의

그러나 인종화되지 않은 사람들에게는 가능한 일이다. 어떤 한 인종의 이익을 대변하지 않기 때문이다. 백인을 인종화하는 데 그 핵심은 그들/우리를 권력의 위치로부터 몰아내고, 더불어 모든 불공평, 억압, 특권, 고통도 몰아내는 것이다. 그들/우리가 세계 안팎에서 말하고 행동하며 지녔던 권력을 약화시킴으로써 말이다.

백인이 비인종적이라는 의미는 서구 백인의 말하기와 글쓰기의 관습에서 백인성에 대한 언급이 부재하다는 사실에서 가장 뚜렷하게 드러난다. 우리(백인)는 가령 친구, 이웃, 동료, 손님이나 고객의 흑인성이나 중국인성Chineseness에 대해 말하곤 하며, 그 태도는 더없이 친밀하고 너그럽기도 하다. 그러나 우리는 우리가 아는 백인의 백인성에 대해 언급하지는 않는다. 한물간 백인 코미디언은 종종 이렇게 농담을 시작하곤 한다. “어떤 놈bloke이 길을 가다가 흑인 녀석geezer을 만나지.” 그가 ‘녀석’은 물론 ‘놈’에 대해서도 인종화하려는 의도는 없었을 것이다. TV나 영화 시놉시스들에서도 “한 경찰과 그의 흑인 조력자가 강도 사건을 수사하는 코미디 이야기,” “스킨헤드 조니와 그의 아시아인 연인 오마르가 빨래방을 차린다,” “유망한 북아메리카 원주민 감독의 장편 영화” 등과 같은 식으로 단어를 낭비한다. 서구의 모든 백인이 늘 이렇게 하기 때문에 실제 예시들을 인용하면 누군가의 심기를 불편하게 할 것이다. 그러므로 내가 쓴 글로 예를 들어보겠다. 나는 레즈비언과 게이 스테레오타입에 대한 논문(Dyer, 1993a)에서 퀸과 다이크dyke처럼 한 유형에 여러 변형이 있을 수 있다는 사실을 다뤘는데, 이와 관련해 영화 〈아이린*Irene*〉의 ‘패션 퀸fashion queen’과 〈카

실제 아프리카계 미국인들을 주변화시킴으로써 ‘평범’한 가족으로 수용될 수 있다. 시트콤에서 아프리카계 미국인의 실상이 다루어졌다면 등장인물들은 ‘그저 인간’으로 인식되지 않았을 것이다.

워시Car Wash〉에 나오는 '블랙 퀸black queen'을 비교했다.[3] 전자에서는 백인 이미지가 인종화되지 않은 반면 후자의 모든 변주는 그의 인종으로 환원되었다. 더욱이 이것은 그 논문에서 언급된 유일한 유색인 이미지인데, 그렇다고 해서 다른 이미지들이 모두 백인이라는 점을 짚어 주지도 않았다. 이 문단에 제시된 다른 백인 예시들과 마찬가지로, 패션 퀸은 인종적 차원에서 그저 인간으로 여겨진다.

백인이 그저 인간이라는 가정은 백인 문화에 만연해 있다. 이 가정은 곧 백인은 인간인 반면 다른 피부색을 지닌 이들은 다른 무언가라고 말하는 것과 다르지 않다. 이와 관련해 스스로 인종 차별주의자나 백인 우월주의자가 아니라고 생각하는 이들을 향한 날카로운 비판이 있어 왔다. 예를 들어 벨 훅스는 백인 자유주의자들이 그들의 백인성이 관심을 받을 때, 즉 유색인들이 그들을 백인으로 볼 때, 얼마나 놀라고 분노하는지에 주목한다.

> 그들은 차이를 강조하는 모든 보기의 방식이 보편적 주체성('우리는 모두 그냥 인간이다')에 대한 자유주의적 신념을 전복시킨다고 믿기 때문에 분노한다. 그들은 '같음sameness'의 신화에 대해 깊은 감정 이입을 한다. 그들의 행동이 그들이 누구이고 어떻게 생각하는지를 알려 주는 기호로서 백인성의 우월성을 반영하는 그 순간마저도 말이다(hooks, 1992: 167).

3 〈아이린〉(1926)에는 백인 게이 캐릭터인 마담 루시가 나오고, 〈카 워시〉(1976)에는 흑인 게이 캐릭터인 린디가 나오는데, 둘 다 여장을 하는 '퀸'이다. 다이어는 해당 논문에서 이 둘의 사진을 '패션 퀸'과 '블랙 퀸'으로 명명하여 한 페이지에 싣고 서술하면서, 린디는 인종적 차이의 예시로 제시했다. — 옮긴이

유사하게, 헤이즐 카비는 백인 교실에서 흑인 텍스트를 사용하는 것에 대해 논의한다. 다문화주의라는 기호하에 이는 '(백인) 독자/학생이 (흑인) 타자와의 관계 속에서 자아를 구성하는 데 있어 응답의 복잡성'에 주목하는 것으로 마무리되곤 한다. 카비는 우리가 "사회 질서 속 모든 이들이 인종화된 주체로서 우리의 정치적 상상 속에 구성되어 왔다"는 것을 인식해야 한다고 말한다. 그럼으로써 우리는 "우리가 차이를 인식하는 (백인 관점의) 지점인 규범적 존재 상태에서 비가시적이라고 여겨졌던 것을 가시적으로 만들기 위해" 흑인성뿐만 아니라 백인성을 고려해야 한다(Carby, 1992: 193).

백인 담론(즉 지배 담론)에서 인종적 위치로서의 백인성의 비가시성이란 백인성의 편재성과 동일한 의미다. 내가 앞서 이 책이 그저 인종적 이미지 분석의 공백을 메우는 것을 추구하는 것이 아니라고 했을 때, 나는 백인에 대한 논의가 부재하다는 관념을 재생산했다. 사실 대부분의 경우에 백인은 백인 외에는 아무것도 이야기하지 않으면서, 그것을 일반적인 '인간'의 차원에서 말해 왔다. 책, 박물관, 언론, 광고, 영화, 텔레비전, 소프트웨어 등에 관한 연구들은 서구 재현 속에서 백인이 압도적으로 그리고 불균형하게 두드러졌고, 백인이 중심적이고 세련된 역할들을 맡아 왔으며, 무엇보다 규범, 정상, 기준의 자리에 놓여 있었다는 것을 끊임없이 보여 준다.[4] 재현 속에서 백인은 어디에나 있다. 그러나 바로

4 예를 들어, Bogle, 1973; Hartmann & Husband, 1974; Troyna, 1981; MacDonald, 1983; Wilson & Gutiérez, 1985; van Dijk, 1987; Jhally & Lewis, 1992 (58ff); Ross, 1995를 보라. 대체로 연구들은 비백인이 과소 재현되거나, 텍스트상에서 주변화되거나, 이탈적이거나 문제적인 존재가 되는 양상을 다룬다. 미국의 최근 연구들은 (다른 인종적으로 주변화된 집단 말고) 아프리카계 미국인이 미디어에서 점차 많이 재현되어서 실제 인구 비례보다도 많다고 말한다. 그러나 중심적인 등장인물만 따져 보면 이 숫자는 급격하게 떨어진다.

이 때문에, 즉 규범으로서의 위치 때문에 백인은 그들 스스로에게 백인으로서 재현되지 않고 젠더, 계급, 성 정체성, 장애 여부에 따라 다양하게 재현되어 온 것으로 보인다. 다시 말해, 인종적 재현의 차원에서 백인은 특정한 인종이 아니라 그저 인간이라는 종human race이다.

우리는 현재 우리가 다양한 정체성, 혼종성, 탈중심성과 분열의 세계에 살고 있다는 이야기를 종종 듣는다. 계급, 젠더, 인종, 섹슈얼리티의 차원에서 단일한 정체성에 대한 오래된 환상은 깨지고 있다. 어떤 이는 흑인**이면서** 게이**이자** 중간 계급**이고** 여성일 수 있다. 우리는 양성적이거나, 다성적이거나, 무성적일 수도 있고, 혼혈이고, 젠더적으로 모호하며, 계급은 더 모호할 수도 있다. 그러나 우리는 백인과 백인의 문화적 의제가 우세하지 않은 상황까지는 도달하지 못했다. 미디어, 정치, 교육은 여전히 백인의 손에 놓여 있고, 인류를 대변한다고 주장하면서도 (때로는 진짜로 그러기를 지향하면서도) 백인을 대변한다. 수많은 탈근대적 목소리가 부상하는 것에 반하여, 우리는 미국의 뉴스 전파, 대중 TV 프로그램, 할리우드 영화의 지속적인 지배력 속에서 세계 문화의 동질화를 향한 길항의 경향성도 존재한다는 것을 알아야 한다. 탈근대적 다문화주의는 서구 백인의 권력에 도전하며(Owens, 1983 참조) 진정으로 타자들의 목소리를 위한 공간을 열어 주었겠지만, 동시에 다문화주의는 자신을 둘러싼 모든 차이들을 즐거이 바라보는 백인을 위한 쇼side-show로 기능하기도 한다.[5] 우리는 (백인) 헤게모니가 없는 진정한 혼종성, 다양성

5 〈크라잉 게임*The Crying Game*〉(영국, 1992)이 한 예라고 할 수 있다. 이 영화는 젠더, 인종, 국적, 섹슈얼리티 등 정체성의 혼종적이고 유동적인 본질을 흥미롭고도 너그러운 시선으로 바라본다. 그러나 이 모든 것은 어리둥절하면서도 궁극적으로는 도전받지 않는 이성애 백인 남성의 시선에 맴돈다. 이는 이성애성, 남성성, 백인성의 교차점에 있는 이들의 위치를 혼종적이거나 유동적일 필요 없는 한 집단의 위치로 재차 새겨놓는다.

을 향하고 있다. 그곳은 우리가 도달하고 싶은 곳이지만 아직 도달하지 못했을뿐더러 백인성, 그리고 백인성의 권력과 특수성, 한계성이 제자리를 찾고 지배를 멈추는 것을 보기 전까지는 도달하지 못할 것이다. 이것이 바로 백인성 연구가 중요한 이유다.

백인성을 백인성으로서 연구해야 한다. 간혹 '백인 종족성white ethnicity'이 주목받기는 하지만(예를 들어 Alba, 1990), 이것은 항상 영국, 이탈리아, 폴란드 또는 가톨릭, 유대교, 폴란드계 미국인, 아일랜드계 미국인, 가톨릭교 미국인 등의 문화적 뿌리에 근거한 하나의 정체성을 의미한다. (비록 이들 중 몇몇이 좀 더 견고한 백인의 위치에 있다고 해도) 이들은 백인 종족성의 변형들이고, 그들에 대한 탐구는 백인성 그 자체에 대한 고려로부터 멀어지곤 한다. 존 입슨John Ibson(1981)은 미국 백인 종족성에 대한 연구에서, 폴란드인, 가톨릭교인, 아일랜드인이라는 정체성은 생각보다 백인 미국인에게 별로 중요하지 않을 수도 있다고 말한다. 그러나 백인이라는 정체성은 중요하다.

이 장의 나머지 부분은 백인성을 보기 위한, 그리고 뒤따르는 장들을 이해하기 위한 일련의 맥락을 제공한다. 나는 나 자신이 백인성과 어떤 관계를 맺고 있는지, 백인으로서의 나 자신에 대한 감각에 대한 고찰로부터 시작하려 한다. 문화적으로 소외된 이들이 자신의 말하는 위치를 인식하는 것은 보편적인 것이 되었다.[6] 그러나 문화적 헤게모니의 위치를 차지한 이들은 별생각 없이 자신이 말하는 바가 중립적이며 어느 특정한 위치성을 지니지 않는다고 여기곤 한다. 즉 인종화되지 않은 인간인 것이다. 후술하겠지만, 이처럼 위치 지어지지 않고non-located 체화

6 '상황적 지식situated knowledge'에 대한 페미니즘 이론이 대표적이다. Harding, 1987; Haraway, 1990을 참조하라.

되지 않은 지식의 위치에는 무언가 특별히 백인적인 것이 존재한다. 그렇기에 그것을 백인으로서의 특수한 경험 속에 위치 짓고 체화시킴으로써 백인성의 지배력을 깨트리는 것이 중요하다.

바로 이어질 내용은 백인성 연구의 정치학에 대한 소고라고 할 수 있다. 나는 왜 백인성 연구가 ('백인성을 낯설게 만드는' 작업으로서) 이루어져야 하는지, 그리고 그것이 수반하는 위험성은 무엇인지를 제시하고자 한다. 나는 언어의 문제, 특히 백인성 연구에서 '백인'이라는 범주로부터 배제되거나 억압받는 사람들을 지칭하기 위해 어떤 용어를 사용해야 하는가를 고민한다. 뒤이어 방법론적인 이슈가 논의될 것이다. 그리고 백인성에 대한 일반적 관점에 대한 보다 긴 내용으로 마무리하고자 한다. 그 관점이란 기독교, 인종, 진취성과 제국주의의 자취 속에 있는 체화의 개념을 통해 형성된 것이다.

## 백인 남성으로서

헬렌 (찰스)Helen (charles)는 성정치학의 백인성을 다룬 논문에서, 내가 쓴 논문을 언급하며 다음과 같이 말한다. "나는 백인이 자신이 백인인 줄 아는지 궁금해지곤 한다. 리처드 다이어는 알고 있을 것이다"(1993: 99. 또한 (charles), 1992 참조).

그녀의 말에 나는 생각에 잠긴다. 나는 왜 백인성에 대해 쓰는 걸까? 그럴 필요가 있다고 생각했기 때문에 시작했고, 시작했을 때는 아무도 하고 있지 않다고 생각했다. 그러나 이것 자체가 백인성에 대해 쓰는 행위의 선행 조건을 설명해 주지는 않는다. (찰스)는 그 선행 조건을 백인이라는 것에 대한 지각이라고 말한다. 서구에서 백인에게 백인이라는 점이 별로 문제적이지도 않고 자기 정체성의 한 부분으로 의식되거나 성찰되지 않는다는 점을 미루어볼 때, 왜 나는 백인 정체성을 의식하게 된 것일까?

이에 대해 완전히 설명할 수 있는 척하지는 않으려고 한다. 다른 사람들은 별로 관심이 없을 아주 개인적인 특징과 얽혀 있기 때문이다. 그러나 백인으로서의 나 자신에 대한 감각을 설명해 줄 내 개인적/문화적 경험을 거슬러 올라가 본다면, 다음과 같이 요약해 볼 수 있다. 나는 아주 어릴 때부터 유색인들을 좋아한 것 같다. 그건 일종의 유대감이었다. 그런데 어떤 이유에서인지 내가 그들과 같은 종족kin이 아니라는 것을 새삼스레 깨달았고 그로 인해 내가 백인이라는 것을 제대로 깨달았다.

어머니는 최근 나에 대한 이야기를 들려주었는데, 지금껏 듣지 못했던 이야기였다. 나는 1940년대 후반부터 1950년대 초반까지 런던 교외에서 자랐다. 그곳은 영국에서 비교적 유색 인종이 적은 지역이었다. 당시 나는 유치원에 다녔다. 어느 날 한 흑인 소년이 우리 반에 왔는데, 다른 아이들이 그를 무자비하게 놀려 댔다. 그러나 나는 그 애 편을 들었고, 선생님에게 내가 그의 친구가 되어 줄 것이라고 말했으며, 우리 집에 초대하기도 했다. 나는 이 일을 기억하지 못하므로 내가 당시 어떤 감정이었는지 말하긴 어렵고 단지 짐작할 뿐이다. 유치원에 다니는 것이 매우 행복했지만, 유치원에서 나는 우스운 꼬마 아이로 여겨졌던 것이 기억난다. 내가 장난감 총이나 자동차보다는 인형이나 꽃을 갖고 놀기를 더 좋아했기 때문이었다. 이유는 다를지라도, 그 흑인 소년도 다른 아이들과는 달랐기 때문에 내가 그에게 친밀감을 느꼈던 것일 테다.

내가 기억하지는 못하지만 청소년 후기가 되어서 의식적으로 생각해 낸 사건을 다시 이해해 보려고 한다. 여기서 주요 인물은 같은 학교의 유대인 소년으로, 대니 마커라고 부르겠다. 나는 런던의 유대인 동네

였던 골더스 그린에 대니와 그의 가족들을 보러 종종 가곤 했다. 그때쯤 나는 내가 동성애자인 것을 알고 있었고 대니와 그의 가족을 부러워했다. 대니네 또한 퀴어들처럼 눈에 잘 띄지 않고 억압받는 소수자였지만, 우리와는 다르게 그들은 멋지고 따스한 커뮤니티와 문화를 갖고 있었고 그들에 대한 억압이 잘못된 것이라는 사실도 사회적으로 인식되고 있었다. 지금의 나는 유대인들과 퀴어들 사이, 민족적 차별과 성적 차별 사이의 유비 관계를 만드는 것이 지적으로나 정치적으로 문제라고 생각한다. 그러나 지금 내가 말하는 것은 그 당시의 내가 어떻게 느꼈는가다. 나는 대니의 민족성이 부러웠고 그 일부가 되어서 진짜 편안함을 느끼고 싶었다. 그러나 내가 유대교식으로 도축된 고기를 대접받을 때나 대니가 안식일이라서 밖에 나오지 못하는 때면, 나는 내가 유대인이 아님을, 여기에 속하지 않음을 깨달아야 했다.

당시라면 나는 내가 비유대인이거나 백인이라서가 아니라 퀴어이기 때문에 그런 거라고 말했을 것이다. 여기서 성애적 차원에 대해 좀 더 말해야겠다. 나는 대니를 좋아했다. 유색인에 대한 내 감정은 때로 성애적인 형태가 되곤 했다. 백인의 외설에 대한 담론은 이성애자에 대한 것이든 게이에 대한 것이든 백인이 유색인에게 원초적으로 끌리는 감정을 상정한다. '너는 큰 성기를 좋아하니까 흑인에게 끌리는 것일 뿐이야'라는 식이다. 내가 유색인 남성에게 갖는 감정의 성애화는 항상 내 인종에 대한 인식에 강렬하고 가슴 저미는 느낌을 주었다. 그러나 나는 이것이 내 문화적 삶의 많은 측면에서 나타날 뿐만 아니라, 특히 유색인 여성과 남성 사이의 우정에도 존재하는 더 넓은 감정의 성애화라고 믿는다. 여기서 유색인 남성과의 낭만적이고 섹슈얼한 조우만큼이나 중요한 것은 게이와 소수 민족 간의 감정적 연결이다.

대니가 나를 좋아하지 않는다는 걸 알았기 때문에 나는 내가 대니의 세계에 더 통합되어 가는 상상을 멈춰야 했다. 내 감정은 그저 부러움에 머물렀다. 훗날 나는 혼혈 게이 정치 그룹에 참여하고 아프리카계 미국인과 사귀는 경험을 하면서, 유색인과 함께하고 싶은 욕망과 또 동시에 내가 백인이기에 절대로 그렇게 되지 못할 것이라는 인식을 강렬히 느꼈다. 이것은 내가 춤추던 순간 확고해졌다. 1980년 뉴욕에 살면서 나는 흑인 친구들과 흑인들의 장소에 춤추러 많이 갔고, 늘 흑인 음악이 나오는 라디오를 틀어놓았다. 그보다 더 빠져 있을 순 없었다. 어느 혼혈 파티에서 우리는 TV 시리즈 〈소울 트레인*Soul Train*〉[7]에 나오는 장면을 따라 대형을 만들어 춤추기 시작했다. 서로 바라보는 두 줄을 만들어 그사이에서 차례대로 춤추는 방식이었다. 나는 춤과 펑크를 사랑했기에, 그 줄 사이에서 춤출 때보다 더 처절히 내가 백인임을 느낀 적이 없었다. 물론 이건 내 스테레오타입이다. 나는 춤을 못 추는 흑인도 많다는 것을 안다. 몸의 느슨함과 긴장에 대한 감지가 정확한 것이 아니라는 것도 안다. 그럼에도 내 생각에는 그 순간 내게 흑인은 모두 느슨해 보였고 나는 긴장한 것 같았다. 백인성이 긴장, 자기 통제, 자의식, 그리고 몸보다는 정신과 관련된다는 개념은 뒷부분에서 더 다룰 것이다. 춤추면서 그걸 느꼈고, 싫었다. 그 자체가 싫었다기보다는 내가 원했던 흑인과의 유대감을 내 팔다리에 가지지 못한다는 것이 싫었다.

이것은 내가 왜 백인으로서 스스로를 민감하게 의식하게 되었는지를 말해 줄지도 모른다. 그러나 내가 이를 어떻게 느끼는지를 알려 주지는 않는다. 알려 준다고 하더라도 내가 백인으로서 자기 인식을 싫어하고 그에 분개했다는 정도일 것이다. 그러나 이것은 사실이 아니고 그랬던 적이 없

7 1971년부터 2006년까지 방영된 미국 음악 프로그램으로, 주로 R&B, 소울, 댄스, 힙합 장르를 다루었다. — 옮긴이

다. 우선 나는 늘 내가 어느 편에 서야 하는지 안다. 나는 내가 입국 심사 때 오래 붙잡혀 있지 않을 것을 안다. 나는 가게, 은행, 식당에서 정중한 대접을 받을 것을 안다. 나는 계급도 젠더도 모두 유리하기에 내가 현재 좋은 직업과 근사한 집을 갖고 있다는 사실이 놀랍지 않으며, 이를 절대 거부하지 않을 것이란 사실도 안다. 그리고 유대인, 흑인, 인디언의 문화적 형태에 대한 내 사랑이 견고한 와중에도 내 문화적 취향은 기꺼이 백인스러운 것, 특히 이 책에서 논의할 것들을 받아들인다. 영화 속 눈부시게 밝은 백인의 얼굴, 반짝이는 백인 남성의 근육질 몸, 〈가장 귀한 것*The Jewel in the Crown*〉의 다소 부담스러운 백인 멜랑콜리아 같은 것들.

나는 백인 인종주의에도 면역되어 있지 않다. 인종주의는 내가 방심했을 때, 예상치 못하게 찾아온다. 주로 내가 운전할 때, 즉 내가 가장 긴장해 있으면서도(운전은 극도로 위험하다) 가장 산만할 때(딴생각하고 음악은 흘러나오고). 만약 어떤 차가 갑자기 옆으로 빠져나가 비키라고 깜빡이를 켜는 데 내가 이미 제한 속도를 넘어서 운전한다면, 그런 순간에 인류에 대한 독선적인 경멸과 절망이 나도 모르게 차오른다. 그 운전자를 보게 되고 인종 및 젠더와 운전 실력 사이의 상관관계를 떠올린다. 그 상관관계가 너무나 쉽게 떠오른다는 사실에 늘 충격을 받곤 하지만, 다음에 같은 순간이 찾아와도 여전히 그렇게 된다.

이에 대해 두 가지를 말하고 싶다. 첫 번째는 그 사람의 인종이나 젠더가 무엇이든 상관관계를 만든다는 것이다. 실로, 운전을 잘하지 못하는 백인 남성에 대한 내 경멸은 다른 어떤 범주의 사람에 대한 것보다 강하다. 이것은 부분적으로는 내가 마음속으로 이 상관관계를 고치려고 하지 않기 때문이기도 하다. 나는 백인 남성성이 위협적인 존재라고 생각하는 것이 부끄럽지 않다. 이와 같이, 내가 그 사람의 성적 지향성을 알아낼 수 있다면, 멍청한 게이 남성의 운전 실력을 탓한다든지 하는 식으로 또 상관관계를 만들어 낼 것이다. 두 번째로, 나는 그런 생각이 반인종주의라는 허울 뒤에 숨어 있는 '진짜 나'라고는 생각하지 않는다. 인종주의적 생각은 내가 만들어 낸 것이 아니라, 우리 모두가 살고 있는 문화적 무의식의 일부다.[8] 우리는 그에 대한 책임을 져야 하지만, 그 책임이란 인종주의를 비난하는 것에 대한 책임과는 다르다. 그러나 내가 서술했던 유대감의 맥락에서 그러한 충격을 경험하는 것은 결국 내가 백인이라는 느낌에 더욱 압박을 가한다.

인종주의에 대한 내 논의가 시사하듯, 우리가 어떻게 생각하고 느끼는가는 당장에는 지극히 개인적인 것으로 체험되지만, 각자에게 고유한 것만은 아닌 문제들로 구성되어 있다. 지금까지 나는 주로 개인적인 차원에서 이야기했다. 이는 내가 글을 쓴다는 사실, 다시 말해 바로 백인 남성이 백인성의 재현에 대해 글을 쓴다는 사실을 설명해 줌과 동시에 감정이 자리 잡아가는 과정을 재구성하려는 시도였다. 그러나 이 자체는 두 가지 더 큰 맥락에 놓일 수 있다. 게이 문화와 정체성 정치다.

비록 나는 게이라는 것과 유대인 또는 흑인이라는 것 사이의 연결 짓기를 순전히 개인적인 인식으로서 경험했지만, 게이 문화를 슬쩍만 보아도 이게 놀라운 일은 아니라는 것을 알 수 있다. 디스코 음악은 블랙 펑크에 뿌리내리고 있다. 동성애자와 유대인 유머는 아이러니와 자기 비하라는 차원에서 많은 유사성을 갖는다. 게이, 유대인, 심지어는 매우 많은 흑인 스토리텔링이 지속적으로 (이성애자로서의, 비유대인으로서의, 백인으로서의) 패싱passing[9]의 서사로 되돌아간다. 더 복잡하게는 앙드레 지드André Gide

8 마찬가지로 루스 프랑켄버그와 라타 마니Lata Mani는 현재 영국과 미국에서 식민주의적 이미지가 여전히 그리고 무의식적으로 다루어지고 있음을 논의한 바 있다(1993: 297~300).

9 다른 정체성 집단에 속하는 것처럼 행동하는 것을 말한다. — 옮긴이

나 E. M. 포스터E. M. Foster[10] 같은 백인 게이 남성과 아랍계나 인디언계 남성의 관계 같은 매우 문제적인 관계도 섹스 관광이나 착취뿐 아니라 상호 인식과 발견의 차원에서 이해될 수도 있다(Bakshi, 1994 참조).

둘째로, 최근 백인성에 대해 백인이 쓴 글들이 정체성 정치라고 불리는 영역, 즉 페미니즘(Frye, 1983; McIntosh, 1988; Ware, 1992; Frankenberg, 1993), 노동사(Saxton, 1990; Roediger, 1991, 1994), 레즈비언과 게이 연구(Hart, 1994; Davy, 1995, 최근 업적)에서 나왔다는 게 놀랍다. 각 저작은 젠더, 계급, 섹슈얼리티의 차원에서 정의된 집단의 요구와 권리를 지지하는 데 기반을 둔다. 그러한 지지에 있어서 핵심적인 것은 여성, 노동 계급, 레즈비언, 게이 남성 등 사회 집단과의 일체감을 구축하는 것이다. 이는 서두를 뗄 때 가장 두드러진다. '여성으로서……,' '노동 계급으로서……,' '레즈비언으로서……'와 같은 문구는 뒤에 이어질 집단의 시각이라고 주장하는 관점을 진실로 인증해 주는 역할을 한다. 그러나 정체성 정치의 역사에서 유색인, 노동 계급 여성, 레즈비언과 게이의 목소리가 점차 강해지고 있으며, 이들은 전적으로 '~로서'와 같은 주장을 통해서만 스스로를 인식하지 않는다. 그러한 주장의 많은 경우는 줄곧 백인 여성, 백인 노동 계급, 백인 레즈비언과 게이의 것으로 여겨지게 되었다. 그 결과는 이러한 운동 안에 있던 백인을 우리의 인종적 특수성으로 끌고 와, 백인성에 대한 백인의 성찰을 가능케 한다.

10 앙드레 지드는 북아프리카와 아랍을 여행하는 과정에서 청교도 관습에서 벗어나고 자신의 동성애 성향을 알게 된 것으로 알려져 있다. 그의 소설 《배덕자*L'Immoraliste*》(1930)에는 아랍 소년들에게 끌림을 느끼는 남성 화자가 등장하기도 한다. 한편 E. M. 포스터의 마지막 소설인 《인도로 가는 길*A Passage to India*》(1924)은 인도에 대한 페티시즘적 묘사를 담았다는 비판을 받는다. — 옮긴이

## 백인성 보기의 정치학

> 나는 텔레비전을 켜거나 신문 1면을 보며 나와 같은 인종의 사람들이 널리 재현된 것을 발견할 수 있다.
>
> 내가 원한다면, 나는 백인 특권에 대한 이 글을 발행해 줄 출판업자를 찾을 수 있다고 확신한다.
>
> 내가 체크카드를 쓰든 신용카드를 쓰든 현금을 쓰든, 내 피부색은 내 재정적 신용도를 보장해 준다.
>
> 내가 욕을 하거나, 중고 옷을 입거나, 편지에 답장하지 않을 때, 사람들이 이를 내 인종의 부도덕이나 가난이나 문맹 탓이라고 여기지 않을 것을 안다.
>
> 나는 내 인종 집단을 대변하도록 절대 요청받지 않는다.

위의 글은 페기 매킨토시의 "내가 성취하지 않았음에도 그저 태어난 사람으로서, 시민으로서, 양심적으로 법을 준수하는 선의의 일반인으로서의 덕성에 의해 내가 소유한다고 느끼는 마흔여섯 가지 특수한 경우와 조건"(McIntosh, 1988: 5~9) 리스트에서 선별한 것이다. 이것은 백인이 서구 사회에서 구조적으로 특권을 누리며 "공짜로 얻은 이익과 부여받은 지배력"을 향유하기 때문에 일어난다(같은 책: 14). 백인의 인종적 이미지를 분석하는 데 이러한 특권과 지배는 중요하다.

매킨토시의 논의는 백인이 백인으로서의 자신의 특권을 보지 못한다는 인식에서 출발한다. 백인의 특권은 "특별한 식량, 보험, 도구, 지도, 가이드, 암호첩, 여권, 비자, 옷, 나침반, 비상 장치, 백지 수표가 들어 있는 보이지 않고 무게도 없는 배낭"(같은 책: 1~2)과 같은 것이다. 이러한 자산의 비가시성은 백인성이 특수한 게 아니라는 감각, 백인 문화와 정체성이 아무 내용이 없다는 감각의 일부다. 이것은 루스 프랑켄버그의 백인 정체성 연구에서 인터뷰한 백인 여성들이 가장 공통적으로 표현한 감정이다. 루스는 "많은 여성들이 '우리는 문화가 없다'고 말했다"(Frankenberg, 1993: 192)고 한다. 문화, 독특한 정체성, 그중에서도 피부색은 정체성에서 부가물로 여겨지는 것으로, 그 자체로는 독특하거나 색이 없는, 즉 '특색flavour'이 없다고 여겨진다(같은 책: 197). 한 여성(캐시 토머스)이 생생하면서도 재치있게 말한 바대로, "하인즈 57 같은 미국인,[11] 백인이고 계급이 모호한 미국인, 클리넥스의 나라 같은 미국인이라는 것은 그 자체로 형태가 없는 것이다"(같은 책: 191).

아무 내용이 없는 상태에서, 우리는 우리의 특권과 권력의 위치를 설명해 줄 그 무엇도 보지 못한다. 이 사실 자체가 우리가 그 위치를 안정적으로 차지하는 데 중요하다. 페기 매킨토시의 주장에 따르면, 백인은 자신이 하는 모든 일, 성취하는 모든 일은 좋은 것이든 나쁜 것이든 자신의 개성 차원에서 설명된다고 믿도록 가르침을 받는다. 우리가 우리 스스로 믿는 각자의 독특하고 성취적인 개성 때문이 아니라 그저 피부색 때문에 학교나 병원에서 어떤 직업, 좋은 집, 친절한 응답을 얻는 것일 수 있다는 걸 받아들이기란 어렵다.

그러나 이는 백인성을 들여다보는 것이 중요한 이유다. 서구에서 권력을 지닌 자들에게 백인성이 인간의 조건으로 여겨지는 한 백인성은 정상성을 규정하고 철저히 그 안에 자리 잡을 것이다. 내가 이 장의 앞부분에 제시했듯이, 백인과 인간을 동일시하는 것은 권력의 자리를 지

11 하인즈 57은 미국 하인즈 회사의 소스 제품으로, "57가지 종류의 피클 57 Varieties of Pickles"이라는 광고 문구를 통해 유명해졌다. 다양한 종류로 생산되는 것을 뜻하는 표현으로 사용된다. — 옮긴이

켜 준다. 백인은 권력을 쥐고 있으면서 자신들이 모든 사람처럼, 그리고 모든 사람을 위해서 생각하고 느끼고 행동한다고 믿는다. 백인은 자신들의 특수성을 보지 못하며 다른 사람들의 특수성을 고려하지도 못한다. 백인은 자신들이 세계의 지배적 이미지를 만들고도 자신들 고유의 이미지로 세계를 구성했다는 것을 알지 못한다. 백인은 자신들은 성공하고 다른 이들은 실패할 수밖에 없는 인류의 기준을 만든다. 이러한 일들이 고의로나 악의적으로 행해지진 않는다. 백인 내에서도 계급, 젠더, 그리고 다른 요인에 따라 권력의 엄청난 편차가 존재한다. 백인이 다른 이들과 교류할 때 호의적이지 않은 것도 아니다. 하지만 이러한 의도, 권력의 차이, 호의에 상관없이 백인의 권력은 재생산되며, 그 권력은 백인성이 아니라 정상성으로 보이기 때문에 불가항력적으로 재생산된다. 백인은 스스로를 백인으로서 보는 법을, 자신들의 특수성을 보는 법을 배워야 한다. 다시 말해, 백인성은 낯설어져야 한다.

이 작업은 정치적 필요성을 지니지만, 문제적인 정치적 감정 또한 수반한다. 이를 주의하기 위해 여기서 잠시 짚고 넘어가겠다. 첫째는 승인green light의 문제다. 백인성에 대해 쓰는 것은 백인에게 우리가 늘 이야기해 왔던 것, 즉 우리 자신에 대해 계속 쓰고 말할 수 있도록 허용해 준다. 어쨌든 최근 서구의 지식인, 교육자층에서는 백인 중심적인 문제의식의 지배성에 대한 도전과 그에 따른 비백인 문화 및 그들의 문제를 포함하려는 움직임이 있어 왔다. 그런 시점에 백인성을 주제로 삼는 것은 백인이 더 이상 비백인의 문제를 떠맡지 않아도 된다는 안도감을 허락할 위험이 있다.

이와 관련한 문제는 '피해자주의me-too-ism'다. 다시 말해, 비백인 주체에게 모든(진짜 **모든**인가?) 관심이 향한 가운데, 백인은 무시된다는 느낌이다. 피해자주의의 한 가지 버전은 관심 받고 싶다는 욕망, 백인의 경우에는 그 모든 관심을 되찾고 싶다는 소망이라고 할 수 있다. 두 번째 버전은 백인이라는 게 별로 큰 이점이 아니라는 거다. 우리 백인은 긴장 상태로, 우리 자신의 몸과 유리되어 있으며, 우리가 바라지 않았던 책임감까지 떠맡게 되지 않는가. 불쌍도 하여라. 세 번째는 백인 남성이 새로운 희생자 집단이라는 개념이다. 백인 남성은 크게 진전한 (인종, 남녀 등으로 인한) 차별 철폐 조치affirmative action에 억눌려, 직업도 못 구하고 여성도 못 만난다는 것이다. 이러한 관점과 관련해서 1993년 9월 5일 〈뉴스위크*Newsweek*〉에서 백인 남성 피해망상을 커버스토리로 다루기도 했다.

승인과 피해자주의는 페미니즘에 대한 일부 남성들의 반응과 공명한다. 여기에서 우리가 배울 교훈이 하나 있다. 백인성을 이야기하는 것이 '백인성 연구'의 발전으로 이어지고, 그리하여 백인성을 연구한다는 것이 마이크 필립스가 말하는 "백인 종족성의 주장, 백인 민족주의의 허용된 얼굴로 향하는 새로운 자기 확신"(1993: 30)의 한 부분이 될 것이라고,[12] 또는 필립 노먼Philip Norman(1992)이 유럽과 북미의 신흥 네오파시스트 정당뿐 아니라 캘빈 클라인과 하겐다즈 광고에서 발견한 1990년대 파시스트 기호fascist chic의 한 부분이 될 것이라고 생각하면 간담이 서늘해진다. 나는 백인성에 대한 관심이 백인이 자신의 백인성과 친해져야 한다고 생각하는 쪽으로 나아갈까 봐 두렵고, '강철 한스Iron John'[13]나, 억눌려 왔던

12 필립스는 D. W. 그리피스D. W. Griffith에 대한 TV 다큐멘터리와 릴리언 기시에 대해 쓴 내 논문을 맥락 삼아 이런 주장을 한다. 필립스가 내 논문에 대해 릴리언 기시의 백인성에 대한 '찬양'이라고 한 점은 부정확하지만 전반적인 그의 취지는 유의미하다고 생각한다.

13 '강철 한스'는 중세 독일의 동화로, 한 소년이 야수 같은 형상을 한 강철 한스를 만나 성인으로 성장하는 이야기를 담고 있다. 로버트 블라이Robert Bly의 《무쇠 한스 이야기*Iron John: A Book About Men*》(1990)는 현대 사회에서 권위를 잃어가는 남성성을 비판적 시선으로 바라보며 강철 한스와 같은 야성인으로부터 진정한 남성성을 찾으려고 한다. 이는 잃어버린 남성성을

야성을 되찾자는 '남성 운동'의 백인 버전으로 귀결될까 봐 우려가 된다. 백인성을 들여다볼 때 중요한 점은 백인성의 중심성과 권력을 회복시키는 것이 아니라 백인성을 그 중심성과 권력으로부터 떼어놓는 것이다. (하물며 남성 권력과 마찬가지로, 백인성을 과시할 필요도 없는데 과시하자는 것도 아니다.)

백인성을 이야기하는 세 번째 문제점은 죄책감이다. 늘 백인성을 이야기해 왔던 의식적인 인종주의자가 아니고서야, 백인에 대해 이야기하려는 백인은, 인종주의와 백인이 비백인에게 무엇을 했는가의 역사에 대해 예민한 이들일 확률이 높다. 우리 스스로를 백인으로 받아들이고 그 역사를 앎으로써 우리는 우리가 무엇을 해 왔고 여전히 하고 있는가에 대한 죄책감에 압도당하기 쉽다.[14] 죄책감은 가로막는 감정이 된다. 우리는 백인이 얼마나 끔찍한 짓을 해 왔는가를 인정하고 싶은 나머지 백인이 무엇인가, 특히 백인의 이미지가 어떻게 구성되어 왔고 그 복잡성과 모순성은 무엇인가를 살펴보지 못하게 된다. 모든 이미지 분석에 공통으로 나타날 이 문제는 백인에게 특히 더하다. 우리는 죄책감을 받아들이며 우리 스스로를 비판하겠지만, 이것은 그런 죄책감을 느낄 수 있는 영혼의 도덕적 순수함에 대한 증거다. 우리의 죄책감을 드러내는 일은 우리가 져야 할 십자가다.[15]

비록 백인성이 이성적인 비평 세례를 받긴 하지만, 그 과정에서 백인성은 편재하며 전능한 역사적 힘으로 떠오른다. 백인성은 미국에서 사

되찾자는 취지에서 이루어진 '신화를 만들어 내는mythopoetic 남성 운동'에 큰 영감을 준 것으로 알려져 있다. — 옮긴이

14 파스칼 브루크너Pascal Bruckner는 《백인 남성의 눈물*Le sanglot de l'homme blanc*》(1983)에서 자유 민주적 죄책감liberal guilt과 '3세계주의Third Worldism'를 논한다.

15 알래스테어 보넛Alastair Bonnett은 최근 백인이 한 백인성 연구 속에서 발견되는 탓하기의 담론과 관련된 주장을 한다.

회주의 발전의 실패, 인종주의, 인류의 빈곤에 책임을 지닌 것으로 보인다. 이러한 '탓'과 함께 새로운 종류의 중심화가 작동한다. 백인성, 그리고 백인은 역사적 변화의 주요한 요인이자 동시대 미국을 틀짓는 이들이 되어 버린다(Bonnett, 1996: 153).

다른 차원의 한 가지 정치적 문제는 백인이 아닌 사람들 또는 그들의 이미지를 언급할 때 어떤 용어를 사용해야 하는가와 관련된다. 대부분의 경우 너무 일반화된 범주를 포괄하는 지칭을 하고 싶지 않겠지만, 백인성의 특수성을 보려고 하는 현재의 맥락에서는 필요하기도 하다. 내가 선택한 단어는 비백인non-white이다. 이것은 그 부정성으로 인해 문제가 된다. 마치 백인이 아닌 사람들은 오로지 그들이 갖지 못한 특징에 의해 정체성을 갖는 것 같기 때문이다. 나는 다른 맥락에서 비백인이라는 단어가 사용되는 것을 보고 싶지 않다. 그러나 다른 두 가지 대안적 용어는 이 책의 목적에 더 큰 문제를 제기한다. 많은 이론가와 활동가에 의해 선호되는 용어인 '흑인Black'은 두 가지 단점이 있다. 우선 이 단어는 백인도 흑인도 아닌 많은 사람, 예를 들어 아시아인, 원주민, 치카노, 유대인 등을 배제한다. 두 번째로, 이것은 인종적 사고의 배경이 되는 '흑 대 백'의 이분법을 강화한다. 이 이분법을 몰아내는 것이 우리의 목적이다. 흑인은 백인의 인종적 이미지를 구성하는 데 특권적인 용어이고, 나도 그것을 고찰하려 한다. 그러나 백인성을 백인이 아닌 모든 사람과의 관계 속에서 보려고 하는 지금 '흑인'은 적절치 않다. 다른 선택지는 미국에서 많이 사용하는 (영국에서는 잘 통용되지 않지만) '유색인people of colour'이다. 나는 이 용어가 '흑인'이라는 용어가 배제하는 모든 사람을 포함한다는 점에서 그 관용성을 인정하지만, 그럼에도 불구하고 '유색인'은 어떤 사람들은 색이 있고, 다른 이들, 즉 백인은 색이 없다는 관념을 반복한다. 우리는 흰색도 다른 많은 색들 중 하나의 색으로 인식해야 한다. 그러나 우리가 계속 백인이 아닌 이들의 색을 암시하는 용어를 사용한다면, 인식의 전환은 불가능할 것이다. 결국 어쩔 수 없이, '비백인'이라는 용어를 쓰려고 한다.

정치적 접근은 또한 보다 명백하게 방법론적 질문을 알려 준다. 내가 처음으로 백인성의 재현에 대해 연구하려고 생각했을 때, 그간 비백인들에게 행해졌던 유형 분류 같은 것은 할 수 없겠다는 것을 금방 깨달았다. 백인성과 관련한 스테레오타입화에 종속되지 않는다는 것은 백인 문화에서 백인이 지닌 특권이기에, 백인에 대해서는 끊임없이 반복되는 제한적 이미지를 떠올릴 수가 없다. 백인은 젠더, 국가, 계급, 섹슈얼리티, 장애 여부 등의 측면에서 스테레오타입화되지만, 그중 가장 공공연한 것은 젠더와 국가다. 백인성은 인종을 제외한 모든 사회적 범주의 스테레오타입화된 정의를 식민화한다. 정상이거나, 또는 적어도 정상적으로 이탈적(퀴어, 장애인)[16]이려면, 백인이어야 한다. 백인성 속에서 백인은 개인으로 이미지화되거나 끊임없이 다양화되고 복잡하고 변화하는 것으로 이미지화된다. 또한 백인성에는 단계적 차이도 있다. 어떤 이들은 다른 이들보다 더 하얗다. 예를 들어 라틴계, 아일랜드인, 유대인은 앵글로, 튜턴인, 노르딕보다 그 하얀 속성이 덜 안정적이다. 실제로 하얀 유대인이라고 한다면, 홀로코스트 이래로 소수 지역의 아슈케나지Ashkenazi 유대인들에 한해서다.

16 퀴어의 백인성은 Hart, 1994, 장애인의 백인성은 Cumberbatch & Negrine, 1992: 74를 참조하라. (사적인 대화에서) 폴 다크Paul Darke는 장애의 재현에서 백인이 넘쳐나는 것은 백인을 인간 규범으로 상정하는 것 때문만이 아니라 장애와 관련된 다른 두 가지 요인 때문이라고 말했다. 가장 특권적인 이에게 최대 비극이 있는 "지구상에서 가장 나쁜 삶의 질"로 상상되어야 하기 때문이고, 백인이 개인으로서 재현되는 것이 더 우세한 상황에서 장애가 사회적으로 구성된다는 점은 감춰지기 때문이다.

백인 재현이 개인화되어 있고, 다채롭고, 단계적 차이가 있다는 특징은 백인 문화가 백인에게서 풍부한 인간 잠재력을 상상하는 데 성공했다는 의미는 아니며, 이러한 재현적 영역을 비백인에 대해서는 허용하지 않았다는 잘못이 있다. 백인 재현에는 특수성이 있지만, 그것은 스테레오타입이라기보다는 내러티브 구조적 위치, 수사적 비유, 인식의 습관 차원에서의 특수성이다. 모든 재현도 마찬가지다. 스테레오타입에 대한 분류학적 연구는 비백인 재현 연구의 초기 단계 수준에 머물렀다. 그러나 스테레오타입화는 복잡하고 모순적이긴 해도(Perkins, 1979; Bhabha, 1983; Dyer, 1993a) 종속적 사회 집단의 재현을 특징적으로 보여 주고, 그들 집단이 범주화되어 그 영역을 지키게끔 하는 수단 중 하나다. 반면 백인 문화에서 백인에게는 그들의 무한한 다양성에 대한 환상이 주어진다.

오랜 시간 동안 백인 재현의 다양성을 보며 나는 백인의 이미지에 대해 내가 한 일반화가 백인에 대한 다른 다양하고 반대되는 이미지에 의해 가로막힐 수 있다는 것을 느끼기에 이르렀다. 그래서 예를 들어 3장에서 논의할 순수한 백인 여성의 이미지는 사악하거나 가벼운 죄를 짓곤 하는 백인 여성의 이미지와 나란히 놓일 수 있고, 4장에서 다룰 근육질 영웅은 제임스 스튜어트, 해리슨 포드, 톰 행크스 같은 주요 백인 남성 스타들에 비해 덜 백인적이거나 전혀 백인적이지 않다. 더욱이 전형에서 벗어난다는 것 자체가 백인 재현의 한 특징이다. 텍스트 형태의 차원에서 그것은 심리적 리얼리즘의 토대이면서(슈퍼히어로의 명백한 스테레오타입이 안 보일 때 우리는 리얼하다고 느끼기도 한다) 그 전형의 한계를 넘어서는 참신함과 초월성의 토대다. 사회 관습의 차원에서 볼 때, 전형을 따르지 않을 권리, 전형으로부터 차별화하거나 벗어날 권리는 사회에서 가장 특권적인 권리다. 그러나 전형을 거스르고 따르지 않는 것은 그것이 거스르고자 하는 백인성에 대한 암묵적 규범에 의존한다. 이 책의 관심은 바로 이 규범이다.

마찬가지로, 백인성의 다양성을 놓고 볼 때, 나는 가끔 내가 연구하는 백인성이란 영국인, 앵글로색슨, 또는 북유럽인과 그들의 후손이 지닌 백인성이라는 생각이 든다. 이 백인성은 남부 유럽이나 동부 유럽의 사람들에게는 (그리고 그들의 자손들에게는) 식별되지 않는 백인성이다. 지난 2세기 동안, 북부 유럽인의 백인성은 남부, 동부 유럽의 인종까지(비록 가끔은 마지못해 유럽 내,[17] 대개는 아메리카의 라틴 디아스포라 같은 곳까지) 포함하는 백인성 내에서 헤게모니를 쥔 것이었다. 나에게 중요한 것은 바로 이 지배적인 헤게모니적 백인성이다. 북유럽인들이 쉽게 권리를 주장하지만, 북유럽인의 독특한 정체성과 합치되지는 않는 백인성이다.

다른 연구들도 밝히듯, 백인성에 대한 구조, 비유, 인식 습관을 보기 위한, 무한한 다양성이라는 환상 너머를 보기 위한, 흰색을 흰색으로 인식하기 위한 유일한 방법은 비백인(특히 흑인)이 재현될 때다. 내가 백인성 문제를 처음 다루었을 때(Dyer, 1988) 나는 백인과 흑인 간의 상호 작용에 대한 영화 세 편을 통해 접근했다. 그리고 내가 앞서 어떻게 이러한 주제 자체에 골몰하게 되었는가에 대한 설명 또한 내 삶에서 비백인의 역할을 강조한다. 유사하게, 토니 모리슨Toni Morrison은 미국 문학 속 백인성에 대한 자신의 연구를 담은 《어둠 속의 유희*Playing in the Dark*》(1992)에서 백인 정체성을 구성하는 데 흑인 재현의 중요성, 사실상의 불가피성에 주목한다. 이러한 인식은 에드워드 사이드Edward Saïd(1978)의 역작에서도 공유되는데, 그는 서구가 스스로를 이해하기 위한 수단으로서 '오

17 학생 때 배웠던 문구 중 "칼레에서부터는 검둥이wogs begin at Calais"라는 게 있었다. 영국인들에게는 프랑스인조차도 충분히 백인이 아니라는 것이다. ('wog'는 'nigger'를 칭하는 영국 슬랭.)

리엔트'를 구성하는 방식을 주목했다. 이것은 자신의 문화가 다른 형태였을 수도 있다는 것을 깨달을 때야 그 문화의 특수성을 제대로 볼 수 있다고 말하는 것 그 이상의 의미를 갖는다. 모리슨, 사이드 등의 연구가 시사하는 바는 백인 담론은 인정사정없이 비백인 주체를 백인 주체에 대한 하나의 기능 정도로 환원시키고, 그 과정에서 비백인의 공간이나 자율을 허용하지 않으며, 백인 스스로를 알아가는 수단으로서 외에는 유사성에 대한 인식이나 차이에 대한 수용을 거부했다는 것이다. 이러한 문화적 과정은 백인 재현에 대한 연구 속에서 비백인의 이미지가 지닌 역할을 강조하는 것을 정당화한다.

그러나 백인의 입장에서 쓰면서 내가 걱정하는 것은 바로 이러한 강조다. 내가 계속해서 백인성을 비백인이 함께 있는 텍스트 속에서만 본다면, 비백인을 나 자신을 이해하도록 해 주는 기능 정도로 격하시키는 담론을 재생산하는 것이 아닐까? 텍스트 자체가 하는 일을 분석적으로 할 뿐인 것 아닌가? 더욱이 이것이 백인 텍스트에서 흑인 이미지의 일반적인 기능인 한,[18] 인종적 차이와 상호 작용에 '대한' 텍스트들만을 보는 것은 백인성이 비백인과 대비하여 명백하게 제시되었을 때만 백인적이고 중요한 것이라는 인상을 줄 위험이 있다. 백인성은 그 자체로 모든 텍스트에서 늘 재생산되고 있음에도 불구하고 말이다. 진취성과 제국주의의 산물로서, 백인성은 늘 인종 차원에서의 차이, 상호 작용, 지배에 전제되는 것이다. 이것은 그런 문제를 명백한 주제로 다루는 텍스

18 이를 영화적 맥락에서 분석한 캐머런 베일리Cameron Bailey는 〈썸씽 와일드*Something Wild*〉(미국, 1986)에서 비백인 문화가 진정성과 야성의 표지로 사용되어 겉만 요란한 미국 대중문화에 생기와 본질을 불어넣는 양상에 주목한다. '와일드한' 백인 여성(멜라니 그리피스)이 영웅(제프 다니엘스)을 올곧음과 편협함으로부터 벗어나게 하는 모습이 완전히 흑인 문화의 측면에서 코드화되어 있을 정도다(Bailey, 1988).

트들뿐만 아니라 모든 텍스트에서 나타나는 모습이다. 유사하게, 내가 다른 장에서 주장하겠지만, 백인 이성애의 재현, 특히 성적 욕망을 어두운 것으로 재현하는 데는 고질적이고 암묵적인 인종적 함의가 있다. 그러나 3장에서 나는 의도적으로 이것을 인종 간 섹슈얼리티에 대한 텍스트보다는 백인 맥락에서 백인 커플의 관계 속에서 보여 주고자 한다. 중요한 점은 백인의 특수성을 발견하는 것이다. 텍스트 자체가 그것을 보여 주려고 하지 않고, 그렇게 보인다는 것을 모를 때조차도 말이다.[19] 나는 분석 과정에서 백인의 특수성을 명백히 하기 위해 비백인에 대한 언급을 한다. 그리고 암묵적이거나(페플럼peplum 장르) 명백한(〈가장 귀한 것〉) 식민주의적 구조가 있는 텍스트들을 보고자 한다. 식민주의가 백인 정체성의 구성에 대한 중요한 요소 중 하나이기 때문이다. 그러나 비백인 캐릭터를 백인의 상상이 투사된 대상으로, 즉 백인 자신이 모르거나 숨기고 있는 자아라는 차원에서 백인의 타자로서 투사된 대상으로 해석하는 관점은 피하고자 했다. 모리슨과 다른 이들의 연구가 아주 분명하게 밝혔듯이, 이처럼 비백인을 기능화하는 것은 백인 문화의 특성이다. 그러나 이도 부분에 불과하고, 백인성이 인종적인 것은 진짜 인종화된 존재로서의 비백인 주체에 의해서 특징지어질 때만이라는 관념을 강화하기 쉽다.

19 영화 〈50피트 여인의 습격*Attack of the 50-Ft Woman*〉과 〈위험한 독신녀*Single White Female*〉에 대한 린다 하트Lynda Hart(1994: 104~123)의 논의는 이와 관련한 분석이지만 내가 뒤늦게 읽은 탓에 이 책의 논의에 포함하지 못했다.

## 백인성의 체화

이 장에서 나는 지금까지 앞으로 나올 내용에 대한 개인적, 정치적, 방법론적 시작점을 그려보았다. 이제 백인 재현의 특정한 측면인 체화embodiment의 개념으로 들어가 보려 한다. 체화는 앞으로 책에서 다루어질 특정한 형태와 텍스트들을 뒷받침해 줄 개념이다.

사람을 재현한다는 것은 신체를 재현한다는 것이다. 뒤에 이어질 장들에서 재현물 속 백인의 몸이 보여 주는 특정한 측면들을 다룰 것이다. 피부색(2장), 어떻게 조명 기술의 미학에 의해 특정한 신체가 만들어지는가(3장), 모험 서사 속 백인 남성의 근육질 몸(4장), 백인 여성 신체의 내러티브적 (불)가능성(5장), 백인 신체의 죽음(6장). 여기서 내가 제시하고 싶은 것은 이 모든 것이 백인 신체, 체화, 신체에 깃든 무언가와 관련된 백인성이라는 더 넓은 개념들과 관련된다는 점이다. 이에 대해 세 가지 구성 요소, 즉 기독교, 인종, 그리고 진취성/제국주의를 통해 살펴보고자 한다. 이 세 요소는 백인 신체뿐만 아니라 백인성의 형태와 구조, 문화적 기입에 대한 사유와 감각에 지적인 기반을 제공한다.

**기독교**(그리고 기독교가 서구 이분법적 사상에 미친 특정한 영향)는 (모순적이고, 불가해하고, 심히 불가사의한) 현현incarnation의 개념에 토대를 둔다. 현현은 신체에 대한 것이 아니라 신체 안에 깃든 것이다. 현현은 생생한 이미지와 내러티브적 은유 체계뿐만 아니라 서구 문화의 특징으로 살아남은 강렬한 우주론을 제공한다. 18세기 물질주의에서 등장한 모든 **인종** 관련 개념은 신체의 개념들이면서, 체화 및 현현의 개념과 조화를 이루어 왔다. 현현의 개념은 백인이 인종과 관련하여 특별한 연관을 지니게 함으로써 다른 인종들과 구별되게 해 주었다. (백인 문화에서) 흑인들은 그들의 육체로 환원되고, 그리하여 인종으로 환원되지만, 백인은 신체적이거나 인종적인 것 속에서 구현되긴 해도 그 육체나 인종으로 환원되지는 않는 차이를 지닌다. 백인성의 세 번째 요소인 **제국주의**를 살펴보는 것은 이러한 맥락 속에서다. 어느 순간 백인성이 체화한 무언가가 물질적 세계와 역동적 관계를 맺는데, 이는 모호한 단어인 '정신spirit'에 의해 포착된다. 백인 정신은 백인 육체를 조직하고, 비백인의 육체와 다른 물질들을 조직한다. 정신은 **진취성**enterprise을 지닌다. 제국주의는 이러한 과정이 구현되는 핵심적인 역사적 형태다. 제국주의는 백인이 지닌 진취성과 그 진취성이 환경을 신명나게 팽창시켜 나가는 양상 모두를 보여 준다. 그렇다면 이제 살펴본 세 요소들을 가지고 이 장을 전개해 보려 한다.

### 체화: 기독교

자아와 세계에 대한 유럽적인 감정은 기독교의 틀에 맞춰졌다. 기독교는 신체에 초점을 맞춘 감수성을 지니고 있다. 지난 반세기간 유럽에서 의식과 믿음으로서의 기독교가 쇠퇴해 왔음에도 불구하고, 기독교적인 사고와 감정은 여전히 유럽인의 문화와 의식, 그리고 유럽의 식민지와 전前 식민지(대표적으로 미국) 모두를 구성하고 있다. 서구 문화의 모든 차원에서 기본 원칙 중 상당수가 (모성을 비롯한 양육 방식, 성, 고난의 가치, 죄책감, 계몽주의 후 물질주의의 충격) 기독교로부터 유래했다. 우리가 성경 이야기를 알든 모르든, 기독교 도상을 알아채든 못 알아채든 말이다. 기독교적인 감정의 구조는 구체적 이미지와 이야기 속에 구현되어 있다. 그리고 신체, 더 정확히는 체화가 기독교의 본질에 있기에, 그 이미지들과 이야기는 체화의 문제에 집중되어 있다.

신체는 기독교 이미지의 근간이다. 대표적으로 그리스도의 탄생과 죽음, 즉 성탄naitivity과 십자가형crucifixion의 두 걸작은 일레인 스캐리Elaine Scarry(1985: 216)가 말하듯 피에타에서 드러난다. 어머니 마리아의 무릎 위에 늘어져 있는 죽은 그리스도의 몸은 요람과 죽음의 이미지를 동시에 불러일으킨다. 이러한 기본 형상들은 서구 문화 속에서 회화, 조각, 연극(대표적으로 학교 성탄 연극), 영화, 텔레비전 속에서 끊임없이 만들어졌다. 기독교의 기본 상징인 십자가는 서구의 디자인과 퍼포먼스 속에 불가피하게 나타나는 모양이고, 그것의 중요성이란 십자가에 못 박힌 신체에 있다. 이러한 이미지는 신성한 텍스트, 달력, 의식 등 기독교적 감수성의 교점을 형성한다. 그리스도 자신과 신약 성서가 추상적 개념을 다루는 반면, 기독교의 핵심은 구체적인 스토리텔링, 즉 그리스도가 들려주는 자신의 생애와 우화, 이야기 같은 것들이다. 성서가 담고 있는 것은 사람들의 업적, 탄생과 죽음뿐 아니라 일하고 먹는 모습들이다. 목수로서의 그리스도, 양치기로서의 그리스도, 자신의 몸을 음식과 와인의 형태로 제공하는 그리스도, 물을 포도주로 바꾸고 빵 몇 덩어리와 물고기 몇 마리로 5000명을 먹이는 것과 같은 육체적 양식corporeal nourishment의 기적. 이런 것들이 생활 종교로서의 기독교의 근간을 제공한다. 기독교 달력은 가스펠의 내러티브적 구조를 반영하여, 크리스마스와 부활절을 정점으로 하면서도 다른 사건들을 연중에 기입해 넣는 방식으로 조직되어 있다. 기독교의 의례적 성체sacrament는 신도의 신체에서 일어난다. 신도의 신체는 대부분 몸짓으로나마 그리스도의 이야기를 재현한다. 세례(몸에 물 뿌리기), 견진성사(안수), 성찬식(포도주와 제병 섭취), 속죄(채찍질), 병자 성사(신체에 기름 바르기), 신품성사(안수), 결혼(손가락에 반지).

따라서 기독교는 매우 구체적이고, 육체적이고, 신체정신적body-minded이다. 이것의 특수성은 다른 주요한 세계의 유일신 종교인 유대교나 이슬람교와 비교해 보면 더 명백하다. (둘은 유서 깊은 잔혹한 적대 관계에도 불구하고 공통점이 많다.) 둘 중 어느 것도 기독교에 필적할 만한 신체에 대한 도상이나 신성한 체계를 갖고 있지 않으며, 무엇보다 이슬람교는 분명히 마호메트의 재현을 금지한다. 그에 반해 기독교는 그리스도의 몸에 집착한다. 그럼에도 우리는 기독교를 반反신체적 종교로 여긴다.

기독교에서 신체를 강조한 모든 부분의 핵심은 신체 '안'에 있는 정신이다. 기독교를 강렬하고 매혹적으로 만든 것은 기독교가 안고 있는 불가사의, 즉 신체 안에 신체적이지 않은 무언가가 있다는 것이다. 그것은 정신, 마음, 영혼, 또는 신 등 다양하게 불린다. 이는 기독교가 서구의 이분법적 철학에 준 눈에 띄는 영향이다(Hodge, 1975). 이것은 또한 유럽 기독교 대서사의 많은 부분의 기저에 있다. 예를 들어 사도 전승(사제 서품을 받을 때 안수를 하는 것으로, 이는 그리스도의 죽음 이후에 사제에게 주어진 정신을 신체적 행위를 통해 전달하는 의식이다), 왕권신수(신과의 직접적 관계에 의해 통치하는 왕이라는 독트린이자 세속적 영역 내에서부터 그 자체로 논쟁적인 독트린이며, 교황권의 유사한 주장이다), 개인이 신과의 개인적 관계를 맺고 행동의 지침으로서 자기 안의 신의 목소리인 개인적 양심을 강조하는 루터교도(조엘 코벨Joel Kovel[1988: 124~145]이 백인성과의 관계 속에서 논의한 바 있다). 계몽주의가 인간의 노력과 의식의 중심지를 신에서 인간으로 돌려놓는 거대한 무신론적 변화를 가져온 것이 기독교와의 급진적인 단절로 느껴지는 한편, 단지 신성의 의미에서 단절했을 뿐 내부 정신의 존재와는 단절하지 않은 채 같은 식의 사고와 감정이 상당히 지속되어 왔다.

기독교에서는 신체는 가장 저급하고 때로는 악으로까지 여기며 정신과 신체의 분리라는 개념을 유지한다. 그러나 이러한 이분법적 사고는 마법적이고도 불가해하게도, 오로지 마리아와 그리스도의 '신체 내 정신spirit-in-the-body'에서 그것을 초월하기 위해서만 재생산된다.

마리아와 그리스도의 형상으로 추동된 젠더 이상향은 신체와 정신 간의 서로 다른 관계에서 유래한다. 마리아는 정신의 그릇이다. 그녀는 아무것도 하지 않고 육욕의 지식을 갖고 있지 않지만, 신으로 가득 차 있다. 그녀의 순수성(처녀성이 그 한 측면)은 성취된 것이 아니라 그녀의 본질로서 주어졌다. 반면 그리스도는 신이며, 동시에 또 불가해하게도 완전히 신성하면서 완전히 인간적이다. 그리스도가 지닌 인간성은 그의 식욕, 유혹, 고난에서 드러난다. 마리아와 그리스도 모두 인간 행동의 모델이자 인간이 열망하는 바를 제공한다. 여성에 있어서는 수동성, 기대감, 수용성, 신성한 준비,[20] 본질의 궁극적인 수행으로서의 모성으로, 이 모든 것이 주어진 것으로서의 순수성과 품위의 상태를 구성한다. (그리고 이런 것들이 없는 경우에는 기원전의 여성 원형인 이브가 존재한다.) 남성의 경우 그 모델은 정신(신)과 신체(인간) 사이의 양분된 본질과 내적 갈등, 정신적이고 육체적인 분투의 궁극적 표현으로서의 고난에 대한 것이다.

마리아와 그리스도는 모호한 모델이다. 둘 다 전형적이면서 예외적인 인간이다. 누군가를 마리아 또는 그리스도와 동일시하는 것은 주제넘은 짓이다. (그 자신이 추구하는 기독교적 겸손과 정숙함을 결여하는 일이다.) 마리아와 그리스도는 모두가 되고 싶어 하는 존재이지만, 아무도 될 수 없는 존재다. 이 사실이 초월에의 열망, 초월의 불가능성 앞에서 분투하려는 원동력을 만들어 낸다. 그러한 분투는 (여성의 경우 분투조차 수동적이어야 한다) 고난, 자제, 자기 통제 속에 기입되고, 물질에 대한 정신의 일시적, 부분적인 승리라는 차원에서는 물질적 성취 속에 기입된다고도 할 수 있다. 이러한 것들이 백인적 이상의 기본적인 윤곽을 구성한다.

나는 기독교가 본질적으로 백인적이라고 주장하는 것이 아니다. 기독교가 태초에 유대교 내에서 발전했고, 그 창시적 사상가 중 하나가 북아프리카의 아우구스티누스였고, 기독교가 아프리카, 남아메리카, 유럽

20 리즈 스탠리Liz Stanley(1977)는 이성애 관계에서 여성의 역할을 논할 때 '준비readiness'라는 용어를 사용한다.

과 북미의 흑인 교회에서 가장 활발하다는 것을 고려할 때, 백인성은 결코 기독교의 구성 요소라고 할 수 없다. 그러나 기독교는 종교가 되었고 유럽으로 수출되어 그 문화와 의식과 밀접한 관계를 맺었을 뿐만 아니라, 역사의 상당 기간 백인의 방식으로 사고 및 감각되어 왔다. 예를 들자면 이런 식이다. 마니교도[21]의 흑백 이분법에 대한 고집은 피부색의 차이로 연결된다. 십자군은 민족적/지리적 타자를 기독교의 적으로 만듦으로써 기독교국의 사상을 인종화하는 역할을 했다. 회화 속에서 그리스도와 마리아의 이미지는 고귀한 백인으로 나타난다. 인종적 우월성과 제국주의의 독트린을 추진할 때 기독교의 신에 호소하곤 한다.

나는 이 책에서 백인성의 재현을 고찰하는 데 이 모든 것을 고려할 것이지만, 여기서 강조하고 싶은 것은 기독교의 이러한 우발적이고 가역적인 측면이라기보다는 그 기저에 깔린 체화의 모티프다. 신체가 서로 다른 정신적 성질을 갖고 있다는 사유, 어떤 신체는 특정한 성질을 갖고 다른 신체는 갖지 않는다는 사유(백인 인종 차별주의의 수사), 신체가 우리를 통제하면서도 타자와 환경을 통제하기 위해 확장하는 무언가를 갖고 있다는 사유를 하기 위해서는 지금까지 서술한 바와 같은 첫 번째 개념적 도약이 필요하다. 이 도약은 그리스도와 마리아의 신체, 이를 재구성하는 성례, 의식, 신학, 그리고 이 모든 것을 바탕으로 성립하는 독특한 유럽 문화를 통해 이루어져야 한다.

21 마니교는 페르시아 철학자 마니Manes의 사상을 기반으로 하며, 세계가 빛과 어둠, 흑과 백의 대비로 상징되는 절대 선과 악으로 양극화되어 있다고 믿는다. 한때 이단으로 여겨졌으나 기독교/서구 사상에 큰 영향을 준 도덕적인 틀과 강력하리만치 단순한 상징주의를 제공하기도 했다. 인종에 대한 백인의 태도 분석의 맥락에서 이 용어를 사용하는 것은 특히 프란츠 파농의 작업(1967, 1970)에 영향을 받아서다. 또한 JanMohamed, 1985도 참조하라.

## 체화: 인종

20세기 중반 전까지 백인 대부분이 자신을 백인이라고 부르고 백인 종족에 속한다고 말하는 것에 주저함이 없었다. 현재는 이렇게 말하는 사람이 있다면 즉각 눈에 띌 것이다. 우리 시대에 백인종에 대한 명백한 개념을 갖고 있는 것은 극우 인종주의 담론뿐이기 때문이다. 그러나 18, 19세기 철학자들과 정치인들은 백인의 타고난 성정을 이야기하는 데 거리낌이 없었다. 상당히 반인종주의적이었던 《톰 아저씨의 오두막*Uncle Tom's Cabin*》(1852)도 백인의 기량을 찬양하는 식민주의 모험담인 《솔로몬 왕의 보물*King Solomon's Mines*》(1886)이나 《그녀*She*》(1887) 못지않게 백인의 본성(우러러볼 만한 것들과는 거리가 먼 것들)에 대한 서술로 가득 차 있다. 4장에서 다루겠지만, 타잔 영화에서조차 타잔의 몸이 인종적 우월성의 증거로 전시될 뿐만 아니라 1950년대까지만 해도 등장인물들이 백인의 인종적 속성을 대놓고 이야기했다. 그러나 이제는, 인종에 대해 이야기하는 것은 백인을 제외한 모든 인종에 대해 이야기하는 것을 의미한다.

한때 백인이 인종적인 대화의 주제가 되었던 방식은 현재 우리가 어떤 식으로 상상되고 있는가를 의미한다. 특히 지난 몇 세기간의 문화적 생산이 여전히 현재의 이미지 언어를 제공하기 때문이다. 이 유산 속에서 백인이 인종과 특정한 관계를 맺고 있다는 개념이 때로는 강렬하게, 때로는 미약하게 존재해 왔으며, 이러한 개념은 인종적 범주로 제한되지 않는다. 내가 이 부분에서 살펴보려는 것은 인종으로서의 백인이라는 개념과, 백인에게 인종이 개념적으로 다르게 나타나는 방식에 대해서다.

우리가 인종이라는 개념 그 자체에 도달하기 전에 우리는 인종 개념이 성립되던 초기의 지적 움직임을 알아둘 필요가 있다. 첫 번째는 이미 앞에서 서술된 것으로, 기독교 문화에서 드러난 신체와 정신의 연결에 대한 인식이다. 두 번째는 약 16세기까지 유럽 특유의 발전에서 생산된 것으로,[22] 중앙 통치를 유지할 수 있도록 지형을 식별함(지리적으로 주어진 것과 군사, 정치, 관료 기구의 발달 단계와 관련 있다)과 동시에 그것을 지배하고 경계를 형성하는 통치자의 역사다. 이 과정에서 인구는 경계 내부의 인구와 외부의 인구로 파악되었고, 이에 따라 인구를 신체적/기질적 특성의 차원으로 가려내는 것이 합당해 보이게 되었다. 신체와 기질의 융합이 나타나게 된 것은 유럽 국가들이 유럽 바깥의 영토에 침입하여 신체적으로 눈에 띄게 다른 특징을 지닌 인구와 조우하면서부터다. 눈에 보이는 고유의 차이로 정의되는 인구 개념은 이보다 전에 이미 존재했다.

보다 정교한 인종 개념은 18세기에 발전하기 시작했고 19세기에 두드러졌다. 이것은 과학의 발전뿐만 아니라 체화, 인구, 그리고 (2장에서 살펴볼) 피부색에 대한 깊이 뿌리박힌 사고로 이루어졌다. 이 개념은 정치적 효율성 덕분에 널리 받아들여졌는데, 이에 대해서는 시어도어 앨런Theodore Allen, 데이비드 로디거, 알렉산더 색스턴Alexander Saxton의 최근 역사학적 연구들을 통해 미국 맥락에서 논의된 바 있다.

앨런 등은 백인이라는 개념, 백인종에 속해 있다는 개념이 19세기 미국에서만 미국 정체성을 확립하는 과정으로서 널리 발달한 것이라고 주장한다. 유럽 출신 정착민들을 대상으로 한 백인성에 대한 호소는 한편으로는 토착 원주민에 대항하여, 또 한편으로는 정착민들의 고향인 다양한 유럽 국가들의 특수성을 넘어서면서 이루어졌다. 당신은 영국인일 수도, 아일랜드인일 수도, 폴란드인이거나 그리스인일 수도 있지만, 원주민도 흑인도 아닌 백인이라는 것이다. (후술할 인종 관념에 대한 역사와는 달리) 이에 상응하는 유럽 국가들에서의 백인 의식의 역사에 대해서

22 이 문단은 Robinson, 1983을 바탕으로 쓰였다.

는 연구된 적 없지만 살펴볼 필요가 있다. 그 역사는 제국주의에 대한 대중적 지지가 어떻게 이루어졌는지를 설명해 줄 수 있다. 예를 들어, 1차 세계 대전 중 노동 계급의 희생을 호소하는 애국주의가 효과적으로 동원되었고, 영국 제국주의에 스코틀랜드가 참여할 때 톰 네이런Tom Nairn[23](1968: 13)은 영국인이 될 필요 없이 공통의 백인 영국인 정체성을 역설하는 방식을 취했던 바가 있다. 이는 제국주의 계획 안에 민족적-지역적 포섭이 이루어지는 방식인데, 다른 많은 나라들에서도 발견된다.

백인성은 이질적인 집단들을 통합하는 데 엄청나게, 때로는 무서울 정도로 효율적이다. 백인성은 민족·문화적 차이를 가로질러, 그리고 그들의 이해관계를 거슬러서 사람들을 통합시키는 데 계급보다도 더 성공적인 기능을 해 왔다. 이는 그러한 연합을 만들어 내는 두 가지 불안정성에 의해 더 강화된다. 우선 한편으로, 백인성은 어쩌면 때때로만 백인인 이들, 즉 특정한 역사적 상황에서 백인성으로 받아들여지는 민족들의 범주를 만들어 낸다. 아일랜드인, 멕시코인, 유대인, 혼혈인이 대표적인 예다. 이들은 백인성의 범주에서 때로는 배제되고, 때로는 동화되었으며, 또 어떤 때는 백인과 흑인 또는 토착민 사이의 '완충 지대buffer'처럼 여겨졌다(Allen, 1994: 14).[24] 또 다른 한편, 연합으로서의 백인성은 어떤 백인이 다른 백인보다 더 백인적이라는 개념을 조장한다. 예를 들어 영국 제국주의, 미국의 발전, 나치즘하에서 앵글로색슨, 독일인, 스칸디나비아인은 백인성의 정점을 제공한다. 백인성의 이 두 측면(백인성은 어디서 시작하고 끝나는가와 백인성의 정도에 대한 개념)은 특별히 색 개념과 이어져 있기에, 더 많은 논의는 2장의 몫으로 남겨두겠다. 여기서는 그 사회적, 정치적 효율성에 대해 말하고

23 톰 네이런(1932~ )은 스코틀랜드의 정치사상가로, 유럽 통합의 지지자였다. — 옮긴이

24 앨런은 특히 영국령 서인도 제도 식민지 국가의 '물라토'에 관한 정책에 대해 다룬다.

싶다. 백인성의 변화하는 경계와 내적인 위계는 백인성 범주가 불분명하고 불안정하다는 바를 시사하는 한편, 그 힘을 증명한다. 백인성이 어떠한 보상과 특권을 지닌 한, 건널 수 있는 경계, 오를 수 있는 위계라는 개념은 이에 참여할 기회가 있는 사람들을 사로잡는 역동성을 만들어 낸다.

이제 18세기 후반부터 19세기에 걸쳐 발전한 인종과 백인 인종 개념으로 넘어가 보자.

인종에 대한 모든 개념은 항상 신체와 이성애에 관한 개념이다. 인종은 그들 스스로를 재생산하는 다양한 종류의 인간 신체를 범주화하는 도구다. 인종은 차이들을 체계화하고 그 차이를 특성과 가치의 차이에 연결 짓기를 추구한다. 이성애는 이러한 차이들의 재생산을 보장하는 도구인 한편 위태롭게 만드는 장이다. 먼저 범주화의 도구로서의 인종을 살펴보고 그것이 이성애를 통해 구현된 결과를 살펴보자.

인종을 범주화하는 두 가지 큰 방법을 구분해야 한다. 하나는 태생 및 혈통과 관련된 계보학적인 것이고, 다른 하나는 신체 자체의 차이점을 발견하고 보장해 주는 것과 관련된 보다 정적인 생물학적 차원이다.[25] 내가 둘을 이 순서대로 살펴보려는 이유는 최근 생물학적인 것이 계보학적인 것보다 앞서기 시작한 것으로 보이기 때문이다. 그렇다고 해서 계보학적인 것이 생물학적인 것보다 먼저 나타났다고 말하는 것은 아니다. 실제로, 인구 집단 간의 신체적 차이에 대한 간단한 파악은 인구 집단 간의 서로 다른 혈통을 파악하는 것보다 확실히 앞선 일이다.

계보학적 전통과 생물학적 전통 모두에서 백인은 중요하지만, 후자

25 이에 대해 매우 간결한 설명만 할 것이다. 서로 다른 개념들 간의 간극이나 모순을 다루면서 보다 자세한 설명을 제공하는 연구 중 백인 인종을 다루는 연구로 Poliakov, 1974; Mosse, 1978; Bernal, 1987이 있다.

에서 좀 더 불편한 방식으로 도드라진다. 부분적으로 이는 역사를 가진다는 것이 훌륭한 것이고, 신체에 의해 규정되는 것은 이와는 다르기 때문이다. 전자는 자아에 대한 백인의 개념과 일치하는 한편, 후자는 이와 긴장 관계를 형성한다. 또한 여기에 관여한 지적인 활동의 특성과도 관련이 있다. 계보학의 고고학적이고 역사학적인 작업은 유럽인들의 선대에 대한 탐구와 밀접한 관련이 있다. 백인은 그들 자신이 탐구하는 것 속에서 스스로를 발견했다. 한편 생물학은 전통적으로 그것이 탐구하는 것과 별개로서의 과학적 지식 모델에 근거한다. 따라서 인종 관련 생물학이 백인을 생략하는 것은 놀랍지 않다. 백인은 그러한 지식을 가진 이들이지, 지식의 대상이 아니기 때문이다.

인종적 계보학은 세월의 뒤안길을 거슬러 올라가며, 어떻게 환경과 전통이 해당 민족의 외양과 특성을 형성해 왔는가를 보여 주면서 인구 집단의 역사를 말해 준다. 백인 계보학은 아리아인이나 코카시아인에 주목해 왔다. 아리아인은 오늘날 인도 북서쪽이나 파키스탄에 거주하던 선조로 알려져 있다. 19세기 초반에 두각을 나타낸 이 명칭은 '고귀한 태생'을 의미하는 산스크리트어에서 유래했고, 아리아인의 인도 선조들은 인도 사회의 최상위 카스트인 브라만Brahmin이었다. 가설에 따르면 아리아인이 서쪽으로 이주해 유럽 민족을 형성했다고 한다. 코카시아 인종(1795년 자연사학자 요한 프리드리히 블루멘바흐Johan Friedrich Blumenbach[26]가 만든 명칭)은 이 이론의 변형이다. 아리아인이 유럽으로 온 것이 코카서

26 블루멘바흐는 백인종인 코카시아 인종은 최초로 생겨난 가장 아름답고 재능이 있는 인종으로 다른 인종들은 모두 이것이 퇴화하여 만들어진 것이라고 말했다. 블루멘바흐의 이 퇴화 이론은 19세기 중반까지 인종주의적 사고의 중심 역할을 했다. ― 옮긴이

스산맥[27]을 통해서, 또는 코카서스산맥으로부터이기 때문이다. 이런 이야기는 코카서스산맥을 백인 인종 형성의 결정적 요소로서 강조함과 동시에 나치즘에 의해 아리아인 신화를 아시아와의 연관성으로부터 싹둑 잘라내도록 만들었다.

아리아인/코카시아인 신화는 유럽의 오래된 문명보다도 앞선 것으로 알려진 고대 그리스와 유럽을 연결해 준다. 마틴 버널Martin Bernal은 이 신화가 고대 그리스 사회에 대한 백인적인(즉 유럽스러운) 기원을 제공하는 기능을 했다고 주장한다. 19세기 초반 이전에는, 그리스가 이집트인과 페니키아인에 의해 정복당했으며, 고대 그리스 문명의 특성이 이들로부터 유래했다는 사실이 널리 받아들여졌다. 그러나 버널은 제국주의의 시대에 이러한 생각은 받아들여질 수 없었다고 주장한다. 그리스는 유럽의 요람으로 여겨지는데, 무언가가 그리스를 잉태했다면 그것은 자아에 대한 유럽적인 개념과 양립할 만한 것이어야 했고, 따라서 아프리카에 위치한 것일 수는 없었다.

아리아인과 코카시아인 모델은 모두 산맥 기원의 개념을 갖는다. 버널은 이러한 개념을 특히 더 퍼뜨렸던 낭만파들이 "스위스, 북독일, 스코틀랜드 등 멀고 추운 지역의 작고, 고결하고 '순수한' 공동체"(1987: 209)를 예찬했다는 점에 주목한다. 그런 장소들은 많은 미덕을 갖고 있었다. 맑고 깨끗한 공기, 추운 날씨를 이겨내는 활력, 혹독한 대지와 기후가 만들어 낸 진취성, 숭고하고 영혼을 고양하는 산악 광경의 아름다움, 높은 곳에 임한 신과의 근접성, 지구상에서 가장 하얀 것인 눈의 존재. 이 모든 미덕이 백인의 특성인 그 활력, 진취성, 기강과 영적 고양

27 흑해와 카스피해 사이에 있는 산맥으로 아시아와 유럽의 경계를 이룬다. — 옮긴이

을 형성했다고 볼 수 있다. 더 나아가 백인 신체의 그 견고함과 팽팽함(앞서 말한 요소들과의 전투 속에서 나온 것으로, 비백인의 느슨한 신체와 비교하여 좋지 않은 것으로 여겨지곤 하는 것),[28] 강직함(높은 곳을 향하는 속성), (눈처럼) 흰 것과의 유사성을 형성한 것으로도 보인다. 이러한 개념들은 선조에게만 적용되는 것이 아니고, 아직까지 유효하다. 예를 들어 19세기에서 20세기 초반에 캐나다인의 정체성에 대한 개념을 보면 추운 북쪽에서의 경험이 백인 정착민들에게 특유의 백인 민족적 특성을 만들었다고 한다(Berger, 1966 참조). 또한 1920~1930년대 독일의 산악 영화Bergfilm[29]에서 백인 남녀가 산의 높이와 힘에 맞서 의기양양하게 겨루는 것을 볼 수 있다(Rentschler, 1990 참조). 두 경우 모두 교훈적이다. 인종적 언급은 늘 명시적인 것이 아니며, 두 경우 모두 산맥의 기원을 돌아보는 계보학이 아니라 진보 및 현대성과 관련이 있으면서, 백인 정체성의 특수성을 제시하는 데 추위의 수사와 이미지를 유사하게 동원하고 있다.

백인 인종에 대해 아리아인/코카시아인의 기원에 대한 추구가 가장 우선시되는 것만은 아니었다. 인종적 순수성 관념과 관련된 두 가지 별개의 프로젝트가 존재한다. 하나는 실제로 백인과 그 기원을 정하고 정의하려는 것이다. 이 맥락에서 백인은 다른 여러 순수 인종 중 하나의 순수 인종이고, 인종적 순수성 차원에서는 아니지만 특성의 차원에서 의심할 나위 없이 우월한 인종이었다. 인간의 종을 범주화한 최초의 인

28 4장에서 다룰 모험 영화에서는 이러한 비교가 여전히 발견된다.

29 1920년대부터 독일에서 특수하게 나타난 장르로, 자연에 맞서는 강한 게르만의 기질을 담아내는 특징이 나타난다. 나치 정당을 위한 기록 영화 감독으로 알려진 레니 리펜슈탈Leni Riefenstahl은 산악 영화의 선구자인 아르놀트 팡크Arnold Fanck의 작품을 통해 배우로 데뷔한 후 1932년 산악 영화 〈푸른 빛*Das Blaue Licht*〉으로 감독 데뷔를 하면서 히틀러의 관심을 받기 시작했다. — 옮긴이

물일 카를 폰 린네Carl von Linné는 《자연의 체계*Systema naturae*》(1735)에서 열등한 아메리카누스 루베세우스Americanus rubesceus, 아시아티쿠스 루리두스Asiaticus luridus, 아페르 니그레Afer nigre를 우월한 에우로파에우스 알부스Europaeus albus보다 덜 순수한 인종으로 여기지 않았다(Poliakov, 1974: 160~161). 한편 인류의 기원을 완전히 찾아내려는 움직임의 또 다른 하나로 계보학적 연구가 있다. 이 관점에서 백인은 인류의 아리아인 선조 계보를 순수하게 유지하는 유일한 하위 종sub-race으로 표상된다. (더욱이 코카서스산맥을 통해 그 유산을 더 정화했다.) 그렇다면 비백인은 인류의 진짜 본질로부터 떨어져 나간 퇴행적 존재로 보이게 된다. 이러한 개념은 요한 뵈무스Johan Boemus[30]로 거슬러올라간다. 1521년 요한 뵈무스가 주장한 바에 따르면, 모든 인간은 노아의 자손인 함, 셈, 야벳의 후손인데, 셈과 야벳의 후손이 문명화되어 백인으로 유지되는 반면 함의 자손은 검은색으로 퇴색되었다고 한다(Fredrickson, 1981: 10). 보다 '과학적인' 아리아인에 관한 이야기는 18세기에야 주장되었다(Poliakov, 1974: 163ff).

순수성을 추구하는 과정에서 백인은 어쨌거나 승리하게 되어 있다. 그들이 다른 모든 인종보다 우월하여 뚜렷이 구분되는 순수 인종이라는 점에서든, 인종 그 자체에 대한 가장 순수한 표출이라는 점에서든 말이다. 어느 점에서건 흥미로운 점은 순수성에 대한 강조이고 백인성의 순수성이 특별하다는 것이다. 이것은 '백인'이라고 불리는 이 집단이 암시하고 동원하는 중심적인 주제다. (이에 대해서는 2장에서 논의할 것이다.)

여기서 계보학적인 것과 인류(특히 백인)의 위치에 대한 다른 모델 간

30 요한 뵈무스(1485~1535)는 독일의 인문주의자로 민족지학 개론을 쓰기도 했다. — 옮긴이

유사성을 짚어 보고자 한다. 18세기에 널리 알려졌던 것으로 존재의 대사슬Great Chain of Being이 있다(Lovejoy, 1936). 이 모델은 모든 창조물이 가장 낮은 것부터 높은 것, 즉 신까지 위계적으로 연결되어 있다고 제안한다. 흑인은 겨우 유인원 위에 위치한다(이 개념은 다원주의로 넘어가서 인간과 유인원 사이의 '사라진 고리'를 발견하는 데 사용되었다). 백인은 지상 존재의 가장 높은 곳에 위치하며 천사를 통해 신과 연결되어 있다. 이것은 역사적인 개념은 아니고 존재의 질서에 대한 본질적으로 정적인 모델이었지만, 백인의 더 높고 순수한 본질에 대한 계보학적 의미와 공명한다. 백인이 천사와 가깝다는 관념은 빛의 차원에서 백인이 재현되는 방식과 관련하여 시사점을 던진다. 이에 대해서는 3장에서 다루겠다.

아리아인 모델은 주로 언어학을 기반으로 주장되었다(일부 인도어와 유럽어 사이의 유사성). 그러나 코카시아인 모델은 자연과학에 의거한다. 린네는 자신이 했던 종 분류 작업으로부터 인종 구분을 도출했다. 블루멘바흐는 두개골의 모양과 크기 비교를 바탕으로 분류를 했다. 이로부터 골상학, 두개학, 인체측정학, 유전학 등의 발전이 이루어지면서 그 이후의 인종적 사고에서는 측정 가능한 생물학적 구분에 대한 열광이 이어졌다.[31] 눈에 띄는 것은 (근거 자료에 대한 새로운 관점은 이를 반박하겠지만) 백인종에 대한 생물학은 별로 관심 받지 못했다는 것이다. 두개골, 얼굴 특징, 신체 모양과 자세, 생식기, 혈액, 그리고 마침내 유전자의 인종 차이에 대한 수많은 다양한 연구는 백인을 포함하지만, 백인을 규범으로서 포함할 뿐 탐구의 대상으로 삼지 않는다.

생물학적 인종 연구는 제국주의와 국내 지배의 도구로 보지 않을

31 이러한 발전에는 사진술의 역할이 많이 논의되어 왔다. 그중에서도 Green, 1984; Rouillé & Marbot, 1986을 참조하라.

수 없다. 제국주의와 국내 지배는 계보학적 접근이 했던 것처럼 백인성의 특성을 확립하기보다는 비백인을 연구하여 고정시키고 위치 짓는 것을 목적으로 한다. 오늘날 연구의 관점에서 볼 때, 인종에 대한 생물학적 접근의 함의는 백인의 인종적 특성에 대한 무관심, 어쩌면 고려조차 하지 않으려는 태도다. 그렇게 했다가는 비백인과 마찬가지로 백인을 그들의 신체 이상으로 이해하지 않았을 것이기 때문이다. 인종에 대한 생물학적 접근이 백인의 인종적 특성도 찾아내려고 하긴 했지만, 이에 대항하는 담론은 파고들기 어려운 것, 백인을 다르게 만드는 무언가를 강조했다.

이에 대한 명백한 표현은 휴스턴 스튜어트 체임벌린Houston Stewart Chamberlain[32]의 저작에서 찾을 수 있다. 그는 1899년 《19세기의 기반*Die Grundlagen des XIX Jahrhunderts/Foundations of the Nineteenth Century*》에서 아리아 인종으로서의 독일 민족의 특성을 자세히 설명한 바 있다. 조지 모스George Mosse가 살펴본 대로, 체임벌린은 혈액, 두개골 측정, 인류학적 방법론을 믿고 있었지만, "모든 독일인이 아리아인에 걸맞은 외모를 갖고 있지 않기에, 그들이 공유하는 인종 영혼race-soul으로 방향을 돌리는 것이 최선인 듯했다"(1978: 105~106). 특성, 활력, 고결한 마음가짐 등의 불가해성은 백인 인종 영혼을 만들어 냈고 백인을 다른 종들과 구분 지었다. 브라질 문학 비평가인 알시데스 베체라Alcides Bezerra가 1919년 말했듯, "아리아인은 선망할 만한 영적 자질 덕분에 세계의 군주이자 주인

32 휴스턴 스튜어트 체임벌린(1855~1927)은 영국계 독일인으로 정치철학, 자연과학 분야의 책을 썼으며 리하르트 바그너Richard Wagner의 사위다. 2권짜리 저서 《19세기의 기반》은 20세기 초 범게르만주의 운동에 큰 영향을 미쳤으며, 이는 이후 반유대주의와 결합하여 나치즘으로 발전하였다. — 옮긴이

으로 있다"(Skidmore, 1974: 63).

비백인 민족들이 늘 영혼이 없다고 여겨져 왔던 것은 아니다. 실제로 (해리엇 비처 스토Harriet Beecher Stowe를 비롯한) 많은 백인이 흑인이 더 영적이고 훗날 세대들의 말처럼 더 많은 영혼을 지니고 있다고 여겼다. 백인을 구별 짓는 것은 영성spirituality이나 영혼soul이 아니라 우리가 '정신spirit'이라고 부르는 어떤 것이다. 일어나서 나아가는 것, 염원, 지적 이해와 미적인 품위의 가장 높은 경지에 대한 인식 같은 것 말이다. 무엇보다, 백인의 정신은 백인의 신체를 지배할 수도 초월할 수도 있다. 반면 비백인의 영혼은 신체의 유혹과 그릇됨에 취약하다. 단단하고 날렵한 몸, 관리되고 단련된 몸, 곧게 서고[33] 어깨를 편 채 긴장을 늦추지 않은 자세, 느슨하기보다 딱딱한 움직임, 실내 정돈과 식사 습관에서의 단정함, 내밀한 생리 활동과 금욕, 어느 정도의 계획적인 식욕, 이 모든 것이 백인의 신체와 신체를 다루는 방법을 통해 내면의 정신이 있다는 것을 증명하는 방식이다. 그러나 정신 그 자체는 보이지 않는다.

유전학도 마찬가지로 백인이 흑인보다 더 지적이라는 것을 증명하려고 해 왔다. 최종적으로는 신체의 자질을 언급할 수밖에 없긴 하지만 말이다. (황인종이 백인보다 더 지적이라는 불편한 발견은 화젯거리가 되지 않거나 예민하고 교활하고 어떤 의미에서는 부자연스러운 과도한 지성이라는 식으로 묵살되곤 한다.) 유전학은 또한 비백인에게 신체적 우월성을 부여하기도 했는데, 예를 들어 흑인의 스포츠 기량을 우월한 근육 조직, 지구력, 타고난 발의 민첩성 등에서 찾았다. 또한 유전학은 보이지 않는 신체 부분에서 인종을 찾아낸다. 일찍이 인종적 혈액racial blood이라는 관념이 있었는데, 유

33 백인 신체를 교화하는 데 '위를 향하는 훈련upward training'에 대해서는 Vigarello, 1989를 참조하라.

전자와 달리 혈액은 그 자체로 즉각 가시적인 가운데 육안으로도 인종적 혈액형 간의 차이를 볼 수 있다는 소수의 주장이 있었기 때문이기도 하다.[34] 인종적 혈액 개념은 20세기에 유전학이 그랬듯 19세기 말 미국에서 인종에 대한 정의를 지배하게 되었다. '혈액'과 유전자에는 백인의 우월성을 구성하는 순수한 정신적 자질이 있다고 여겨졌다. 이러한 담론에 따르면, 모든 혈액과 유전자는 정신적 자질을 지니는데, 보이지는 않아도 백인의 혈액과 유전자는 더 많은 지성, 더 많은 진취적 정신, 더 많은 도덕적 품위를 지닌다. 따라서 우리의 신체적 혈액이나 유전자는 우리에게 추가적인 신체적 우위를 선사한다.

인종의 생물학적 개념은 과학의 시대에 계보학적 개념보다 더 안정적이고 근거 있는 것으로 나타났다. 그러나 그 개념은 실제로 백인의 재현에 문제를 만들어 냈다. 한편으로 생물학적 인종 개념은 비백인 민족들의 불가피한 육체성의 개념을 강화하는 한편, 백인의 육체성은 불확실한 것, 비백인, 특히 흑인의 기능에 반영된 어떤 것으로 남겨졌다. 흑인은 재현 속에서 분명한 존재감을 갖고 있고, 흑인의 존재감은 백인의 물질성 및 '그들이 누구인지'에 대한 바탕을 제공한다. 백인은 그 초월적인 우월성으로 인해 재현의 차원에서 비백인에 의존하여 자아를 이해하게끔 남겨진다. 마치 그들이 수많은 제국주의적, 탈제국주의적, 물리적, 가내적 노동의 상황에서 물질적으로 비백인에게 의존하는 것처럼 말이다. 그러한 의존성은 유대감의 기반을 형성할 수 있지만 불안감의 근원이

34 이런 주장을 한 사람 중 하나는 프로이센의 의사였던 요한 메켈Johann Meckel이다. 그는 "1757년 흑인들을 해부했더니 그 뇌가 유럽인들보다 더 어두운색을 지녔으며 피는 까맸는데, '너무 까매서 일반적인 피처럼 붕대를 빨갛게 물들이는 것이 아니라 까맣게 물들였다'"(Poliakov, 1974: 161)고 했다.

될 때가 더 많다. 다른 한편으로, 백인이 정신이든 단지 유전적으로 개념화된 지성이든 간에 보이지 않은 무언가로 인해 구별되는 것에 대한 강조는 백인을 시각적으로 재현하기가 까다롭다는 것을 의미한다. 가시적인 것을 중시하는 문화에서 이것은 골칫거리다. 이러한 문제는 2장과 3장에서 백인 재현에 대한 내 논의 전반을 구성한다.

인종 개념은 다양한 종류의 신체에 대한 개념이다. 백인을 다르게 만드는 것, 그리고 불안하게나마 인종의 차원에 위치할 수 있게 하는 것은 체화다. 즉 예수에 의해 육화된 순수한 정신과의 밀접성, 자신과 다른 이의 신체를 지배하는 정신이며, 한마디로 인종화된 신체를 초월할 수 있는 그 잠재력이다. 그러나 제국주의와 관련한 체화의 논의로 넘어가기 전에, 백인성과 인종에 대해 더 살펴볼 부분이 있다. 이것은 지금까지 논의한 인종 개념과 관련하여 백인의 특이성에 암묵적으로 존재하는 부분이다. 바로 이성애다.

인종이 항상 신체에 관한 것이라면, 이성애를 통한 신체의 재생산에 관한 것이기도 하다. 이것은 계보학(성적 재생산의 연쇄는 인종의 기원까지 연결되어 올라간다), 퇴보(그러한 재생산의 나쁜 연쇄), 그리고 유전학(오늘날 우리가 이해하는 바와 같이 재생산을 통한 특성의 전달)의 개념에 내재되어 있다. 다시 말해, 이 모든 용어들이 가리키는 '유전자' 뿌리 같은 어떤 것에 내재되어 있다. 1922년 미국사회위생협회American Social Hygiene Association가 진행했던 성병 예방 캠페인과 같이, 인종과 이성애의 연결은 놀라울 정도로 명시적일 수 있다. 존 데밀리오John D'Emilio와 에스텔 프리드먼Estelle Freedman의 말에 따르면, 이 캠페인은 섹스를 무언가 고무적이면서도 인종적인 것으로 부추기면서, 흑인과 백인에게 각각 다른 포스터를 통해 "섹슈얼리티가 결혼과 재생산의 영역으로 향하는 것"을 추구했다. "소년 소녀들에게 섹스는 삶에 새로운 즐거움을 주고, 직업 활동에의 욕망을 주고, 인종을 위해 위대한 일을 하려는 열망을 준다."[35] 비록 여기서 인종은 인류를 지칭하지만, 당시 누군가의 특정한 인종에 대해 '그 인종the race'이라고 말하거나 그러한 그림을 동반하는 것은 다른 의미를 시사한다. 이성애에서 재생산의 중심성은 인종 간 섹슈얼리티를 둘러싼 엄청난 불안감에서도 감지된다. 초기의 텍스트들에서 이 불안감은 정신병 수준으로 명백했지만, 〈정글 피버*Jungle Fever*〉(1991) 같은 영화가 논란이 되고 〈보디가드*The Bodyguard*〉(1992)가 대담하게 여겨진다는 사실[36]을 보면 여전히 그런 것 같다. 이 두 영화 모두 성적 재생산에 '관한' 이야기가 아니고, 인종 간 섹슈얼리티의 재현에 재생산이라는 사실은 굳이 직접적으로 다루어지지 않는다. 그러나 여기에는 뭔가 위태로운 게 있다. 인종 간 이성애는 백인성의 권력을 위협한다. 백인의 신체와 관련한 백인성의 정당성을 파괴하기 때문이다. 정신에 대한 그 모든 호소를 볼 때, 백인의 신체가 더 이상 명백한 백인 신체가 아니라면, 백인 신체가 백인의 재생산을 더 이상 보장해 주지 않는다면, 그들의 지배에 대한 '자연스러운' 근간은 더 이상 믿을 만한 것이 못 된다.

인종이 순수한 것으로 개념화된다면, 인종 간 출산은 그 순수성을 위협한다. 지난 몇 세기간의 제국주의 역사에서 실제 인종 간 번식의 역사를 두고 볼 때, 백인성에 대한 이러한 위협에 대응하기 위해 다양한 수단이 있었다는 것은 놀랍지 않다. 미국 남부에서는 흑인성의 정도(물라토mulatto, 쿼드룬quadroon, 옥토룬octoroon)[37]에 대한 정교한 도표가 만들

35 첫 번째 인용은 데밀리오와 프리드먼(1988)의 그림 40-2에 있는 주에서 가져온 것이고, 두 번째 인용은 관련한 포스터 중 하나에서 가져 왔다.

36 두 영화 모두 백인과 흑인 간의 이성애 관계(〈정글 피버〉는 흑인 남성과 백인 여성, 〈보디가드〉는 흑인 여성과 백인 남성)를 다룬다. — 옮긴이

37 물라토는 흑인과 백인으로 구성된 부모 밑에서 태어난 사람, 쿼드룬은 1/4의 흑인 혈통을

어졌고, 많은 주에서는 단 한 방울의 흑인 피만 섞인 사람도 흑인이라는 의미의 '한 방울one-drop' 정의가 널리 퍼졌다.[38] 이러한 조치는 백인 범주에의 접근을 제한하는 수단으로서 흑인성에 주목하여 백인성 범주에는 오로지 백인만이 거주할 수 있게 했다. 반면 브라질에서는 인종 간 출산이 최근까지도 긍정적인 것으로 장려되었다. 인구 전반이 점차적으로 피부색이 밝아지면서 검거나 토착민적인 속성이 제거될 것이라는 근거에서였다(Skidmore, 1974). 양 접근법 모두 같은 가정을 지닌다. 백인인 것이 낫고 성적 번식이 백인성을 획득하는 열쇠라는 것이다.

백인 문학에서 지속적으로 등장하는 강간 모티프는 이러한 관점에서 이해할 수 있다. 문학에 등장하는 강간의 형태는 백인 여성이 비백인 남성에게 강간당하는 것으로, 백인 남성이 비백인 여성을 일상적으로 학대하는 사실에 대한 관심을 대체해 버린다. 이것은 또한 두 가지 의미에서 백인 남성이 자기 재산에 대해 지닌 통제권을 위협한다. 자신의 재산으로서의 여성에 대한 위협이고, 자신의 아내를 수단 삼아 자신의 재산이 마땅히 물려받을 만한 자(아들이나 상황에 따라서는 딸로, 자신의 자손이라고 확신할 수 있는 자들)에게 전달되도록 하는 통제권에 대한 위협이다.

강간은 당연히 공포스럽다. 제니 샤프Jenny Sharpe(1993)가 (인도 식민지 시기 소설의 맥락에서) 지적하듯, 강간이 항상 식민지 문학의 특징이었던 것은 아니며, 식민지 권력이 느낀 위협에 대한 응답으로서 등장한 것으로 보인다. 샤프는 인도에서 강간 모티프가 1857년 반란 이후에서야 등

지닌 사람, 옥토룬은 1/8의 흑인 혈통을 지닌 사람을 일컫는다. — 옮긴이

38 이러한 시각은 1983년까지도 유지되었다. 루이지애나 출생증명관리국에 따르면, 18세기 백인 농장주와 흑인 노예 사이의 자손일 경우 1/32 정도 '검둥이 피'를 지녀도 백인이 아니라고 선언했다(Omi & Winant, 1986: 57).

장했다는 사실에 주목하는데, 유사하게 그 중요성을 미국에서 남북 전쟁 이후 문학에서 발견할 수 있다. 그렇다면 강간은 비백인의 저항과 역능empowerment이 지닌 위협에 주의를 기울이기보다는 그것을 기록하고 악마화하기 위한 방식으로 보인다. 그러나 강간은 단순히 모티프가 아니며, 앞서 제시한 바와 같은 의미에서 백인 재생산을 위협하기 때문에만 중요한 것도 아니다. 강간은 그것이 상상된 방식에서 백인 이성애 그 자체를 폭로하고 위협한다.

인종 간 강간(비백인이 백인을 강간하는 경우)은 문명의 요새를 공격하는 야수성으로 재현된다. 이것은 섹슈얼리티 그 자체가 문명, 즉 백인이 획득하고 체화한 것과는 상반된 야수적인 것임을 암시하기도 한다. 이를 통해 드러나는 것은 백인이 지닌 섹슈얼리티의 난제다. 그 난제란 그들의 인종적 생존과 순수성을 보장하는 바로 그 기제, 이성애 재생산에 대한 어려움이다. 인종의 생존을 보장하기 위해서는 성관계가 있어야만 한다. 그러나 성관계와 성적 욕구는 백인다운 것이 아니다. 백인성을 재생산하는 수단 그 자체가 순수한 백인다운 것이 아닌 것이다. 이것이야말로 백인 인종이 점차 사라져 갈 것이라는 불안 이면에서 흔히 발견되는 논리다. 이는 숫자의 문제로도 제시된다. 벤저민 프랭클린Benjamin Franklin은 《인류의 증가와 관련된 관찰*Observations Concerning the Increase of Mankind*》(1751)에서 "이 세계에서 순수한 백인의 숫자가 비율적으로 너무 작다"며 이미 우려한 바 있다(Jordan, 1977: 143). 그리고 1848년 조제프 고비노Joseph Gobineau[39]는 "향후 백인은 지구상에서 사라질 것"이며 이것은 혈통의 수많은 "혼합과 희석" 때문이라

39 조제프 고비노(1816~1882)는 프랑스의 귀족으로 인종 차별 이론과 인종 통계학을 적용해 인종주의를 정당화하고 아리아 인종 이론을 발전시킨 인물로 알려져 있다. — 옮긴이

고 믿었다(Poliakov, 1974: 237). 백인 숫자가 줄어든다는 주제는 백인 인종 정치의 중추로, 영국 전후 논쟁의 구성 원칙이 되었다. 여기서 (특히 주거 문제와 관련해) '과밀 거주'에 대한 논의에서 "쇄도하는flooding," "집어삼키는swamping" 같은 단어를 각각 이넉 파월Enoch Powell[40]과 마거릿 대처Margaret Thatcher가 사용하기에 이르렀다(Fryer, 1984: 381ff.; Miles & Phizacklea, 1984: 20ff.). 이는 영국으로 이주하는 이들의 숫자 차원에서 제기됐으나, 번식의 개념과 동떨어진 것도 아니었다. 파월은 (노동당과 보수당 정부가 모두 주장했듯) 이민자 수를 제한하는 것으로는 충분치 않다고 주장했다. "'이주하는 유색인의 수가 점차 증가하면서 이들 이민자가 영국에서 낳는 아이들이 있기 때문이다"(같은 책: 66). 이 인식을 뒷받침하는 것은 비백인 재생산에 대한 스테레오타입이다. 끊임없이 확장되는 아시아인 가족, 아버지가 없이 사회복지에 기대하는 서인도 가족, 바글거리는 동양인 무리들……

이러한 상황에 당면해, 백인 담론은 백인의 재생산과 특히 이에 대한 백인 여성의 책임감을 강조하곤 했다. 메릴린 프라이Marilyn Frye는 KKK를 비롯하여 기타 노골적인 인종주의 선언에서 백인 멸종에 대한 불안감, 저조한 백인 출산율에 대한 우려를 발견한다(1983: 122~123). 그리고 그러한 생각이 덜 인종주의적인 사고인 것처럼 만드는 미묘한 방식에 주목한다. 페미니스트들은 여성을 자기 자리에 묶어 두는 의무적인 이성애의 역할에 주목했지만, "백인 여성에 대한 의무적인 모성의 압력이 여성을 억압하는 압력일 뿐만 아니라 백인 인구를 늘려가는 압력

40 이넉 파월(1912~1998)은 영국의 정치가이자 고대학자, 언어학자다. 보수당과 얼스터 연합주의자당 의원, 보건부 장관을 역임하였다. 1968년 "피의 강물Rivers of Blood"이란 연설에서 이민자들에 의해 영국이 위험에 빠질 수 있다고 해 큰 파장을 일으켰다. — 옮긴이

이기도 하다"(같은 책: 123)는 것은 별로 고려하지 못했다.[41] 유사하게, 백인이 레즈비언 페미니즘에 (동시에 어느 섹슈얼리티와 성별이든 아이가 없는 사람들에게도) "우리 마음대로 하면 그 종은 멸망할 거야"라고 조롱하며 도전할 때, 프라이는 그러한 발언이 "백인과 인류를 혼동한다"고 의심한다.

> 백인 여성에게 백인 인종을 유지하기 위해 백인 아이를 낳으라는 요구는 공공연하지는 않지만, 종을 유지하는 것이 우리 의무임을 알려 주는 모든 백인 맥락 내에서 설교와 같이 위장된 형태로 지속적으로 이루어져 왔다(같은 책: 124).

문제는 백인이 이를 잘 못한다는 것이고, 이것은 우리를 백인으로 만드는 '정신'의 자질 때문이다. 우리의 정신은 우리의 몸을 통제하고 따라서 성적 충동과 추후 자녀 계획도 통제한다. 우리를 백인으로 만들어 주는 바로 그것이 우리 백인성의 재생산을 위험에 빠트린다.

이와 같은 백인성과 섹슈얼리티의 문제는 남성과 여성에게 서로 다르게 재현된다. 서구에서 이성애는 젠더화된 섹슈얼리티, 즉 남성과 여성에게 섹스는 각각 다른 의미라는 관념을 암시한다. 젠더 차이는 남성 대 여성의 권력 차이를 뒷받침하고, 이성애에서 또는 이성애를 통해서 구현된다. 결국, 섹슈얼리티에 대한 백인 남성과 백인 여성의 관계는 기독교적 도상과 백인 젠더 역할의 또 다른 측면들과 같은 양상이다.

백인 남성은 더 강력한 성욕을 갖고 있으면서도 한편으로는 더 강한 의지력을 지닌 것으로 양분되어 보인다. 백인 남성의 성적 드라마는 욕망

41 백인(남성)의 낙태 반대 캠페인 관여에 대한 린다 하트의 논의(1994: 112~113, 116~119)를 참조하라.

을 뿌리칠 수 없거나 욕망을 제어하기 위해 고군분투하는 것과 관련된다. 욕망은 늘 어둠으로 전형화된다. 이는 앞서 다루었듯 백인 정체성과 관련한 검은 피부색을 지닌 사람들의 상징적 기능을 부분적으로 형성한다. 여러 사람들 중에서도[42] 특히 샌더 길먼Sander Gilman(1985)은 검은 피부의 인종에 섹슈얼리티를 투사하는 것은 백인이 자신의 욕망을 재현하면서도 그 욕망으로부터 스스로 거리를 두는 수단이었다고 말한다. 명시적으로든 암묵적으로든 인종적인 언급이 있을 필요도 없이, 어둠이면 충분하다. 이것은 백인을 불임sterility으로부터 구해 줄 이성애적 욕망을 제공하면서도 그러한 욕망을 백인이 열망하는 것으로부터는 분리시킨다. 어두운 욕망은 백인성 이야기의 한 부분이면서도, 백인성이 맞서 싸우려는 것이다. 따라서 백인 남성의 백인성은 어둠에 굴복하는 비극적 속성 혹은 어둠을 흘려보내거나 거부하는 영웅성에서 찾을 수 있다.

섹슈얼리티뿐만 아니라 저열하고, 어둡고, 돌이킬 수 없이 육체적인 특징을 지닌 모든 것에 대해 백인 남성성의 양분된 속성은 그리스도 이야기의 감정 구조를 재생산한다. 그리스도의 고뇌는 그가 완전히 육체적이면서도 완전히 정신적이기에 저항할 수 있으면서도 유혹당할 수 있다는 것이다. 십자가형으로 인한 고통에서 그는 죄악으로 비롯된 최고 고통을 경험했으나, 부활은 그가 이를 초월할 수 있다는 것을 보여 주었다. 백인 남성이 겪는 신체적 수난의 스펙터클은 전형적으르 그러한 고통 속에서의 존엄성과 초월성이라는 의미를 전달한다.

백인 남성 내면에 있는 어둠은 백인 남성이 인류에 대한 보편적 기표의 위치를 취하게끔 해 준다. 그는 인간 존재의 모든 가능성, 즉 어둠

42 예를 들어 최근 Young, 1995; McClintock, 1995에서 다루었다.

과 빛을 포용한다. 백인성의 단계적 차이gradation는 이를 더 복잡하게 만든다. 낮은 계급의 라틴계 백인은 양성 모두 어둠을 갖고 있지만, 그에 맞설 의지 또한 갖고 있는지는 불확실하다. 진짜 백인 남성의 운명은 더 많이 (어둠 속으로) 추락하지만 더 높이 (빛을 향해) 날아오르는 것이다. 까다로운 부분은 이뿐만이 아니다. 성적 욕망이 들지 않는다는 점은 남성의 남성성에 대한 의문을 자아내기 쉽다. (어둠은 진정한 남성성의 징표이고, 그것을 통제할 줄 아는 능력은 백인성의 징표다.) 그러나 어느 한쪽이 다른 쪽을 보장해 주지 못하는 상황이 있을 수 있다. 백인 남성의 남성성이 그의 백인성을 더럽히고, 그의 백인성이 그의 남성성을 거세하는 것이다. 이러한 모순은 백인 남성성을 인간 조건의 전형으로 그려내는 이야기나 이미지의 생산에 풍부한 토대가 되어 준다.

백인 남성이 추락할 잠재성은 성경에 제시된다. (그리스도처럼 서구에서 아담의 이미지는 오랫동안 유대주의적이지 않았다.) 빅토리아 시대에 백인 여성을 섹슈얼리티와 가장 잘 연결한 용어 중 하나는 '타락한 여자fallen woman'였다(Nead, 1988 참조). 그러나 백인 여성 섹슈얼리티의 구성은 남성과는 다르게 이루어진다. (고뇌를 지닌 자이자 보편적 주체로서) 백인 남성은 맞서야 할 어두운 욕망을 가지고 있어야 했다. 반면 백인 여성은 애초에 그런 욕망을 갖지 않도록 되어 있었다. 여성은 자신이 욕망을 지닌 것을 발견할 수도 있고, 그럴 경우 이것은 서구 내러티브에서 중요한 부분이었지만, 백인 남성의 고통처럼 백인성을 구성하는 것이 아니라 백인성으로부터의 타락으로 여겨졌다. 백인 여성의 전형은 재생산이 수반하는 어두운 욕망에 더럽혀지지 않으면서도 재생산의 순수한 그릇인, 성모 마리아다.

섹슈얼리티와 관련해서 백인 여성의 백인성을 둘러싼 특별한 불안이 있다. 말 그대로 아이를 낳는 자이고 아이의 초기 양육에 가장 중요한 책임을 지기 때문에, 여성은 집단(인종)이 모든 의미에서 재생산되는 필수불가결한 수단이다. 여성은 또한 계급이든 종교든 그들이 이성애로 묶여 있는 사회 집단의 징표, 특히 장신구 같은 것을 보여 주도록 요구받았다.

따라서 백인 여성은 자기 인종의 희망, 성취, 특성을 지닌다. (또는 많은 내러티브에서 이를 배신한다.) 여성은 종의 재생산을 최고 수준까지는 아니더라도 보장한다. 그러나 바로 그들의 정제된 백인성이 섹슈얼리티를 인종 순수성에 대한 방해물로 만든다. 프라이가 백인의 재생산 문제로 인해 백인이 처한 위협이 KKK 담론에서 가장 노골적으로 나타난다고 말하는 것이 놀라운 일도 아니다. KKK는 백인 여성이 성관계를 갖고 아이를 낳는 것을 상상하는 것만으로도 충격적인 사건이 되고 신성모독처럼 여겨질 정도로 백인 여성을 천상화한 형태로 재현하는 데 막대한 투자를 했기 때문이다. 재생산은 백인 여성의 의무이지만 백인 여성이 백인인 채로는 절대로 할 수 없는 것이기도 하다. KKK의 이미지는 백인 여성의 섹슈얼리티에 대한 규범적 이미지에 오랫동안 내재되어 있던 불안정성을 비정상적인 논리적 결론에까지 밀어넣는다.

재생산에서 백인 여성의 역할은 이 세상에서 백인 권력의 작동과 관련하여 특권적이면서도 종속적인 것이 된다. 백인성의 담지자로서, 그들이 비백인 남성과 여성에게 권력을 행사하는 것은 적합하다. 우리는 이것을 식민주의 텍스트에서 가장 명확하게 발견한다. 엘라 쇼하트Ella Shohat(1991: 63)에 따르면 식민주의 텍스트에서 백인 여성은

> 덧없는 '위치상의 우월성'을 보장받을 수 있다. 〈족장*The Sheik*〉(1921)[43] 같은 영화에서 '텍스트의 규범'은 서구 남성에 의해 재현되지만, 그가 부재

43 북아프리카 사막으로 여행을 갔다가 족장과 사랑에 빠진 백인 여성의 이야기다. — 옮긴이

한 순간에는 백인 여성이 영화의 문명적인 중심점이 된다.

이것은 또한 백인 여성의 위반, 특히 섹슈얼리티의 차원에서의 위반의 표현에서도 명확하다. 벨 훅스는 "누군가는 책임자가 되어야죠"라는 발언이 호응을 얻었던 마돈나의 경우를 살펴본다.[44] 훅스는 마돈나가 워렌 비티나 케빈 코스트너 같은 이들에게 퉁명스럽게 대하기도 하는 모습이 재미있어 보일 수 있으나, 그럼에도 이때 "책임자"의 위치란 그녀가 "공공연하게 '감정 불구자emotional cripples'로 묘사했던 비백인 이성애자와 게이, 게이 백인과의 상호 작용에서 가장 잘 드러난다"(1992: 163). 유사하게, 케이트 데이비Kate Davy는 훨씬 더 고의적으로 위반적인 사례인 WOW 카페WOW Café[45]를 제시한다. WOW 카페는 공연 집단으로, 전통적인 품위와 급진적 페미니스트 관념 모두에 저항하며 '나쁜 년bad girl' 이미지를 생산하는 퍼포먼스를 했다. 데이비는 그들의 퍼포먼스가 "굉장히 생산적이었지만 동시에 그들이 백인 여성성에 도전함에 따라, 백인 여성성에 의존했고, 백인 여성성이 역사적으로 무효화하고 지속적으로 거부해 온 이들(비백인)의 신체를 다시 한 번 우회하며 지워 버렸다"고 말한다(1995: 199). 이러한 예시들에서, 백인 여성은 선한 (백인) 소녀

44 마돈나의 일대기를 담은 다큐멘터리 영화 〈진실 혹은 대담*Madonna: Truth or Dare*〉에서 마돈나가 "나한테는 파시스트적인 면이 있어요. 그래도 누군가는 책임자가 되어야죠"라고 말하는 장면이 있다. 벨 훅스는 마돈나가 스스로 인정한 그러한 폭군적 면모가 백인 남성인 워렌 비티나 케빈 코스트너를 향해서는 별로 발휘되지 않는 반면, 비백인이나 백인 노동 계급, 퀴어를 향해서만 드러난다는 점을 비판하고 있다. — 옮긴이

45 WOW 카페는 1980년 WOW(Women's One World)라는 국제 여성 연극 축제를 통해 탄생한 뉴욕의 극단으로, 레즈비언과 트랜스젠더를 포함한 모든 여성들에게 열린 공간을 표방하며 현재까지도 공연을 진행해 오고 있다. — 옮긴이

들을 대표해서든 이에 대항해서든 문명화하는 중심지로서 행위하면서, 비백인과의 관계에서 특권적되고 억압적이다.

그러나 백인 여성은 백인 남성과 같은 방식으로 권력의 관계를 지니지 않는다. 쇼하트는 백인 여성이 차지하는 권력의 위치는 늘 임시적인 것이라고 강조한다. 데이비는 백인 여성의 전형적인 역할은 자신들의 개인성은 거부하면서 백인 남성의 개인성을 촉진시켜 주는 것이라고 말한다. 이 과정에서 "백인 여성은 백인 남성을 위해 마련된 주체 위치를 갖지 못한 채 백인성을 나타내고 재현하도록만 하는 백인 여성성을 재생산한다"(같은 책: 197). 그 결과로, (5장에서 살펴볼) 〈가장 귀한 것〉처럼 여성을 중심적으로 다루는 식민주의 텍스트에서 백인 여성이 백인 권력을 상징하면서도 권력을 효율적으로 발휘하지도, 권력의 남용이라고 여겨지는 것을 변화시키지도 못하는 모습이 나타난다.

인종과 젠더는 불가피하게 뒤엉켜 있다. 인종을 재생산하고 젠더를 정의 내리는 데 이성애는 중요하다. 이것은 생산적으로 불안정한 결합이다. 이 장의 초반에 논의했던 인종 개념은 신체의 역사적, 사회적, 문화적 차이를 찾아낸다. 인종은 원론적으로는 모든 신체를 의미하나, 실제로 백인은 인종 개념과 특별한 관계를 맺음으로써 자신의 신체 및 다른 인종의 신체와도 특별한 관계를 맺어왔다. 그들은 양화할 수 없는 무언가를, 즉 정신을 더 많이 가짐으로써 스스로를 인종 위어 위치시킨다. 이것은 우월성의 휘장이면서도, 이성애 재생산과 이것이 수반하는 성역할이라는, 인종 개념의 숨은 핵심적 지점에서 백인의 불안정성을 형성한다. 백인은 그들 스스로를 재생산해야 하지만 이와 동시에 자신의 신체를 통제하고 초월해야만 한다. (불가능하지만) 이 두 개를 모두 함으로써 백인이 될 수 있다. 이에 따라 로맨스, 간통, 강간, 포르노그래피 같은 백인성의 커다란 내러티브적 딜레마가 생산된다.

## 체화: 진취성과 제국주의

> 이상적인 백인 남성은 머리를 쓸 줄 알고, 사물을 다루거나 통제할 줄 알고, 무언가를 어떻게 해야 할지 아는 이다. 그럼에도 불구하고 이러한 기능을 수행하는 위치에 있지 못한 백인은 그들을 갈망한다.
>
> — 엘드리지 클리버Eldridge Cleaver,[46] 《갇힌 영혼*Soul on Ice*》(1969: 80).

《톰 아저씨의 오두막》에서 해리엇 비처 스토는 자신이 백인 남성의 본질이라고 여기는 것을 매우 분명하고도 어색함 없이 표현한다. 그 본질이란 단어 하나로 반복해서 나타나는데, '진취적'이라는 것이다. 이로부터 백인 남성의 과감함daring(이 표현 또한 많이 사용된다)과 건실함, 조직하는 능력, 견고함과 탐욕스러움까지 흘러나온다. 한 세기도 더 지난 시점에 루스 프랑켄버그(1993: 83) 또한 상위층 백인 남성에게 기대하는 "눈부심, 탁월함, 기업가적인 세계에서의 모험적 정신, 잘 훈련되어 잘 발휘하는 것"이 있다고 말한다. '진취성'은 정신 그 자체(활력, 의지, 야망, 사고하고 통찰하는 능력)이자 그것의 효과(발견, 과학, 사업, 부의 창조, 국가 건설, [인종적으로 수가 적은 인간들에 의해 행해지는] 노동의 조직)다. 스토는 진취성을 거침없이 발휘하는 것, (한편 여성의 진취성은 억제된다) 특히 그 진취성이 '검둥이'를 비롯하여 혜택받지 못한 이들의 인간성과 권리를 인식하지 못한다는 점을 개탄한다. 그녀는 그래도 진취성의 성취를 선망하며, 진취성이 어떤 역동성과 자신감을 발휘하는지를 보여 주기도 한다.

46 엘드리지 클리버(1935~1998)는 1960년대 미국 흑인 운동 단체 블랙 팬서Black Panther의 지도자이며, 인종 차별에 대한 분노를 담은 자서전 《갇힌 영혼》으로 1960년대 후반 급진적 흑인 운동의 상징이 되었다. — 옮긴이

정신의 한 측면으로서의 진취성은 의지의 개념, 즉 자신과 타자를 통제하는 능력과 관련된다. 존 하지John Hodge(1975)는 플라톤으로 거슬러 올라가며 의지를 서구 문화의 중심적 가치로 파악한다. 의지는 말 그대로 그것을 가진 자와 가지지 못한 자, 지배자와 피지배자, 식민지 개척자와 식민지인의 차원의 세계와 연결된다. 하지와 도널드 스트럭먼Donald Struckman은 그러한 이분법을 그리스 시대로부터 마니교, 아우구스티누스를 거쳐 지그문트 프로이트Sigmund Freud까지 추적한다. 프로이트는 "인류의 리더십"이 "백인 민족의 위대한 지배력"에 놓였다고 말했다(《전쟁과 죽음에 대한 성찰*Reflections upon War and Death*》, 1915; Hodge & Struckmann, 1975: 182). 리더십이라는 관념은 인간의 진보 서사와 그를 달성하기 위해 요구되는 독특한 자질 모두를 암시한다. 따라서 백인은 그들의 기질적인 자질로서의 리더십, 즉 의지, 선견지명, 활력 덕에 인류를 이끈다. 이러한 것들은 장바티스트 라마르크Jean-Baptiste Lamarck가 백인의 특성으로 받아들였던 바로 그 자질들이기도 하다(Poliakov, 1974: 215).

이러한 활력, 진취성을 발휘하고 보여 주는 가장 중요한 수단은 제국주의다. (《톰 아저씨의 오두막》의 세계 또한 물론 제국주의의 한 부분이다.) 제국주의는 진취성에 팽창과 잠재적 위험, 물질(상품, 토지, 사람)의 차원에서 완전히 새로운 지평을 주었다. 에드워드 사이드(1993)는 제국주의가 서구 문학 문화의 구조화에 얼마나 깊이 영향을 주었는가를 보여 준다. 제국주의에 관심 없는 많은 고전 작품들도 등장인물의 삶의 방식과 그들이 전제로 하는 것을 위해, 그리고 플롯의 역전과 갈등 해결을 위해 제국의 존재를 가정하고 의존한다. 이는 백인 문화에서 시공간이 상상되는 방식에서 더 광범위하게 드러난다.

대중적으로 상상되고 공표된 식민주의의 역사는 진보에 대한 흥분, 시간을 거치며 앞으로 나아가는 움직임, 공간에 대한 정복과 통제의 차원에서 전달할 수 있을 것이다. 로버트 마일스Robert Miles와 애니 피자클리Annie Phizacklea는 영국 제국주의의 역사에 대한 설명에서 이를 건드린다.

> 제국은 존재 자체로 우월한 '인종'과 열등한 '인종' 간 갈등의 결과물로 보였다. 열등한 '인종'의 노동은 '문명'을 향한 '그들'의 진보를 보장하기 위해서뿐만 아니라 대영제국의 위치, 세계의 정비소workshop of the world[47]를 향한 '우리'의 진보를 위해서도 착취된 결과다(1984: 12~13).

월터 벤 마이클스Walter Benn Michaels가 미국의 식민주의적 관념을 서술할 때도 이러한 인종, 역사, 서사적 시공간의 혼합이 유사하게 나타난다.

> 앵글로색슨은 …… 자기 통치의 능력이 있었을 뿐만 아니라, "제국 건설자로서의 인종"(앨버트 J. 비버리지Albert J. Beveridge,[48] 1899[49])으로서 생물학적으로 타자를 통치할 운명이기도 했다. 토머스 딕슨Thomas Dixon[50]은 《종씨*The Clansman*》에서 "남부 백인 남성이 속한 종은 그들의 발로 천 년

47 19세기 영국을 일컫는 표현으로, 영국 수상이었던 벤저민 디즈레일리Benjamin Disraeli가 영국의 제조업과 산업적 능력을 비유하며 사용한 표현이다. — 옮긴이

48 앨버트 J. 비버리지(1862~1927)는 미국의 역사가이자 인디애나주 상원의원(공화당)으로 링컨 대통령의 전기를 쓴 인물이다. 그는 미국 영토의 히스패닉계와 원주민은 자치를 할 능력이 없다고 주장하며 미국에 문명을 가져오는 것이 백인의 소명이라고 주장했다. — 옮긴이

49 마이클이 참조한 고세트(Gossett, 1965: 329)의 인용을 보면, 원전에서는 "세계의 가장 위대한 행정가 인종으로서 가장 친절하고 자비로운 자들, 미합중국 사람들"이라고 한다.

50 미국의 백인 우월주의자로 알려진 토머스 딕슨(1864~1946)은 '전문 인종주의자professional racist'라고 불릴 정도였다. 이 인용문에서 소개된 《종씨》의 부제는 "KKK단의 역사적 낭만A Historical Romance of the Klue Klux Klan"으로, KKK단을 영웅시하고 미 남부 백인 우월주의를 낭만화하는 내용을 담고 있다. — 옮긴이

간 밟고 지내온 이 땅의 모든 영토를 정복했다"고 말한다(1989: 185).

역사의 시간적, 공간적, 인종적 이야기는 진취성과 제국주의를 훨씬 더 허구적이고 현실 도피적인 오락물 형태로 다룬 어떤 양식의 산물이다.

빅토리아 시대의 모험 이야기는 이러한 양식의 주요한 예이지만, 나는 그와 매우 유사한 다른 사례인, 이른바 서부극에 대해 이야기하고 싶다. 서부극(영화뿐만 아니라 소설, 쇼, 만화, 광고, 텔레비전)은 더 이상 과거 한때처럼 대중문화의 중심 장르가 아니지만, 금세기의 가장 성공적이고 영향력 있으며 사랑을 받았던 상상적 결합체 중 하나다. 세계에서 가장 많이 알려진 영화와 스타들의 상당수가 서부극에 속한다. 이 장르는 국제적으로 널리 모방되어 왔고(독일의 카를 마이Karl May,[51] 영국의 존 토머스 에드슨John Thomas Edson,[52] 인도와 호주의 서부극 장르, 그리고 특히 스파게티 웨스턴으로 알려진 유럽 서부 영화), 다른 많은 영화들(구로사와 아키라의 작품부터 베트남 영화들과 〈스타 워즈*Star Wars*〉까지)의 근간을 제공한 것으로 널리 알려졌다. 또한 옷(무엇보다 청바지)과 음악(대표적으로 컨트리 음악의 성장)에서도 서부극은 국제적 상상력에 그 흔적을 남겨 왔다. 이를 넘어서 서부극은 또한 미국의 건국 신화 중 하나다.[53] 미국은 (서부극 자체와 동일한 기간 동안) 세계가 나아갈 방향, 희망과 두려움을 상징했다(이에 맞서는 유일한 것이 소련으로 대표되는 공산주의적 꿈이지만 미국과 서부극처럼 상상력을 장악하지는 못했다).

51 카를 마이(1842~1912)는 독일 작가로 주로 미국 서부를 배경으로 한 모험 소설을 쓴 것으로 유명하다. — 옮긴이

52 존 토머스 에드슨(1928~2014)은 영국 작가로 서부극과 모험 소설을 주로 썼다. — 옮긴이

53 이에 대해서는 이미 충분한 논의가 있지만(Smith, 1950), 비백인에 대항하여 백인 정착민의 통합에 기여하는 서부극 영웅의 이미지가 하는 정확한 기능에 대한 논의는 Saxton, 1990: 321~347에서 찾아볼 수 있다.

제국주의적 설계를 비롯해 흔히 서부극의 내용으로 여겨지는 것을 간단히 설명을 할 테지만, 내가 먼저 강조하고 싶은 것은 황홀감과 흥분감 같은, 진취성 발휘의 경험을 전달하는 상상적 형태로서의 서부극이다. 진취성과 제국주의가 의도치 않게 가장 강력한 호소력을 지닌 부분은 서부극에 내장된 특성(대지를 내달리기, 말 타고 질주, 추격, 결투의 강렬함과 기술, 승리감에 넘치는 음악, 아름다운 풍경)에서였다.

이러한 텍스트적 즐거움은 그 토대가 되는 상상적 세계에 의해서 가능했다. 서부극이 등장한 것은 역사적으로 새로운 사회를 창조하고 건설하는 프로젝트가 진행되고는 있었지만 완성되지도 포기되지도 않았던 시점이었다. 그것이 정확히 언제인가는 중요하지 않다. 중요한 것은 사회가 만들어지기 직전의 순간을 상상하는 것이다. 이것은 과거임을 나타내는 기호와 지리적 위치에 의해서 드러나는데, 그 부정확함이 역사적 상상력의 효과를 전혀 감소시키지 않는다.

이 순간의 서사적 활력은 '명백한 운명Manifest Destiny'이라는 문구에 의해서 제시된다. 이 용어는 1845년 존 루이스 오설리번John Louis O'Sullivan[54]이 사용한 것으로, 그는 "매해 수백만 명씩 증가하는 미국인들이 자유롭게 번영을 누리기 위해서 영토를 넓혀 나가는 것은 신의 섭리이며 우리의 명백한 운명"(Buscombe, 1988: 180~181)이라고 썼다. 모든 서부극에서처럼 여기에 암시된 것은 인종(번식, 이성애적 재생산)의 이름으로 활기차고도 낙관적으로 받아들여진 목적론적인 내러티브(운명)다(Horsman, 1981 참조). 이 모든 것은 변경frontier의 이미지를 통해 역동적인 결정체를 이룬다. 변경이란 시간적이고 공간적인 개념인데, 설정상의

54 미국의 칼럼니스트이자 편집자인 존 루이스 오설리번(1813~1895)은 1845년 텍사스와 오레곤의 미국 합병을 촉진하기 위해 '명백한 문명'이란 용어를 사용했다. — 옮긴이

시기와 장소의 의미에서뿐만 아니라 새로운 영토(마침내는 '최종적인 변경'인 우주 공간)를 향해 밀고 나가는 진보, 시간에 따라 앞으로 위로 향하는 인간 정신의 행진을 가능케 하는 동력을 제시하는 차원에서도 그렇다. 더욱이 이것은 자리 잡은 질서와 자리 잡지 못한 질서 사이의 경계, 넘어갈 수는 없지만 끊임없이 밀고나갈 수는 있는 경계를 의미한다.

또한 물론 경계는 백인과 원주민 사이에 있으며, 결국 그전에는 아무것도 없던 곳에 경계를 설정한다는, 경계의 본질을 명시한다. 이는 이전에는 백인과 원주민 사이의 대치가 없어서가 아니라, 원주민이 경계 없는 민족, 즉 경계와 질서에 대한 개념이 없던 민족이었고 경계란 백인이 상상한 문명의 요소이기 때문이다. 애초부터 북미 대륙(과 식민화된 다른 영토들)을 백인이 점령하는 것의 정당성은 토착민들이 땅을 개발하지 않았고 정리하지 않아서 창조를 향한 진정한 인간의(이제부터는 '백인의'라고 말하겠다) 목적을 구현하지 않았기 때문이라는 차원에서 주장되었다.[55] 백인의 개발은 땅의 분할, 기하학, 경계성을 가져오고, 인간 개입과 진취성의 사실을 땅에 전시한다. 변경과 그 변경의 설정 및 유지가 수반하는 모든 드라마와 흥분은 경계가 없던 땅과 사람들에게 경계의 형태로 질서를 가져다주는 행위에 대한 것이다.

백인성에 대한 모든 일련의 비유들은 이로부터, 즉 늘 백인이라고

55 마틴 버널은 존 로크John Locke가 《시민 정부의 진정한 종말*The True End of Civil Government*》(1689)에서 지닌 믿음에 대해 논하면서, "아프라카인들과 (토착) 아메리카인들은 농경을 하지 않았고, 로크에 따르면, 토지에 대한 자격은 경작을 통해서만 가능했다"고 서술한다(Bernal, 1987: 203). 유사하게 조지 프레드릭슨George Fredrickson은 르네상스 이후 백인 사상에서는 "정착 농경을 하고, 유럽인들이 정식 정부라고 인정하는 정치적 형태를 갖고, 어느 정도 도시가 집중된 환경에서 사는"(Fredrickson, 1981: 9~10) 이들만을 문명으로 인식해 왔다고 주장한다. 관련해서 Parekh, 1994도 참조하라.

명명되지는 않았지만 문화적 역사 속에서 널리 인식되어 온 것들로부터 나온다. 문화비평가이자 역사가인 리처드 슬롯킨Richard Slotkin의 영향력 있는 공식인 '폭력을 통한 갱생'은 서구인의 특징적인 폭력이 왜 그토록 (만족감을 느끼는 이들에게) 만족스러운지를 제시한다. 술집에서의 소동, 인디언을 포위하여 공격하기, 길거리 싸움에서 일대일 대결 같은 중요한 순간들 등 서부극 영화를 보러 갈 때 기대하는 재미들은 폭력의 행위가 무언가를 정리할 수 있고, 지저분하고 성가신(예를 들어 다루기 힘든 대지, 반항하는 토착민, 백인성 내의 나쁜 요소들) 세계를 휩쓸어 버릴 수 있고, 사막을 백인 사회 건설을 위한 백지상태tabula rasa로 만듦으로써 땅을 재생시킬 regenerate('재생'이란 단어에는 인종적 재생산의 의미가 있다) 수 있다는 생각과 공명한다(Slotkin, 1973, 1988).

페미니즘 문학비평가 제인 톰킨스Jane Tompkins는 서부극의 또 다른 재미인, 풍경에 대한 시선과 감정을 특징짓는 용어로 백지상태를 사용한다. 그녀에 따르면 이러한 '평지의 공백'은

> (서술된 적은 없지만) 이곳이 특정한 종류의 지배가 가능하고, (특정한 종류의) 사람이 오롯이 홀로 스스로를 통제하며 남아 물리적 힘과 의지력을 통해 외부 세계를 통제할 수 있는 공간임을 암시한다(1992: 75).

따라서 땅 또한 생김새physiognomy에 담겨 있던 성질을 소환해 낸다. 백인 남성(톰킨스가 '특정한 종류'의 사람이라고 말했던 대상)의 신체, 탄탄하고, 근육질에, 단단하고, 팽팽한, 백인 남성의 자아 이상으로서의 카우보이. 풍경 속 이러한 형상들은 서부극의 본질적 매력이다.

사막은 사람의 형상이 지배적이고 독특하며 빛에 반해 어둡고, 수평에

반해 수직적이고, 평지에 반해 단단하고, 공백에 반해 구체적인 것으로 보이게 만들어서 돋보이게 한다. 탁 트인 공간은 눈을 뜨는 행위를 통해, 심지어는 스크린의 재현을 바라보는 행위를 통해 가상적으로 지배가 이루어질 수 있음을 의미한다(같은 책: 74).

서부극이 모두 백인적인 흥분감과 미화만을 담고 있는 것은 아니다. 서부극은 낙관주의에 대항하는 요소, 활력과 자유를 방해하는 요소, 옳음의 요새로서의 백인 남성에 대한 관념을 복잡하게 만드는 요소를 지닌다. 서부극이 주는 흥분감은 가혹함과, 톰킨스가 강조한 바와 같이 죽음의 의미에 동반되는 것이다. '명백한 운명'의 개념은 백인의 시야 앞에 땅을 너무도 아름답고 새로운 것으로 펼쳐놓는 듯하지만, 그것은 노력과 고난, 상실 없이 가질 수 없다. 많은 서부극 영화에서 땅은 백인 소년들이 열기를 발산하는 놀이터에 지나지 않지만, 또 다른 한편으로는 열기, 먼지(더러움), 굶주림, 고통, 죽음이 통렬히 느껴지는 곳이다. 그러나 이것은 정복을 더 고귀하게 만들 뿐이다. 이미 설명한 바와 같이, 백인 (남성) 정체성을 결정짓는 의지의 고뇌에 해당하는 것이다. 백인적인 서부 이미지를 모호하게 만드는 다른 것으로, 대부분의 서브극에서 가장 큰 위협은 토착 민족이나 멕시코인이 아니라 내부로부터, 나쁜 백인들로부터 온다는 점을 들 수 있다. 그러나 이것은 백인의 프로젝트를 변색시키지 않는다. 비백인을 가장 큰 위협으로 상정하면, 비백인은 의지와 기술의 자질, 정신을 발휘하는 자질을 부여받아 백인에 상응하는 존재가 되어 버린다.[56] 게다가 나쁜 백인의 존재란 백인 민족 내의 변주를

56 유사하게, 그리피스의 영화 〈국가의 탄생〉에서 위험한 흑인들은 백인이나 물라토같이 백인 피를 지닌 우월함을 인정받는 이들에 종속되어 있다. 한편 남북 전쟁에서 흑인 장군들의 용

인정하는 리얼리즘의 일부로, 어떤 백인들은 백인성을 획득하지 못한다는 걸 보여 주는 방식이기도 하다. 서부극에서 나쁜 백인은 종종 어둠과 연결된다. 흑백 의상의 도상에서든(특히 초기 영화에서 두드러지지만, 여전히 〈워락*Warlock*〉[1959], 〈리버티 밸런스를 쏜 사나이*The Man Who Shot Liberty Valance*〉[1962] 같은 영화에서 나타난다),[57] 인디언 여성을 만나 토착민처럼 행동하거나 멕시칸 술집을 배회하는 등 비백인 타자와 엮이는 설정을 통해서든 말이다. 서부극은 이처럼 암적 존재로 코드화된 일부 백인을 제거함으로써 백인성을 향한 분투를 더욱 찬양한다.

서부는 100년간 백인 세계의 선두인 미국의 기원 신화를 구성하는 한편 또 다른 신화인 남부와 대조를 이룬다. 서부는 남성을 중심으로, 그리고 토착 민족의 타자와 대면하여 (백인) 국가적 정체성 구축을 보여 주는 한편, 남부는 여성을 중심으로 강제 이민 온 타자와 대면하여 정체성을 구축한다. 이것은 서부의 개방성과 남부의 폐쇄성 사이의 대조를 통해 공간적으로 구현된다. 낮은 관목과 정글보다는 넓게 열린 공간, 대저택의 밀실 공포보다는 위대한 야외의 흥분, 클로즈업과는 달리 롱 숏과 미디엄 숏의 더 많은 사용 등의 대비가 나타난다. 시간적으로는 움직임과 정지의 전반적인 대조를 통해 구현된다. 제한되고 막힌 액션들에 반대되는 넓고 능동적인 액션 수행, 순환성, 옭아맴, 정체에 반대되는 변화와 변동의 내러티브, 정지되거나 얌전히 움직이는 카메라에 반대되는 강력한 카메라 움직임, 정지 상태에서의 편집보다는 액션에 대한 편집에서 드러난다.

맹함은 백인 장교 덕으로 돌려지곤 한다(Saxton, 1990: 373).

57 〈워락〉에서는 마을을 지키는 방식을 둘러싸고 개넌과 블레이즈델의 대립이 있는데, 법치주의적으로 마을을 지키는 개넌은 밝은색 모자를, 윤리와 법보다 총잡이의 방식을 고수하려는 블레이즈델은 검은 모자를 쓰고 나온다. 〈리버티 밸런스를 쏜 사나이〉에서 악당 리버티 밸런스는 검은 모자, 그에 맞서 마을을 지키려고 하는 톰은 밝은색의 모자를 쓰고 나온다. — 옮긴이

이러한 대조는 국가의 기원에 대한 두 장르 사이에서 나타나는 것이지만, 서부극은 성공한 장르이고 다른 쪽은 실패작이다. 서부극은 백인 제국주의에 의해 대량으로 파괴당하는 민족과 관련되며, 장르 자체가 쇠퇴함에 따라 커져 가는 죄책감과 관련된다. 반면 남부극은 북아메리카 대지로 강제 이주당한 민족과 관련되며 아프리카계 미국인이 주요 도시에서, 철도 네트워크에서, 집안 하인으로서 늘 존재했기 때문에 백인이 훨씬 더 널리 느꼈던 죄책감과 관련된다. 서부극은 땅을 정복하고 그곳에 질서를 확립하여 휩쓰는 역사 속에 토착민들을 성공적으로 편입시키는 것을 보여 준다. 남부극은 노동과 관련된 실패다. 서부극 중에도 인종 간 출산의 문제를 고의적으로 다루는 일부 책과 영화가 있긴 해도, 백인성의 순수성은 대체로 유지된다. 이것은 서부극이 매우 동성 사회적이고 비이성애적이기 때문이다. 서부극은 여성 없이 남성 간의 관계가 주요한 토대인 세계에 초점을 맞춘다. 결말에서야 영웅이 그 땅에서 자신의 영토를 확실히 재생산하기 위해 여성과 정착하곤 한다. 그러나 남부극은 늘 더 복잡하다. (노예와 백인 가문들의) 번식에 토대를 두기에 늘 극심한 모순에 시달리는데, 무엇보다 재생산의 필요성과 극단적인 신체적 품위에 대한 요구 사이에서 백인 숙녀들이 겪는 모순, 섹슈얼리티와 혈통의 문제, 백인 순수성의 문제를 다룬다. 나는 다른 연구(Dyer, 1995)에서 〈국가의 탄생*The Birth of a Nation*〉(1915)과 같이 전적으로 백인 우월주의적인 텍스트에서마저도 영화의 제목인 백인 국가를 설립하기에는 남부가 진짜로 백인적이지 못하다고 의심한다는 주장을 한 바 있다. 남부극은 남부 백인의 순수성이 미심쩍기 때문에 북부의 이미지, 캐릭터, 스타(릴리언 기시), 심지어 조명(3장 참조)에 의존한 재현을 보여 준다. 요컨대, 남부극은 가장 의식적으로 백인성을 강조하면서도 가장 통렬하게 그것을 훼손하는 신화로 보이는 반면, 서부극은 백인성의 프로젝트를 의문의 여지 없이, 그리고 성취된 것으로 만든다.

서부극과 남부극 신화의 비교는 백인 제국주의의 여성 중심적 재현이 정체된 상태와 실패를 다룬다는 것을 보여 주는데, 이 주제는 5장에서 논의한다. 그러나 동시에 남성 제국주의는 어쨌든 말 그대로 그리고 사회적으로 인종의 재생산자인 백인 여성을 위해 이루어진 것으로 제시된다. 클레오 맥넬리Cleo McNelly는 클로드 레비스트로스Claude Lévi-Strauss의 부족 신화에 대한 분석을 논하면서, 제국주의에서 백인의 젠더화된 배열을 이 책의 다른 곳에서 다룰 이항 대립적 사고와의 관계 속에서 서술한다. 그녀는 제국주의가 (그리고 인류학이) 여정의 모티프에 재현되며, 이것은 "**여기**와 **저기**, 집안과 바깥"(1975: 9)의 개념에 상정되어 있고 결국 두 가지 형상, 즉 "집안 백인 여성과 정반대로서 바깥의 흑인 여성"(10)을 재생산한다고 제시한다. 제국주의적 내러티브의 지리적 구조는 논의된 이분법, 즉 진짜 백인성의 중심지로서의 백인 여성, 그리고 어둠의 위험과 유혹을 마주한 채 집과 백인성을 갈망하며 분투하는 백인 남성 간의 이분법을 확인해 준다. 이 이분법은 백인의 주어진 신체 차원에서보다는 세계와의 제국주의적 조우 속에서 생산되는 심리적 구조 차원에서 젠더 차이를 자연화한다.

(여성에게 영감을 받고, 남성 주도하에 이루어지는) 성공 신화로서의 서부극은 우리에게 시공간에 대한 백인 지배의 역사를 지각하게 해 준다. 전형적으로, 내러티브는 해피엔딩을 향해 헝클어지지 않은, 직선의 스토리라인으로 펼쳐지고 우리는 방해받지 않는 대지의 경관을 반복해서 보게 된다. 후자는 17세기 이래 서구[58] 회화에서 발전해 온 땅을 보는 전

58 물론 여기서 말하는 서구는 유럽과 백인 식민지배국들이다. 'Western'이라는 단어가 좁은 의미의 픽션 장르와 넓은 지리적 영역이라는 두 가지 뜻을 지닌다는 사실은 후자를 정의하

통을 끌어온다. 프레임에 맞추어, 원근법에 따라 조직된 풍경의 관념은 세계를 바라보는 위치, 멀리서 동떨어진 위치를 제시한다. 더욱이, 캔버스나 사진 속에 땅을 한눈에 파악 가능한 탐욕스럽고 질서정연한 형태로 담아낼 때, 땅은 인간의 통제하에 놓이게 된다. 가장 거친 풍경이건 별 것 아닌 풍경이건 서구 남성이 비바람에 맞서거나 그 숭고성에 대한 불안 속에 서서 신성한 것에 대해 특별한 깨달음을 얻는 영웅적 모습을 제시하는 배경이 될 수 있다.[59] 가장 성공적인 풍경화 전통 중 일부는 대단함이 아닌 관리 용이성manageability을 강조해 왔다. 전형적인 예로, 18세기 덴마크 화가 옌스 유울Jens Juel의 그림 〈라이버그 가족 초상 *The Ryberg Family Portrait*〉(1796~1797)은 땅이 그 주인에 의해 완전히 소유된 것을 보여 준다(컬러 그림 1). (그들의 집은 그림 가운데에 있으며 혈기왕성한 남성이 땅과 부인 쪽으로 손을 뻗고 있다.) 그 주인은 땅 안에 있는 것이 아니라 그림의 배경 앞에 있는 듯 땅 앞에 서 있다. 더욱이 땅은 근대 농업이나 유럽 대륙의 원예 전통이 지닌 기하학적 형상을 노골적으로 따르지 않는다. 땅은 인간의 손을 탄 듯 하지만, 그것은 부적절한 방식이라기보다는 땅을 소유하는 것에 대한 미묘한 지식을 통해서 이루어진 것으로 보인다. 보다 더 명백히 식민주의적인 맥락에서, 엘라 쇼하트(1991)는 영화에서 그가 속하지 않은 땅에 대한 지식을 관객에게 전해 주는 탐험가/과학자 인물의 중요성과 이것을 종합적이고 과학적인 영역 안에 고정시키는 데 지도와 지구본 이미지의 역할이 지닌 중요성을 논의했다. 유사하게 마틴 스톨러리Martin Stollery는 1930년대 영국 다큐멘터리에서 항

는 데 전자의 중요성을 의미한다.

59 숭고에 대해서는 Weiskel, 1976을 참조하라. 숭고와 백인성의 관련성은 Coetzee, 1988, 숭고와 젠더의 관련성은 Battersby, 1989를 참조하라.

공 영화 장르의 발전에 대해 논의했는데, 이 장르의 영화에서는 (암묵적으로 백인인) 보는 이들을 이국적인 땅으로 여행하게 해 주며 제국주의적 세계를 아우르려는 감각이 존재한다. 이 장르의 특정한 편집 기법으로, 원주민이 햇볕으로부터 눈을 가리면서 하늘을 올려다보며 어디선가 소리로 들리는 비행기를 보려고 하는 장면 뒤에, 항공기에서 땅을 아래로 내려다보며 비행기 시점에서 보이는 모든 것을 담은 숏이 따라붙는다 (Stollery, 1994: 310~327, 334~335).

그러한 땅의 재현은 그로부터의 미학적인 거리를 전제로 한다. 이것은 제인 오스틴Jane Austen의 《노생거 수도원*Northanger Abbey*》(1818)의 한 구절에서 의도적으로 환기된다. 여주인공 캐서린이 틸니 가족과 함께 바스 바깥의 언덕으로 산책 갈 때다.

> 틸니 가문은 …… 회화에 익숙한 사람의 시선으로 전원 풍경을 바라보고 있었다. 그리고 진정한 심미안을 열망하며 풍경을 그림으로 옮기고 싶어 했다. …… 캐서린은 …… 자신의 무지를 고백하고 한탄했다. 그녀는 그림을 그릴 수만 있다면 어떤 대가라도 치를 수 있다고 말했다. 그러자 그림에 대한 강의가 즉각 이루어졌다. [헨리의] 가르침이 너무 명쾌했던 나머지 캐서린은 헨리가 감탄했던 모든 것으로부터 아름다움을 발견하기 시작했다. 캐서린의 열의가 대단했기에 헨리는 그녀가 타고난 취향이 있다며 상당히 만족스러워했다. 헨리는 전경과 원근, 측면과 원근법 같은 이차적 거리감, 빛과 그늘에 대해서 이야기했다. 캐서린은 열심히 배웠고, 그래서 그들이 비천 클리프의 꼭대기에 도착했을 때쯤에는 바스라는 도시 전체가 풍경화의 일부가 될 만한 가치가 없다는 의견을 스스로 내놓기에 이르렀다(Austen, 1985: 125~126).

이 구절에서 특별히 흥미로운 것은, 자연을 풍경화 속으로 정렬해 넣는 특정한 감각에 대한 설명과 이것을 규정하는 데 남성의 역할뿐만 아니라, 캐서린이 그 당시 학습되지 않은("타고난") 취향으로 판단되는 것을 배운다는 관념이다. 사물에 대한 남성의 (그리고 내 주장에 따르면 백인의) 개념을 따르면서 캐서린은 인간 지각의 근본적인 상태에 도달한다. 이것은 데이비드 로이드David Lloyd가 미적인 판단의 내러티브라고 부른 것의 예로, 18세기 철학에서 "공론장," 즉 역사적 발전을 "인류 자체의 도덕적 종말"로 보는 "문화의 사심 없는 영역"이라는 관념을 구성한다 (Lloyd, 1991: 64).

로이드는 이마누엘 칸트Immanuel Kant가 《판단력 비판*Critique of Judgement*》(1790)에서 인간 발전의 내러티브를 암시하면서 감각은 특정하고 국지적인 느낌을 넘어서 보편적인 형태의 인식으로 조직되는데, 이러한 움직임은 인간이 사심 없는 상태를 획득해야만, 로이드의 표현대로 "특성 없는 주체Subject without properties"가 될 때만 가능하다고 말했다고 주장한다(같은 책). 이러한 내러티브는 개인과 인류 전체에 동등하게 적용된다. 그러나 비백인 민족들은 여전히, 그리고 어쩌면 영원히 사심 없는 주체성으로 넘어가지 못한 채 "특정한, 국지적인 느낌"의 단계에 있다고 추정된다. 중요한 것은, 비백인이 인종적으로 열등하다고 여겨지는 것도, 하물며 악하다고 여겨지는 것도 아니고, 특성 없는 주체로 여겨지지 못한다는 점이다. 백인 남성이 특징 없이, 눈에 띄지 않고, 보편적이고, 그저 인간인 지위를 획득한 반면, 비백인은 특정하고, 티가 나고, 인종화되어 있다. 로이드는 식민주의 역사에서 이에 관한 두 가지 단계를 보여 준다. 첫째로, 특성 없는 주체는

> 19세기를 통해 상상력의 부족 사태가 증가하면서 유럽 백인의 세계적

편재성에 대한 철학적 형상이다. 그의 지배는 사실상 자기정당화하는 것이다. 모든 곳에 존재할 수 있는 능력은 백인 남성이 그가 어디서든 재현하는 보편성이라는 것에 점차 가까워짐을 보여 주는 역사적 징후가 되기 때문이다(같은 책: 70).

둘째로,

탈식민주의 시대에, 전 식민지로부터의 이민은 특별한 이데올로기적 스캔들의 근원인데 특히 그것이 인류를 국지적(토착적)인 것과 보편적인 것으로 비대칭적 분배를 한 것을 흩트려 놓기 때문이다(같은 책).

로이드의 설명에 따르면, 백인 정체성의 발달에 있어 그러한 인종 이론들과 진취성 및 제국주의의 야망적인 구조조차도 사심 없는 위치를 획득하는 것에 비하면 덜 중요하다. 그 위치(추상, 거리, 분리, 객관성)는 문명의 표시이자 그 자체로 인간 역사의 목표인 공론장을 만들어 낸다. 여기서 흥미로운 것은 그 위치다. 그 위치는 모든 것이자 아무것도 아닌 것으로서의 백인들(그리고 2장에서 살펴보듯이 흰색 그 자체)에 대한 개념의 철학적인 뒷받침을 제공한다. 그 위치는 텍스트의 관점(주어진 구조 형태에서 주체의 문제를 어떻게 보는가)이 (남성, 상류, 중간 계급일 뿐만 아니라) 백인으로 정당하게 특징지어질 수 있다는 느낌을 준다. 안타깝게도 그러한 성공의 위치야말로 백인 남성도 중간 계급도 아닌 많은 사람이 원하는 것이다.

그러나 이것은 두 가지 문제를 제기한다. 첫째로, 영상 문화에서 특성 없는 존재의 위치는 이상한 것이다. 결국 여성과 비백인 남성만이 회화, 연극, 사진, 영화에 나타나는 것이 아니다. 오히려 반대다. 더욱이 식민주의에서 백인의 등장, 즉 사티야 모한티Satya Mohanty가 말한 "스펙터클로서의 백인 남성"은 전시를 통해 권위가 유지되는 방식을 보여 준다. 미국 미디어의 지배가 백인 남성을 세계 재현의 중앙에 놓고 있는 것처럼 말이다. 그럼에도 불구하고 특성 없는 주체(수많은 서구 예술과 미디어가 다루는 대상이나 인종적, 과학적 조사의 대상이 아닌 주체)는 보여야만 하고, 어떤 특성들을 갖고 있는 것으로 재현되어야 한다. 이것은 다양한 수단을 통해 협상된다. 예를 들어 영화에서 백인 남성의 시선을 지배적인 것으로 만들곤 하는 시선의 패턴,[60] 특별하면서도 동시에 평범한 스타의 생산, 4장에서 논의할 근육질 남성 영화에서 보편성에 대한 가정 등이 있다. 그러나 성공적인 협상은 당연하게 이루어지는 것이 아니고, 백인성 재현의 핵심에 불안정성을 구성한다.

둘째로, 로이드의 논의는 백인성이 탈체화dis-embodiedness를 열망하는 정도를 제시한다. 특성이 없다는 것은 또한 존재 자체를 하지 않는 것을 의미한다. 이것은 순수한 영혼으로 생각될 수 있지만, 비존재나 죽음을 암시하기도 한다. 이에 대해서는 다음 장에 나올 무색colourlessness, 3장의 녹아드는 초월성dissolving transcendence, 5장의 서사적 무기력, 마지막 장의 죽음에 대한 논의를 통해 탐구해 볼 것이다.

60 페미니즘 영화 이론(예를 들어 Mulvey, 1975; Kaplan, 1983)은 카메라의 시선, 응시가 남성적이라고 강하게 주장한다. 보다 최근의 논의는 매우 예외적인 경우(남성을 향하는 여성의 시선, 레즈비언과 게이의 시선)를 보여 주며 이를 인종이 어떻게 굴절시키는지를 다룬다(Gaines, 1988; Mayne, 1993). 그러나 '남성 응시'가 누구에게나 가능한 것처럼 여기는 식으로 이론을 평가절하하지는 않도록 해야 한다. 그보다는 보고 보여지는 것에 얽힌 복잡한 권력의 작동을 탐구해야 한다. 그리고 무엇보다 그 관계에서 통제권을 지닌 이는 누구이고, 누가 도전받지도, 방해받지도, 곤란을 겪지도 않고 볼 권리를 누리는지, 자신이 시선에 놓이는 조건을 통제하는 것은 누구인지를 탐구해야 한다.

백인의 정체성은 강렬한 모순 위에 있다. 신체의 초월을 가장 가치 있게 여기는 생생하고 육체적인 우주론이고, 인종의 한 종류이면서 인간 종 자체이고, 개인이면서 보편적 주체다. 백인성을 확인받기 위해 이성애에 헌신하면서도 남성은 성적 욕망에 맞서 싸우고 여성은 성적 욕망이 없다. 비가시성의 위치를 유지하면서 정신을 드러내는 것을 강조한다. 요컨대 항상 모든 것이면서 아무것도 아닐 필요가 있고, 말 그대로 압도적으로 존재하면서도 명백히 부재하는, 살아 있으면서 죽은 것이다. 모순은 매력적이기에, 그들의 불가해성에 대한 경외심에서든 그것을 이해하려는 소망에서든 우리는 끊임없이 그 모순으로 들어간다. 모순은 해결점을 찾으려는 수많은 열띤 시도와 이야기를 생성해 내는 불안정성을 지닌다. 백인 불안정성의 역학은 또한, 특히 백인이 지닌 보편성이라는 차원을 고려할 때, 경계를 건너려고 하는 외부자들과 내부에서 위로 올라가려는 자들을 모두 유인한다. 결국 백인성의 모순과 불안정성이 그 유연성과 생산성, 다시 말해 재현의 힘을 구성하는 것이다.

# 2

# 색 없는 유색 백인

백인은 실제로도 상징적으로도 하얗지 않다. 우리 피부색은 눈이나 표백된 천 같은 색도 아니거니와, 특별히 고결하거나 순수하지도 않다. 그러나 백인의 이미지가 이렇게 인식되는 것은 색이 지닌 덕성에 의해서다.

이 장에서는 흰색으로 분류된 특정 집단의 사람들이 지닌 함의를 다룬다. 색이 인종 간 구별이나 인종주의에 가장 주요한 원인이라고 말하려는 것은 아니다.[61] 다만 색은 인종적 정체성을 사유 및 지각하는 하나의 방식이고, 시각적, 가시적인 것과 긴밀한 관계를 맺는 문화에서는 특히나 중요하다.

색은 백인을 하얗다고 지정하는 데 사용되는 유일한 신체적 특성이 아니며, 이는 다음에서 다룰 것이다. 더욱이, 백인에게 흰색을 적용하는 것은 비가시성을 바탕으로 번성한 집단에게 가시적인 특성을 부여하는 일이다. 이는 뒤에 나오는 '색, 가시성, 비가시성' 부분에서 논의하도록 하겠다. 그럼에도 불구하고 나는 색에 주목한다. 우리가 자의든 타의든 백인이라고 여겨지는 것은 백인 재현에서 색 개념이 얼마나 중요한가를 보여 준다. 색 외에 다른 것들이 우리를 백인으로 지정하고 우리는 실제로 희지 않을 수도 있지만, 그럼에도 색채 단어인 흰색은 우리의 정체

61 이에 대해서는 많은 논쟁이 있었다. 일례로, 케네스 거겐Kenneth Gergen(1967)은 인종주의의 뿌리에 색의 연상이 있다고 주장했는데, 시어도어 앨런(1994: 3ff)은 역사 기술적인 맥락에서 이러한 관점을 반박하기도 했다.

성을 형성하는 주요한 수단이다.

## 인종색racial colour을 위한 무색의 자원

여러 요소의 복합적인 상호 작용을 통해서 사람은 시각적으로 하얗게 여겨질 수 있다. 그중 분홍부터 베이지까지의 피부색 톤은 하나의 요소에 불과하고, 눈코입의 모양, 머리의 색과 스타일, 심지어 체형도 한 사람의 '색'을 결정하는 데 동원될 수 있다. 예를 들어, 서구에서는 중국인이나 일본인의 피부를 노랗다고 여기곤 하는데, 실제로 그들의 피부가 서구 백인과 그렇게 뚜렷이 구분되지는 않는다. 주로 어떤 사람이 '하얗다' 또는 '노랗다'라고 결정되는 데는 눈의 모양이 결정적인 역할을 한다. 색은 실제로 인상의 다른 특징을 통해 인식되는 것이다. 샌더 길먼(1991: 171~174)에 따르면, 유대인은 19세기에 (그리고 그 이전에) 흑인으로 여겨졌다. 그들의 주요한 특징(무엇보다 코)이 아프리카인의 코와 닮았고, 따라서 유대인은 어둡고 거무스름하게 보였기 때문이다. 백인 패싱 서사에서는, 곱슬곱슬한 머리카락이나 (유럽 평균 추정치와 비교해서) 큰 입술이 흑인이라는 숨길 수 없는 신호다. (또는 이것은 몸짓이나 꾸밈을 통해 드러나기도 한다. 예를 들어 봉고의 비트를 거부하지 못하거나 밝은색 옷을 좋아하는 것 등이 있다.[62]) 매력을 따질 때, 입이나 코가 별로 백인적이지 않으면 그다지 매력적이지 않다고 여겨진다. 리나 혼Lena Horne[63]은 뮤지컬 〈리나 혼: 숙녀와 음악*Lena Horne: The Lady and*

62 이런 것들은 매우 전형적인 모티프이긴 하지만, 구체적으로는 영국 스릴러 영화인 〈사파이어*Sapphire*〉(1959)가 떠오른다(Young, 1996 참조).

63 리나 혼(1917~2010)은 미국 뉴욕 태생의 가수로, 미국의 일곱 번째 부통령 존 콜드웰 칼

*Her Music*〉(1981~1983)에서 자신의 할리우드 데뷔 초를 이야기하면서, 프로듀서들이 자신에게 백인처럼 보일 수 있도록 입을 너무 크게 벌리지 말고 "예쁘게 노래하기를" 요구했다고 말했다. 마를레네 디트리히는 요제프 폰 스턴버그Josef von Sternberg 감독이 자신의 '슬라브족 같은 큰 코'를 해결할 방법을 찾으려고 애를 썼다는 말을 하기도 했다. 결국 디트리히는 코를 따라 은색 줄의 메이크업을 해야 했고 그 바로 위로 작은 조명을 쏘는 방식이 취해졌다. 이것은 클로데트 콜베르, 진저 로저스, 헤디 라마르, 바버라 스탠윅을 비롯하여 같은 '문제'를 지닌 다른 많은 여성 스타들에게도 사용되었던 테크닉이었다(Davidson, 1976: 69~70). 누군가를 백인이라고 파악하는 데 색 외의 다른 요소들의 중요성은 아프리카, 아시아, 아메리카에서 만들어진 일부 작품에서도 백인과의 조우에 대한 반응으로서 분명히 드러난다. 백인의 뾰족한 코와 둥근 눈은 분명 피부색만큼이나 보기 좋고 매혹적인 자원이었던 것으로 보인다(Malbert, 1991; Dikötter, 1991 참조).

이러한 신체적인 특징 중 두 가지가 색과 관련이 있다. 머리카락과 눈이다. 백인이라고 여겨질 만한 피부색의 범위는 제한적이지만, 백인의 머리카락과 눈은 인간의 색 스펙트럼 전체에 걸쳐 있다. 백인이면서 갈색, 붉은색, 검은색 머리카락을 가질 수 있고, 녹색과 갈색의 눈을 가질 수 있다. 그러한 머리카락 및 눈동자 색의 다양성이 백인 민족의 다양성을 주장하는 데 사용된다는 이야기를 들은 적 있다. 머리카락과 눈의 색은 또한 일부 백인이 다른 이들보다 더 명백히 하얗다는 것을 보여 주는 기능을 하기도 한다. 이것은 두 가지 특정한 변수, 금발과 파란 눈이

훈의 직계손으로 알려져 있으며, 아프리카, 유럽, 토착 아메리카인 혈통을 가지고 있다. 처음에는 코튼 클럽의 댄서였으나, 후에 가수로 활동했다. 영화 〈라스베이거스에서 만납시다*Meet Me in Las Vegas*〉 등으로 호평받았다. ― 옮긴이

오롯이 백인적인 속성이라는 개념에서 잘 드러난다. 그래서 금발에 파란 눈을 지닌 비백인은 경이롭게 여겨지곤 한다.

백인을 백인으로 규정하는 데 중요한 여러 신체적 특징들이 있지만, 나는 여기서 색에만 집중하려 한다. 색이란 어쨌든 통용되는 용어다. '코카시아 인종'과 같은 대안적 용어가 가능함에도 불구하고,[64] 일상 대화에서는 거의 사용되지 않는다. 영국의 자기소개서 양식에서 만약 종족 모니터링ethnic monitoring이 사용된다면 '백인'은 색보다는 지리적인 의미를 담은 다른 여러 용어들(아프로캐리비언, 인도인, 중국인 등) 중 하나의 대안으로 제시될 것이다. 어떤 시기에 일부 정치적 맥락에서 흑인이 허용 가능한 용어이기도 했는데, 흑백에 속하지 못한다고 느낀 이들이 그렇다고 붉음, 노랑, 갈색 같은 용어를 사용하고 싶지는 않았고, 따라서 국가나 지리적 용어가 선호되었다. 그러나 백인은 늘 백인이다.[65]

만약 우리가 인간 집단을 가리키는 말로 색 용어를 사용하지 않았다면 분명 더 좋은 세상이 되었을 것이다. 그러지 못했기에, 우리가 현재 백인이라고 부르는 이들을 지칭하기 위해 다른 용어들, 예를 들어 분

64 '유럽인'이라는 단어도 대안일 수 있다. 이 용어는 유럽 밖에서는 점차적으로 사용되고 있는 듯하지만 유럽 내에서의 사용은 문제점을 지닌다. 오늘날 많은 유럽인들이 백인이 아니기 때문이다. 백인을 지칭하는 용어에 대한 논의로는 Bonnett, 1993을 참조하라.

65 아프리카계 미국인이라는 용어와 유사한 형태로 새로운 용어(유럽계 미국인, 앵글로계 미국인, 이탈리아계 미국인 등)를 찾던 미국의 운동은 백인이라는 용어를 대체하는 데 성공한 것 같아 보이지만, 이 장에서 주제로 다루는 백인성의 시각적 레토릭을 대체하지는 못했다. 내가 알기로는 앵글로계 미국인, 그리스계 미국인 등은 어느 정도 통용되고 있지만 유럽계 미국인이라는 말은 거의 사용되지 않고 있다. 물론 앵글로계 미국인, 그리스계 미국인 같은 용어도 아프리카계 미국인(국가가 아닌 대륙을 언급)과 완전히 등가적인 용어는 아니며, 데이비드 로디거 같은 사회사학자들이 논의해 온(1장 참조) 백인성의 연합적이고 포괄적인umbrella 속성이 지닌 문제를 회피한다.

홍, 올리브, 회색 등을 사용한다면 더 좋을 것이다. 이 용어들에는 의미가 덜 담겨 있기 때문이기도 하고, 이것이 단일한 정체성으로서의 백인성을 깨트려 주기 때문이기도 하다. 그러나 하나의 용어를 사용하고 있고, 그 용어가 지닌 무게감이나 사람들의 지리적 출신과 무관하게 집단을 지칭하는 방식은 백인이 쥔 특권과 권력을 이해하는 데 중요하다. 이것이 내가 이 장에서 백인의 힘에 주목하는 이유다.

## 색, 가시성, 비가시성

시각 문화, 즉 세계를 이해하고, 통제하고, 접촉하는 근원으로서 시각적인 것을 우선으로 삼는 문화(Lowe, 1982 참조)에서는 시각적인 것이 의사소통과 권력의 주요한 자원인 이상, 사회적 집단은 시각적으로 인지 가능하고 재현 가능해야만 한다. 백인으로서 가시화되는 것은 특권의 열쇠와 같다. 사티야 모한티가 지적했듯, 식민주의적 맥락에서[66] 스펙터클로서의 백인 남성은 백인 지배의 주요한 측면인데, "두드러진 가시성은 피지배 인종의 존경과 두려움을 불러일으키는 능력이기 때문이다"(1991: 315). 시각 문화는 백인이 백인으로 보일 수 있기를 요구한다.

그러나 그러한 시각화에는 문제가 존재한다. 1장에서 보았듯, 백인성은 가시적이지 않을 필요도 있다. 인종적 우월성은 보이지 않는 것, 즉 정신을 바탕으로 하며, 정신이 신체를 통제하고 세상에서 진취성을 발휘할 때에야 드러난다. 더욱이, 가시성을 통해 사람들을 통제하는 사회

66 이때 식민주의적 맥락이란 식민주의라고 지칭된 특정한 역사적 기간이나 상황뿐 아니라 오늘날의 지구적 문화까지도 포함한다.

에서 궁극적인 권력의 자리는 비가시성, 즉 감시자watcher의 자리다. 예를 들어, 원근법과 영화 편집의 구체적인 사례들은 이것이 문화적인 형태로 어떻게 나타나는가를 보여 준다. 원근법은 보는 이를 이미지의 수신자 자리에 두면서 이미지의 바깥에 둔다. 우리는 그림 '안'에 있지 않음에도 공간적으로 특혜받은 위치에 있는 관찰자가 된다. 유사하게, 영화의 스토리텔링을 구성하는 요소로서, 시점 숏point of view shot에서는 카메라가 등장인물의 시선이 되는데, 그 시선의 위치는 대부분 흑인이나 여성 등장인물을 주시하고, 뜯어보고, 음미하는 백인 남성 등장인물인 경우가 많다. 보고 보여지는 것은 인종적 권력 관계를 재생산한다. 장 폴 사르트르Jean-Paul Sartre(1949: 229)는 네그리튀드négritude[67] 시선집의 서문에서 백인으로서 자기 자신이 보이게 된 것에 대한 충격을 표현한다. 벨 훅스는 백인을 바라본 흑인에게 가해지는 처벌을 논한 바 있다(1992: 168). 모한티(1991: 331)는 식민주의적 지식과 통제의 수단으로서 타자의 비가시적 인식을 강조한다.

백인은 백인으로 보여야 하지만, 인종으로서의 백인성은 비가시적인 특성을 갖고 있고 권력으로서의 백인성은 보이지 않음으로써 유지된다. 백인으로서 보인다는 것은 백인의 육체성을 드러낸다는 의미이지만, 진정한 백인성은 비육체성에 있다. 이러한 모순과 역학은 우리 자신을 특징짓는 데 흰색을 선택했다는 바로 그 사실에서 드러난다. 흰색은 색인 동시에 색이 아니다. 흰색은 보이지 않기 때문에 색이 없는 것들, 즉 정신, 마음, 공백, 비존재, 죽음의 기호다. 이 모든 것이 백인을 사회적인 흰색으로 만드

67 1930년대 시인 레오폴드 상고르Léopold Sénghor와 에메 페르낭 세제르Aimé-Fernand Césaire가 주창한 것으로 아프리카 흑인의 존엄성과 문화적 주체성을 되찾고자 시도한 문화 운동의 기본 이념이다. 이후 20세기 아프리카의 문학, 문화, 정치에 큰 영향을 끼쳤다. — 옮긴이

는 데 일조한다. 백인성은 백인을 흰색으로 가시화하는 기호인 한편, 그와 동시에 백인의 진정한 특징인 비가시성을 의미하기도 한다.

흰색이 지닌 함의를 생각해 보면, 흰색으로 여겨진다는 것은 백인에게 가장 큰 자산이다. 바로 다음 장에서 이에 대해 살펴볼 것이다. 우리는 보이는 존재이고, 보이지 않는 영역에서 특성 없는 주체의 위치를 지키면서 살지 않는다(사실상 불가능하다). 그러나 우리가 흰색으로 보이기 때문에, 우리는 스스로를 눈에 띄지 않고, 특수하지 않은, 보편적인 존재로 보고 믿는다. 어떻게 이렇게 된 것인지를 탐구하기 위해서 서양 문화에서 흰색이 색의 부재로 개념화된 과정을 살펴보고자 한다. 그런데 흰색은 부재보다 더 특정한 함의를 지닌다. 그것은 미와 덕과 관련 있다. 마지막 부분에서 이러한 이슈들을 살펴볼 텐데, 거기서도 여전히 흰색이 지닌 미와 덕을 개념화할 때 부재가 강조된다는 점을 주장할 것이다. 이 부재의 의미에는 백인의 비존재에 대한 의구심이 존재하며, 그렇기에 그것은 백인의 가장 큰 약점을 증명한다.

## 색의 의미

색으로서의 힘에는 세 가지 의미가 있다. 이것은 흰색이 어떻게 감각되고 이해되는가와 관련된 세 가지 방식이다. 첫째, 흰색은 색 또는 **색조** hue[68]의 한 범주다. 흰색은 빨간색이나 초록색과 마찬가지로 세계를 구

68 나는 이 용어를 특정한 의미로서의 색을 가리키는 것으로 사용할 것이다. 색의 다양한 측면을 논할 때 그냥 색이라고만 하면 혼동할 수 있기 때문이다. 색조는 색의 동의어가 아니라, 색의 한 속성을 의미하기도 하고 검정과 흰색을 제외한 다른 색에 적용되는 용어이기도 하다.

성하는 색조에서 관찰 및 구별이 가능한 색의 범주다. 둘째, 흰색은 **피부**색의 한 범주다. 셋째, 흰색은 다른 어떤 색조와 마찬가지로 **상징적** 함의를 지닌다. 이 각각의 색 담론은 그 자체로 불안정하며, 담론 간의 관계도 불안정하다. 이 불안정성의 특징은 흰색이 지닌 재현적 권력을 약화시키기는커녕 강화한다는 점이다.

## 색조

색조로서의 흰색은 두 가지 의미에서 불안정한 범주다. 첫째로, 다른 모든 색 범주처럼, 흰색은 매끈한 색 스펙트럼을 분리된 단위로 나누는 체계의 일부다. 다양하면서도 섬세하게 나뉜 색채 범주를 제공하는 페인트 제조업자들은 색 범주를 질서정연한 연속체로 제시하는데, 파란색이 점차적으로 초록색으로 변하는 식이다. 우리가 볼 때, 파란색 또는 초록색 각각의 중심점은 어디인지 분명히 알 수 있지만, 색이 변도하는 영역에서는 파악하기 어렵다. 어느 지점부터 파란색은 더 이상 파란색이 아니고 초록색은 진짜 초록색이 되는가? 흰색도 마찬가지다. (비록 흰색은 페인트 색상표에서 잘 제시되지 않지만.) 직물이나 타일에 흰색을 매치시켜 보려 했던 이들이라면 누구든지 흰색이 얼마나 많은지 알 것이다. 둘째로, 흰색은 색조 자체로 여겨지지 않는 경우도 있다는 점에서 다른 색조들과는 구별된다. 1933년 《옥스퍼드 영어 사전》과 1922년 《콜린스 영어 사전》은 모두 흰색의 의미 중 하나로 '무색colourless'을 제시한다.

흰색은 색으로 여겨지지 않을 수 있지만, 실제로는 색이 아닌 것처럼 취급하기도 어렵다. 어쨌거나 우리는 방이나 옷의 색으로 흰색을 선택할 때가 있지 않은가. 이 문제에 대해 레오나르도 다 빈치Leonardo da Vinci가 1492년 《회화론*Treatise on Painting*》에서 서술한 바를 유용하게 참조할 수 있다.

> 모든 단순 색채 중 첫 번째가 흰색이다. 철학자들은 흰색이나 검은색을 색으로 인정하지 않는다. 흰색이 모든 색의 원인 또는 수신자라면, 검은색은 색을 완전히 빼앗긴 것이라고 여기기 때문이다. 그러나 화가들은 두 색 중 어느 한쪽도 없으면 안 되기 때문에, 흰색과 검은색을 다른 색과 함께 받아들여야 한다(Sloan, 1991: 6에서 재인용).

화가 롤런드 루드Roland Rood는 우리가 왜 흰색을 다른 많은 색 중 하나로 받아들이지 못하는지를 설명한다. 그는 흰색이 하나의 색이지만 그것은 빛의 색이고[69] 빛은 우리가 늘 보는 것이기 때문에 **빛의** 색을 보지 못하는 것이라고 주장한다.

> 어떤 속성이 부여되지 않은 빛은 그저 아무 속성이 없거나 중립적인 속성의 빛일 뿐이다. 그리고 중립적인 빛은 필연적으로 흰색이다. 왜냐하면 흰색은 우리가 생각할 수 있는 유일한 중립적인 것이기 때문이다. …… [그러나] 백인성은 관념일 뿐이다. …… 다른 모든 색이 잠겨 있는 지배적이고 유일한 매개체라는 관념이다. 또한 태양의 빛은 지속적으로 존재하기 때문에, 우리는 흰색에 대한 관념을 바꿀 기회가 없었고 인과의 법칙마냥 불변의 것으로 여겨 왔다. 그러나 사실은 그렇지 않다. 이런 내 추론에는 억지스러운 데가 없다. 우리의 다른 감각들도 같은 방식으로 작동한다. 공기는 향이 없고 물에는 맛이 없는 것은 바로 그 자극이 늘 존

69 존 게이지John Gage에 따르면, 이조차도 중세 이후에 나타난 인식이다. 고전 전통이나 중세 예술에서 빛의 색은 붉다고 여겨졌다(때로는 푸른색으로 재현되기도 했다)(1993: 12~13, 52~53, 58~60). (그래도 현대인의 시선에서는 아리스토텔레스가 "토양은 본질적으로 희다"[Sloan, 1991: 2에서 재인용]라고 한 말이 더 놀라울 것이다.)

재했기 때문이다(1912~1927년에 쓴 《회화에서의 색과 빛*Color and Light in Painting*》, 1941 출판; Sloan, 1991: 100~101에서 재인용).

중립성으로서의 백인성에 대한 관념은 일반 인간으로서 당연히 받아들여지는 사회 집단을 지칭하는 데 유용하다.

언급했듯이, 흰색은 페인트 색상표에 포함되지 않곤 한다. 흰색은 다른 색을 엷게 만들기 위해 더하는 무언가로 여겨진다. 전체가 흰색으로 칠해진 방을 보며 "색이 좀 필요하지 않아?"라고 말하는 사람들도 있고, 서양 남자들이 색을 피해서 흰 셔츠와 속옷을 좋아하는 것에 대해 지루하다고 불평하는 사람들도 있다. 흰 종이는 여백이다. 흰빛은 그저 빛이고, 분명히 노랑, 빨강, 또는 다른 색조를 지닐 때만 색 명칭을 갖는다. 이 모든 것에는 더 큰 모순이 있는데, 학교의 과학 교육에서 흰색을 다른 모든 색이 합쳐진 결과로 가르친다는 것이다.[70] 흰색은 모든 색이기 때문에 아무 색도 아니게 된다.

색이면서 아니기도 하고, 실재하는 기호이면서 아니기도 한 백인성의 모순을 미국 미술사학자 앨버트 보임Albert Boime은 회화에서의 흰색과 여백의 비교를 통해 제시한다. 그는 "예술가가 검은색을 상징적이거나 민족

70 아이작 뉴턴Isaac Newton에 뿌리를 둔 이러한 인식은 2세기 그노시스파에 의해 이미 밝혀졌을 뿐만 아니라 연금술사에 의해서도 밝혀졌다. 그 대표적인 텍스트가 알베르투스 마그누스Albertus Magnus가 1659년에 쓴 내용이다.

> 인간에 의해 인지되는 이 세상의 모든 색은 그곳[흰색]에 나타나서 흰색이라는 단색의 작품으로서 고정되고 완성될 것이므로, 그곳에서 모든 색은 합쳐진다.

뉴턴은 이 텍스트를 1669년에 접했다. 즉 흰색이 모든 색이 다 합해진 것이라는 개념은 생각보다 문화적인 근거를 갖고 있다고 볼 수 있다(Gage, 1993: 131 참조).

적인 함의 없이 사용하는 경우는 절대 없을 것이다"라고 말한다(1990: 5). 이것은 부분적으로는 검은색과 흙 사이의 유구한 연계(보임은 그 역사를 고대 이집트까지 거슬러 올라간다) 때문이며, 염료로서의 흑색의 원료가 토양과 그 산물(뿌리, 야채, 태워진 동물 등)이기 때문이라고 말한다. 또한 부분적으로는 기질 이론 때문이기도 하다. 이 이론에 따르면 인간의 기분은 몸속 액체에 내재해 있어서 그 액체가 신체를 물들임으로써 사람의 기질을 드러낸다. 예를 들어 담즙이 우울, 열정, 감정적 표현과 연결되면 피부가 검게 보이고, 따라서 어두운 피부의 사람들은 더욱 감정적으로 보인다는 것이다. 보임의 주장에 대한 평가는 제쳐두고라도,[71] 놀라운 것은 흰색에 대해서는 이와 같은 주장을 하기가 매우 어렵다는 사실이다. 하얀 염료는 빛으로 만드는 것이 아니다(비록 3장에서 사진 예술은 그러하고 유의미한 결과도 가진다는 것을 보겠지만). 또한 흰 피부의 신체 기질을 상징하는 침착성phlegm이 백인성의 함의를 일부 지니고(예를 들어 태연함과 차분함) 그것이 '백묵 같은' 외모로 드러나더라도,[72] 그것은 '흰색'이 응당 그래야 하는 만큼 백인을 돋보이게 만드는 이야기는 아니다.

따라서 색조로서의 흰색은 다른 모든 색조처럼 명확하지 않고, 흰색이 색조인가에 대해서도 확신할 수 없다. 이런 방식으로 색에서 가장 주관적인 측면으로 색조로서의 흰색을 개념화하는 것은 우리가 흰색의 다른 측면들에 대해 생각하고 느끼는 방식을 깨닫게 해 준다. 색으로서의 흰색과 무색으로서의 흰색 사이의 간극은 백인들이 특수하면서도

71 주 69에서 언급했듯, 아리스토텔레스에 따르면 토양은 백인성과 연결된다. 또한 게이지(1993)는 색의 문화사를 상세하게 기술하면서 색 인식에 있어서 기질이라는 개념의 역할이 그다지 대단하지 못하다는 것을 암시했다.

72 A. J. 페르네티A. J. Pernety의 《휴대용 회화 사전: 조각과 새김*Dictionnaire Portatif de Peinture: Sculpture et Gravure*》(1757)에서 이렇게 표현했다(Gage, 1993: 292~293 참조).

전혀 특수하지 않고, 무언가이면서도 존재하지 않도록 하는 사고와 정동의 체계를 형성한다.

지정된 색조로서의 흰색은 또 다른 두드러진 속성을 지닌다. 반대항으로서 검정이 있다는 것이다. 그 어떤 색도 이렇지 않다. 초록은 빨강의 반대가 아니고 파랑은 노랑의 반대가 아니다. 이러한 인식은 다 빈치와 루드가 (그리고 대부분의 서구 색 이론가들이) 말한 바와 같이 이른바 흰색은 빛이고 검은색은 빛의 부재라는 관념에 의해 강화된다. 자연적으로 주어진 것이면서 이분법적인 사고이기도 한 절대적인 반대색에 대한 관념은 피부 및 상징으로서의 백인성에 대한 관념과 합쳐질 때 더욱 중요해진다.

## 피부

피부색으로서의 흰색 또한 내적으로는 다채롭고 그 가장자리는 불분명한 하나의 범주다. 대부분의 역사에서 많은 백인들이 스스로를 흰 색조를 지닌 것으로 보이게 만들려고 했고, 나는 이에 대해 먼저 설명하고자 한다. 흰색이 진짜로 하나의 색조가 아니라는 것은 백인성이 다층적이고 역동적일 수 있다는 것을 의미한다. 또한, 지금부터 살펴보겠지만, 이것은 흰색을 어느 정도는 부여된 것의 문제로 여기게 만든다. 백인이란 백인이 백인이라고 여기는 사람들인 것이다. 이것은 엄청난 통제 효과를 갖는다.

서구 문화에서 색에 대한 가장 정교한 논의를 한 프랑스 화학자 미셸 셰브롤Michel Chevreaul은 《색의 동시적 대비 법칙에 대해서*De la Loi du contraste simultane des couleurs*》(1839)에서 백인 여성에게 다양한 색조의 옷이 지닌 효과에 대해 썼다. 그 과정에서 고려해야 할 것으로 다양한 범주의 '흰 피부'에 대해 말한다. 그중에는 "장밋빛보다 좀 더 붉은," "갈색 섞인 오렌지빛," "오렌지보다 노란," "약간 파란" 등이 포함된다(Sloan, 1991: 27~28). 그러나 많은 백인들, 이 중에서도 왕족, 귀족, 부유층은 이러한 다양성을 거부했다.

서구 화장 역사의 상당 부분은 미백의 역사다. 마리나 워너Marina Warner(1994: 368)는 피부를 하얗게 만들기 위해 당나귀 젖으로 목욕을 한 클레오파트라의 전설에 대해 서술한다. 그리고 지안바티스타 델라 포르타Gianbattista Della Porta가 쓴 《자연의 마법*Natural Magick*》(1658)의 한 챕터인 '여성을 치장하고 아름답게 만드는 방법'에서 다른 머리카락을 탈색하고 피부결을 하얗게 만드는 비법도 서술한다. 고대 그리스부터 19세기 초반까지 미백 화장의 역사에서 가장 강력하고도 경악스러운 것은 백연(흰 납)을 사용했다는 사실이다. 백연은 피부를 무광의 흰색으로 만들고 그와 동시에 독으로 오염시켰다. 백연은 19세기에 쌀가루로 대체되었는데, 쌀가루는 피부를 (그저 덮는 것이 아니라) 실제로 하얗게 하기 위한 것이었다. 헬레나 루빈스타인Helena Rubinstein의 성공적인 화장은 그녀의 외모를 기반으로 하는데, 우윳빛이면서 석고 같았다고 묘사되는 그 피부는 그녀가 사용했던 크림 덕분이라고 추측된다(Angeloglou, 1970: 109).

화가와 사진가들은 백인을 완전히 하얗게 만들어 왔다. 선화線畵와 흑백 사진술 관습 모두 사회적으로 하얗다고 여겨지는 얼굴을 구현할 때 말 그대로 회화적으로 새하얀 얼굴을 표현했고, 심지어 유화와 색채 사진술도 흰색을 이래저래 사용한다(물감, 노출, 리터칭 등). 제임스 애벗 맥닐 휘슬러James Abbott McNeill Whistler의 〈흰색의 심포니 3번*Symphony in White No 3*〉(1865~1867)(컬러 그림 2)은 드레스와 배경의 흰색을 상쇄시키기 위해 피부에 분홍색을 사용한다. 이것은 여성의 피부가 그 여성이 입은 옷, 모자, 진주, 또는 조명의 효과에 비해 결코 덜 하얗지 않은 조슈아 레이놀즈Joshua Reynolds의 〈어느 여인의 초상화*Portrait of a Lady*〉(1767~1769)(컬러 그림 3) 같은 작품에 대한 아이러니한 논평이 될 수도 있다. 두 작품 모두 예외적이거나 극단적인 것은 없다.

백인이 스스로를 하얗게 만들려고 했던 역사가 있다면, 보다 최근의 백인들은 태닝을 통해 피부를 어둡게 하려고 한다. 이는 20세기의 백인 여성에게만 일어나는 현상으로 보이는데, 심지어 그 이전에는 태닝을 한 백인 남성의 피부는 농부나 노동 계급을 연상시켰기 때문에 남성다움, 정력, 진취력의 기호로 칭송받곤 했다. 20세기에 들어서, 태닝은 일종의 화장이 되었다. 태양 빛을 이용한 태닝도 어느 정도의 연고를 바르고 해야 하고, 크림이나 알약뿐 아니라 인공 광선을 통해서도 태닝을 할 수 있다. 태닝에 가장 의식적으로 연상되는 것은 건강함, 즉 태양 빛(태양이 대지의 과일에 하는 것을 피부에 하는 것), 야외 생활, 맑은 공기, 운동의 혜택에 대한 믿음이다. 그것은 또한 여가생활, 일이나 삶의 필수적인 일과 관련되지 않은 시간, 여행을 비롯해 집을 떠나는 행위를 연상시키고, 그리하여 이 모든 것과 관련해 돈 문제와 연결된다. 보다 무의식적인 차원에서 이는 비백인 민족들과도 관련된다. (더 정확히는 라틴, 아랍, 남아시아, 아프리카 민족들이 아우르는 색 범위와 관련된다. '빨강' 또는 '노랑'이 되는 것은 백인에게 절대 긍정적으로 여겨지지 않는다.) 보다 어두운색의 피부를 가짐으로써 백인은 자기들도 어두운 피부색의 사람들에게 부여된 특성을 갖기를 바란다. 건강과 여가생활과 관련된 일부 담론에서 어두운 피부의 사람들이 연상시키는 특성들 말이다. 따라서 어두운 피부의 사람들은 땅을 일구며 살아가고 좀 더 자연적이고, 여가생활에서 추구하는 관능과 흥을 갖고 있다. '흑인이 되려는' 욕망은 (백인과 흑인 음악 및 춤과의 관계 속에서 분명히 나타나듯이) 태닝의 유행에 대해 설명해 주지만, 태닝에서 중요한 것은 백인은 절대로 흑인이 되지는 않는다는 것이다. 태닝을 한 백인은 그저 어두운 피부를 획득한 백인일 뿐이다. 어떤 권위도 잃지 않는다. 반대로, 그 사람은 백인성의 기호를 보유할 뿐만 아니라(다시 말하자면 피부색skin colour은 그저 피부의 색colour of skin 문제만이 아니다), 또한 태닝을 통해 부유함과 백인 성향의 라이프스타일을 드러낼 수 있으며, 백인은 다른 민족이 지닌 특성을 받아들여 다양해질 권리를 지닌다는 것을 보여 주기까지 한다.

흑인이 피부 미백제를 사용하는 것은 긍정적으로 여겨지지 않는다. 미백제도 태닝처럼 해롭긴 하지만, 변화를 시도하는 흑인에게 미백은 태닝과는 다른 방식으로 그 해로움이 심각한 경고로 주어진다. 태닝과 마찬가지로, 피부 미백제를 사용한 흑인이 다른 인종으로 보이게 되지는 않는다. 그러나 태닝과 다른 점은, 흑인은 다른 인종처럼 보이기 위해서 미백제를 사용한 것으로 간주되고 그 목적을 달성하지 못했다고 비웃음을 산다. (이 자체가 백인 문학의 친숙한 기법으로, 흑인이나 원주민 캐릭터가 신사숙녀처럼 행동하려고 하는 것을 우스꽝스럽게 만드는 양상으로 나타난다.)[73] 백인이 되려고 했다가 망가졌다는 추측을 불러일으킨 마이클 잭슨의 얼굴을 백인 언론이 얼마나 신나게 다루었던가.

태닝의 예시가 보여 주듯, 사회적으로 보장된 백인성에도 불구하고 그 안에서 색의 다양성을 갖는 것은 백인의 피부색을 말 그대로 하얗게 만들고자 하는 시도로서의 하얀 피부 담론의 특징이다. 하얀 피부는 다른 피부보다 내재적으로 더 많은 변이성을 갖는다. 셰브롤이 묘사한 색채 범위의 차원에서뿐만이 아니라 표현되는 색 변화에서 그러한데, 이것은 역동성, 유연성, 변화의 능력 같은 진취적인 백인 가치를 상기시킨다. 따라서 토머스 제퍼슨Thomas Jefferson은 《버지니아주에 대한 소고*Notes on the State of Virginia*》(1781~1782)에서 이렇게 말한다.

> 빨강과 하양이 섬세하게 혼합되는 것, 즉 한 인종의 얼굴에 홍조가 번

73 대표적인 예가 1990년 영화화되기도 했던 조이스 캐리Joyce Carey의 소설 《미스터 존슨*Mister Johnson*》(1939)이다. 이에 대해서는 Shaka, 1994를 참조하라.

지며 열정이 표현되는 것은 다른 인종의 표정에 모든 감정을 덮어 버리는 부동의 검은 베일 같은 영원한 단일함이 자리 잡는 것보다 낫지 않은가?(Jordan, 1977: 458에서 인용).

유사하게, 1840년 요한 볼프강 폰 괴테Johann Wolfgang von Goethe의 《색채론*Zur Farbenlehre*》(1810)을 번역한 미술학자 찰스 로크 이스트레이크 Charles Locke Eastlake는 특정한 색을 지니지 않는 백인이야말로 가장 아름답다는 괴테의 발언에 힘을 실어 주었다. 또한 그것은 흑인에게도 마찬가지지만, "흰 피부가 검은 피부보다 더 아름다운 것은 흰색이 생명과 감정의 지표로서 더 큰 능력이 있기 때문이다"라고 "말하는 것이 더 안전할 것"이라고 말했다(Goethe, 1840: 416).

미백과 태닝에서건 감정의 효과에서건, 차이와 변화가 의미하는 바는 백인성이 고정적으로 주어진 것이라기보다 귀속적인 것이라는 점이다. 《옥스퍼드 영어 사전》을 보면 흰색이라는 용어가 사회적 집단을 지칭하는 가장 초기의 사례 중 하나는 동시에 그것이 색의 차원에서 부적절할 수 있다고 서술한다.

> 2000종류의 백인(또는 포르투갈인이라고 해야 할 것이다. 포르투갈인은 전혀 하얗지 않음에도 백인이다)이 있을 것이며, 이것은 노예 숫자의 3배다(《캡틴 로버트 보일의 모험*Adventures of Captain Robert Boyle*》, 1726).

백인은 사회적으로 하얗다고 분류되는데, 이것은 흰색이 그들의 피부색을 묘사하는 가장 정확한 단어이기 때문이 아니라 흰색이 의미하는 바(여기서는 노예가 아니라는 의미) 때문이다.

백인성이 부여된 수많은 예가 존재한다. 예를 들어 나치 독일과 남

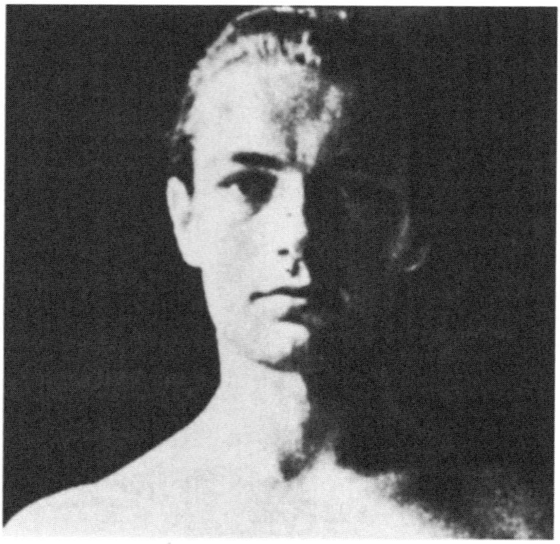

그림 1 1938년 〈인종의 방어*La difesa della razza*〉에 실린 '전형적인 이탈리아인의 금발'을 지닌 귀족의 재현. [〈인종의 방어〉는 무솔리니에 의해 1938년 8월 5일 창간되어 1943년까지 격주간으로 발행된 잡지다. 아리안 종족의 우월성을 지지하는 내용을 다루었다. — 옮긴이]

아프리카의 아파르트헤이트 모두 일본인에게 "명예 백인honorary whites"의 지위를 주었다(Bernal, 1987: 403~404; Goldberg, 1993: 165). 아돌프 히틀러Adolf Hitler는 어두운 피부의 이탈리아인들을 경멸했지만 아리아 인종을 내세우기 위해 베니토 무솔리니Benito Mussolini와 제휴했고, 한편 이탈리아 파시스트 프로파간다는 일반적인 이탈리아인과는 거의 닮지 않은 이탈리아 남성의 이상적 생김새를 만들어 냈다(그림 1). 이런 예시들을 떠나서, 스테레오타입의 언어로 말하자면, 붉은 머리에 볼이 불그스레한 아일랜드 처녀, 파란 눈에 금발에 밝은 구릿빛 피부의 스칸디나비아인, 어두운 눈의 라틴계 모두 백인으로 여겨질 수 있다.

이것은 피부색으로서 흰색의 상대적 유동성이 (1장에서 논의한) 경계와 내적 위계의 연합으로 나타나는 백인성의 개념과 관련하여 기능하기 때문이다. 백인성은 누가 범주에 포함되고 배제되는지를 결정하고 그 내부에 있다고 여겨지는 이들 내에서도 차별을 만들어 낸다. 일부 사람들(아일랜드인, 라틴계, 유대인)은 경우에 따라 백인이고, 일부 백인들은 다른 백인들보다 더 하얗다.

앞에서 말했듯이, 흰색은 늘 검은색의 반대항으로 여겨진다. 이것은 피부색으로서의 흰색에도 마찬가지다. 메리 해머Mary Hamer(1996)가 지적하듯, 19세기 인종적 사고, 특히 로버트 녹스Robert Knox[74]의 글을 보면, 흑인과 백인 인종을 절대적으로 구분할 필요가 절실하게 존재했다. 블랙페이스blackface[75]의 과장,[76] 그리고 그로부터 도출된 아프리카계 미국인에 대한 영화 속 스테레오타입은[77] 흑인과 백인 간의 분명하고 날카로운 차이를 만들어 내기 위함이었다.

그러나 오로지 코카시아인과 니그로만이 이 이분법에 무리 없이 들

74 메리 헤머가 인용하는 것은 로버트 녹스인데, 다이어가 존 녹스로 잘못 표기한 것을 바로잡았다. 로버트 녹스(1791~1862)는 스코틀랜드의 해부학자로, 과학적인 인종주의를 이론화하는 데 기여한 인물로 평가된다. 그는 인종의 차이를 강조하며 각 인종은 각자의 환경 속에서 살아야 한다고 주장했다. — 옮긴이

75 흑인이 아닌 출연자가 흑인을 연기하기 위해 하는 무대 분장이자 그 분장을 한 공연자와 공연을 의미하며, 특히 19세기에 유행했다. 1960년대 미국 민권 운동의 영향으로 인종 차별적 행위라는 비판을 받고 금기시되었다. — 옮긴이

76 로디거 등이 한 논의에 따르면, 블랙페이스는 특히 음유시에서 결코 간단하고 직설적인 현상이 아니었다. 예를 들어 로디거는 백인 정체성 속에서 억눌려 있던 백인 노동자들이 지닌 재미와 카니발[일상에서의 금기를 전복시키는 웃음 문화 — 옮긴이]에 대한 갈망을 블랙페이스가 표현해 주었다고 말한다. 다시 말해, 이미 많이 관찰된 바와 같이, 흑인성의 이미지는 비록 부정되면서도 갈망되어 온 무언가를 드러내준다. 그러나 이는 부정되면서도 갈망되어 온 것의 타자성이나 절대적 차이가 흑백 피부색의 구분에 의해 고정되어 있지 않다는 의미는 아니다.

77 이 관찰은 워릭대학교 코린 윌리스Corin Willis의 석사 논문을 바탕으로 한다.

어맞는 느낌이다. 다른 집단들은 이 도식에 깔끔하게 수용되지 못한다. 이것이 이 이분법적인 도식이 지닌 힘이다. 정말로 두 가지 색만이 주어져 있다면, 당신이 어느 쪽에 속하는가는 커다란 의미를 지닌 문제가 된다. 시어도어 앨런(1994: 54)은 1832년 5월 4일자 〈리치먼드 옵저버*The Richmond Observer*〉에 실린 가난한 백인은 "높은 계급에서 태어났다고 위안 삼을 것이라곤 그들의 피부 말고는 거의 없다"는 취지의 논평을 인용했다. 앨런이 보여 주듯, 그들은 한두 개의 다른 특권들만 있었을 뿐, 재산이나 경제적 안정과 관련해서는 내세울 것이 없었다. 그러나 그들의 피부는 그들에게 충분한 위안이 되었던 것으로 보인다. 흰 피부는 그 소유자에게 특권, 권력, 부에 대한 접근권을 보장해 주는 일종의 약속이다(미 남부의 맥락에서는 빠르게 산업화하는 북부의 직업에 대한 접근권도 빼놓을 수 없다).

권력, 특권, 물질적 행복의 차원에서 백인으로서의 엄청난 이점을 놓고 볼 때, 누가 백인으로 여겨지고 누구는 안 되는가는 싸울 가치가 있는 문제다. 사람들을 제외시키고, 전략적 집단을 들이려는 싸움, 들어가려는 싸움. 특정한 역사적 상황하에 백인으로 여겨졌던 민족의 두 사례로 아일랜드인과 유대인이 있다. 양쪽 경우 모두 그들의 대우는 '색'에 대한 호소와 관련된다.

영국 역사의 대부분 동안 아일랜드인은 흑인으로 업신여김을 당했다(Lebow, 1976 참조). 리즈 커티스Liz Curtis(1984: 55)는 19세기 의사이자 민족학자인 존 베도John Beddoe의 작업을 예로 든다. 존 베도는

> '검음nigrescence의 지표'를 고안했는데, 이것은 주어진 민족의 인종적 구성 요소를 파악하는 공식이었다. 그는 아일랜드인이 영국 동부나 중부 사람들보다 피부색이 더 어두우며, 그 외모에서 '니그로' 조상의 자취를 지닌 영국제도의 원주민들과 더 가깝다고 결론지었다.

그림 2　아일랜드 이베리아인, 앵글로튜터인, 니그로. 19세기 중반 〈하퍼스 위클리〉.

커티스는 또한 아일랜드인의 '아프리카인 같은' 외모를 표현한 〈하퍼스 위클리*Harper's Weekly*〉의 그림(그림 2)를 보여 준다. 아일랜드 해방을 위한 페니언Fenian[78] 운동이 확대될수록 영국은 아일랜드인을 더 검게 재현했다. 이것은 아일랜드인을 침팬지와 고릴라에 비교함으로써 가장 잘 드러나는데, 1860년 대중의 큰 지지를 받으며 런던에 최초의 살아 있는 고릴라 종이 들어오기도 했다. 아일랜드인이 유인원과 인간 사이의 '잃어버린 연결 고리'로 보일 수 있다는 관념은 당시 글로 쓰이거나 그려진 풍자에서 고루 발견된다. 루이스 페리 커티스 주니어Lewis Perry Curtis Jr.(1971)는 "1840년과 1890년 사이 아일랜드인Paddy의 유인원화 과정"에 대해 말하면서 이것이 1920년대 중반까지도 지속되었으며 영국 못지않게 미국에서도 이루어졌다고 말한다. 1881년 〈펀치*Punch*〉에

78 영국의 아일랜드 통치에 저항하기 위해 1850년대에 미국과 아일랜드에서 결성된 단체다. — 옮긴이

그림 3　　1881년 10월 29일 〈펀치〉에 실린 영국의 풍자화가 존 테니얼John Tenniel의 〈두 힘 *Two Forces*〉.

실린 한 만화(그림 3)에서 빳빳이 곧추서 있으며 흠이 없는 하얀 얼굴의 (영국의 상징인) 브리타니아Britania가 털북숭이에 유인원 같은 모양새를 한 반역 원주민에 대항하여 좋은 원주민(직모에 팔다리가 하얀 소녀)을 보호하는 고전적인 제국주의적 역할로 선택되었다. 한편 1876년 〈하퍼스 위클리〉(그림 4)는 미국 맥락에서 흑인과 아일랜드인이 모두 오늘날 정치적 최하층 계급으로 불리는 구성원들과 동일하게 여겨졌음을 보여 준다. 1880년 〈퍽*Puck*〉은 존 불John Bull과 엉클 샘Uncle Sam이 아일랜드 유인원을 습격하기 위해 어떻게 해야 할지 의논하는 모습을 보여 준다

그림 4 1876년 12월 9일 〈하퍼스 위클리〉에 실린 토머스 내스트Thomas Nast의 〈무지한 투표: 승산은 반반*The Ignorant Vote: Honors Are Easy*〉.

그림 5　1880년 11월 3일 〈퍽〉에 실린 풍자 만화가 제임스 앨버트 웨일스James Albert Wales의 〈원숭이 같은 아일랜드 켈트족*The Simian Irish Celt*〉.

(그림 5).[79]

그러나 데이비드 로디거(1991: 133ff.)와 시어도어 앨런이 미국 백인성의 역사에서 강조했듯이, 다른 상황하에서 아일랜드인은 백인으로 여겨지기도 했다. 19세기에 아일랜드가 착취적인 관계에 있지 않은 나라에서는 아일랜드인은 아메리카 원주민들이나 아프리카 노예, 심지어는 다른 유럽 이민자들과는 달리 백인으로 환대받는 이민 노동 계급에 속했다. 민주주의와 보통 사람common man 프로젝트[80]는 백인 경계를 확장할 필요가 없는 한도 내에서 개방성과 포용성의 증거로 (북유럽 기독교인) 아일랜드인에게 매달렸다.

서구 역사에서 유대인은 마이클 러너Michael Lerner가 "구조적 불안정성의 위치"라고 부른 위치에 있어 왔다. 그들은

> 지속적으로 유럽 사회의 악마 같은 제안을 받아 왔다. 만약 네가 사회의 나머지, 즉 힘없는 자들에게 억압의 대중적 얼굴, 즉 부와 권력의 엘리트로 표상될 중간 계급 남성(그리고 점차적으로 여성)이 되어 준다면, '가장 억압받는' 위치를 탈피할 수 있을 것이다(1993: 33).

특히 기독교 이야기에서 그들의 역할(그리스도는 유대인이었지만 유대인은 그들을 배반했다. 그들은 백인일 수도 있었다.) 때문에 유대인은 백인성의 한계로 구성되어 왔다. 그들의 인종적 가시성은 오랫동안 반론의 여지가

79 존 불은 영국을, 엉클 샘은 미국을 의인화한 캐릭터다. — 옮긴이

80 19세기 미국의 대통령 앤드루 잭슨Andrew Jackson이 실천한 잭슨 민주주의Jacksonian democracy는 투표권을 확대하여 보통 선거 제도를 수립하면서 '보통 사람'을 위한 정치를 내세웠다. — 옮긴이

없는 것으로 여겨져 왔다. 샌더 길먼은 유대인을 피부, 눈, 머리색을 비롯한 관상적 차이의 차원에서 재현해 온 전통에 대해 서술한다. 그에 따르면 이에 대항하는 경향이 있었는데, 사실 유대인은 지역에 따라 외모의 차이가 나타난다는 것이다. 과학자들은 유대인이 "뛰어나게 적응을 잘하는 민족"(1991: 177)임을 증명하려 하기 시작했다. 이는 이미 1787년 새뮤얼 스탠호프 스미스Samuel Stanhope Smith[81]가 주장한 바 있다. "영국과 독일의 유대인은 밝은 피부이고, 프랑스와 터키에서는 갈색 피부이고, 포르투갈과 스페인에서는 거무스름하고, (중동에 위치한) 시리아와 칼데아에서는 올리브빛이고, 아라비아와 이집트에서는 황갈색이거나 구릿빛이다"(같은 책에서 재인용).

이 묘사는 여전히 유대인을 유동적이고 다양한 백인성이 아닌 지리적인 색으로만 고정시킨다. 포용적인 무색inclusive colourlessness이 아니라 그때그때 끼워 맞추는 방식인 것이다. 그럼에도 불구하고, 이는 유대인과 진짜 흰색 사이의 개념적인 유사성을 제시한다. 간혹 한 번씩만 유대인의 이익에 맞게 작동했던 유사성이다. 유대인의 피부색에 대한 불확실성은 각 시대마다 유대인이 흑백 이분법 중 완전히 흑 아니면 백으로 분류되어 왔다는 것을 의미한다. 나치 독일에서 유대인은 흑인으로 간주되었다. 현대 뉴욕에서 대부분의 유대인은 자신들이 그러한 범주에 묶인다면 놀랄 것이다.

피부색으로서 흰색의 불안정성은 특정한 역사적 순간에 누가 범주

81 새뮤얼 스탠호프 스미스(1751~1819)는 성직자이자 학자로, 블루멘바흐나 린네식의 인종 분류에 반대하며 한 인종의 외양은 환경에 따라 변화할 수 있다는 주장을 펼쳤다. 바깥에서 일하는 노예는 집안에서 일하는 노예보다 더 검은 피부를 갖게 마련이고, 따라서 흑인도 백인의 문명에 노출이 많이 되면 외양이 변할 것이라는 주장이다. — 옮긴이

에 포함되고 제외될 것인가를 통치하는 수단일 뿐만 아니라 그 내부, 심지어는 인종적 정체성이 분명한 이들 사이에서도 구별 짓기를 하는 수단이기도 하다. 그리스 화병 속 남성은 여성보다 피부가 어둡고,[82] 서구 회화에서 (중세 이래로) 아도니스는 비너스보다, 아담은 이브보다 어둡고, 모든 연인에서 남성은 여성보다 어둡다(그림을 보려면 티치아노Tiziano의 〈남성의 세 세대*The Three Ages of Man*〉[1512. 컬러 그림 4]나 옌스 유울의 〈라이버그 가족 초상〉[컬러 그림 1]). 흰색은 또한 계급에 따라 구별되는 색조이기도 하다. 노동자나 소작농 백인은 중산층이나 귀족 백인보다 어둡다. 19세기 버밍엄의 보수 정치인이자 사진가인 벤저민 스톤Benjamin Stone의 두 인물 사진 중 하나(1896)는 숯쟁이(이름 미상)이고 다른 하나(1905)는 신사임이 분명한 스미스 씨인데, 노동자가 얼마나 더 분명히 어둡게 그려지는지를 보여 준다. 피사체 자체도 실제로 더 어두운 피부를 지녔지만, 이것은 노출, 현상, 조명(자연광이 숯쟁이에게 그림자를 만드는 반면 스튜디오에서 촬영한 신사의 사진에서는 이것이 제거된다)에 의해 더 강화된다. 관련해서 4장에서는 백인 근육질 영웅의 신체가 상류층 남성보다는 어둡지만 원주민들보다는 밝게 제시되는 방식을 살펴볼 것이다.

백인성 내에서 색 구분은 노동과 관련하여 이해되어 왔다. 집 밖에서 일하는 것(말 그대로 집 밖이기도 하고 가정의 가치로부터 멀어져 일한다는 것이기도 함)은 흰 피부를 어둡게 만들 수 있는 요소, 특히 태양과 바람에 노출된다는 의미다. 대부분의 위계적인 사회 체계에서, 임금 노동자가 가

82 이는 주로 노동의 측면에서 해석되는데, 남성은 주로 야외에서 일을 하고 여성은 실내에서 일을 하기 때문이라는 식이다. 그러나 셸리 헤일리Shelly Hailey(1994: 26)는 남녀의 피부색 구분이 여성을 하늘의 여신인 누트Nut, 남성은 대지의 여신인 게브Geb와 연결시키는 이집트의 신화 체계와 관련이 있다고 주장한다. 그렇다면 성별화된 노동의 의미는 추후에 나타난 백인적인 해석으로 볼 수 있다.

치를 충분히 인정받는 전통이 있는 경우라고 하더라도 그들의 노동이 지닌 고독과 고통은 그들에게 낮은 지위를 부여한다. 따라서 인종적으로 백인이더라도 더 어두운 피부를 지녔다는 것은 더 하등하다는 의미가 된다. 젠더의 차이는 계급의 차이와 교차한다. 낮은 계급의 여성은 상류 계급의 남성보다 피부가 어둡다. 반면 숙녀란 더없이 하얀 존재다.

요약하자면, 피부색으로서 흰색은 색조로서의 흰색만큼이나 불안정하고 묶여 있지 않은 범주이며, 바로 거기에 힘이 존재한다. 그것은 백인성이 획득 가능하고, 유동적이고, 다양한 범주처럼 보이도록 만들어 주며, 언제나 움직일 수 있는 포용의 기준, 즉 당신의 피부에 부여된 백인성을 만들어 낸다.

### 상징

국가나 역사에 따라 일부 차이가 있긴 해도, 색의 기본 상징적 함의는 꽤 분명하다. 색 상징의 가장 친숙한 형태는 흰색=선, 검은색=악의 도덕적 대립이다. 《옥스퍼드 영어 사전》은 흰색의 일곱 번째 의미로 "도덕적이고 정신적으로 순수함"과 "악으로부터 자유로움, 특히 검은 것으로 특징지어지는 무언가에 반대되는 것"이라고 제시하며, 10세기("신이여, 우리 중 성모 마리아만큼 새하얀 영혼을 가진 이가 누가 있겠습니까?" 《마상의 설교집*Blickling Homilies*》, 971)부터 19세기("당신의 이름을 다시 하얗게 만드는 것을 지켜보는 의무를 지닌 자는 나다," 앤서니 트롤럽Anthony Trollope, 《올리 농장*Orley Farm*》, 1862)까지의 예시를 든다.

이런 도덕적 상징주의는 뚜렷한 인종적 함의는 없이, 동일한 사회적 피부색 집단에 속하는 인물들 간의 구별 짓기를 위해 사용된다. 피부색 그 자체는 제시되지 않는다. 예를 들어 마리나 워너는 금발머리인 신데렐라와 빨간색, 어두운색, 검은색 머리를 지닌 계모와 자매들 사이의 대조에 주목한다(1994: 366). 머리색이 어둡고 거무스름한 피부를 지닌 백인 등장인물들은 밝은색 머리카락에 밝은 피부를 지닌 등장인물에 비해 판에 박힌 듯이 악랄하고 관능적이다. 존 하지(1990: 106)는 어린이들의 장난감에서 예를 든다.

> 최근[1987]에 세계적으로 유명한 어린이들을 위한 패스트푸드 레스토랑은 메뉴와 함께 장난감 로봇을 제공했다. 착한 로봇의 리더는 대부분 노란색이다. 나쁜 로봇은 악하고 게으르다고 묘사된다. 그들의 리더는 로봇 중 가장 어두운색으로, 검정에 가까운 어두운 청회색이다.

이러한 대립은 비백인에 대해서도 작동한다. 영화 〈늑대와 함께 춤을*Dances with Wolves*〉(1990)은 서구에서 아메리카 원주민들의 잘못된 이미지를 의식적으로 바로잡고자 하는데, 그럼에도 불구하고 나쁜 포니족Pawnee은 착한 수족Sioux보다 확실히 더 검은 피부를 지녔다.

이런 단순 대립은 끊임없는 변형이 가능하다. 프랜시스 제임스 차일드Francis James Child가 수집하여 1882~1884년에 출판된 《영국/스코틀랜드 대중 발라드*English and Scottish Popular Ballads*》에 수록된 전통 노래 중 하나로 "두 자매The Twa Sisters"가 있다. 여기서 '어두운 피부의' 언니는 '흰 피부의fair' 동생을 죽인다. 차일드의 표현에 따르면 동생은 언니를 "우리가 동정할 수 있는" 방식으로 괴롭혔는데, 예를 들어 동생은 이런 식으로 말한다.

> 종일 씻어 봐, 그렇다고 신이 언니를 만든 것보다 더 하얘지지 않을 거야. 하얘지고 싶은 만큼 씻어. 언니는 절대 애인을 갖지 못할 거야(Child, 1965: 120).

(우리는 여기서 추후에 더 논의할 백인성과 씻는 것의 모티프를 발견한다.) 리처드 젱킨스Richard Jenkyns(1980: 146)는 조지 엘리엇George Eliot의 소설 《미들마치*Middlemarch*》(1871~1872)에서 평범한 '갈색 피부의' 메리 가스와 (동상처럼 하얗고 정신적인 가치를 의미하는 차원에서) '조각된 프시케'라고 불리는 아름다운 로자먼드 빈시 사이의 대조를 지적한다. 그러나 단조로운 전원 생활을 선호하는 착한 여성은 메리이고, 로자먼드는 도덕성에는 거의 관심이 없는 야심가다. 흰색이 아름답고 열심히 노력하고, 어두운색은 평범하고 차분하고 고정되어 있고 모험심 없다는 대조는 여전하다. 어둠-밝음의 대조는 〈데저트 하츠*Desert Hearts*〉(1985)같이 레즈비언 로맨스 영화의 이탈적인 맥락에서도 그대로 나타난다. 강직하고 지적이고 전통적으로 도덕적인 이성애자 비비언은 피부색이 창백하고 밝은 한편, 선정적이고 육체적이고 예술가 기질이 있으며 문란한 레즈비언 케이는 피부색이 어둡다(Stacey, 1995: 104~105 참조).[83]

상징으로서의 흰색은 색이나 피부톤으로서의 흰색에 비해, 검정과 짝지어졌을 때 특히 더 안정적으로 보인다. 이는 언어 차원에서 견고하게 유지된다. 대부분의 사람들이 "모든 것에는 안 좋은 면darker side이 있게 마련이야," "그저 선의의 거짓말white lie일 뿐이야," "그거 너한테 오점black mark이야" 같은 말들을 한다. 우리가 비록 초기 서부극에서 악당이 검정 모자, 영웅은 흰 모자를 쓰는 것을 비웃더라도, 시각적 재현에서 흑백 대립은 놀라울 정도로 널리 사용되고 있다.

83 영화 〈연어알*Slamonberries*〉(캐나다, 1991)에 나타난 색과 레즈비어니즘에 대한 루이스 앨런Louise Allen의 논의도 참조하라(1995: 77~80).

## 미끄러짐

흰색에 대해 이론적으로 구분되는 세 가지 의미를 보았다. 그들 사이에 어떤 미끄러짐slippages이 있을 필요가 없다. 흑과 백의 대립은 인종적이거나 도덕적인 함의를 지닐 필요가 없다. 윈스롭 조던Winthrop Jordan(1977: 7)은 토머스 퍼시Thomas Percy의 《고대 영시의 자취*Reliques of Ancient English Poetry*》(1765)에서 예를 제시한다.

> 모든 흰색은 검은 면을 지닌다.
> 그리고 모든 달콤함은 신맛을 지닌다.

신맛이 나쁜 특성을 지닌 것으로 여겨지고 (단어 배치의 차원에서) 검정과 같이 나열되지 않는 한, 이것은 그저 대립에 대한 의미를 전달하기 위한 것으로 보인다. 그러나 《옥스퍼드 영어 사전》에서 흰색을 검은색의 반대 의미로 제시한 예시(《옥스퍼드 영어 사전》의 용어에는 다른 추론도 없다)는 얼마나 쉽게 미끄러짐이 발생할 수 있는지 보여 준다.

> 에티오피아인을 하얗게 만들 수 없었다면, 이집트인이 자기 나라에 대해 진실만을 이야기하게 할 수도 없을 것이다(영국의 신학자 에드워드 스틸링플릿Edward Stillingfleet, *Origines sacrae; or a rational account of the grounds of the christian faith as to the truth and divine authority of the scriptures*, 1662)

여기서 우리는 한 절이 다른 절로 미끄러지는 것을 분명히 볼 수 있다. 첫 번째 절은 충분히 중립적이다. 검은 피부를 가진 사람에게 하얀 피부를 가지라고 할 수 없다. 이것은 색의 분명한 구분(검은색과 흰색)을 이용하면서도 표피적인 사실을 명시한다. 그러나 두 번째 절은 명백히 다른 인종의 결함(부정직, 맹목적 애국주의)을 지칭한다. 두 절을 서로의 위에 놓으면 어떻게 색의 문제가 도덕성의 문제로 슬그머니 연결되는지 잘 보인다. 이론적으로, 에티오피아인(흑인)이 미덕을 재현할 수도 있지만, 에티오피아인과 이집트인은 각 절에서 동일한 문법적 위치를 차지한다(그리고 둘 다 비백인이다). 둘 중 어느 누구도 선하거나 (상징적 흰색) 밝은 피부를 가질 수 없다(색조로서의 흰색).

이러한 미끄러짐의 예시는 영화 〈비욘드 더 포레스트*Beyond the Forest*〉(미국, 1949)에서 시각적으로 나타나는데, 여기서 베티 데이비스는 영화 내내 악하고 관능적인 주인공 로사 몰린(사람을 죽이려 하고, 간통하려 하고, 이기적이고, 부정직하고 악의적임)을 연기한다. 로사 몰린은 어깨 길이의 칠흑 같은 머리카락을 가졌는데, 이는 밝은 갈색의 머리카락으로 유명한 그녀에게서는 명백한 악의 기표로 나타난다. 이 설정 자체로는 아무 인종적 함의와 관련되지 않지만, 로사는 '인디언'(아메리카 원주민) 청소부 제니(도나 드레이크)를 데리고 있다. 로사처럼 제니도 고분고분하지 않다. 제니는 체크 셔츠와 바지를 입고 일하러 오는데, 로사는 이를 나무라지만 영화 후반부에서 로사 자신도 그렇게 입는다. 또한 극이 진행되는 배경인 와스프WASP[84]로 구성된 작은 마을에서 둘 모두 같은 어깨 길이의 칠흑 같은 머리카락을 지녔다. 따라서 로사의 사악함은 도덕적인 흑 대 백의 이율배반에 의존하는 것뿐만 아니라 로사가 인종적으로 더 열등한 이와 친밀감을 형성한다는 데에서도 드러난다(그림 6, 7).

백인이 흰색이라는 점의 중요성에 대해 생각하기 시작했을 때 나는 섣불리 색조, 피부, 상징을 융합하고 싶지는 않았으며, 특히 우리가 백=

84 White Anglo-Saxon Protestant. 미국 사회의 주류층을 형성하는 앵글로색슨계 백인 신교도를 일컫는 말이다. — 옮긴이

그림 6　　킹 비더King Vidor 감독의 〈비욘드 더 포레스트〉: 제니(도나 드레이크, 왼쪽)와 로사(베티 데이비스)

선, 흑=악이라는 도덕적 단어를 가졌기 때문에 백인을 선함에 흑인을 악에 동일시할 수밖에 없다는 관념을 제시하고 싶지도 않았다. 색조, 피부, 상징에 대한 그 어떤 단순 지형도 정확하지는 않다. 예를 들어 백인이 늘 착하게만 재현되는 것은 아니다. 그러나 색조, 피부, 상징 사이의 미끄러짐은 내가 처음 생각했던 것보다 훨씬 설득력 있어서, 모든 백인 재현에 내재되어 있는 정도로 보이기까지 한다. 나쁜 백인은 '하얗게' 되

그림 7 〈비욘드 더 포레스트〉: 로사와 남편(조지프 코튼)

는 것에 실패한 반면, 착한 흑인은 놀랄 만한 것이고, 나쁜 흑인은 기대를 충족할 뿐이다.

로저 배스타이드Roger Bastide는 꼭 맞는 예시를 제공한다. "미국에서 니그로가 받아들여질 때면, 그를 그의 인종으로부터 떼어놓기 위해서 누군가는 이렇게 말하곤 한다. '물론 그는 니그로이지만 그의 영혼은 하얗지'"(1967: 315). 흑인과 백인에 대한 실제 재현은 아무리 엄청나게 섞여 있고 다양하더라도, 저변에 깔린 이분법 체제는 여전히 작동하는 것이다.

'흰색'이라는 단어가 사용되는 상당 경우에서 색조, 피부, 상징으로서의 흰색 사이의 미끄러짐을 발견할 수 있다. 캐롤라인 스퍼전Caroline Spurgeon은 윌리엄 셰익스피어William Shakespeare의 상징 사용에 대한 연구(1958)에서 그가 아름다움과 순수를 제시하기 위해 지속적으로 흰색을 사용하고 있음에 주목한다(그리고 내가 여기서 셰익스피어를 인용하는 것은 셰익스피어가 고전적 지위를 갖고 있으며 그의 작품이 영어에 담긴 사고와 감정의 패턴을 깊이 틀지었기 때문이다). 전형적으로, 반박의 여지없이 하얀 것은 백인 여성의 피부가 가진 어떤 속성을 제시하기 위해 비유적으로 사용되었다. 따라서 《비너스와 아도니스*Venus and Adonis*》에서 비너스는 "좋잇장에게 흰색보다 더 하얀 색조를 한 수 가르쳐 주는" 것으로 그려진다. 반면 《심벨린*Cymbeline*》에는 다음과 같은 구절이 나온다.

> 키테레이아,[85]
> 당신은 어떻게 그렇게 훌륭히도 당신의 침대처럼 되었소! 신선한 백합이여!
> 침대보다도 더 하얗구나!

예상대로, 인종적 동일시가 가장 강하게 이루어지는 것은 《오셀로*Othello*》에서다. 오셀로를 분노케 하기 위해 이아고가 인종주의적 이미지를 활용하는 것은 잘 알려져 있지만, 더 흥미로운 것은 오셀로가 데스데모나의 배신을 확신했을 때 그가 한 말이다.

> 다이애나의 얼굴만큼이나 싱그러웠던

85 비너스의 별명이다. — 옮긴이

그녀의 이름은 이제 때가 타고 검어졌구나
마치 내 얼굴처럼.

여기서 분명하게 검은색에 연결된 가치가 피부색과 합쳐지는데, 이것은 어떤 문학적 장치(특히 이것이 고귀한 캐릭터로서의 흑인 남성의 입에서 나왔다는 것을 감안할 때)이지만 그러한 미끄러짐이 쉽게 발생할 수 있다는 것이 흥미롭다.

상징적 색과 인종적 색의 융합은 19세기에 가장 의식적(그리고 노골적)으로 이루어졌다. 《옥스퍼드 영어 사전》은 흰색이 밝은 피부의 사람들을 가리킨다는 것의 예시로 다음과 같은 예문을 제시한다.

> 레이너야말로 좋은 동료이며, 내가 아는 가장 좋은 사람as white a man as ever I knew이다(월터 베전트 경Sir Walter Besant과 제이스 라이스James Rice, 《황금 나비*The Golden Butterfly*》, 1877).

> 윈드 리버산부터 산타페까지 통틀어 라라미 잭보다 더 괜찮은 사람whiter man은 없다(〈센추리 매거진*The Century Magazine*〉 1890년 2월).

> 흠, 참 정의로우시군요white of you(이디스 워튼Edith Wharton, 《그 지방의 관습*The Custom of the Country*》, 1913).

> 당신에게 정직하게 행동하려고act white 합니다(같은 책).

하얗다는 것은 백인종이면서 '명예롭고' '공정한' 것을 의미한다.

그러한 미끄러짐이 계속 이루어지고 또 변형되는 토대는 언어적인 것에 국한되지 않는다. 앨버트 보임(1990: 3~4)은 에두아르드 마네Edouard Manet의 〈올랭피아*Olympia*〉(1863)를 논한다. 이 작품은 여성 누드화에서 고귀한 주체에 대한 논쟁을 불러일으키고 창녀임이 분명한 발가벗은 여성을 보여 준 것으로 당대에 스캔들을 일으켰다. 보임이 제시하듯, 회화에서 흑인 하녀가 있는 것에 대해 언급하는 사람들은 대개 그 하녀의 색조가 주요 대상과 형식적인 대조를 만들어 낸다는 차원에서 언급해 왔다. 그러나 그녀의 흑인성은 인종적으로도 표현력을 지닌다. 그녀는 집안일을 하는 하녀이고 머릿수건으로 보아 서인도제도 사람이며, 누드인 백인 인물과의 관계는 제국주의를 내포한다. 그러나 여기서 섹슈얼리티는 명백히 백인 여성과 연결된다. 다른 곳에서라면 전형적으로 섹슈얼리티로 표현되었을 흑인 여성이 무성적으로 제시된 것은 마네가 표현한 백인 여성 이미지의 충격성을 더 높일 뿐이었다. 그러나 흑 대 백의 도덕적, 인종적 이율배반이 있기에 그럴 수 있었다.

또는 〈스타 워즈〉 3부작(1977~1983)을 보자. 클라이드 테일러Clyde Taylor는 〈스타 워즈〉의 백/선 대 흑/악의 무의식적 이율배반을 논한 바 있다. 기본적인 대항은 그 이름이 "고대 성서 계보의 와스프WASP"(Taylor, 188: 101)임을 확인시켜 주는 루크 스카이워커(금발의 마크 해밀이 연기)와 "어둠의 침입자dark invader"(같은 책: 100)를 암시하는 이름에 머리부터 발끝까지 번들거리는 검은 갑옷을 입은 다스 베이더 사이에 있다(3장에서 논의하듯, 번들거림은 색만큼이나 인종적으로 중요할 수 있다). 이 전쟁의 '상징적 담보'인 레아 공주(캐리 피셔)는, "신처럼 고무적이고 순수한 백인 빅토리안 여성성"(같은 책)의 이미지다. 그러나 테일러가 보여 주듯 이 대립은 복잡하고 아마도 그렇기에 다른 요소들에 의해 부분적으로 모호해진다. 루크 스카이워커의 이름은 한편으로 "아메리카 원주민 혈통의 적출로서의 암시"(같은 책: 101)를 가지며 다스 베이더가 그의 아버지임이 드러난다. 테일러는 이를 명예의 추락이나 내부의 적, 공산주의(테일러가 복기시켜 주듯 그 잠재적 의미는 소련을 지칭하기 위해 〈스타 워즈〉에 나오는 "악의 제국"이라는 용어를 갖다 썼던 로널드 레이건Ronald Reagan에서도 나타난다)에 대한 두려움과 같은 백인 서사와 연결시킨다. 우리는 이를 내부의 어둠에 대한 백인의 두려움과도 연결해 볼 수도 있다. 유사하게, 3부작의 두 번째와 세 번째 파트에서 착한 일당 중 하나로 아프리카계 미국인 배우인 빌리 디 윌리엄스를 캐스팅한 것은 (미국 박스 오피스의 큰 부분을 차지하는) 아프리카계 미국인 사이에서 "첫 번째 영화 속 도상과 백인 일색인 특징"이 얼마나 널리 인식되는지를 깨달았음을 보여 줄 뿐만 아니라 다양한 세계가 연결된 방식이 3세계의 스테레오타입에서 끌어온 이미지 속에서 구현되는 방식과도 연결된다. 이 맥락에서 윌리엄스의 캐스팅은 "북미 흑인들을 악마화하는 데에서 벗어나 3세계 사람들을 테러리스트로 그리는 방향으로 변해 가던 당시의 할리우드 영화의 흐름에 들어맞았다"(같은 책: 102~103). 그러한 방식으로, 색조, 피부, 상징으로서의 흑 대 백의 환원적인 이분법은 양 색에게 변형을 만들어 낼 유연한 바탕을 갖추었지만 또한 한편으로는 색에 대한 핵심bottom line을 만들어 냈다.

《옥스퍼드 영어 사전》에서 '흰색'이 특정한 인종을 지칭하는 가장 초기의 용례는 1604년에 등장하는데,[86] 조던(1977: 95)과 버널(1987: 201) 모두 그 단어의 등장을 미국 식민지 역사 속에 위치시킨다. 그러나 색조를 통해 도덕성을 사람의 피부색에 접목하는 것은 그 이전까지의 회화나 문학에서도 이미 존재했으며, 심지어는 발전된 개념으로서의 인종이

86 "같은 선상 아래에 페루의 일부 지역과 새로운 제국인 그레나도의 일부 지역이 놓여 있는데, 둘 다 온화한 품성을 지닌 국가로 지역 주민들은 희다"(1604년 E. 그림스톤E. Grimstone이 번역한《다코스타가 쓴 동인도제도사*D'Acosta's History of the Indies*》).

명백하게 작동하기 전에도 존재했다. 이는 기독교 전통에서 나타난다.

서구 회화의 역사는 중세와 르네상스 시기 사이 회화에서의 살flesh 색이 변화하는 것을 보여 준다.[87] 중세에는 살갗의 색깔 구별에 별로 관심이 없었던 것으로 보이며, 모두가 분홍빛이 도는 노르스름한 색이었다. 그러나 르네상스에 들어서면서 다양한 피부색이 기록되기 시작했다. 가장 분명한 것은 구유에 있던 그리스도를 방문한 세 박사들 중 하나인 흑인 동방박사 발타자르Balthasar에서 나타난다. 이 방문은 마태복음의 몇 구절로 기록되었을 뿐이고 피부색에 대한 언급은 없다. 동방박사의 하나인 발타자르가 (무어인으로 추측되는) 흑인이라는 개념은 중세에서야 발전했는데, 중세에는 세 박사가 당시 알려져 있던 세 대륙을 대표하는 것이라고 받아들여졌다(따라서 발타자르는 아프리카를 대표한다). 게르트루드 실러Gertrude Schiller의 자세한 연구에 따르면, 동방박사 중 하나가 검은 피부로 표현되는 것은, "12세기 이후로는 간헐적으로"만 그러나 "15세기에는 자주"(특히 북유럽 예술에서)(1971: 91, 112) 나타나는 보편적인 것이 되었다. 보임(1990: 9)은 유럽의 탐험과 확장이 발전하고 있던 시기에 발타자르의 존재는 "소망 판타지"를 표현한다고 제시한다.

87 이러한 관찰은 다음의 박물관을 체계적으로 방문 관찰한 결과다. 암스테르담(레이크스미술관), 버밍엄(버밍엄박물관과 미술관), 시카고(시카고현대미술관), 에든버러(국립스코틀랜드미술관), 프랑크푸르트 암 마인(슈테델미술관), 리버풀(워커미술관), 런던(내셔널갤러리), 맨체스터(시티아트갤러리), 몬트리올(몬트리올미술관), 뉴욕(메트로폴리탄미술관), 필라델피아(필라델피아미술관), 파리(루브르박물관), 스톡홀름(스톡홀름국립미술관), 빈(빈미술사박물관). 이는 유럽 회화의 주요 갤러리에 대한 전수 조사는 아니고, 내가 책을 쓰는 과정에서 우연히 방문할 기회가 있었던 도시들을 위주로 무작위로 관찰한 결과다. 모든 갤러리는 중세부터 현재까지의 유럽 회화 컬렉션을 운영하고 있고, 어떤 건 규모가 크고 어떤 건 미미하다. 그래도 서구 회화의 선별적 전통에 따라 수집된 결과물들이라고 볼 수 있을 것이다.

> 선교사와 노예 상인이 흑인들의 대륙을 침략하고 부를 약탈하고 무력으로 사람들을 복속시키는 것 대신, 고귀하고 '현명한' 흑인 통치자가 그 자유 의지로 백인의 대륙에 와서 그의 부와 권력을 아기 예수의 발 앞에 내려놓는 것이다.

그렇기는 해도 그는 (배스타이드[1967]와 마찬가지로) 발타자르가 대개 다른 두 왕의 뒤에, 그리고 신성한 아기로부터는 멀리 떨어진 곳에 배치되어 있다고 덧붙인다.

피부색을 통해 다름을 표시하는 것은 그리스도와 성모 마리아의 묘사에서도 나타난다. 그들의 피부색이 점차적으로 다른 사람들보다 더 열어지고 하얘지는 것이다. 이는 기독교 예술의 두 형식인 성탄과 십자가형에서 가장 두드러진다. 성탄의 예술에서 그리스도와 마리아는 너무 하얘서 빛을 발산해 양치기, 동방박사와 요셉의 어두운 얼굴을 밝혀주기까지 하는 가운데, 다른 이들은 그리스도와 마리아의 초월적 백인성을 지니지 못한다. 십자가형을 그린 회화에서는 그리스도의 신체가 마찬가지로 빛을 발산하지만, 한편으로는 덜 강렬하고 창백한 흰색이다. 그 주변에 마리아를 제외한 모든 이들은 정도의 차이는 있어도 그리스도보다 더 어두운 피부를 갖고 있다.

피부 채색의 가장 두드러진 예시는 지오반니 벨리니Giovanni Belliini가 그린 〈세례 요한과 성 엘리자베스와 함께 있는 성모 마리아와 아이 *Madonna and Childe with John the Baptist and Ste. Elizabeth*〉(1490~1495)(컬러 그림 5)다. 여기서 그리스도와 마리아는 거의 순수하게 하얀 반면 요한과 (그의 어머니) 엘리자베스는 훨씬 어둡다. 요한은 특히 어둡고 그의 까만 머리카락이 곱슬하게 내려온다 (반면 그리스도와 마리아의 머리카락은 곧고 밝은색이다). 역사적으로 본다면 이 모든 사람은 유대인이지만 그리스도와 마리아는 계몽되고 구원받은 유대인, 즉 기독교도인 반면 요한과 엘리자베스는 기독교 도래의 주요한 목격자임에도 기독교도가 되기 전, 구원받기 전의 상태다. 이것이 시대착오적인 인식일 수는 있어도, 요한/엘리자베스와 그리스도/마리아의 차이는 (겉모습이 아랍계인) 세파르디 유대인과 (백인인) 비유대인의 차이와 유사하다.

이러한 피부-상징 색 관념에 대한 즉각적인 설명은 유럽의 팽창주의, 더 구체적으로는 십자군에서 찾을 수 있다(Miles, 1989: 13, 17ff 참조). 유럽을 넘어선 광범위한 여행은 유럽인, 특히 (회화에서 흑인 발타자르에 대한 이미지를 처음으로 발전시켰던) 북유럽인과는 다른 검은 외모의 사람들과 조우하면서 증가하기 시작했다. 그러한 어둠은 남부 유럽인의 피부색과 잘 구별되지 않는 때도 있어서 전혀 기록될 필요가 없었고, 도덕적이면서 '인종적'인 차이의 차원에서는 분명히 그럴 필요가 없었다. 이 어둠의 의미는 십자군을 통해 구성된 것이다. 그들의 진짜 동기가 무엇이든, 십자군을 이해해 온 주요한 설명은 비기독교인에 대한 (그리고 특히 성지를 소유한 이슬람 세력에 대한) 기독교의 분투다. 따라서 분투는 소유나 확장을 위한 것이 아니라 초월적이고 정신적인 목적을 위해서였다. 기독교는 흑백의 도덕적 이분법 전통을 가져 왔고 실제로 검은 외모를 지니기도 하는 적에게 이 이분법을 연결시켰다. 따라서 십자군은 이후에 도덕적인 속성 차원에서 더 발전할 피부색의 차이에 대해 인식을 드높이는 데 일조를 했다.

피부색 상징에 대한 이 설명은 다른 설명을 통해 보충될 수 있다. 르네상스 예술 속 그리스도의 섹슈얼리티 재현에 대한 미술사학자 레오 스타인버그Leo Steinberg의 주장을 통해서다. 스타인버그는 13세기 초부터, 그리스도 재현에 '인간화'가 증가했고 그리스도가 신성할 뿐만 아니라 인간이기도 했다는 것이 점차 강조되면서, 결과적으로 이미지들이 그의 인간적 속성을 구체화하려고 했다고 주장한다. 예를 들어, 그리스도가 인간이었기 때문에 그는 어떤 성별을 지닐 것이고 그에 맞는 적절한 성기를 지녀야 했다. 스타인버그는 그 시기에는, 그 이후의 인식과는 달리 회화가 그리스도의 성기를 그렸고 그의 완전한 인간성의 기호로서 성기를 드러내게 했다고 말한다. 스타인버그에 따르면, 그리스도의 인간성이 완전히 묘사되기 위해서는 그의 성별적 차이가 재현되어야 했을 뿐만 아니라 점차적으로 '인종적' 지각이 증가하던 시대에 그 피부색의 차이도 재현되어야만 했을 것이다.

스타인버그는 또한 모순을 포착한다. 르네상스 시기에 할례가 점차적으로 인기 있는 회화의 대상이 되었지만, 그리스도는 한 번도 할례된 성기를 보인 적이 없다. 할례라는 사건은 회화의 대상이 되더라도 그 신체적 결과는 찾아볼 수 없다. 스타인버그는 이를 할례가 지닌 신학적 중요성에 의거해 그것을 기꺼이 묘사하고자 했던 태도와 그 어떤 완벽하지도 완전하지도 않은 방식으로는 그리스도를 보여 주지 않으려고 했던 욕망 사이의 모순으로 설명한다. 그러나 할례를 한 그리스도의 모습이 유대인(그리고 또 다른 이교도인 무슬림)으로 보이기 때문은 아니었을까? 그리스도의 인간적 완벽은 그의 피부색에서나 성기 묘사에서나 불가피하게 비유대인적이고 백인적이다.

그리스도의 비유대인화와 백인화는 르네상스 말기에 성취되었고, 19세기쯤에는 그의 이미지가 밝은 피부뿐만 아니라 금발에 푸른 눈을 갖춘 형태가 되었다. 배스타이드는 이 사회적으로 구성된 백인적 조합의 중요성을 논의한다.

> 그의 머리카락과 수염은 천상의 밝음인 햇빛의 색이 부여되었고, 그의 눈은 그가 내려왔고 되돌아갈 곳인 하늘의 색을 지니게 되었다(1967: 315).

그림 8　작자 미상의 그림 "잠든 병사와 함께 있는 그리스도." 1996년 제노아 성당에서 구입한 엽서.

20세기의 가장 유명한 그리스도 화가인 미국인 워너 샐먼Warner Sallman이 그린 〈예수의 얼굴*Head of Christ*〉은 5억 번이 넘게 재생산되었는데, 그리스도를 (3장에서 다룰 후광과 함께) 넘실거리는 물결 모양의 밝은 색 머리카락과 밝은 피부색을 지닌 것으로 묘사해 왔다(Grimes, 1994). 그러한 대중적 이미지는 여전히 기독교 상점에서 쉽게 볼 수 있다(컬러 그림 6, 그림 8).

그리스도의 백인성은 회화에서 순교자와 아름다운 남성에게서도 나타난다.[88] 성모 마리아의 백인성은 진정으로 여성적인(여성스럽고, 모성이 넘치고, 숙녀다운) 백인 여성의 백인성이다. 도덕적 상징으로서 의심의 여지 없는 흰색의 전형적 예에 나타나는 그러한 색조와 피부는 하얀 살과 색조의 매혹, 문화적으로 내재적인 불안정성을 요약하는 미끄러짐을 구성한다. 그리스도와 마리아는 모두 인간이면서 신성하고, 존재하면서 실재하지 않고, 말하자면 흰색이면서 색칠되지 않은 색조, 흰색이면서 보편적인 피부다.

색조, 피부, 상징은 색으로서의 백인성의 세 가지 의미를 담지한다. 상징으로서의 흰색에 부여된 높은 도덕적 가치는 그러한 가치를 지닌 흰 색조 및 피부와 결합하여 미끄러짐을 허용한다. 그러나 이에 대해 다음 부분에서 탐구해 보겠지만, 이것은 백인 권력을 공고히 하고 유지하기 위해 색이 하는 가장 최소한의 작업이다. 비인종적인 특수한 맥락에서, 상징으로서의 흰색의 광범위한 적용은 흰색을 중립적인 것으로 보이게 한다. 선으로서의 흰색은 보편적인 추상이고, 이런 추상적 관념과 피부색

88 이 관찰에 대해서는 폴 힐스에게 감사의 말을 전한다.

이 하얗다고 여겨지는 사람들 간의 연결은 우연히 발생한 것일 뿐이라는 식이다. 색조로서의 백인성의 불확실성, 즉 색이면서도 색이 아닌 속성은 흰색 피부를 가진 자들을 특수하지 않고, 평범하고, 그저 어쩌다 그렇게 되어 버린 것으로 보이게 만든다. 피부색으로서 백인성의 모호한 가장자리와 미세한 단계적 차이로 인해 백인성은 당신이 허용되거나 오를 수 있는 높은 보상의 사회적 범주로 보인다. 백인을 희다고 명명하고 감지하는 것은 (특히 니그로나 인디언처럼 인종적 또는 지리적인 기반을 가진 용어와 달리) 우리의 비특수하면서도 특수한 권력을 유지하는 놀랍도록 효율적인 수단이다.

## 명백한 이상으로서의 흰색

비록 백인성의 모든 권력 가치에 그 불안정성과 중립성이 내재해 있더라도, 흰색은 도덕에 대한 더 명백한 상징과 미학적 우월성을 지닌다. 이는 백인이 선하고 아름다운 것으로 일관되게 재현되지 않고 다양성, 모든 것을 아우르는 특수성을 지녔다는 사실에서 찾을 수 있다. 그래도 백인성이 지닌 도덕적이고 미학적인 효과는 흰 피부의 사람들과의 관계에서 발휘되어 왔다. 내가 여기서 살펴보고 주장하고 싶은 것은 바로 이 우월성이 고안되고 표현되는 특정한 방식이다. 특히 순수, 청결, 처녀성, 한마디로 부재가 백인성을 비특수성으로, 비존재의 의미로 만든다는 점에 주목할 것이다.

백인의 우월성은 도덕성뿐만 아니라 미의 차원에서도 감지되어 왔다. 괴테의 《색채론》은 흰색을 비특수적이고 아름다운 것으로 인식하는 사고의 연결 고리를 제공한다. 괴테에게 백인은 바로 그들의 색채가 가장 덜 특수하기 때문에 아름다운 사람이었다. 괴테는 스스로에게 모든 인간의 "형태와 색조가 동등하게 아름답지 않"은지 질문하며, 이것이 무엇을 선호하느냐에 따른 국지적 편견일 수 있음을 인식한다. 그럼에도 그는 계속해서 말한다.

> 그러나 우리는 그 표면이 흰색부터 불그스름한 색, 노르스름한 색, 갈색에 이르기까지 다양한 자, 요컨대 그 표면이 색조적으로 가장 중립적이고 어떤 특수하고 명백한 색에 덜 치우친 자인 백인이 가장 아름답다고 주장해 볼 수 있다(1840: 265).

이 말이 암시하는 것은 백인성은 백인이 시각적 모순 없이 인간 발전의 계몽적 이해의 최고의 경지, 즉 특성 없는 주체로서 살 수 있도록 해 준다는 것이다.

철학적인 해설이 없이도, 백인들은 오랫동안 스스로를 가장 아름다운 인간으로 여겨왔고 특히 백인 여성에 대해서는 더 그랬다. 일반적인 여성을 일컫는 대담한 용어인 '아름다운 성the fair sex'은 분명한 피부색 암시를 지닌다. 마리나 워너(1994: 363ff)는 서구 신화와 우화에서 금발과 미가 동의어로 제시되는 방식을 상술한다. 의미심장하게도, 이에 대한 예외가 검은 머리카락을 지닌 백설공주이지만, 백설공주는 이를 보상하기 위한 이름과 피부를 지니고 있다. 윈스럽 조던(1977: 8)은 16세기 영국에서 백인성과 미를, 특히 엘리자베스 여왕과 관련하여 동일시하던 예를 살펴본다. 1799년 인종에 관한 영국의 의사 찰스 화이트Charles White의 영향력 있는 논문은 골상학과 존재의 대사슬을 교차시키며 다음과 같이 주장한다.

단계적 변화를 올라가면 마침내 우리는 백인 유럽인에 도달한다. 이들은 잔혹한 창조에서부터 가장 동떨어진 존재로 인종 중 가장 아름답다고 여겨진다 …… 유럽인에게서가 아니면 우리가 어디서 저렇게 고귀한 곡선을 형성하는 머리와 장밋빛의 볼과 산호색 입술을 찾을 수 있겠는가? 저런 곧은 자세와 고귀한 걸음걸이를 어디서 찾을 수 있는가? 지구상의 어느 곳에서 아름다운 유럽 여성의 부드러운 인상에 퍼진 홍조를 찾을 수 있으며, 그 단정함과 섬세한 감정과 감각의 상징을 찾을 수 있을까? 얼굴에 나타나는 상냥하고 부드러운 열정의 멋들어진 표현, 용모와 얼굴의 전반적인 우아함이 어디에 있단 말인가? 유럽 여성의 가슴 외에 어디서 저런 볼록하고 흰 눈 같으며 끝에 붉은빛을 단 두 개의 반구를 찾을 수 있는가?(Jordan, 1977: 501~502에서 인용).

19세기 인종주의자는 반복적으로 과학과 미학을 엮어서 생각하며 아리아인이나 코카시아인을 아름다움의 영역을 포함한 모든 측면에서 인종의 정점으로 정의 내렸다(Mosse, 1978; Poliakov, 1974 참조).

더 밝고 옅은 색의 피부가 더 아름답다는 생각은 비백인에게도 종종 적용되었다. 라이더 해거드Rider Haggard가 쓴 《솔로몬 왕의 보물》의 화자는 처음에 자신을 보물로 이끄는 줄루족Zulu 움보파를 만났을 때 그의 외모를 이렇게 칭찬한다. "나는 이보다 더 아름다운 원주민을 본 적이 없다. 키는 190센티미터 정도 되고 넓은 어깨를 지녔으며 매우 균형 잡힌 몸을 지녔다. 그런 점에서 그의 피부 또한 별로 어둡지 않았다"(1958: 42). 벨 훅스는 "흑인 커뮤니티에서도 백인 여성을 닮은 밝은 피부색의 흑인 여성이 '숙녀'로 여겨지고 받들어 모셔지는 한편, 더 어두운 피부색의 흑인 여성일수록 나쁜 년이나 창녀로 여겨진다"고 말한다(1982: 110). 최근까지, 주요한 아프리카계 미국인 스타들은 모두 옅은 피부를 지녔다. 리나 혼, 다이앤 캐롤, 다이애나 로스, 휘트니 휴스턴이 그렇다. (그리고 시드니 포이티어와 덴젤 워싱턴 같은 주요한 아프리카계 미국인 남성 스타들의 얼굴도 비교적 코카시아인의 특징을 갖고 있다.) 나오미 캠벨이 슈퍼모델로서 성공했다는 사실에서 놀라운 점은 그녀의 피부색이 어둡다는 것이다(심지어 그녀는 매끈하게 흘러내리는 밤색 머리카락을 지녔다).

클레오파트라 재현의 역사는 백인성이 인간 미의 정점이라는 주장에 가장 분명한 예시 중 하나다. 클레오파트라는 유럽 문화에서 여성의 아름다움에 대한 대명사가 되었지만, 그 과정에서 그녀는 백인으로 재현되어야만 했다. 루시 휴즈할렛Lucy Hughes-Hallett(1990: 253)에 따르면, 다음과 같다.

> [클레오파트라의] 아름다움에 대한 명성은, 뒷받침할 그 어떤 역사적 증거가 없음에도 난공불락이다. 그렇다고 해서 클레오파트라가 밝은 피부의 유럽 숙녀가 아니었을 가능성조차 없는 것은 아니다. 픽션 속 아름다움은 (성적인 매력과는 구별되게) 전통적으로 사회적/민족적 엘리트의 특권이기에 …… 19세기 이전 대부분의 작가들과 화가들은 클라오파트라의 이국성을 없애고 그녀의 외모를 자신들의 이상에 맞게 바꿈으로써 [이 문제를] 단순히 회피했다.

휴즈할렛은 많은 문학적/시각적 예시를 제시한다. 그중 기욤 벨리아르Guillaume Belliard의 1578년 시 "마크 앙투안과 클레오파트라의 즐거운 사랑Les Delitieuses Amours de Marc Antoine et de Cléopâtre"에서는 "그녀의 순백이 가장 하얀 상아보다 더 빛났다"고 하고, 조반니 바티스타 티에폴로Giovanni Battista Tiepolo의 1746년 프레스코화 〈클레오파트라의 연회*Cleopatra's Banquet*〉(베니스의 팔라초 라비아)에 있는 클레오파트라는 "약간 붉은 색이 도는 곱슬 금발, 유리알 같은 파란 눈, 진주처럼 빛나는 목과 가슴을 지녔다"(같은 책: 254).[89] 19세기 윌리엄 에티William Etty가 그린 〈실리시아에 도착한 클레오파트라*Cleopatra's arrival in Cilicia*〉(컬러 그림 7) 속 클레오파트라는 검은 머리이지만 누구보다 새하얀 얼굴과 팔다리를 지니고 있으며(한쪽 가슴은 드러나 있고 속이 비치는 옷은 몸의 색을 드러내 준다) 자신처럼 하얀 하녀들과 아기천사들에게 둘러싸여 있다. 해변가에는 밝은 피부의 남자들이 다른 곳을 보며 자신들의 문제에 집중하고 있지만, 바지선 뱃머리에 등을 보인 채 걸터앉아 있는 남자는 검은 피부이고 클레오파트라를 분명히 직시하고 있다. 그는 피부색에 있어서 클레오파트라와 (쭈그려 앉은 한 흑인 하녀를 제외하고) 다른 여성들과 극명한 대비를 이루는 위치에 있으며, 클레오파트라를 바라보는 유일한 남성이다. 그는 남성 관객의 위치에 서 있는데, 이러한 여성의 성애적 아름다움에 대한 남성의 응시는 남성적 욕망의 어두운 모습인 검정으로 코드화된다.

서구 전통에서 흰색은 미덕의 색이기 때문에 아름답다. 이 명백한 동일시는 선에 대한 특정한 정의와 관련된다. 서구 문화에서 상징으로서의 흰색의 모든 도덕적 함의는 같다. 순수, 정신성, 초월성, 깨끗함, 미덕, 간결함, 순결. '이교도' 게르만 문헌에 대한 연구에서 고대 언어학자 프랜시스 거미어Francis Gummere(1889)는 이런 동일시가 르네상스 이전에는 결코 완전하게 자리잡지 않았지만, 그 이후에 흔해지면서 불가피하고 보편적이고 자연스러운 것으로 제시되었음을 보여 준다. 따라서 르네상스 시대 이탈리아 화가 지오반니 파올로 로마초Giovanni Paolo Lomazzo는 《회화, 조각, 건축의 예술론*Trattato dell'arte della pittura, scultura e architettura*》

89 이와 관련된 이미지에 대한 자세한 분석은 Hamer, 1993: 45~76을 참조하라.

(1584)에서 흰색(색조)이 "천진과 순수를 의미하며 재현한다"고 했다(Sloan, 1991: 8). 4세기가 지난 시점의 피부색 맥락에서 와가츠마 히로시(1967: 422)는 캘리포니아의 두 일본인 여대생이 코카시아인 남자들과만 데이트를 하는 이유가 그들에게 "하얀 피부는 순수, 발전된 문명, 정신적 깨끗함을 의미"하기 때문이라고 설명한다. P. J. 헤더P. J. Heather(1948: 170)는 성경과 그리스 및 라틴 고전을 끌어오면서, "흰색을 명예, 신성함, 천진과 연결짓는 경향"에 대해 이야기한다. 그리고 고전 영국 문학과 속담, 격언을 살펴보며 "순수와 천진의 관념은 흰색으로 소개될 때 우리의 마음속, 그리고 시인의 이미지 속에 직접적으로 와닿는다"라고 말한다(178). 케네스 거겐(1967: 397)은 매튜 루키시Matthew Luckiesh, 월터 사전트Walter Sargent, 페이버 비런Faber Birren 등의 고전적 연구 속 색채를 정리해 보면서, 흰색이 "승리, 빛, 천진, 기쁨, 신성한 힘, 순수, 갱생, 행복, 유쾌, 평화, 순결, 겸손, 여성성, 섬세"와 연결된다고 말한다.

흥미롭게도 거겐은 내가 6장에서 논의할 내용을 각주로 달아놓았는데, 흰색이 죽음과 관련되는 것은 그저 "때때로 죽음을 동반하는 창백함 및 내세와 관련된 정신적 영역"을 지칭하기 때문이라고 말한다(같은 책: 405). 아라 에바츠Arrah Evarts는 1919년 〈정신분석 비평*The Psychoanalytic Review*〉에서 색조로서의 흰색이 "모든 색의 합성으로서 그 내부에 모든 색의 상징을 결합한다"(129)고 제시하면서, 훨씬 더 제한된 상징을 서술하는 것으로 나아가는데, 그 설명에 따르면 흰색은 "신의 색"이고 따라서 영원, 순수, 순결의 색이다. 색의 의미에 대한 이 많은 설명과 함께, 에바츠는 이러한 의미들을 보편적인 것(대부분은 무의식적인 것)으로 제시하면서도, 서구 전통 속에서 성찰되지 못했던 관습적인 백인성의 연상물들을 배치한다. 에바츠의 설명 중 두 가지는 특히 흥미롭다. 하나는 백인성에서 순결을 이끌어 내는 설명으로, 흰색은 "순수하고 건드리지 않은" 것이고 따라서 성적으로 더럽혀지지 않은 것을 연상시키기 때문이라고 말한다. 아래에서 논의하겠지만, 부정과 부재를 통해 백인성을 정의하는 것은 상징으로서의 백인성을 이해하는 데 핵심적이다. 두 번째로, 에바츠는 섹슈얼리티가 "무의식의 영역에 억압되어 있음"(131)에도 불구하고, 백인성의 차원에서 긍정적으로 가치 매겨질 수 있다고 제시한다. 오스트리아 정신분석학자 헤르베르트 질베러 Herbert Silberer가 《신비주의와 그 상징주의의 문제*Problems of Mysticism and its Symbolism*》에서 분석한 예시를 보면, 방랑자가 사자를 죽이고 사자의 피를 묻힌 채 "흰 새틴을 입은 매우 아름다운 아가씨"를 만난다. 에바츠는 이에 대해 다음과 같이 결론내린다(132).

> 우화가 전개됨에 따라 자신의 결혼식을 위해 하얀 새틴을 입은 여성이 방랑자의 여동생/엄마/아내가 되거나, 또는 방랑자가 보편적 남성 원칙이기에 여자가 보편적 여성의 원칙이 된다.

다른 곳의 논의에 따르면, 여성과 백인성을 동일시하는 것, 그리고 남성을 백인성을 좇는 자와 동일시하는 것은 피부색이 하얀 사람들을 구성하는 중심 요소다.

성모 마리아는 이 여성적 백인성의 가장 전형적인 예시다. 그녀의 밝은색 머리카락[90]과 피부, 흰 예복, 백합과 비둘기를 연상시키는 점, 이 모

90 이제는 검은 머리의 마리아 전통도 있다(내 친구들 중 검은 머리 백인 여성들은 그 머리색 때문에 학교 성탄 연극 때 마리아 역할로 발탁되곤 했다). 그러나 15세기 이후 서양 회화 전통에서(Warner, 1994: 367) 마리아는 머리에 아무것도 안 씌워져 있을 때 검정이나 갈색보다는 금발인 경우가 많다.

든 것이 흰 색조와 피부 차원에서 성모 마리아의 완벽한 미덕을 구성한다(Bernard, 1987; Kovachevski, 1991). 마리아는 성관계가 결여된 (따라서 성에 의해 더럽혀지지 않은) 모성의 이미지다. 그녀는 임신한 상태로 나타난 적이 없다. 그녀는 고귀한 백인 숙녀보다도 한 발짝 더 나아간다. 그녀는 섹스 없이 재생산한다.

마리아의 경우는 미덕으로서의 백인성 개념 중심에 있는 것, 즉 부재를 보여 준다. 이것은 로마초가 1584년 색의 상징과 관련한 관습적 지식을 정리한 방식에서 두드러지는데, 그는 흰색에 대해 다음과 같이 말한다.

> [흼은] **천진**, **순수**를 의미하고 재현하며, 남성에게는 나이듦을 표상한다. 계절에서는 가을 다음에 오는 것이고, 미덕으로서는 티끌 없는 색으로, 정의를 의미한다. 원소로는 물을 표상하고 금속은 은, 신학적 덕목은 희망을 표상하는데, 이 모든 것은 **순수하고 흠잡을 데 없어**야만 하는 것이다(Sloan, 1991: 8~9. 강조 추가).

오늘날 우리에게 정의와 희망의 의미는 와닿지 않더라도, 순수와 기타 등등의 보다 넓은 정동적affective 함의들은 강력하게 남아 있다. 로마초가 《회화, 조각, 건축의 예술론》에서 사용하는 부정의 용어들(순수,[91] 티끌 없는, 흠잡을 데 없는)은 물에 관한 언급만큼이나 흥미로운데, 이 모든 것이 속성이라기보다는 속성의 부재, 어떤 특정한 것의 부재를 의미하기 때문이다. (물이 맛이 없으리라는 것처럼 흰색이 무색성을 띠리라고 여기는 것.) 흼이라는 용어가 사용되는 많은 경우 이와 같은 방식으로 부재를

91 말 그대로 '유해하지 않음'을 의미한다.

지칭한다. 계보학적 관점에서 하얀 언어는 섞이지 않은 순수한 것이고(Bernal, 1987: 200), 아무 글씨를 쓰지 않는 글쓰기를 뜻하는 롤랑 바르트Roland Barthes의 개념인 백색의 글쓰기écriture blanche도 있고(1965: 68), 빅토리아 시대의 용어 '하얀 결혼mariage blanc'은 성관계가 없는 결혼을 뜻하며(Hall, 1991: 115),[92] 바닐라 섹스라고도 칭해지는 화이트 섹스white sex란 어떤 자극 없이 '성애적으로 밋밋하고 뻣뻣한 것'을 의미한다(Bright, 1993: 34).

흰색에서 빠진 것은 그 어떠한 **것**thing이다. 다시 말해, 물질적 실체다. 깨끗함은 더러운 것의 부재, 정신성은 살의 부재, 미덕은 죄의 부재, 순결은 섹스의 부재 등과 같이 말이다. 세례에서의 씻는 비유가 핵심적이다. 죄는 물이 씻어낼 얼룩으로 여겨진다. 세례는 깨끗함과 선함을 결합한다. 최근에 더 악랄하게 인종적 은유를 전유한 예는 보스니아 헤르체고비나의 '종족 청소ethnic cleansing'[93]에서 찾을 수 있다.

조엘 코벨은 1970년 처음 출판된 자신의 연구 《하얀 인종주의*White Racism*》에서 비백인을 향한 백인의 태도는 더러움을 중심으로 설명할 수 있다고 말한다. 우리는 이로부터 백인성 그 자체에 대한 태도를 추측해 볼 수 있다. 코벨의 주장에 따르면 "더러움"은 백인성 체계에서는 "세계가 잃어버린 감각"이다(Kovel, 1988: c). 코벨은 중세 후기까지는 교회가 개인과 신 사이의 중개자이자 유럽의 도덕적 권위와 질서의 근원이었지만, 점차적으로 분열되고 타락했다고 말한다. 마르틴 루터Martin Luther

92 이 용어는 이탈리아어에서 여전히 사용되고 있다.

93 보스니아는 이슬람교인 보스니아계, 세르비아 정교인 세르비아계, 가톨릭인 크로아티아계로 구성되어 오랜 민족적·종교적 반목을 이어 왔다. 1992년 보스니아 독립 문제를 둘러싸고 일어난 내전에서 세르비아계는 이슬람교도들에 대한 종족 청소를 자행한 바 있다. — 옮긴이

는 개인의 신에 대한 직접적인 관계를 주장하며 교회에 맞섰다. "신의 원리가 인간 자체에 내재해 있다는 것이 그의 핵심적인 통찰이었다"(같은 책: 124). 이것은 존재가 아닌 상징으로서의 신을 추상화하면서 정신 대 신체의 구별을 강조한다. 만약에 신, 그리고 가치 있는 모든 것이 추상적이라면, 모든 구체적인 것, 더군다나 신체는 가치 없거나 더 나쁜 것이 된다. 코벨은 루터의 작업에서 더러움의 이미지가 지닌 중요성을 강조하고 이로부터 신체 또는 신체적인 것에 대한 업신여김과 혐오감이 나타났다고 제시한다. "몸은 더럽다. 몸에서 나온 것은 특히 더럽다. 물질적 세계는 몸에서 나온 것에 해당하며, 따라서 역시나 더럽다"(같은 책: 132).

이러한 맥락에서 코벨은 인종에 관한 강력한 주장을 제시한다. 비백인은 몸에서 나온 더러움과 다양하게 연관되며, 특히 비백인은 냄새가 난다는 되풀이되는 인종적 인식이 대표적이다(또한 이런 맥락에서 영국의 경우 비백인의 음식에서 냄새가 나고, 비백인이 먹는 음식[내장, 개, 뱀]은 더러우며, 노골적이고 피비린내 나는 형태로 도축한다는 인식이 있다). 대변에 대한 강박적인 통제와 대변을 인간의 더러움의 가장 밑바닥으로 여기는 것은 서구 문화의 특징이다. 백인이란 용변 훈련을 잘 받은 자를 의미한다. 코벨은 배설물의 색을 강조한다.

> 세계 어디서나 더러움의 중심적인 상징은 대변으로, 역겨움의 감정은 바로 그 속된 용어 'shit'를 통해 표현되는 것으로 잘 알려져 있다. …… 코카시아인의 밝은색의 몸과 대조되어, 대변의 어두운색은 서구 문화 속 개인의 어린 시절부터 검정을 나쁨과 연결시키는 인식을 강화한다(같은 책: 87).

백인이라는 것은 배설물을 비롯해 모든 더러운 것을 지워냈음을 의미한다. 백인으로 보인다는 것은 깨끗해 보인다는 것이다.

우리는 백인성이 특유의 확신을 갖고 더러움을 드러낸다고 믿게 되었다. 특히 신체의 더러움을 보여 준다. 신체 가까이에 두는 것들(침대 시트, 옷, 특히 속옷과 셔츠)과 관련하여 흰색이 특권적인 위치를 갖는 것은 이 때문이고, 백인성이 세제의 세정력을 광고하는 데 중심적으로 등장하는 이유다. 신부의 드레스는 명백한 상징을 갖는다. 신부의 드레스는 섹스, 즉 말 그대로 더러운 것(땀, 정액, 분비물, 처녀 판타지에서의 피)이자 도덕적으로 더러운 것의 부재를 보여 준다. 그것은 또한 아내다운 헌신의 깨끗함, 여자가 가정에 더러운 것을 가져오지 않을 것이며 아내 역할 수행에 있어 더러움이 없을 것임을 확신하는 기호이기도 하다. 다른 신체 관련 함의들은 덜 명백하고 관습화되어 있지만 대체로 같은 의미를 지닌다. 남성 속옷과 셔츠에서 흰색의 중요성은 남성이 여성보다 덜 깨끗하고, 따라서 깨끗해지려고 하고(백인이기 위해 노력해야 하므로), 깨끗함을 보여 주고, 깨끗하지 않음을 들키지 않기 위해 더 노력해야만 한다는 의미와 관련되어 있다. 또는 남자들이 깨끗하다는 것을 보증해 줄 어머니나 부인이 있다는 의미와도 관련된다. 그러나 속옷에서 백인성의 중요성은 이성애적 이미지에만 국한되는 것은 아니다. 스티븐 메이너드Steven Maynard는 동성애적 이미지를 마케팅에 이용하는 디자이너 브랜드 남성 속옷의 부상에 대해 논의한다. 그는 (디자이너 라벨 중 단연코 가장 성공적인) 캘빈 클라인 속옷을 광고하기 위해 사용되었던 브루스 웨버Bruce Weber[94]의 사

94 브루스 웨버(1946~ )는 미국의 패션 사진가로, 1980~1990년대 캘빈 클라인 광고 사진을 통해 이름을 알리게 되었다. 그가 흰 속옷만 입은 올림픽 장대 높이뛰기 선수 톰 하인노스Tom Hintnaus를 모델로 찍은 사진은 남성을 성애적인 시선으로 표현했다는 점에서 당시 충격을 일으켰고, 특히 게이 문화에 아이콘적인 이미지가 되었다. — 옮긴이

진이 백인 남성들만 보여 주고, (다른 색상도 판매 중이었음에도) 흰 속옷만 입고 있으며, 완전한 흑백 사진술을 사용했고(이는 "직물의 하얀 특성을 부각시키고 밝게 비추기까지 하는 기능을 갖는다"[1994: 8]), 고전적인 그리스 이미지와 바이마르 독일의 사진 스타일(둘 다 강력한 흰색)을 끌어오고 있으며, 그리하여 "동성애가 흰색으로 규정된다"는 것에 주목한다(같은 책). 색이 있고 패턴이 있는 시트, 속옷, 셔츠를 어리고 계급이 낮고 비백인인 것과 연관짓는 것은 부분적으로는 하얀 빨래를 해낼 수 있는 시간 및 비용과 관련되면서, 진정한 백인성의 서열 속에서 나이 많고 사회적으로 지위가 높은 백인들의 위치와 관련된다.

그러나 논란이 되는 것은 우리가 접하는 백인성뿐만 아니라 우리 피부의 백인성이다. 처녀성의 숭배는 더럽혀지지 않은 여성성(섹스에 의해 더럽혀지지 않은 여성성)에 대한 관념을 표현하며, 이런 관념이 여성의 외양에서 드러나도록 했다. 이는 단식에 대한 숭배로 더 강화되었는데(단식은 지금은 엄격한 종교적 이유로는 드물게 이루어지지만 젊은 여성들에게는 흔히 이루어진다), 단식이 사람을 더 창백하게 보이게 만들고, 속세와의 육체적 관여가 결여되었음을, 물질을 삼켜 더럽혀지지 않은 몸을 의미하기 때문이다. 마리나 워너는 마리아의 이미지 속에서 금식의 더 깊은 차원을 제시한다. 처녀성은 교부敎父에게 중요하다. 그것은 섹스를 알지 못한다는 것을 의미할 뿐만 아니라 몸이 신이 만든 그대로 깨끗하고 완전하다는 것을 의미하기 때문이다.

> 교회가 그리스도의 탄생에 적용한 성서 속 이미지는 처녀의 몸을 흠 없고 망가지지 않은 것, 말 그대로 진실성의 현현으로 나타낸다. 처녀 마리아는 '닫힌 문'이고 '닫힌 샘,' '봉인된 분수'다. …… 처녀의 몸은 자연스럽고 완전하며 궁극적인 순수의 이미지다(Warner, 1976: 73~74).

이 완전함은 마리아의 얼굴에서 두드러진다. (그리스도 탄생 다음 날이나 30년이 흘러 아들의 처형에 참석한 때에도) 그녀의 얼굴은 (측면으로 있거나 그늘지거나 다른 물체에 가려서) 부분적으로만 보이거나, (점, 여드름은 물론이거니와) 주름으로 얼룩지거나 눈물 자국이 난 적이 거의 없다. 아기 예수는 종종 그의 지혜를 표현하기 위해 주름이 주어지는 한편, 그의 어머니는 거의 그런 적이 없다.

19세기 이래로 화장술은 하얀 피부를 더 하얗게 색칠하는 것이 아니라 하얗게 만들어 주려고 했다. 19세기 말엽에는 여성은 피부 속 깊숙한 곳까지 깨끗해지면 깨끗해 **보일** 수 있고 따라서 실로 아름다워진다는 것을 표방하며 새로운 크림과 비누가 만들어졌다. 피어스 비누Pears' Soap는 깨끗한 피부를 만든다는 효능을 강조하는 광고 캠페인을 통해 시장에서 부상했다. "밝고 **깨끗한** 피부만큼이나 개인의 외모를 향상시켜 주는 것은 없다"(Angeloglou, 1970: 102에서 재구성된 1890년대 광고. 강조 추가). 이와 유사하게, 엘리자베스 아덴Elizabeth Arden은 다음과 같이 세안 크림을 광고했다.

> 가장 섬세한 **화장**도 피부의 작은 결점으로 인해 망쳐질 수 있습니다. 번들거리는 두 볼, 성난 듯한 빨강을 발하는 피부의 점들, 거친 피부, 주름. 이런 각 결점은 극복될 수 있습니다. 명심하세요. 숨기는 것이 아니라 제거하는 것입니다!(같은 책: 123에서 재구성).

번들거리는 것에 대한 언급이 두 가지 점에서 흥미롭다. 첫째, 번들거린다는 것은 숙녀, 특히 백인 여성에게는 부적절할 땀을 의미하며, 신체적 더러움의 예이기도 하다. 둘째, 3장에서 논의하겠지만 어두운 피부는 특히 강한 빛 아래 있거나 사진을 찍게 되면 번들거리는 하이라이트 때문에 번들거림은 비백인과 연결된다.

그림 9　　럭스 화장 비누 광고(1955년 1월 22일 〈픽처고어〉).

화장품 광고의 그림이나 사진 속에 반드시 흰 얼굴이 나타나는 것이나 광고 카피에서 설화 석고,[95] 우윳빛 같은 단어 등에서 그 인종적 측면을 분명히 느낄 수 있다. 때로 레토릭은 더 고집스러워 보인다. 재키 스테이시Jackie Stacey(1994: 3~5)는 럭스Lux 화장 비누의 1995년 광고(〈픽처고어*Picturegoer*〉지 게재)에서 할리우드 배우 수전 헤이워드와 조각 두상을 사용하여 상품의 순수성과 그 효과의 순수성을 홍보한 것을 이야기한다(그림 9). 조각 두상은 하야면서도(비누로 만들어졌을 수 있다) 고전적인(즉 사회적으로 흰) 이상을 불러일으킨다. 헤이워드의 얼굴과 어깨는 그보다 갑절로 하얀 이 도상과 조응한다. 더욱이, 스테이시가 지적하듯, '흰

95　흰 알맹이의 치밀한 덩어리로 되어 있는 석고를 말한다. — 옮긴이

색'을 뜻하는 단어가 네 번이나 사용되었으며 이탤릭체의 최상급으로 더 강조되었고(수전은 "**가장 하얀** 비누를 선택하는 데 결코 흔들림이 없다") (다시 이탤릭체로) 백인성의 특별한 미덕과 연결된다. "럭스 화장 비누의 바로 그 **순수성**을 말해 줍니다." 요컨대, 문화적 상징(고대 유물), 상품, 그리고 효과가 스테이시의 표현대로 "순수, 깨끗함, 미, 그리고 문명화된 문화"로서의 백인성의 개념과 이상적 (따라서 암시적으로 백인인) 여성의 미의 획득으로 모두 연결된다.

셰익스피어의 가장 유명한 구절 중 하나는 가장 잘 기억되지 않는 구절이기도 하다. 바로 맥베스 부인의 "이 손은 결코 깨끗해지지 않는가?"다. 이 구절은 씻어냄의 은유를 활용한 방식으로 인해 명언으로서 자리 잡았다. 남편이 권력을 잡는 데 맥베스 부인은 유혈 낭자하고 무자비한 역할을 수행했다. 맥베스 부인은 마음속에서 자신의 (그리고 다른 백인의) 권력을 성취하기 위해 사용한 수단의 오명을 자기자신으로부터 지워 버리고자 했다. 만약 그녀가 깨끗해질 수 있다면, 그녀는 오명에서 자유로워질 수 있을 것이다. 그러나 (그리고 이것이 대사에서 가장 선명한 것이기도 한데) 맥베스 부인의 공포는 그녀가 절대로 그렇게 될 수 없으리라는 데 기인했다. 아무리 깨끗해진다고 하더라도 (럭스 화장 비누를 이용하더라도) 충분히 하얘질 수는 없다.

백인성, 진짜 하얀 백인성은 도달 불가능한 것이다. 그 이상적 형태는 불가능하다. 셰익스피어에서 (위에서 언급했듯이) 비너스는 "흰색보다 더 하얀 색조"여야 했고, 《심벨린》의 키테레이아는 "종잇장보다도 더 하얀" 모습이어야 했다. KKK단은 흰 천을 입어야 했다. 왜냐하면 월터 벤 마이클이 지적했듯, "**아무도** 흰 천에 담긴 영혼만큼이나 하얘질 수 없기 때문에 그들의 신체는 그들의 영혼만큼 하얗지 않아서"였다(1989: 190). 가장 인기 있었던 금발(진 할로, 메릴린 먼로, 브리지트 바르도)은 진짜 금발이 아니었지만,

금발에 가까워지기 위해 과산화수소를 사용했다.[96]

이상으로서의 백인성은 절대 도달할 수 없는 것이다. 흰 피부가 하얀 색조일 수가 없기 때문일 뿐만 아니라, 이상적인 흰색은 곧 부재를 뜻하기 때문이다. 진짜 완전하게 희다는 것은 무無를 의미한다. 이것은 백인 문학에서 비백인의 기능에서 드러나며, 특히 토니 모리슨이 미국 맥락에서 잘 다루었다. 토니 모리슨은 미국 백인 문학이 자신들의 자아의 양상을 다루는 방법으로써 어둠(흑인 등장인물의 색이기도 하지만 이와 연관되어 언어 사용에서 어둠의 이미지이기도 하다)으로 회귀해 왔다고 말한다. 미국의 정체성을 건설한 백인 진취성으로는 설명하지 못하는 자아의 측면, 모든 것이 혼돈스럽고 야만적이고 다스릴 수 없어 보이는 측면을 다루기 위함인 것이다. 토니 모리슨은 이것이 미국 발전의 원동력이 된 계몽 프로젝트의 큰 부분이었음을 제시한다. 또한 흑인이라고 불리는 노예들이 북미 땅에 나타남으로써 이들은 문명화되지 않은 것의 상징이면서 동시에 백인이 자신들의 인간성의 일부로 뼈저리게 느끼고 있었던 것의 상징이 되어 주었다고 말한다. 따라서 '아메리카'라는 프로젝트에 해로운 이러한 속성들은 강력한 혐오를 받았을 뿐만 아니라 강력한 욕망이 되기도 했다. 그래서 그 어둠의 속성들은 유일하게 진짜로 손에 만져질 듯한 속성으로 보이기까지 한다.

> [미국 문학에서] 검정의 이미지들은 악하면서 **동시에** 방어적이고, 반항적이면서 **동시에** 너그럽고, 무서우면서 **동시에** 욕망되는 것이다. 즉 자아에 대한 모든 자기모순적인 특징들이다. 백인성 홀로는 목소리가 없고,

96 바르도는 머리를 탈색하고 1956년 〈그리고 신은 여자를 창조했다*Et Dieu créa la femme*〉로 스타덤에 오르기까지 영화 16편에 출연했다.

중요하지 않고, 만져지지 않고, 가치가 없고, 얼어 있고, 드러나지 않고, 가려져 있고, 두렵고, 의미가 없고, 완강하다. 또는 작가들은 그렇게 말해 온 듯 보인다(Morrison, 1992: 59).

비백인 인물을 통해서 백인은 실재, 물질성, 존재가 어떤 것인지를 느낄 수 있는 한편, 그러한 비백인성으로부터 스스로를 분리시키기도 한다. 비백인 인물이 지속적으로 백인에게 자신들이 백인성의 가정에서 포기하고 있는 것, 즉 재미와 '생명'을 상기시켜 주지만 않았더라면 그 분리가 무난히 되었을 것이다. 미국의 흑인 작가 랠프 엘리슨Ralph Ellison은 미국 문화에서 흑인의 기능을 백인들이 "그들이 진짜 누구인지를" 알게 해 주는 "경계의 지표, 상징"으로 파악했다(Trost, 1975: 81에서 재인용). 그러나 문제는 그렇게 함으로써 흑인은 한편으로 우리가 어떤 존재가 아닌지에 대해서 상기시켜 주고, 더욱이 아무것도 아니라는 것, 생명이 없다는 것이 백인성의 조건이라는 것을 상기시켜 준다. 백인성의 순수성은 오로지 존재의 부재다.

백인성의 이상은 강력한 호소력을 지닌다. 그것은 백인들을 (스스로 정의하는) 인간 최고의 미와 미덕에 연결시킴으로써 백인들을 으쓱하게끔 해준다. 최고, 그리고 그에 도달하려고 한다는 바로 그 생각은 포부로 가득 찬 백인성의 구조와 일치한다. 다음 장에서는 발광luminescence의 재현에서 느껴지는 황홀경을 다룰 것이다. 발광이란 초월, 순수한 정신으로의 소멸, 무로서의 백인성에 대한 개념의 맥락에서 이해가 된다. 마찬가지로, 부재로서의 흰색의 이상은 위에서 다룬 보다 넓은 재현적 양식과 혼동될 수 있다. 아무것도 아니라는 것은 특별히 아무것도 아닌 것, 대표적 인간, 특성 없는 주체라는 것으로 느껴지기 쉽다.

그러나 이상의 매혹은 또한 종종 부지불식간에 의혹과 불안감에 쫓기기도 한다. 백인성은 불가능한 부재일 뿐만 아니라 완전히 욕망되는 것도 아니다. 더러움과 얼룩, 육체성과 물질성을 버린다는 것은 육체의 즐거움과 인종적 권력으로서의 백인성이 의존하는 재생산을 버린다는 것이기도 하다. 아무것도 아니라는 것은 죽은 것이고, 어떤 상황에서는 절실하게 희망되는 것이기도 하지만(이에 대해서는 5장에서 〈가장 귀한 것〉과 관련하여 다룰 것이다) 세속적 시대에는 두려운 것이기도 하다(6장에서 다룬다).

또한 이상으로서의 백인성은 부재의 공포를 불러일으킬 뿐 아니라 백인성을 휨으로서 전경화한다. 이 장의 첫 부분에서 논의했듯, 배경에 머무르는 것은 색으로서 흰색의 성향이고, 백인 재현에서 강력한 힘을 구성하는 다양성과 비특수성을 표현하는 것은 흰색의 잠재력이다.

# 3

# 세상의 빛

한 TV 방송사가 스튜디오에서 방청객을 모아놓고 패널 토론을 촬영하려는 참이다. 조정실에 있는 프로듀서는 모니터에서 방청객들이 어떻게 보이는지를 스튜디오의 무대 담당 매니저와 이야기하고 있다. 프로듀서는 방청석 앞줄에 있는 흑인 수를 말한다. "백인들이 충분히 있지 않아서 걱정되나요?"라고 무대 담당 매니저가 묻는다. 프로듀서는 답한다. 그런 게 아니라 단순한 기술적 문제, 조명의 문제라고. "너무 다운되어 보이잖아요."

이 대화는 1985년 9월 버밍엄 핸즈워스에서 일어난 길거리 난투극에 대한 프로그램을 준비하는 과정에서 이루어졌다. 그 난투극은 인종 문제로 인식되던 것으로, 그해 영국에서 일어난 여러 사건 중 가장 강렬한 것이자 논란의 여지가 있는 사건이었다. 이 대화는 BAFC(Black Audio Film Collective)가 녹음한 것으로 '인종 폭동'의 문화적 구성을 다룬 영화 〈핸즈워스의 노래*Handsworth Songs*〉(1987)[97]에도 나온다. 그 구성이란 부분적으로 미디어 제작 영역의 전문가 상식에 기반한 것인데, 그중 두 가지가 이 대화에 기록되었다.

하나는 이 장의 주제와 덜 밀접한 관련이 있는 것으로, '균형'의 문제다. 무대 담당 매니저는 처음에 프로듀서가 말하려는 바를 이해하지

97 이 예시를 알려 준 앤 그레이에게 감사하다.

못했다. 숫자와 재현의 차원에서 관객의 인종적 구성에 관한 것이려나? 프로그램의 주제가 인종 폭동으로 구성되었고, '균형'을 갖추기 위해서는 흑인과 백인 각 편에서 동일한 숫자가 대표되어야 한다고 여겼던 것이다. 무대 담당 매니저가 "백인들이 충분히 있지" 않음을 언급한데서 이를 알 수 있고, 프로듀서는 무대 담당 매니저가 무슨 말을 하는지도 알고 있었다. 그러나 프로듀서가 걱정한 것은 그 문제가 아니다. 문제의 중심으로 파고드는 것은 이 대화에 작동하는 두 번째 개념이다.

프로듀서에게 중요한 것은 미학적인 문제였다. 이미지가 '다운'되어 보이는 것. 즉 지루하고, 거무칙칙하고, 생기가 없는 것. 그가 흑인들을 싫어하거나 재미없게 여기기 때문에 이 말을 했다고 추측할 근거는 없다. 전문가 상식 차원에서 프로듀서의 말은 맞다. 해당 방청객 구성으로, 일반적인 방식대로, 일반적인 기술로 찍는다면, '다운'되어 보일 것이다. 일반적인 방식으로 백인 방청객을 찍는다면 '업'되어 보이고, 밝아 보이고, 생기 있어 보이는 것이 당연하다. 이 장에서 내가 다루고 싶은 것은 어떻게 이렇게 된 것이며 그 의미는 무엇인가다.

문제는 미학적 기술이다. 그 프로듀서는 형식상의 속성, 모습, 설정을 말한다. 그가 사용하는 기술과 기술을 이용하는 관습적 방식 모두 백인 이미지를 가정하고, 특권화하고, 구성하며 어떤 스타일을 생산해 낸다.

모든 기술은 가장 제한적인 의미(물질적 속성과 기능과 관련하여)에서 기술적이고 항상 사회적(경제적, 문화적, 이데올로기적)이다. 문화사학자들은 물질의 견고한 저항, 기술 발전의 시행착오 과정에서 소비되어 온 시간과 노력, 기술 지식 안의 내적 역동성을 받아들이기를 거부하며 가끔 전자를 간과한다. 그러나 기술적 마인드를 지닌 이들은 또한 기술에서 사회적인 것의 역할을 저평가하거나 완전히 무시하기도 한다. 왜 어떤 한 기술이 탐구되었고, 왜 그 탐구가 지원을 받고, (가능한 모든 결과 중에) 그 결과로 무엇이 행해졌는가와 같은 문제들은 순수하게 기술적 고려만으로 결정되지 않는다. 주어진 도구와 미디어는 무엇이 행해질 수 있는가에 제한을 가하지만 그 영역은 매우 넓다. 기술 사용에 있어서의 신속성과 즉각성에서 우리는 그것을 문화적으로 고려하지 않고 우리가 아는 대로만 사용한다. 그러나 역사, 사회적 기입은 늘 그대로 있다.

몇몇 저자들이 사진 미디어의 발전에 관여한 요소들의 상호 작동을 추적한 바 있다(예를 들어 Altman, 1984; Coleman, 1985; Neale, 1985; Williams, 1974). 그리고 이 장은 그러한 노력의 일부다. 나는 조명에 특별히 초점을 맞추면서도 두 가지를 더하려고 한다. 첫 번째는 기술의 인종적 특성으로, 이전 연구들에서 이루어진 계급과 젠더에 대한 강조에 보충할 것이다. 남성과 부르주아를 특권화하는 개인의 세계관에 예술적 기술이 연관되어 있다는 주장처럼, 나는 사진과 영화가 빛의 미디어로서 백인을 특권화한다는 것을 주장한다. 둘째로, 세계가 재현되는 양상뿐만 아니라, 미학적인 것, 미와 쾌락의 기술적 구성에 대해 주장하고자 한다. 미디어 기술에 대한 수많은 역사적 연구는 미디어가 세계의 이미지를 어떻게 구성해 왔는가와 관련된다. 이는 대체로 너무 섬세하게 개념화되어서 어떤 미디어가 세계를 정확하게 재현하는가와 같은 투박한 문제를 다루지 않고(비록 실제로는 이것이 여전히 문제적이긴 하다), 재현의 양식에 특정 이데올로기(특정한 사회 이익에 부합하여 세계를 보는 방식)가 연루된 방식을 다루어 왔다. 나는 여기에 이의는 없지만, 문화적 미디어가 현실과 관련되는 때는 가끔일 뿐이고, 그 자체로 사회적 구성물인 이상적인 것과 많이 관련되어 있음을 짚고 넘어가고 싶다. 이에 대해 이해하는 것은 중요하며, 재현이 실제로 영감 및 쾌락과 연루되는 방식을 이해하는 것도 정말로 중요하다.

이 장에서 문제가 되는 미학적 기술은 빛과 조명이다. 빛과 조명은 모든 사진 미디어에 핵심적이다. 왜 그러하며 이와 관련된 문제는 무엇인지는 다음 부분('빛과 사진 미디어')에서 다룰 것이다. 주류 영화(무엇보다 할리우드)는 '영화 조명'이라고 불리는 특정한 스타일의 조명을 발전시켰다. 이 또한 다음 부분에서 다룰 것이다. 조명의 기술과 영화 조명이라는 특정한 양식 모두 인종적 함의를 지닌다. 이 장의 세 번째 부분('백인성을 위한 조명')은 이에 대해 역사적, 그리고 현재의 관습을 다루면서, 조명의 미학적 기술이 백인에 대한 관념을 가정하고, 특권화하고, 구성하는 경향을 갖는 방식을 살펴볼 것이다. 네 번째 부분('빛의 문화')은 기술의 발전, 그리고 백인성을 바라보는 백인적 방식에서의 기술의 함의를 추적해본다. 사진 미디어는 두 가지 특정한 개념 위에 세워진 빛의 문화에 가장 중요한 부분임을 주장할 것이다. 그 개념이란 흰색 바탕 위에서 실재가 재현될 수 있다는 것과 빛은 위에서 내려오는 것이라는 개념이다. 이 두 개념은 재현에서 백인을 유리한 위치에 세우면서도 그 안에서도 차별이 일어나게 만들 뿐만 아니라 백인과 빛 사이의 특별한 친밀성을 제시하는 효과를 갖는다. 마지막 부분('백인 여성의 빛남')에서는 백인 재현에서 빛의 사용에 대한 명시적인 예시를 들 것인데, 백인 이성애의 구성 안에서 여성의 빛남에 관한 것이다.

## 빛과 사진 미디어

사진과 영화는 빛의 미디어다. 사진과 영화에 대한 글은 종종 이를 분명히 보여 준다. 내가 글을 쓰는 과정에서 접하게 된 몇몇 제목들을 골라서 보자면, "빛으로 그리기Painting with Light"(Milner, 1930, 영화 조명), 《빛에서 그리기*Painting in Light*》(Alton, 1949, 영화 촬영), 《인화된 빛*Printed Light*》(Ward & Stevenson, 1986, 초기 사진술), 《빛 속의 내레이션*Narration in Light*》

(Wilson, 1986, 영화 속 시점에 관한 것으로 빛을 특별히 다루지는 않음) 등이 있고 또 이런 서술들도 있다.

> 조명은 영화의 매우 핵심적인 부분이다. 비유적으로 말하자면 그것은 예술가의 팔레트이고 회화에서 물감의 비중과 같다. 그것은 미디어다 (Ihnen & Artwater, 1925: 27).

> 작가가 단어를 가지고 작업하고, 감독이 선수를 데리고 일하듯, [촬영 기사는] 보다 모호한 미디어를 갖고 일한다. 바로 빛이다(Hoadley, 1939: 52).

> 사진이란 빛으로 무언가를 짓는 것이다. 빛은 미디어이며, 무한한 가소성을 지닌 미디어다(De Maré, 1970: 55).

> 기본적으로, 우리가 영화라고 부르는 환상에서 시각적인 부분은 그 무엇도 아닌 빛의 정확한 통제에 달려 있다(Handley, 1967: 120).

> 영화는 빛이다(페데리코 펠리니Federico Fellini; Malkiewicz, 1986: 1에서 재인용).

이러한 제목들과 서술들은 은유가 아니다. 사진과 영화는 진짜로 빛의 기술이다. 사진 이미지는 화학적으로 처리된 필름에서 빛의 효과로 나타난 산물이다. 영사된 영화에서 하나의 프레임은 스크린에 비추어진 빛의 한 표면이다. 빛이 없다면 사진도 영화도 없다.

빛의 장치는 필름이나 영사만 관련된 것이 아니다. 도식적으로, 다음과 같은 것들이 관여한다.

- 이미지의 피사체에 던져진 빛, 즉 **조명**. 이것은 자연광이든 인공광이든 단순히 현장에서 가능한 빛으로, 도움을 받거나(예: 반사판이나 빛을 튕겨내는 다른 장치) 통제되어(예: 모슬린이나 유리를 통해 여과된 햇빛) 나타난다. 다양한 수단에 의해 생산되고 다양한 렌즈, 반사판 등을 이용하여 다양한 종류의 조명 기구를 통해서 이루어지기도 하며, 모두 다양한 빛의 성질을 지닌다.
- **피사체**의 속성. (사람을 포함하여) 물체는 서로 다른 색일 뿐만 아니라 빛을 서로 다르게 반사하고 흡수한다.
- **필름**. 다양한 종류의 필름은 서로 다른 종류와 강도의 빛에 반응한다.
- **노출**. 사진 필름이 빛에 노출되는 시간의 길이와 빛이 통과하는 조리개의 크기는 모두 빛이 필름에 기입되는 방식과 이에 따라 현상 및 영사되었을 때 나타나는 모습에 영향을 미친다.
- **현상**. 빛의 성질에 많은 조정과 변화가 이루어질 수 있는 필름 현상.
- **영사**. 서로 다른 종류의 영사기는 서로 다른 성질의 빛을 만들어 내고, 물론 비디오로 본 영화는 또 다르다.

이 모든 요소는 영화를 포함한 사진 미디어의 역사와 관습에서 작동한다. 특정한 색과 질감을 기입하는 필름의 변화는 조명과 메이크업의 변화를 수반하고, 이는 다시 현상 과정과 궁극적으로는 필름 자체의 수정을 요구한다. 사운드와 컬러가 도입되면서 그 과정에 강력한 변화가 일어났지만, 기술도 함께 변했다.[98] 또한 이것은 순수하게 내적이고 기술적인 역사도 아니다. 경제, 패션, 사회적 압력, 미학의 이슈와 얽혀 있기 때문이다.

98 이 역사에 대해서는 Handley, 1967; Salt, 1983; Revault d'Allones, 1991에서 찾아볼 수 있다.

영화로만 한정하더라도 조명 기술의 역사는 매우 복잡하다. 그러나 그 역사를 통해서 영화에서 빛이 어때야 하는지에 대한 일관된 의미를 살펴볼 수 있다. 이 의미를 기준점이자 목표로 삼아 대부분의 혁신과 변화가 이루어져 왔다. 1920년대[99] 발전한 조명 스타일에 내재된 이 스타일은 매우 널리 퍼져 "영화 조명cinema lighting"(Coutard, 1966: 9) 또는 "필름 룩film look"(Malkiewicz, 1986: 100)이라고 불렀다. 나는 이것을 '영화 조명movie lighting'이라 부르며 주로 할리우드 영화에서 예시를 끌어올 것이다. 1920년대쯤에는 할리우드 영화가 대부분의 영화 생산을 지배하고 표준을 마련하게 되었기 때문이다.

조명 스타일이 위에서 열거한 미디어의 빛 기술에 기여한 모든 요소에 관여함에도 불구하고, 그것은 대상에게 던져진 빛, 즉 '조명'과의 관계에서 가장 쉽게 묘사된다. 그 주요한 원칙은 통제된 가시성이다. 가장 기초적인 단계에서 영화 조명은 숏에서 중요한 것이 관객에게 가장 분명하게 보일 수 있게 작용하기를 원한다. 이는 기초적인 일로 보이지만, 한편으로 (모든 사진가들이 알 듯) 주어진 빛만을 갖고 이를 달성하기란 어렵고, 또 한편으로 숏에서 어떤 것이 중요한가는 정해져 있는 것이 아니라 영화 감독이 무엇을 선택하는냐의 문제다. 확실한 것은 그 중요성이 이야기의 명확성이 아니라는 것이다. 미스터리 영화에서는 관객이 무언가를 못 보는 것이 중요하다. 스타를 탄생시키는 작품에서는 스타를 가장 잘 보이게 하는 것이 내러티브적인 고려보다도 더 중요할 수도 있다. 관객이 모든 등장인물을 공감할 수 있도록 어느 한 등장인물이 두드러

99 배리 솔트Barry Salt(1983)는 이에 대한 예를 1909년까지 거슬러 올라가 찾고 1910년대 그 변주를 살펴봄으로써 영화 조명이 규범으로 자리잡은 것은 아마 1917~1919년이 되어서야일 것이라고 추측한다.

지지 않아야 하는 드라마에서는 관련된 모든 이에게 동등한 가시성이 요구되고, 이것은 (자연스럽고 정상적인 실내조명이 떨어지는 방식을 고려한다면) 꽤 어려운 일이다. 이러한 영화의 표현 문제와의 관계에서 영화 조명은 섬세하게 제어되며 진화해 왔다.

영화 조명은 거의 항상 사람을 숏에서 가장 중요한 요소로 여긴다. 실제로 사람에게 조명을 비추어 배경으로부터 분명하게 분리가 되어 배경과 합쳐져 보이지 않도록 하는 것이 중요하기도 하다. 대개 조명은 두 번 설치가 되는데, 한 번은 전체 세팅을 위해서, 다른 한 번은 세팅 안의 사람을 위해서다. 이때 후자를 '인물 조명'이라고 부른다. 영화에서는 흔히 롱/미디엄 숏의 인물 조명과 클로즈업의 인물 조명 사이에 인식 가능한 차이를 둔다. 이것은 조명 기술이 제대로 정착되지 않았던 매우 초창기의 영화인 〈하츠 오브 더 월드*Hearts of the World*〉(미국, 1918)와 〈동부 저 멀리*Way Down East*〉(미국, 1920)(모두 D. W. 그리피스 감독)에서도 나타난다. 〈하츠 오브 더 월드〉에서 여주인공(릴리언 기시)이 독일 장교(에리히 폰 스트로하임)에게 위협받는 장면이 있다. 두 사람이 같이 있는 숏은 조명이 전체적으로 사용된다. 그러나 독일 장교가 다가오자 벽으로 물러서며 움츠리는 여주인공의 클로즈업에서 그녀는 약간 아래로부터의 조명을 받고 벽에는 빛이 없다. 빛은 그녀의 큰 눈을 포착하고, 흰 얼굴이 벽의 어둠과 대비되어 강조된다. 표현적 목적을 위한 미디엄 숏과 클로즈업 숏 사이의 이러한 빛의 변화는 부자연스러운 것이지만 매우 관습적인 조명 사용이다. 〈동부 저 멀리〉에서는 남녀 주인공(리처드 바델메스와 릴리언 기시)이 처음 만날 때 두 사람의 롱 숏과 미디엄 숏이 태양광으로 찍혔고, 각각의 얼굴이 보일 정도로만 연기자를 배치했다. 그러나 클로즈업에서는 다양한 테크닉을 사용하여(소프트 포커스, 거즈, 흰 배경에 배치, 측면 조명) 두 사람을 특별하게 보이게 했다. 조명과 더불어 편집을 통해 두 사람은 도드라져 보이는데 이는 연인으로서의 역할이나 스타의 지위에 어울리는 방식이다. 이 두 예시는 백인 여성의 특징적인 빛남glow을 구성하기도 한다. 특히 〈하츠 오브 더 월드〉는 전쟁 프로파간다의 압력하에 인종적인 타자로 느껴질 수도 있는 어두운 남성적 욕망과 대비를 이룬다.

인물 조명은 이 장의 주요한 관심사다. 사람들의 이미지가 중요한 문제이기 때문이다. 영화 인물 조명은 각 연기자의 적절한 가시성을 보장해 주는데 (내레이션의 필요성, 스타의 지위 등에 따라) 관행적으로 여러 개의 빛으로 구성된 3점 조명을 이용한다. 3점 조명은 인물에게 전반적인 조명을 해 주는 주요한 빛(**주 조명**key light)과 두 번째로 주 조명과 다른 세트 조명에 의해 생기는 그림자를 없애 주는 역할을 하는 더 부드러운 빛(**보조 조명**fill light), 그리고 인물을 배경으로부터 분리해 주고 필요에 따라 인물의 가장자리와 후광 효과를 만들어 주면서 매력적인 조명을 형성해 주는 **후방 조명**back light으로 구성된다.

실제로, 영화 조명은 이것보다 훨씬 복잡하고 유동적이다. 인물 조명을 위한 세 빛은 최소한의 것이고 화면은 세 위치 모두에 대한 무한한 배치의 가능성과 세 조명과 다른 조명 및 영화에서 빛을 구성하는 다른 모든 요소 간의 관계로 인해 늘 복잡해진다. 조명의 유형이 1920년대에 고정되어 지금까지 전혀 변하지 않은 것은 아니다. 예를 들어, 영화 스타일의 패러다임을 만드는 할리우드는 (느와르나 공포 장르에서처럼) 인물을 가로지르는 명암에 엄청나게 힘을 준 1920년대 독일 ('표현주의') 조명 스타일과 인물을 별로 강조하지 않으면서 밝고 반사적이고 전체적인 하얀 빛을 이용하는 프랑스 누벨 바그의 영향을 모두 받았다.[100] 그러나 그러한 영향은

100 파브리스 르보 달론Fabrice Revault D'Allones은 영화 조명 연구에서 영화 또는 '고전' 조명을 자신이 '모더니스트' 조명이라고 부르는 것과 구별한다. 모더니스트 조명은 이미지 속의

영화 조명을 대체하기보다는 수정했고, 이 장을 쓰는 동안 나는 이러한 스타일이 할리우드 영화에서 압도적으로 나타나고 있으며 현대 예술 영화는 물론 일상적인 텔레비전에도 스며들어 있다는 사실을 알고 놀랐다.

예를 들어, 영화 〈나쁜 피*Mauvais sang*〉(프랑스, 1986)[101]는 노르스름한 텅스텐 조명과 하얀 석영 빛이 섞여 밝고 극사실주의적 스타일의 조명이 나타난다. 화면에서 보이는 광원은 종종 전체적인 조명의 근원으로 보이고, 등장인물들은 대화나 내러티브와 관련 없이 빛 속을 드나든다. 〈나쁜 피〉는 고전 할리우드와는 달리 매우 현대적인 모습을 보여 준다. 그래도 자세히 들여다보면, 많은 영화 조명의 규범이 그대로 나타난다. 중심인물인 알렉스가 두 남자 마크와 한스를 만나러 가는 신을 보자. 그들이 만나는 방은 당구대 위에 달린 형광등이 밝히고 있다. 언뜻 보기에 이 형광등이 신의 전체적인 광원으로 보이지만, 화면의 왼쪽으로 45도 각도 위의 조명이 인물들의 머리 위를 밝힌다.

여주인공 안나가 화면에 등장하고, 알렉스가 안나에게 관심 갖게 됨

의미를 통제하거나 요소들 간의 위계를 만들어 내지 않는다. 조명 자체도 의미를 지니지 않는다(예를 들어 어둠은 악을 의미한다든지). 그 예를 어린 수녀의 일생을 다룬 영화 〈테레즈 *Thérèse*〉(프랑스, 1986)에서 찾는다.

> 테레즈는 죽을지라도 조명은 테레즈가 춤을 출 때와 마찬가지다. 테레즈가 성인이 되는 순간일 수도 있지만 그녀는 이전보다 더 빛나지도 덜 빛나지도 않는다. 조명은 극화나 상징화, 주관화, 심리화를 거부한다(Revault d'Allones, 1991: 10).

르보 달론은 이러한 조명 스타일을 영화 역사의 다양한 시점에서 개별 감독들의 작품에서 발견하지만 1960년대 프랑스 누벨 바그 시기의 잠깐 동안에 가장 특징적으로 나타났던 것으로 파악한다. (인종적) 차이에 무관심했던 그러한 조명은 이 장에서 논의할 하얀 얼굴에 대한 특권화를 재생산해 내게 된다.

101 감독 레오 카락스Léos Carax, 촬영 감독 장 이브 에스코피어Jean-Yves Escoffier.

을 보여 주는 두 사람의 숏들이 나온다. 두 사람 모두 머리와 어깨까지 나오는 클로즈업으로 찍혔지만, 위는 조금 잘려나가고 이미지의 한쪽으로 살짝 치우쳐 있어 영화 규범으로서는 비관습적인 프레이밍이 이루어진다. 안나의 경우 프레임이 그녀의 머리 제일 위쪽을 자르지만 머리카락 대부분은 보인다. 비교적 강하고 따뜻한 빛이 화면 왼쪽에서부터 (살짝 얼굴 앞쪽으로) 안나의 얼굴을 비추고, 화면 오른쪽에서 덜 강한 빛이 안나의 목에 있는 그림자(주 조명에 의해 생긴 그림자)를 지움과 동시에 하이라이트를 형성한다. 그리고 몇몇 빛이 그녀의 머리카락을 비춘다. 영화 인물 조명에 있어서 이것은 장면에서 보이는 광원과는 관련이 없다. 측면과 위에서 두드러지는 조명은 영화 조명의 특징적인 위치와는 다르지만, 그럼에도 불구하고 3점 조명이긴 하다. 또한 알렉스는 주 조명과 보조 조명을 받는데 머리 양쪽은 가득 받지만 그의 머리 부분은 화면에서 눈썹 위로는 잘려나갔기 때문에 위에도 조명을 받는지는 알 수 없다. 안나와 알렉스의 조명 차이는 젠더와 관련된다. 안나는 더 은은히 빛나고, 알렉스는 더 거칠게 빛난다. 안나의 경우에서 3점 조명의 혼합은 더 부드럽고 통일된 모습을 만드는 반면, 알렉스의 더 강렬한 조명은 명암 대비를 만든다. 이러한 젠더 간 차별화는 백인성과 관련된다. 안나는 (비록 주로 알렉스의 인식 속에서이지만) 초월의 공간에 있는 반면 알렉스는 초월을 추구하는 육체다.

〈나쁜 피〉같이 영리하고 포스트모던한 영화에서도 영화 조명의 기본 속성은 남아 있다. 가시성의 보장, 배경으로부터 거의 독립적으로 조명된 인물들, 젠더화되어 있으며 흰색과 연관된 코드들. 이는 현대 할리우드와 텔레비전에서 더욱 잘 드러나며, 드라마[102]뿐만 아니라 퀴즈와 토크쇼, 심

102 예를 들어 6장에서 다룰 〈가장 귀한 것〉의 조명이 대표적인 예다.

지어는 다큐멘터리와 뉴스에서도 발견할 수 있다. 이 글을 쓰는 동안, 나는 정말로 빛이 뉴스캐스터와 TV 기상캐스터의 머리카락을 포착해 윤곽을 확실히 하는 것(후광이나 가장자리 효과까지는 가지 않고)을 흥미진진하게 보았다. 이러한 정상성은 여전히 여러 곳에 스며들어 있다. 최근에 슈퍼마켓에서 살 수 있는 기본적이고 상식적이며 '별 내용 없는' 책인 《좋은 홈비디오 만들기*Make Better Home Videos*》와 같은 '여가 노하우' 가이드에서도 인물을 조명하는 간단한 방법으로 정확히 똑같은 3점 조명을 소개한다(Owen, 1993: 104~107).

이 장은 영화 인물 조명에 집중하고 그중에서도 얼굴 조명을 다룬다. 이것은 기본적으로 내 관심사가 어떻게 (백인) 사람들의 이미지가 구성되는지에 대한 것이기 때문이지만 또한 그 자체가 사진과 영화의 관습이기 때문이기도 하다. 얼굴은 이미지에서 가장 중요한 것이고, 또한 그 결과로 다른 모든 것의 시각적 속성을 통제하기도 한다. 촬영의 시점에서 표준적인 사진 매뉴얼은 노출계를 사용할 것을 권하면서 "피사체의 가장 중요한 부분에 대고 노출계를 읽으세요. 예를 들어 얼굴이나 사람"이라고 말한다(그리고 일러스트에서 백인 얼굴을 사용한다)(Greenhill et al., 1977: 48). 현상 단계에서 라울 쿠타르Raoul Coutard[103]는 컬러 영화를 관찰하면서 "필름이 불안정하기 때문에 현상할 때 진짜 색을 재설정하기 위해 고정된 지점으로 사용할 뭔가가 필요한데, 그건 배우의 얼굴이다"라고 말했다(Coutrard, 1966: 11). 나는 컬러텔레비전을 처음 샀을 때 화면색

103 라울 쿠타르(1942~1959)는 프랑스의 촬영 감독으로 장뤽 고다르와 만나 1959년 〈네 멋대로 해라*A bout de souffle*〉를 통해 파격적인 카메라 워크를 보여 줬다. 이후 고다르와 프랑수아 트뤼포François Truffaut, 자크 드미Jacques Demy의 작품을 맡으면서 누벨 바그를 대표하는 촬영 감독으로 자리매김한다. — 옮긴이

설정을 어떻게 맞춰야 하는지에 대해 들은 조언을 기억한다. 사람의 얼굴만 맞추면 나머지는 제자리에 맞춰질 것이라는 조언이었다. 이것은 백인의 얼굴을 규범으로 삼고 비백인의 얼굴이 이상해 보이는 것을 신경 쓰지 않는 한에서는 좋은 조언이다.

영화에서 얼굴의 조명은 일반적인 제작에서의 핵심이다. 다음 부분에서는 얼굴 조명과 백인성의 전반적인 관계를 살펴볼 것이다. 이후에 빛 문화의 역사적 발전 과정에서 그러한 관계의 근원과 함의를 추적할 것이다.

## 백인성을 위한 조명

사진 미디어, 그리고 무엇보다 영화 조명은 백인성을 가정하고 특권화하고 구성한다. 장비들은 백인을 염두에 두고 발전되었고, 관습적인 사용과 사용법 안내도 그러한 맥락에서 지속되어 왔다. 그래서 비백인을 찍는 것은 전형적으로 문제로서 여겨졌다.

모든 기술이 어쩔 수 없이 물질적 제약 안에서 작동한다. 인간의 피부는 서로 다르게 빛을 반사하는 서로 다른 색을 지닌다. 이에 대한 계산 방법도 다르지만, 차이가 기입되는 정도는 거의 같다. 제럴드 밀러슨Gerald Millerson(1972: 31)은 컬러텔레비전을 다루면서 빛 반사율을 밝은 피부에는 43%, 흑인에게는 29%를 부여했다. 크리스 말키비츠Kris Malkiewicz(1986: 53)는 "코카시아인의 얼굴은 약 35%의 반사율을 지니지만 흑인의 얼굴은 16% 이하의 반사율을 지닌다"라고 말한다. 그렇다면 피부색이 매우 밝은 사람과 매우 어두운 사람을 한 프레임에서 촬영할 때 문제가 생긴다. 1921년 〈사이언티픽 아메리칸*Scientific American*〉에서 '래스키 스튜디오의 전기 조명 엔지니어'였던 프레데릭 밀스Frederick

Mills는 이렇게 말했다.

> [한] 신에 스타이고 주요 등장인물인 두 사람이 있을 때, 만약 한 명이 어두운 화장을 하고 다른 한 명이 밝은 화장을 했다면 조명이 밝은 화장을 한 이를 '태우지' 않으면서도 어두운 화장을 한 이에게 충분한 조명이 갈 수 있게 조절하기 위해 많은 주의를 기울인다(1921: 148).

인종적 맥락에서 이런 문제는 학교 사진에서 잘 나타난다. 즉 조명에 주의를 기울이지 않을 경우 흑인 학생들의 얼굴이 얼룩처럼 보이거나 백인 학생들의 얼굴이 표백된 것처럼 보일 수 있기 때문이다.

판단을 요하는 기술은 또한 한계도 지닌다. 서로 다른 필름의 화학적 성질은 그림자와 색을 서로 다르게 기입한다. 카메라마다 노출에 있어서 유동성의 정도가 다르다(이것은 밝음/어둠의 넓은 범위를 잡는 능력에 영향을 준다). 서로 다른 종류의 조명은 다른 색과 온기를 지녀 피부마다 다른 효과를 수반한다. 그러나 사용 가능한 것만이 존재하는 것은 아니다. 필름, 카메라, 조명은 백인 피부를 기준으로 삼아 발전해 왔다. 결과적으로 나타난 장치들은 고정되고 불가피한 것으로 보이게 되었고, 그것이 인간에 의해 구성되었다는 사실은 간과되었다. 사진과 영화 장치는 밝은 피부의 사람들에게 분명히 더 잘 맞는 듯하다. 그러나 이는 장치들이 그렇게 만들어졌기 때문이지 그렇게 될 수밖에 없었기 때문이 아니다.

이 모든 것이 장치의 관습적인 실천과 사용에 의해 더욱 복잡해진다. 메이크업과 현상 과정뿐만 아니라 특정한 노출과 조명 세팅이 정상적인 것으로 규정되어 있다. 그 정상성은 미디어를 사용하는 방식으로써 구성되어 있다. 그 외에 다른 방식은 규범으로부터 이탈되고, 심지어는 문제로 여겨진다. 실제로, 그러한 정상성은 곧 흰색이다.

다양한 색의 인간 피사체와 사진 장비 간의 관계에 대한 문제는 그저 정확성과 관련된 것이 아니다. 이것은 분명 사진가들이나 영화 제작자들에게 혁신이나 조언의 차원에서 가장 흔하게 논의되는 방식이다. 고려해야 하는 척도가 분명 있다. 누군가 내 사진을 찍어서 내가 올리브색 피부와 까만 머리카락을 가진 것처럼 만든다면, 나는 고맙긴 하지만 부정확하다고는 인정해야 한다. 그러나 우리가 정확하다고 여기는 사진에서 '실제로' 우리가 생긴 것과 조금 동떨어진 것을 인정하기도 하는데, 이는 우리가 잘 모르는 사람들, 예를 들어 유명인이나 스타, 모델의 사진에서 더욱 그러할 것이다. 사진과 영화의 역사에서, 올바른 이미지를 얻는다는 것은 인류에 대한 일반적인 관념에 부합하는 것을 얻는다는 의미였다. 이것은 백인성에 대한 관념, 백인들이 자신들이 가졌으면 좋겠다고 생각하는 색(색조 범위)에 대한 관념을 포함한다.

이 장의 나머지 부분은 사진과 영화의 미학적 기술이 백인성의 이미지 생산에 관여하는 방식에 관한 내용이다. 나는 먼저 영화 역사상 기술적 혁신의 각기 다른 순간들에서 규범으로서의 백인성에 대한 가정을 들여다보고, 그다음 사진 미디어에 대한 표준적인 테크닉 가이드에서 그러한 가정이 담긴 예시를 살펴보고자 한다. 그리고 조명이 이미지 속 백인을 특권화한 방식에 대한 논의로 끝을 맺은 후, 빛을 통한 백인성의 구성에 대한 분석을 시작해 보려고 한다.

사진 미디어는 주로 인간의 얼굴을 기준으로 삼아 혁신해 왔고, 백인의 얼굴을 규범으로 삼아 왔다. 매우 초기의 실험가들은 얼굴 자체를 피사체로 삼지 않았지만, 그들과 그 추종자들은 이내 인물 사진으로 관심을 돌렸다. 특히 (1840년대부터) 인물 사진이 인물화의 인기를 대체하자, '올바른' 기술(장비, 소모품, 관행)의 문제는 얼굴에 집중되었고, 당시의 의뢰인들을 고려할 때, 백인 얼굴에 집중되었다. 예를 들어, 사진 필름의 화학, 조리개 크기, 현상의 길이, 인공 빛에 대한 실험은 제대로 찍어야 하는 것은 백인의 얼굴이라는 가정하에 진척되었다. 프로 인물 사진과 아마추어 스냅숏의 일상적인 관행은 돈이 되는 영역이었다. 영화가 등장한 무렵(첫 사진 이후 60여 년 후)에는 기술과 관행이 이미 잘 정착되었다. 영화는 이러한 기술과 관행을 차용해서, 점차적이고 선택적으로 그 가정을 밀고 나갔다. 그리고 다시 영화의 역사는 많은 개량, 변화, 혁신을 거치는 과정에서 항상 백인 얼굴을 기준점으로 여기고 그것을 '미,' '매력,' '참됨' 등의 용어로 암묵적으로든 노골적으로든 드러냈다. 이에 대한 몇 가지 예를 살펴보자.

영화 필름, 조명, 메이크업의 상호 작용은 영화 역사의 여러 시점에서 백인 얼굴에 대한 가정을 묘사한다. 영화 필름은 지속적으로 백인 얼굴의 흰 속성을 놓쳤다. 가장 초기의 필름인 정색성 필름orthochromatic은 빨강과 노랑에 반응하지 않아서 두 색을 모두 어둡게 만들었다. 찰스 핸들리Charels Handley는 1954년을 되돌아보며, 정색성 필름으로는 "적당히 밝은 빨강인 물체조차도 검게 찍혔다"고 기록한다(196: 121). 흰 피부는 적당히 밝은 빨강이다. 메이크업의 유행 또한 주의할 부분이었는데, 당시의 표준적 매뉴얼 중 하나였던 미국 초기 영화 촬영 감독 칼 루이스 그레고리Carl Louis Gregory의 《영화 촬영 집중 코스*Condensed Course in Motion Picture Photography*》(1920)에는 이렇게 서술되어 있다.

> 빨간 입술 화장은 아주 조금만 해라. 빨강은 까맣게 찍히므로 빨간색을 많이 바르면 화면에서 부자연스럽게 까만 입이 나온다는 것을 기억해라(316).

노랑도 문제가 되었다. 그레고리가 인종적 의미가 두드러진 한 문구에서 통렬히 비난했던 연극의 분장 관행을 보자.

수많은 연기자가 재미를 주는 또 다른 신화는 노란 분장 이론이다. 왜 연기자가 중국적인 노란 분장을 해야 하는지 아무도 설명하지 못한다. …… 노랑을 반대하는 것은 그것이 광화학적이지 않아서 배우가 잠시 조명 빛 밖으로 걸어 나와 버리거나 다른 배우에 가려 그늘지거나 하면 그의 얼굴이 바로 **까맣게** 되어 버려서다(같은 책: 317; 강조는 원문).

이 문제의 해결법은 "무시무시한 하얀 분장"(여배우 제럴딘 패러[104] 인터뷰. Brownlow, 1968: 418)이었는데, 매우 뜨거운 탄소 아크등 불빛 아래에서는 화장이 자꾸만 녹아내려서 끊임없이 수정해야 했다. 이는 연기자에게는 불쾌한 일인 데다 아크등에서 나오는 미세 먼지와 자외선으로 인해 더 악화되어, 눈이 분홍색으로 부풀었다(당시 아크등의 주요한 공급자였던 클리글 Kliegl 회사의 이름을 따 '클리글 눈Klileg eyes'이라고 불렸다(Salt, 1983: 136). 이런 눈은 크고 검게, 즉 별로 '백인적'이지 않게 찍혔고, 연기자들은 늘 "안과 치료를 받아야"(Brownlow, 1968: 418) 했다. 배우에 대한 복지 차원에서도, (인종적으로) 잘못된 모습을 피하기 위해서도 촬영은 자꾸만 중단되곤 했다.

탄소 아크등 대신 백열 텅스텐등을 사용할 수도 있었을 것이고, 이것이 더 다루기 쉽고, 저렴하고(다루는 사람도 덜 필요하고 전력도 덜 든다), 일하기에도 좋았을 것이다(훨씬 덜 뜨겁다). 또한 텅스텐등은 아크등에 의해 만들어지는 극명한 대비보다 미세하게 조정된 조명을 더 선호하는 정색성 필름의 속성에도 잘 맞았을 것이다. 그러나 백열 텅스텐등은 그 자체에 빨강과 노랑을 많이 갖고 있어서 백인 얼굴을 포함해 모든 대상으로부터 그 색을 드러내는 경향 때문에 결국은 정색성 필름을 검게 만들어 버렸다. 이

104 제럴딘 패러(1882~1967)는 미국의 오페라 가수이자 영화 배우로, 1910~1920년대 여러 영화에 출연했다. — 옮긴이

것이 모든 비용과 불편에도 불구하고 아크등을 고집한 이유였다.

정색성 필름이 노랑에 반응하지 않기 때문에 밝은색 머리카락은 "특별히 밝히지 않는 한"(촬영 감독 찰스 로셔Charles Rosher[105] 인터뷰. Brownlow 1968: 262) 검게 나와 버렸다. 그레고리도 유사하게 말했다.

> 노란 금발 머리카락은 검게 찍힌다. …… 더 느슨하게 배치할수록 더 밝게 찍히고, 스튜디오 조명의 다양한 방식 또한 머리카락의 촬영 값에 영향을 준다(1920: 317).

후방 조명의 주요한 이점 중 하나는 연기자를 배경으로부터 분명하게 분리해 주는 것뿐만 아니라 금발 머리를 금발로 나오게 보장해 준다는 것이었다.

> 금발에 후방 조명을 사용하는 것은 보기에 좋았을 뿐 아니라 **필요했다**. 그것은 영화 제작자가 노랑에 무반응하는 정색성 필름에서 금발 머리를 밝은색으로 나오게 할 수 있는 유일한 방법이었다(Bordwell et al., 1985: 226; 강조 추가).

후방 조명은 영화 조명의 가장 기본적 언어가 되었다. 촬영 감독 조지프 워커Joseph Walker[106]가 회고했듯이 말이다.

105 찰스 로셔(1885~1974)는 초기 무성 영화부터 1950년대까지 활동한 영국의 촬영 감독으로 아카데미상을 두 차례 수상한 바 있다. — 옮긴이

106 조지프 워커(1892~1985)는 〈디즈 씨 도시에 가다〉(1936), 〈우리집의 낙원*It's a Wonderful Life*〉(1946) 등 프랭크 카프라의 영화를 비롯해 145편을 촬영했다. 여기서 인용된 책은 그가 아내와 함께 쓴 자서전 《그녀 얼굴 위의 빛*The Light on Her Face*》이다. — 옮긴이

우리는 배우가 배경에 묻히지 않게 하는 데 [후방 조명이] 필요하다고 생각했다. [후방 조명은] 또한 머리카락에 후광의 강조를 주고 신에 광택을 주었다(Walker & Walker, 1984: 218).

1926년부터 노란색에 더 민감한 전정색panchromatic 필름이 도입되어서 백인이 적절히 하얗게 보이고 백열 텅스텐을 사용할 수도 있게끔 문제를 해결하는 데 일조했다. 그러나 분장에 문제가 있었다. 전정색 필름도 여전히 빨강에 반응이 없고 파랑에는 훨씬 더 반응을 한 것이다. 맥스 팩터Max Factor[107]는 이 문제를 인식하고, "얼굴이 빛을 과도하게 흡수하는 것을 막기 위해 …… 얼굴에 빨강과 적정 비율로 충분히 파란색을 더해 주는"(Factor, 1937: 54) 화장법을 개발했다. '과도하게' 빛을 흡수하는 얼굴이란 물론 검은 얼굴을 말한다.

이와 함께 새로운 문제들이 제기되었는데, "다른 인간 유형보다 코카시아인을 더 잘 찍는 컬러 필름"(1985: 106)의 발명에 대한 브라이언 윈스턴Brian Winston의 글에서 나타난다. 윈스턴은 각 단계에서 컬러 필름에 대한 추구가(가장 잘 작동하는 것으로 증명된 감색법 시스템에 핵심적인 현상 과정을 포함하여) 하얀 피부톤을 만들어 내는 방법에 의해 이루어져 왔다고 주장한다. 1930년대 중반 컬러가 도입된 지 오래 지나지 않아, 촬영 감독 조지프 밸런타인Joseph Valentine[108]은 "극적인 영화 촬영에서 가장 중

107 맥스 팩터(1877~1938)는 미국의 현대식 화장 산업을 발전시키고 오늘날의 의미에서 '메이크업'이라는 용어를 보편화시킨 인물이다. 그는 1910년대에 영화 촬영에 적합한 메이크업 스타일을 개발하는 데 주력했으며, 그가 1909년 설립한 맥스 팩터 앤 컴퍼니Max Factor & Company는 영화 메이크업에 특화된 회사로서 성장해왔다. — 옮긴이

108 조지프 밸런타인(1990~1949)은 이탈리아계 미국 촬영 감독으로 알프레드 히치콕Alfred Hitchcock 영화에 참여했고 1949년 〈잔다르크*Joan of Arc*〉로 아카데미 촬영상을 받았다. — 옮긴이

요한 요소는 감광제의 색 감응도와 산뜻한 피부톤의 재생산 사이의 관계일 것이다"(1939: 54)라고 말했다. 윈스턴은 1950년대 초기 코닥이 수행한 연구에서 "산뜻한 피부톤"을 찾으려 했던 예시를 살펴본다. 여러 '젊은 여성'의 사진을 준비해 패널에게 제시한 후, 그 반응을 살펴본 보고서는 이렇게 기록했다.

> 피부색의 최적의 재생산은 '정확한' 재생산이 아니다. …… '정확한 재생산'은 거의 만장일치로 '부해beefy' 보인다고 거부당했다. 반면, 가장 반응이 좋았던 사진은 원 대상과 비교했을 때, 상당히 색이 옅게pale 보이는 것이었다(데이비드 루이스 맥애덤David Lewis MacAdam,[109] 1951. Winston, 1985: 120에서 재인용).

위에서 말하듯, 하얀 피부는 규범으로 받아들여지지만 색의 차원에서 그것이 의미하는 바는 그것이 어떠한가가 아니라 윈스턴의 표현대로 "선호되는 것, 즉 흰색의 더 하얀 색조"(같은 책: 121)에 의해 결정된다. 여성의 피부가 그 리트머스 시험지다.

로버트 윌리엄 폴Robert William Paul[110]이 자신이 손으로 칠한 필름을 보여 줬던 1896년부터 컬러 필름은 하나의 가능성이었고, 1917년부터 "영화에서 사용된 첫 번째로 완전히 성공적인 컬러 프로세스"(Coe, 1981:

109 데이비드 루이스 맥애덤(1910~1998)은 미국의 물리학자이자 색채학자다. 코닥연구소에서 여러 연구를 했으며, 컬러 사진 기술의 주요 이론에 기여했다. — 옮긴이

110 로버트 윌리엄 폴(1869~1943)은 영국 영화의 주요한 선구자 중 하나로 여겨지는 기술자다. 1896년 그는 자신이 발명한 영사기 '시어트로그래프Theatrograph'를 이용해서 영국에서 최초로 스크린에 영화를 영사했다. 그중에는 폴 자신이 손으로 직접 색칠한 필름도 포함되어 있어 최초의 컬러 필름을 영사한 인물로 평가받기도 한다. — 옮긴이

112~139)였던 테크니컬러Technicolor가 사용 가능해졌다. 그러나 복잡한 경제적, 기술적, 미학적 원인으로 인해 1950년대까지는 이것이 규범처럼은 되지 못했다(Kindem, 1979 참조). 특히 컬러 필름은 현실적이지 못하다는 생각 때문이었다. 고램 킨덤Gorham Kindem이 제시하듯, 이것은 부분적으로는 1920년대 후반에 채택된 과정상의 실제 한계 때문이기도 하다. "가시 스펙트럼의 모든 색을 재생산할 수는 없었기" 때문이다(1979: 35). 그러나 그것은 초기에 뮤지컬과 스펙터클의 관계와도 관련된다. 킨덤이 이에 대해 서술하는 부분은 인종적으로 시사하는 바가 있다.

> 정확성과 일관성의 가장 중요한 지표인 피부톤이 과도한 화장을 통해 섬세하게 통제되어 사실상 모든 외양적 색을 지시할 수 있는 반면, 세트나 로케이션에서의 다른 모든 색은 부자연스럽거나 '촌스럽게' 보이도록 희생되어야 한다(같은 책).

다른 곳에서도 언급되었듯, 정확한 피부톤은 주요한 혁신 과제가 된다. 여기서 말하는 톤이란 분명히 흰색이다. 적절히 하얀 모습을 만들기 위해 두꺼운 메이크업을 충분한 강도로 조명하는 것 때문에 다른 모든 것이 과도하게 밝고 '촌스럽게' 되어 버리는 것이다. 킨덤은 그러한 색의 과도함에 대한 저항과 관련해, 1930년대 대공황의 무게가 더해감에 따라 자라나던 비관주의 및 회의주의를 고려하면 흑백이 더 적절해 보였다고 말한다. 그러나 이것은 1930년대에 모두 흑백으로 만들어졌던 코미디, 뮤지컬, 판타지, 모험 영화(스크루볼, 프레드 아스테어와 진저 로저스,[111] 타잔)를 넘

111 프레드 아스테어와 진저 로저스는 가장 위대한 할리우드 뮤지컬 커플로 꼽히며 1930년대 뮤지컬 영화에서 이상적인 로맨스 커플이었다. — 옮긴이

어서 갱스터와 사회 문제 영화를 강조하기 위한 것으로 보인다. 시각적으로 요란하고 부산스러운 도피주의가 수용되지 않았던 것은 과도한 색과 '촌스럽다'라는 단어 자체가 유색인과 연결되어서인 것은 아닐까?

백인의 얼굴이 미디어 테크놀로지 통제에 어떻게 작용하는지에 대한 마지막 예시는 미국의 전문 텔레비전 제작에서 발견할 수 있다.[112] 1970년대 후반에 WGBH 교육 재단과 3M 기업은 평가 테이프를 위한 목적으로 비디오테이프에 녹화될 수 있는 특별한 텔레비전 시그널을 개발했다. '스킨skin'이라고 알려진 이 시그널은 옅은 오렌지색이고 텔레비전에 등장하는 흰 피부를 복제하기 위한 용도였다. 스캐닝하는 과정을 '스키닝skinning'이라고 불렀다. 작동원들은 '스킨' 시그널로 미리 녹화된 테이프에 의해 만들어진 텅 빈 옅은 오렌지색 화면을 보고, 가시적인 결함이 나타날 때마다 기록한다. 결함이 적을수록 테이프의 가치가 높아지고(몇백 달러 가치가 매겨진다) 덩달아 언제 누구에 의해 사용되었는가의 가치도 높아진다. 전체 과정이 아무것도 표상하지 않는 텅 빈 이미지를 중심으로 하지만, 특정한 인간의 피부색에 대한 가장 명백한 방식에 기초하고 있다.

정상적인 얼굴은 흰 얼굴이라는 가정은 사진과 영화 촬영에 대한 대부분의 매뉴얼을 관통하고 있다.[113] 이것은 무엇보다도 매뉴얼 속 예시가 일관되게 하얀 얼굴을 사용한다는 점에서 드러난다. 어두운 피부를 지닌 사람들의 '문제'를 논의하는 드문 경우를 예외로 하고서 말이다. 코닥은 《좋은 사진 찍는 법*How to Take Good Pictures*》(1984)의 속표지에

112 이에 대해 설명해 주고 이 문단 초안에 대해 조언해 준 하버드대학교 시각환경학과의 윌리엄 스펄린에게 감사의 말을 전한다.

113 금세기에 출판된 관련 도서들을 무작위로 분석한 결과에 기초한다. 이에 대해서는 참고문헌의 3장 '안내서' 부분을 참조하라.

서 이 책이 "세계에서 가장 많이 팔린 사진술 책"이라고 말하는데, 그 본문의 모든 사진 예시는 백인 일색의 세계다(매우 분홍빛의 두 일본 여성이 등장하는 사진 하나가 있긴 하다). 유사하게, 윌러드 모건Willard Morgan의 《사진술 백과사전*Encyclopedia of Photography*》(1963)은 "완전한 사진가: 모든 사진가들을 위한 종합 가이드와 참조물"로 광고했는데, 그 텍스트뿐 아니라 예시에서도 인종적으로 포괄적이지 못하고 한 인종에 치우쳐 있다(심지어 '인물 사진에서의 조명'[Lewis Tulchin, 2116~2127], '인물 사진술'[Edward Weston, 2952~2955], '인물 사진 – 기초 테크닉'[Morris Termain, 2955~2965], '야외 인물 사진'[Dale Rooks, 2965~2973], '스피드램프를 이용한 인물 사진'[Editorial Staff, 2973~2977] 같은 항목에서도). 《존 헷지코의 완벽한 사진 수업*John Hedgecoe's Complete Photography Course*》(1979)이 나온 15년 후 《존 헷지코의 새 사진술 책*John Hedgecoe's New Book of Photography*》(1994)은 인종과 관련해서는 완벽하지도 새롭지도 못하다(헷지코는 베스트셀러 작가이자 런던 왕립예술학교의 사진 예술 교수로, 가장 권위적인 저자라고 할 수 있다). 비백인 피사체가 사용될 때도, 일반적인 기술적 요소를 보여 주는 경우는 거의 없었다. 루시앙 로렐Lucien Lorelle의 《사진 촬영 컬러북*The Colour Book of Photography*》(1955)에서 유일한 비백인 피사체는 이 책에서 매우 양식화된 구성으로 제시된 흑인 여성이다. 거기에는 다음과 같은 설명이 달려 있다.

> 컬러 램프와 …… 사진 속에 있는 광원을 가지고 특별한 조명 효과가 가능하다. 노출은 더 까다로워지고 드레스 같은 주요한 하이라이트에서 계량한 값에 기반해야 한다.

그 사진은 색의 비일반적인 사용의 예시로 제시되었고, 모델의 '색채성colourfulness'은 그 비일반성을 보여 주는 적절한 사례로 사용되었다. 드레스에 대고 노출계의 값을 읽으라는 조언 자체가 일반적이지 않다. 백인 모델이었다면, 그 피부가 결정 요인이게 마련이다. 루실 코르나 Lucille Khornah의 《흑백 누드*The Nude in Black and White*》(1993)에서는 74개 일러스트 중 9개가 비백인 대상을 다룬다. 그중 6개는 얼룩말 무늬가 칠해진 신체의 일부이고 2개는 흑백 피부의 미학적 대조를 형성하고 있는 것으로, 모두 피부색을 활용하고 있다. 흑인 어머니와 아이를 담은 하나의 그림만이 비백인 피사체의 색에 집중하지 않는다. 보다 최근의 안내서들은 랜덤하게 비백인 피사체를 포함하지만,[114] 여전히 정치적 올바름 political correctness은 충분하지 않다.

그림에 딸린 텍스트는 하나같이 인간 피사체는 백인이라고 가정한다. 《카셀 사진 촬영 백과사전*Cassell's Cyclopedia of Photograph*》(1911)은 분명히 밝은색의 얼굴을 가진 사람들만을 위한 세상을 예정해 두고, 자연이 어느 한쪽의 편이 아닐 때조차도 그 색을 포착하는 것을 중요하게 여긴다. "야외에서 찍은 아마추어 인물 사진의 흔한 결함은 피사체의 얼굴이 어둡게 나오는 것이다"(Jones, 1911: 428).

《핵심 사진 촬영 백과사전*Focal Encyclopedia of Photography*》의 최근 판은 최소한 '피부톤'이라는 항목에서 그 문제에 솔직한 태도를 보여 준다.

> 품질 통제 목적을 위한 기준으로써 사용할 전형적 피사체는 따로 언급이 없는 한 약 36%의 피부 반사율을 지닌 코카시아인이라고 가정한다 (Stroebel & Ricahrd, 1993: 722).

114 참고 문헌의 3장 뒷부분의 안내서 목록을 참조하라.

이 모든 것에서 발명자, 해설자, 조언자들은 당신이 하얀 얼굴을 제대로 찍고 싶다면 이러저러하게 해야 한다는 말을 하지는 않는다. 그들은 하얀 얼굴 자체를 언급하지 않는데, 언급하기 위해서는 그 특수성을 직접적으로 말해야 하기 때문이다. 하얀 얼굴에 대한 가정이 의도치 않게 분명하게 나타나는 것은 오히려 얼굴이나 피부의 속성을 묘사할 때다. 영화감독 요제프 폰 스턴버그(1955~1956: 109)는 "피부는 빛을 반사해야지 얼룩지게 하면 안 된다"고 주장했는데 이것은 흰 피부에서 더 쉽게 이루어질 수 있는 것이다. 제럴드 밀러슨은 피부톤의 상대적 빛 반사율에 대해 논의하면서(1972: 35) '밝은' 피부와 '구릿빛' 피부를 비교하는데 마치 백인 규범에서 그러하듯 어두운 피부는 오로지 햇빛에 그을려서 만들어진 것으로 가정한다. 보다 더 인종적 차원에서 명시적인 예시는 펭귄북으로 여러 번 재발간된 바 있는, "아마추어 사진가들을 돕고 고무시키는"(1970년판의 광고문) 에릭 드 마레Eric De Maré[115]의 《사진술*Photography*》에서 발견된다. 드 마레는 야외에서 촬영할 때 빛의 문제를 논하면서, 불가피하게 젊은 (백인) 여성을 피사체로 삼는다.

> [우리는] 그녀의 피부가 항상 탐스럽고, 복숭앗빛이라고 여기지만, 하늘에서 오는 파란빛을 조정할 수정 필터 없이 햇빛 아래에 노출되면, 컬러 필름이 피부를 살짝 쪽빛indigo 색조tint로 찍은 것을 보고 **놀라게** 될 것이다(1970: 295. 강조 추가).

"쪽빛"과 "색조"라는 단어는 영국 영어에서 인종적, 심지어는 인종

115 에릭 드 마레(1910~2002)는 영국의 사진가로, 특히 건축물 사진의 대가로 알려져 있다. — 옮긴이

주의적인 의미로 널리 사용된다.

교육용 글의 주요한 주제는 그림자 제거다. 이것은 '예술적인' 표현 같은 것을 하고 싶은 경우가 아니고서는 항상 자명하고 절대적인 목표로 여겨진다. 그림자를 제거하려는 강박은 일찍이 만들어졌다. 빅토르 푸르넬Victor Fournel[116]은 1858년 동시대 인물 사진 관습에 대해 쓰면서 그림자 제거를 위해 이미 손쉽게 사용하도록 발전된 장치에 주목하여 "무엇보다 중산층을 두렵게 했던 것은 모델의 그림자다. 그림자 속에서 그들은 인물을 어둡게rembrunit 하거나 슬프게 만드는 어둠을 볼 수 있었다"고 관찰한다(Rouillé & Margot, 1986: 15에서 재인용).

얼굴의 그림자는 커트 프리체Kurt Fritsche의 1966년 책 《사진 촬영의 결점*Faults in Photography*》에서 주요한 결점 중 하나로 나온다. 유진 핸슨Eugene Hanson의 이데올로기적으로 흥미로운 《매력 가이드: 소녀들 사진을 찍는 법*Glamour Guide: How to Photograph Girls*》(1950)에서 조명에 대한 거의 모든 조언은 그림자를 피하는 것에 관한 것이다. 《코닥 필름과 함께하는 컬러 사진*Photography in Colour with Kodak Films*》(Bomback, 1957)에 수록된 한 쌍의 사진을 보면, 그림자가 더 적은 사진에서 모델이 살짝 웃고 있고 후방 조명 효과를 주어 이미지의 긍정적인 분위기를 강조함으로써 그림자 제거의 우월성을 확인시켜 준다. 2장에서의 주장을 통해 기대했겠지만, 이 모든 예시에서 모델은 여성이고 백인성과 빛을 향해 고투할 필요 없이 이미 하얗게 빛 속에 놓여 있다.

그림자 제거는 부분적으로 가시성에 대한 욕구에 의해 결정된다. 카메라 렌즈는 인간의 눈만큼 유연하게 그림자를 꿰뚫지 못하기에 보조

116 빅토르 푸르넬(1829~1894)은 프랑스의 작가이자 기자로, 파리를 관찰하고 기술하는 여러 작품을 남겼다. — 옮긴이

조명은 이를 보완해 준다. 그러나 이렇게 보려는, 그리고 여성을 보려는 강박 또한 백인의 시대를 특징짓는 가시성과 관련 있는 한편, 그림자는 이 장의 후반에서 살펴볼 백인과 빛 간의 관계를 가로지른다.

사진 미디어의 미학적 기술이 지닌 백인 중심성은 비백인의 얼굴을 찍는 주제가 다뤄질 때 외에는 거의 인식되지 않는다. 이것은 비백인 피사체가 일반적인 관습으로부터 이탈하거나 문제를 형성한다는 차원에서 개념화되곤 한다. 영화 〈컬러 퍼플*The Color Purple*〉(1985) 제작에 대한 설명을 보면 "모두 흑인을 캐스팅한 영화를 찍을 때 발생하는 독특한 사진상의 문제들"이 거론된다. 촬영 감독 앨런 다비오Allen Daviau는 이 '문제들'을 해결하기 위해 했던 과정들, 특히 "세트장 인테리어와 장식을 **보통**보다 어둡게"(강조 추가)[117]했던 것에 대해 자세히 들려준다(Harrell, 1986: 54). 아프리카계 미국인 배우 시슬리 타이슨은 1976년 소련에서 〈파랑새*The Blue Bird*〉를 찍은 경험을 회고하는데, 당시 러시아에서는 흑인을 촬영한 경험이 거의 없었다. 조명 세팅을 할 때는 백인 여성이 이용되었던 때다.

> 그녀를 위주로 모든 조명이 이루어지고, 나는 같은 조명으로 같은 속도로 그 조명을 지나가도록 되어 있었다. …… 당연하게도, 내 검은 피부는 화면에서 사라졌다. 나는 거의 보이지 않았다(Medved, 1984: 128~129에서 재인용).

117 필름은 육안보다 덜 섬세하게 콘트라스트를 기록하기 때문에 실재를 포착하려 할 때 과도한 밝음이나 어둠은 제대로 나타내지 못한다. 흑인 얼굴은 밝은 세트나 의상과 대비되면 강한 콘트라스트를 만든다. 그런 환경에서 흑인 연기자의 얼굴에 적절하게 조명을 주는 것(즉 백인의 경우보다 더 많은 조명을 주는 것)은 세트와 의상의 색을 날려 버릴 위험이 있다.

(다인종의 구소련에서도 백인 중심지였던) 모스크바 촬영팀은 그저 '얼굴들'이 있다고 가정했고, 이때 가정된 얼굴이란 보편적인 하얀 얼굴이다. 타이슨은 이를 문제 삼지 않을 수 없었고, 이에 타이슨은 이례적 혹은 문제적인 존재가 되어 버렸다. 1994년 〈US〉라는 잡지의 인터뷰(9월호: 102)에서 아프리카계 미국인 배우 조 모튼(〈다른 행성에서 온 형제*The Brother from Another Planet*〉, 〈터미네이터 2*Terminator 2*〉, 〈스피드*Speed*〉 출연)은 여전히 자신을 촬영하는 방식이 문제라고 말한다.

> 흑인 배우들에게 조명이 제대로 가지 않으면 피부톤이 매우 이상해 보일 수 있다. 초록과 노랑 같은 색조로 조명을 쓰면 안 된다. 많은 흑인 남성들이 큰 코를 가지고 있기 때문에 그게 부각될 우려가 있다.

이러한 예시는 주류 할리우드 영화에만 국한되지 않는다. 1930년대 영국 다큐멘터리의 거장이었던 바실 라이트Basil Wright는 서인도제도에서 촬영할 때를 설명하면서 "모든 디테일을 죽이는" 태양 빛 아래에서 대낮에 촬영하는 어려움을 토로한 바 있다.

> 이 **문제**의 정점은 니그로형(예를 들어 일반적인 원주민)의 인물을 촬영할 때 나타나게 된다. 밝은 직사광선의 햇빛이 머리 위로 쏟아지는데, 좋은 퀄리티의 음화negative를 얻으면서 니그로의 특색을 잡아내는 것은 거의 불가능하다. 버터나 오일로 대상의 얼굴과 팔을 문지르면 반사판의 도움을 받아 겨우 약간의 하이라이트를 얻을 수 있다. 결국 문제는 **그늘 속** 장면으로 연출하고 반사판만 이용함으로써 해결되었다(Wright, 1933: 227. 첫 번째 강조 저자).

여기서 더 분명하게 문제가 되는 것은 기술이 융통성 없이 여전히 하얀 얼굴에만 맞추어 발전 및 변화해 왔다는 것이다. 라이트의 해법은 15년 후 〈컬러 퍼플〉에서 다비오가 사용했던 방식과 매우 유사하다.

크리스 말키비츠는 할리우드 촬영 감독과 조명 감독들과의 인터뷰를 바탕으로 《영화 조명*Film Lighting*》이란 책을 썼다. 이 책에서 인터뷰에 참여한 네 사람은 흑인에게 조명을 사용하는 문제를 논의한다(Malkiewicz, 1986: 141). 그들은 다양한 해결법을 떠올린다. 만약 한 숏에 서로 다른 피부색의 사람들이 있다면 "흰 사람에게 조명을 끄기"(존 알론조John Alonzo[118]), "[흑인]의 피부에 반사적 성질을 만들기 위해 로션을" 바르기(콘래드 홀Conrad Hall[119]), "오렌지색 조명"을 사용하기(미첼 D. 마굴리스Michael D. Margulies[120]) 등이 제시되는 식이다. 이에 관해 제임스 플레넷James Plannette[121]은 강경하다. "흑인에게 필요한 유일한 것은 더 많은 빛이다. 간단하다." 이 공식마저도 백인 규범에서 출발하여 흑인에게 뭔가 특별한 것을 해 준다는 것을 의미한다. 다른 방식들도(로션, 오렌지 조명) '문제'는 기술에 내재된 것이지 기술의 관습적 사용에 있다고 여기지 않는다.

스파이크 리Spike Lee와 여러 작품을 함께한 어니스트 디커슨Ernest

118 존 알론조(1934~2001)는 〈차이나타운*Chinatown*〉(1974), 〈스카페이스*Scarface*〉(1983) 등을 촬영한 촬영 감독으로, 핸드헬드 카메라 워크 기술과 조명 테크닉 발전에 기여했다. — 옮긴이

119 콘래드 홀(1926~2003)은 〈내일을 향해 쏴라*Butch Cassidy and the Sundance Kid*〉(1969), 〈아메리칸 뷰티*American Beauty*〉(1999), 〈로드 투 퍼디션*Road To Perdition*〉(2002)으로 아카데미 촬영상을 세 번이나 수상한 촬영 감독이다. — 옮긴이

120 미첼 D. 마굴리스(1936~ )는 〈매리와 래리*Dirty Mary Crazy Larry*〉(1974), 〈폴리스 아카데미*Police Academy*〉(1984) 등의 촬영 감독이다. — 옮긴이

121 제임스 플레넷은 〈이티*E.T. The Extra-Terrestrial*〉(1982), 〈가을의 전설*Legends of the Fall*〉(1994), 〈매그놀리아*Magnolia*〉(1999) 등의 조명 감독이다. — 옮긴이

Dickerson은 흑인 피사체를 촬영할 때 조명 기술의 모든 차원에서 내려야 할 선택들의 중요성을 서술한다(1988: 70). 조명("더 따스한" 빛의 사용, "배스타드 앰버bastard amber"[122] 젤 사용, 어두운 물체에는 "더 따뜻한 온도로 내려갈 수 있도록" 텅스텐 조명 사용, 은색이 아닌 금색 반사판 사용), 피사체(반사가 되는 메이크업 사용, "수분 크림의 윤기에서 나오는 빛"), 노출("스폿미터[123]를 이용해 흑인의 반사율을 읽은 것"에 기초하기), 필름("이스트만 코닥 5247의 타이트한 질감과 높은 채도"), 현상("흑인이 상영 필름에 담기도록" 보장해 주는 "30 후반~40 초반의 프린팅 빛" 이용). 디커슨은 "많은 촬영 기사들이 더 많은 빛을 사용해야 한다는 것 때문에 흑인들을 찍는 것을 **문제**로 언급한다"(강조 추가)는 자신의 관찰에 반해 자신의 선택들을 설명한다. 그의 설명의 상당 부분은 널리 보급 및 사용되는 기술이 지닌 백인 편향을 바로잡으려고 하는 것을 암시한다. 빛은 (암묵적 규범으로 여겨지는 온도보다) 더 따스하고, (일반적으로 쓰는 더 차가운 온도로부터) 낮춰져야 하고, 은이 아닌 금이고, 필름은 더 높은 채도를 지니도록 하는 것이다. 여기에서 암시된 백인성은 그저 규범이 아니라 이전 장들에서 논의되었던 백인성의 개념화 측면들, 즉 차가움이나 색의 부재 같은 것들을 상기시킨다.

흰 얼굴을 규범으로 삼는 관행은 (의식적으로 고려되지 않는 한) 비백인 연기자들에게 유해한 결과가 되었다. 이는 서로 다른 피부색을 지닌 스타들이 출연하며 이들을 동등하게 대하려고 하는 영화들에서조차 뚜렷하게 나타난다. 이것은 자유주의적 충동(〈흑과 백*The Defiant Ones*〉[1958]에서 토니 커티스와 있는 시드니 포이티어), 스타 파워의 표현(〈48시간*48 Hours*〉[1982]

122 따뜻한 느낌이 도는 젤라틴 조명으로, 무대에서 주로 자연광 느낌을 내기 의해 사용되었다고 한다. — 옮긴이

123 촬영할 장면에 있는 여러 지점의 밝기를 측정하는 노출계다. — 옮긴이

에서 닉 놀테와 있는 에디 머피), 또는 흥행 트랜드(〈리썰 웨폰*Lethal Weapon*〉 시리즈[1987~1992]의 대니 글로버와 멜 깁슨)에서 비롯한 것일 수도 있다. 그러나 흑인 배우가 동등하게 조명을 받는 것은 사실상 드물다. 그러한 영화들은 기술의 관습적 사용이 흰 얼굴을 전제로 한다는 점을 무심코 드러내면서 백인을 특권화하는 효과를 가지며, 백인성에 대한 특정한 인식을 형성하는 데 일조한다. 두 가지 예시를 보자. 첫째로, 〈밤의 열기 속에서*In the Heat of the Night*〉(1967)는 백인을 더 가시적일 뿐만 아니라 더 개인화된 것으로 만든다. 둘째로, 〈떠오르는 태양*Rising Sun*〉(1993)은 백인 남성의 관념을 더 특권화하여 구성한다.

〈밤의 열기 속에서〉의 시드니 포이티어 캐릭터인 비질 팁스는 교육받은 북부 중산층 흑인 남성의 상징이다. 그의 정적이자 동료 경찰인 빌 길스피(로드 스테이거)는 반대로 대조적인 캐릭터다. 팁스는 자신의 근거지(필라델피아)와 동일시되는 반면 길스피는 극이 벌어지는 배경인 지역(스파르타, 미시시피)이 근거지인데, 사실은 다른 지역 출신이라 그 지역에서는 환영받지 못한다. 길스피는 팁스에 비해 특정한 방식으로 전형성에서 벗어나있다. 길스피는 경솔하고 편협하지만 나머지 (백인) 지역과 경찰이 지닌 강박적 인종주의를 지니지는 않는다. 그는 결혼한 적이 있다. 그는 뻔한 인물이 아니라 섬세한 캐릭터다. 이 많은 것이 대화 장면과 두 연기자의 다른 연기 스타일에 의해 전달된다. 포이티어의 정적인 분위기와 은근한 강렬함. 스테이거의 부산스러우면서도 겉으로 잘 드러나는 방법의 연기. 이것은 또한 조명을 통해서도 전달된다.

포이티어는 측면이나 거의 실루엣으로 나타나 그의 상징적 존재가 강조된다. 스테이거는 주로 정면으로 빛을 등지기보다는 빛 속에 있는 것으로 나타난다. 따라서 포이티어는 상당한 도덕적, 지적 권위가 주어지지만 정면으로 개인성의 작동을 보여 줄 기회는 거의 지니지 못한다.

팁스와 길스피가 길스피의 집에서 같이 앉아 이야기하는 장면이 있다. 두 사람이 각자의 이야기를 상대에게 털어놓으면서 둘 사이에는 친밀감이 형성된다. 설정 숏에서 포이티어는 화면 왼쪽에 있는 안락의자에 기대 앉아 화면 오른쪽을 바라보고 있고, 스테이거는 화면 오른쪽의 소파에 누워 있다. 유일한 가시적인 광원은 포이티어 뒤에 있는 커다란 테이블 램프다. 그래서 포이티어는 측면이 보이고 반쯤 실루엣 상태인 반면 빛은 스테이거의 얼굴에 정면으로 가득 떨어진다. 신은 대부분 클로즈업 숏들로 진행된다. 테이블 램프는 둘의 얼굴의 반 정도 비추지만 포이티어의 경우에 그림자가 더 두드러지고 스테이거는 추가적인 보조 조명을 받아 그의 얼굴 측면에 생긴 그림자의 상당 부분이 제거된다. 포이티어 숏의 세트는 카메라에 대해 측면으로 세워져 있지만, 스테이거의 경우에는 몇몇 유사한 숏이 지나간 후에 카메라가 그를 정면에서 잡고 후방 조명과 강한 보조 조명이 비춘다. 결과적으로 스테이거는 우리에게 더 잘 보일 뿐만 아니라 캐릭터의 복잡한 감정의 소용돌이를 더 폭넓게 표현하여 보여 줄 수 있다. 반면 포이티어는 존경할 만한 흑인 남성이긴 하나 상징적이고, 비개인화되어 있다.

〈떠오르는 태양〉은 노련한 감독(필립 카우프만Philip Kaufman)이 연출하고 섬세하고 매력적인 조명 세팅(촬영 감독 마이클 채프먼Michael Chapman)이 이루어진 제작비가 많이 든 영화다. 여기에는 두 명의 스타가 나오는데, 흑인 스타(웨슬리 스나입스)는 출연 당시에 적어도 백인 스타(숀 코너리)만큼의 박스 오피스 영향력을 지녔다.

이 영화는 인종에 대해 뭘 좀 아는 작품이었다. 영화는 미국-일본의 적대감과 관련한 의문을 둘러싸고 진행되는 스릴러로, 사건을 맡은 탐정인 스나입스와 코너리에게 (흑백 간의) 인종적 의식이 담긴 대화를 부여하고 스나입스 캐릭터의 뿌리를 이해시키기 위해 아프리카계 미국인 게토 시퀀스를 보여 주기도 한다. 이 작품은 중심 남성 인물들이 둘 다 잘 드러나도록 조명을 주지 않을 이유가 없는 영화다. (물론 이것은 기술적 차원에서 둘을 똑같이 조명한다는 말은 아니다.) 분리된 숏에서 두 사람은 서로 다르게 조명되면서 각 캐릭터와 그들의 얼굴이 지닌 아름다움이 동일한 효과로 향상된다. 그러나 두 명이 등장하는 숏에서는 코너리가 이점을 지닌다. 영화 초반부에 스나입스와 코너리가 시체가 발견된 빌딩의 경비원을 심문하는 장면을 분명한 예로 볼 수 있다. 경비원은 내러티브 차원에서나(그는 무엇을 보았나?) 감정 차원에서나(그는 직업을 잃을까 봐 두려워 뭔가를 숨기고 있다) 그 신에서 가장 중요한 등장인물이다. 스나입스와 코너리는 스타로서나 캐릭터인 조사원으로서나 다른 종류의 중요성을 지니지만, 어느 한쪽이 더 중요하지는 않다. 그러나 조명이 시사하는 바는 좀 다르다. 경비원은 흑인이다. 신은 주로 경비원(화면 왼쪽)과 스나입스(오른쪽) 사이에 서 있는 코너리를 찍는다. 조명은 코너리를 비추고 적절한 색을 부여한다. 그러나 그의 동등한 파트너(스나입스)와 중요한 증인(경비원)은 어둠 속에 가려 있다.[124]

이 예시는 규범으로서의 흰 얼굴에 대한 가정으로 인해 발생한 것이다(코너리를 제대로 찍고 나머지를 배치하는 식). 이것은 백인 연기자를 특권화하는 효과를 지닌다. 또한 백인성의 특정한 구성을 재생산한다. 빛은 코너리의 관자놀이를 비추는 한편 스나입스와 경비원은 어둠 속에 있다. 코너리는 명시적으로나 비유적으로나 계몽되어 있다enlightened. 빛은 그의 이마를 강조하고, 결과적으로는 그의 뇌를 강조한다. 다른 장면에

124 호세 아로요José Arroyo는 스나입스가 보다 최근의 영화(〈머니 트레인*Money Train*〉[1995])에서 더 좋지 않은 조명 효과를 받는다고 말한다. "백인이 나오는 프레임에서면 늘 스나입스의 얼굴을 알아보려면 눈이 피로해질 정도다"(1996: 47).

서, 어느 한쪽의 스타에게도 이상적이지 않은 어떤 종류의 적절한 조명 세팅이 선택되는 투 숏에서 스나입스의 피부는 빛나는 한편 코너리는 빛 속에 파묻힌다. 스나입스의 피부 표면은 두드러져서 그의 육체성이 드러나는 반면 코너리의 피부는 빛 속에서 용해된다.

〈떠오르는 태양〉 같은 최근의 작품을 비롯해 빛을 통한 백인성의 역사적 구성은 이 장의 나머지 부분에서 다룰 주제다. 그 주제로 넘어가기 전에, 흑인을 백인과 똑같은 효과로 촬영하는 것이 기술적으로 불가능하지 않지만 문화적으로는 매우 어렵다는 것을 보여 주는 최근의 예시 하나를 살펴보고 싶다.

〈어 퓨 굿 맨*A Few Good Men*〉(1992)은 살인 사건으로 재판에 선 두 해병의 이야기를 다룬다. 한 명은 일병 도슨(울프갱 보디슨)으로 아프리카계 미국인인데, 영화는 이 점을 노골적으로도 암시적으로도 다루지 않는다. 재판 중 어느 시점에서 도슨이 한때 명령을 어기고 사소한 실수로 인해 음식 없이 감금되는 혹독한 형벌을 받는 한 해병을 위해 음식을 반입했다는 점이 드러난다(이것은 그 자체로 해병 윤리에 중요한 이슈다). 이 사건은 도슨의 높은 도덕성을 보여 주어 내러티브의 전환점이 된다. 도슨의 변호인 캐피 중위(톰 크루즈)가 도슨의 불복종이 지닌 도덕적 중요성에 대해 강조하는 것을 도슨이 듣고 있는 숏을 보면 위쪽에서 오는 강렬한 조명이 있다. 도슨(보디슨)의 머리는 양쪽은 밀고 위쪽은 납작하게 깎은 상태다. 이는 빛을 받기에 좋은 형태를 제공하고 그의 머리 위에 은은한 빛을 만들어 어두운 신 속에서 강렬함을 만들어 낸다. 그의 동료인 백인 피고 또한 숏 안에 있지만 그의 머리 스타일은 보다 둥근 모양으로 위쪽 조명이 그의 머리를 덜 비추긴 하지만 그래도 유사한 후광 효과를 받고 있다. 도슨을 향한 조명은 더 잘 눈에 띈다. 이것은 부분적으로는 도슨이 내러티브 차원에서 중요한 인물이기 때문이고 또한 그의 밝은 머리카락과 어두운 피부 사이에 극명한 대비가 있으며, 아프리카계 미국인이 이렇게 찍히는 것이 비일반적이기 때문이기도 하다. 이것은 흑인이 이렇게 찍히는 것이 기술적으로 가능함을 보여 주지만, 조명은 색다르게 강렬하고 직접적이고 명확히 윤리적인 순간에 이루어진다. 백인 연기자들은 강력하게 도덕적 순간이 아닐 때도 관습적으로 그렇게 머리를 비추는 조명의 이득을 본다.

영화의 마지막에 도슨은 무죄 선고를 받지만 불명예스러운 제대를 한다. 죽음은 연약하고 어리숙한 신병을 학대하라는 명령을 따르다가 벌어진 사고였다. 도슨은 더 큰 도덕적 명령에 따라 그 명령을 불이행했어야 했음을 깨닫는다. 재판정 밖에 있는 그의 모습을 담은 마지막 숏에서 캐피/크루즈는 도슨에게 그 깨달음만으로도 명예로운 것이라고 말해 준다. 위쪽에서 내려오는 조명은 없고 도슨은 어두운 나무문 앞에 서 있다. 도덕적인 칭찬에도 불구하고, 그의 머리 위에는 더 이상 미덕의 빛이 없다. 영화는 톰 크루즈에게로 화면을 넘기고, 그는 머리가 검지만 위에서 비추는 조명을 받아 머리카락이 빛난다. 톰 크루즈의 캐릭터는 영화 내내 도덕적으로 더 애매했지만, 이 시점에서 그의 승리는 직업적 성공만큼이나 도덕적 성장이기도 하다. 이제 백인 영웅인 그는 흑인 캐릭터에게는 주어지지 않는 빛을 갖는다. 사실은 도슨에게 향했어야 할 도덕적 인정은 캐피/크루즈에게 향한다. 도슨 스스로는 깨닫지 못한 명예를 캐피가 일깨워주었기 때문이다. 머리 위로 빛을 받는 백인 남성은 이제 세상의 어둠 속에 섞여 있는 흑인 남성의 미덕을 알아 주고 말해 준다.

결국 영화 조명은 인종에 근거해 차별을 한다. 이 장의 나머지 부분에서 살펴보겠지만, 이러한 차별은 백인성의 개념화와 관련이 있다. 또한 영화 조명의 차별이 작동하는 다른 차원이 존재한다. 여기서 문제가 되는 것은 백인이 어떻게 보여지는가보다는 영화 조명이 인물을 공간에 배치하는 방법에 대한 가정이다. 영화 조명은 역사적으로 비백인들을 배제해 온 인간의 개념에 따라서 인물들을 서로 연결시키거나 인물과 배경을 연결시켜 왔다.

영화 조명은 개인에 초점을 맞춘다. 각 사람은 자신의 성격(캐릭터, 스타 이미지, 배우로서의 특성)에 맞추어진 조명을 갖는다. 즉 각 개인이 중요한 것이다. 최소한, 백인이 중요한 사람으로 인식되는 문화, 하인이 아니라 하인을 지닌 이들이 무대 중앙을 차지하는 문화에서는 영화 조명이 가시성, 개인화, 중심성의 차원에서 비백인을 차별하게 마련이다. 그러나 나는 이 주장을 조금 더 밀고 나가고 싶다. 영화 조명은 개인의 독특하고 특별한 성격, 즉 개인의 개인성이라는 개념에 가치를 부여한다. 백인 사회가 비백인들을 개인으로 여기지 않는다는 주장은 해 볼 만하다. 개인이라는 개념 자체, 즉 자유롭게 발전하고 자율적인 인간 개인이라는 개념 자체는 자유롭고 자율적으로 보이는 사람들, 노예도 종속된 자들도 아닌 이들에게만 적용 가능하다. 영화 조명은 비백인을 조명에 적당한 주체, 즉 개인으로 인식하지 못하는 영화와 문화 안에서 사용되기 때문에 비백인을 차별한다.

더욱이 영화 조명은 위계질서를 갖는다. 조명은 누가 중요하고 아닌지를 지시한다. 백인 인종주의적 사회에서 백인이 아닌 이들이 위계질서의 바닥에서 비추어질 뿐만이 아니라, 위계화의 과정 그 자체가 권력의 행사다. 물론 다른 비백인 사회에서도 위계질서가 있다. 이것은 백인의 본성에 고유한 것이 아니다. 그러나 위계질서, 위를 향하는 구조는 백인 서구 사회의 시대에서 권력이 취한 하나의 형태다.

영화 조명은 또한 개인을 다른 개인들로부터뿐만 아니라 그 배경으로부터도 분리해 낸다. 배경으로부터의 분리한다는 것은 세상을 비체화된disembodied 인간 응시와 통제의 대상으로 만드는 것으로, 백인 문화에 깊이 내재된 관념이다. 영화에 후방 조명을 도입한 주요한 이유는 인물을 그 배경과 구별되고 인물들이 서로, 그리고 세트로부터 도드라져 보이게 만들기 위해서였다. 이것은 필수적인 작업으로 여겨져 왔다. 세상을 바라보는 명백한 방식의 일부이기에 의심의 여지 없이 필수적인 작업인 것이다. 그러나 이는 백인 문화에 의해 개척된 인류의 시각을 드러내며, 매우 성공적인 기술을 바탕으로 하면서도 한편으로는 현재 환경이 치르고 있는 끔찍한 대가를 바탕으로 한다.

백인이 아닌 사람들도 개인화되게끔 조명을 받을 수 있고, 위계적으로 배열될 수 있고, 배경으로부터 분리될 수도 있으며 실제로 그렇게 될 때도 있다. 그러나 이것도 결국 백인 문화의 승리를 의미하고 일부 비백인을 백인의 영역으로 허용해 준다는 것을 의미할 뿐이다. 누가 허용이 되는가에 대해 여전히 높은 강도의 통제가 존재한다. 그리고 내가 이 장의 나머지 부분에서 주장하듯, 조명의 기술과 문화는 인간 이미지 구축에 핵심적이면서도 백인인 이들에게만 적절하게 여겨지는 것으로 구성되어 있다.

## 빛의 문화

사진의 미학적 기술이 발명되고, 개선되고, 정교해지면서, 그 기술이 사용되는 지배적인 방식은 백인 주체를 가정하고 특권화하는 방식으로 고정되고 익숙해졌다. 사진술은 주체를 구성하기도 한다. 사진술은 백인의 의미에 의존함과 동시에 기여한다. 이것은 조명 문화의 더 일반적인 차원에서 이루어진다. 조명 문화는 놀라운 조명 기술과 더불어 조명의 본성에 대한 특정한 근본적인 철학적, 과학적, 미학적 인식을 만들어 냈다. 백인은 조명과 특별한 관련을 맺고 있는 것처럼 보일 정도로 조명 문화의 중심에 있다.

조명 문화는 시각을 다른 감각보다 우위에 두는 현대 서구 문화의 일부다. 도널드 로Donald Lowe는 《부르주아 인식의 역사*History of Bourgeois Perception*》에서 각 시대별로 서로 다른 감각에 우위가 부여되어 왔으며, 당대의 감각은 이를 표현하고 확장하기 위해 개발된 장치 속에 체화된다고 주장한다. 구술 문화에서는 듣기와 만지기가 보기보다 우위를 지녔고, 글쓰기가 도입된 후에도 여전했다. (부르주아, 서구, 백인) 세상이 최고의 인식 감각으로 시각에 방점을 찍도록 변화시킨 것은 인쇄(보이는 세상을 더욱 널리 퍼트리고 이용 가능하게 만드는 역할)와 원근법(계시나 권위에 의한 지식보다는 보기를 통한 지식과 이미지의 그럴듯함을 강조)이다. 이것은 지식에 대한 수많은 시각 은유에서 자명하게 나타난다. 보는 것이 믿는 것이다seeing is believing, 네가 말하는 바를 알겠다I see what you mean, 내가 보기에는 as far as I can see, 직접 본 증거the evidence of one's own eyes, 길게 보다taking the long view, 근시안적 결정a short-sighted decision, 간파하다she saw right through it, 아 그렇군요!oh I see!

시각과 지식의 동일시는 지식과 권력과의 동일시이기도 하다. 미셸 푸코Michel Foucault는 감시(말 그대로 overseeing)를 통한 현대 사회의 권력 작동을 짚어 낸다. 이것은 정교하게 발전된 시각 메커니즘을 도구 삼아 사회 질서를 조직하고 통제하는 것으로, 판옵티콘Panopticon에서 처음 구현되었다. 판옵티콘은 18세기 감옥 건축의 전형으로, 관리인이 높은 중앙탑에 위치하고 감방들이 주변을 둘러싸고 있는 구조를 만들어서, 관리인이 수감자를 지속적으로 볼 수 있으면서 수감자들에게 감시당하고 있다는 지속적인 감각을 주입하여 자기 감시로 내화되게끔 한다(Foucault, 1975). 이것은 현대 사회의 주요한 경향이자 패러다임으로 여겨진다. 현대 사회의 정교한 관료제, 데이터뱅크와 감시 메커니즘, 자기 검열의 습관(내가 어떻게 보이지? 내가 왜 이걸 하고 있지? 내가 누구라고 생각할까?), 그리고 특히 "조명에 의한 종속"(Foucault, 1980: 154)이라는 형태로서의 발전된 조명 기술과 대중을 기록, 분류, 통제하고 자신을 관찰 및 제시하는 양식으로 발전된 사진 및 영화 등이 이러한 패러다임을 보여 준다.

기술적 층위에서, 시각은 향상되고 변모하여 인간은 더 잘 보고, 본 것을 더 정확히 기록하고, 거의 무한히 그 기록을 복제할 수 있게 되었다. 도구는 인간이 더 멀리 보고(망원경) 더 자세히 보게(현미경) 해 주었다. 카메라 옵스큐라는 쉽게 복제될 수 있는 이미지를 제공함으로써 광경을 재생산함과 동시에 프레임에 집어넣었다. 사진은 카메라 옵스큐라에 직접적이면서 화학적으로 이미지를 고정시켰다. 사진이 기하급수적으로 증식하여 영화는 움직이는 이미지를 포착하게 되었다. 사진 미디어는 이러한 고정되고 포착된 인상들을 끝없이 재생산하게 만들었다.

그러나 이와 같은 시각에 대한 강박은 눈에 보이지 않는 것과 관련한 문제를 제기한다. 인본주의 문화에서, 이런 차원에서 가장 중요한 예는 인간의 성격이다. 어떤 사람을 아무리 쳐다본다고 해도 그 내면까지 들여다볼 수는 없다. 그러나 지난 두 세기간, 철저히 들여다봄으로써 성격을 찾으려는 경향이 두드러지게 나타났다. 해부 극장[125]에서 행해졌던 외과 수술을 비롯하여 골상학 등의 과학에 이르기까지 서구 사회는 인간의 신체와 영혼 안에 들어 있는 것을 보는 것에 열광해 왔다(Clair, 1994). 사진 미디어 또한 외관을 포착하는 첨단에 있으므로 그 외관 너머를 보고 보여 주려 했다. 사진의 가장 초기의 사회적 성공은 1840년대경 시작해 국제 부르주아 사회로 빠르게 확대된 인물 사진이다. 인물 사진은 엄청

125 17세기 유행했던 해부 극장은 해부학 강의 시 실제로 해부하는 것을 보여 주던 원형 극장식 공간으로, 대중도 관람할 수 있었다. — 옮긴이

난 성공을 거둔 매튜 브래디Mathew Brady[126]의 브로드웨이 스튜디오(19세기 중반 뉴욕 방문자의 필수 방문지)에서건 줄리아 마거릿 캐머런Julia Margaret Cameron[127]이 친구들과 유명 인사를 찍은 작품들에서건 장치가 내면을 보여 줄 수 있다는 (또는 보여 주도록 만들어져 있다는) 믿음에 기반한다.

> 카메라의 유사성에 대한 접근은 아마추어적 목적에서건 상업적 목적에서건, 다큐멘터리부터 예술까지 아우르고, '물질적인 것'부터 '분위기'까지 아우른다. 그러나 그 내재된 양식이 무엇이든 간에, 인물 사진은 본질적으로 개인의 성격, 지성, 캐릭터가 얼굴의 형체와 표현의 묘사를 통해 드러날 수 있다는 신념을 반영한다(나오미 로젠블룸Naomi Rosenblum,[128] Lalvani, 1993: 447에서 재인용).

인물 사진의 초기 이론가이자 브래디의 작품을 동경했던 마커스 오렐리우스 루트Marcus Aurelius Root는 인물 사진을 이렇게 묘사했다.

> 표현이 스며든 인간의 얼굴과 형체를 묘사하는 것, 그리하여 그로부터 영혼이 강렬히 빛나게 만드는 것은 신성한 초기 예술가Divine Proto-Artist

126 매튜 브래디(1822~1896)는 미국 사진 역사상 초기의 사진가로서, 남북 전쟁을 최초로 사진으로 기록했다. 그는 1844년 뉴욕에 스튜디오를 열어 앤드류 잭슨, 링컨 대통령을 비롯한 여러 인물 사진을 찍었다. — 옮긴이

127 줄리아 마거릿 캐머런(1815~1879)은 19세기 인물 사진으로 가장 유명한 영국의 사진가다. 캐머런이 찍은 사진은 초점을 흐리게 함으로써 회화적 아름다움을 가미하고 인물의 내면 세계를 드러냈다는 평가를 받는다. — 옮긴이

128 나오미 로젠블룸이 집필한 《사진의 세계사*A World History of Photography*》(1984), 《여성 사진가의 역사*A History of Women Photographers*》(1994)는 사진의 역사에 대한 대표적인 저서로 꼽힌다. — 옮긴이

> 의 독보적인 연필화를 전사하는 것이다(《카메라와 연필*The Camera and the Pencil*》, 1866, Trachetenberg, 1983: 250~251에서 재인용).

같은 이유로 사진은 상대적으로 열등한 인격을 식별해 낼 수 있고, 따라서 사진술은 정신 질병과 범죄를 이해하는 작업(Tagg, 1988), 또는 인류학의 발전에(Green, 1984; Edwards, 1992) 이름을 올리게 되었다.

인간 내면의 관찰에 대한 이 관심의 인종주의적 가능성은 골상학, 인체 측정학, 그리고 1장에서 다루었던 것들에서 자명하게 드러난다. 여기서 사진의 역할은 두 가지 예시로 나타난다. 사진은 우생학의 중요한 도구였다. 우생학의 주요한 초점은 번식을 통제함으로써 인간종을 향상하는 것인데, 실질적으로 백인 중산층이 향상된 또는 향상시키는 인류에 대한 패러다임을 제공했다. 사진은 인간의 관상을 면밀히 살핌과 동시에 인간 종류의 변형(우등/열등)을 보여 주기 위한(Green, 1986) 도구였다. 두 번째 예로, 서렌 랄바니Suren Lalvani는 19세기 미국의 인물 사진을 분석하면서 사진의 형식을 백인 팽창주의 이데올로기와 연결시킨다.

> 19세기 부르주아 인물 사진 속 머리와 손의 정렬에는 관상학적 의도가 관통하고 있다. 부르주아 이데올로기의 핵심이었던 명백한 운명의 개념을 전달할 필요가 있었으며, 세계는 머리와 손의 적절한 결합에 의해 문명화된다는 의미가 있었다(1993: 448).

19세기 사진은 사람의 내면을 볼 수 있다는 가능성에 대한 자신만만한 예시들을 제공하지만, 인간에 대한 지식의 우월한 기관으로서의 시각의 지위란 결코 안전한 것은 아니었다. 한편으로 20세기는 시각에 대한 믿음을 지속해 왔다. 영화만 보더라도 다큐멘터리와 뉴스 영화에 부여된 존경과 영화 스타와의 관계에서 경험된 강렬함 및 친밀성이 시각을 통해 인간을 알게 되는 것에 대한 믿음이 널리 퍼져 있음을 증명한다. 그러나 같은 시기에 영화의 진실에 대한 의심 또한 그 어느 때보다 커져가고 있었다. 우리는 카메라의 속임수를 모르기에는 사진에 대한 충분한 해독력을 지녔고, 스타 선전에 대해 모르기에는 너무 미디어에 빠삭하다. 그런데도 지식 추구의 관습은 더욱 문제적인 형태로 지속된다. 기아 어린이에 대한 관례화된 자선 포스터, 연쇄 살인마에 대한 '이것이 살인자의 얼굴입니까'라는 보도, 보이지 않는 질병인 에이즈 보도에서 거대하게 확대된 바이러스와 병변[129]을 보여 주는 것. 우리는 우리가 배우지 않을 것을 알면서도 계속 보게 된다.

서구 사회는 비록 문제적일지라도 지식과 권력에서 시각이 중심적이라는 특징을 지닌다. A. D. 콜먼A. D. Colman(1985)은 시각 기술(망원경, 현미경, 사진)의 발전과 우리 시대에 '개념적 추측'에 있어 이러한 시각 기술의 중심성을 보면, 우리가 '렌즈 문화lens culture'에 살고 있음을 스스로 보여 주고 있는 셈이라고 말한다. 나는 우리가 또한 조명 문화에 살고 있다고 말하고 싶다.

조명 문화 또한 우선적으로는 기술에 의해 특징지어진다. 여기에는 사진 미디어도 포함되지만 사진 미디어는 더 넓은 발전사의 일부다. 무엇보다, 지난 두 세기 반 동안 우리는 일상 속에서 인공조명의 엄청난 발전을 목격(또 다른 시각적 비유)해 왔다.

우리는 이제 사실상 모든 곳에서 잠재적으로 영구히 조명받는 세상에서 살고 있다. 인간 의지로 빛을 비추고, 인공 빛이 가장 밝은 햇살보

129 Grover, 1995 참조. 〈필라델피아*Philadelphia*〉(1993)의 주요 법정 신에서 주인공의 병변을 보여 주는 장면이 있다.

다도 더 멀리 더 효과적으로 닿을 수 있는 세상이다. 그러나 18세기 중반 이전에는 햇빛을 보완하는 유일한 빛은 난로 빛, 양초의 심지였다.[130] 난로도 양초도 강한 빛을 발산하지 않았고 지속적인 주의가 필요했다. 타고 있는 빛을 잘 유지하거나 강하고 밝은 빛을 얻기 위해 큰 규모로 만드는 것은 큰 비용을 수반하는 일이었다. 17세기부터는 샹들리에가 넓은 공간에 밝은 빛을 제공했다. 그러나 아주 소수의 가정이나 극장에서만 샹들리에를 가질 형편이 되거나 샹들리에의 불편함을 감당할 수 있었다. 초가 타거나 소진되기 때문에 샹들리에는 끊임없는 주의가 요구되었다. 이 이유로 인해서든 최상의 조명을 만들기 위해서든 샹들리에는 낮게 매달려 있어야 했는데, 이는 아래에 있는 사람들에게 매우 성가셨고 극장의 경우에는 높은 자리에 있는 사람들에게 걸리적거릴 수밖에 없었다. 샹들리에는 대개 일부 교회나 거대한 행사에 국한해 사용되었다. 세계(밤, 실내, 북쪽 겨울)는 계속 어둡고 빛은 부족했다.

18세기에는 조명 기술에 수많은 혁신이 일어나기 시작했다. 처음 램프 설계가 개선된 것은 도시의 거리 조명을 향상시키기 위해 반사판을 사용한다든지, 레이스 생산자와 같이 특정한 종류의 노동자들을 비추는 빛을 강화하기 위해 유리를 사용한다든지 하는 차원이었다. 1782~1784년에 아르강 램프[131]는 유리 등갓에 새로운 심지 디자인을 접목시킴으로써 이러한 발전의 정점을 찍었다. "인간이 램프를 능숙하게 다루게 된 이래 최초로 하나의 광원에서 기존의 10~12배의 빛을 내는 장치가 생겼

130 이 문단과 다음 문단에 서술된 조명의 역사에 대한 설명은 주로 O'Dea, 1958에 기반한 내용이다.

131 1780년 과학자 에메 아르강Aime Argand이 발명한 아르강 램프는 속이 빈 심지를 사용해 공기를 더 많이 끌어들이고 유리 실린더를 통해 공기의 흐름을 증가시킴으로써 기존의 램프보다 더 많은 양의 빛을 만들어 냈다. — 옮긴이

다"(O'Dea, 1958: 21). 반사판, 유리, 심지의 이러한 발전은 새로운 광원의 발명/발견(석회광[1796], 석탄 가스[1805], 전기[1845], 등유/파라핀[1860])과 이것들의 개선(예를 들어 1911년 탄소 대신 텅스텐을 사용한 것) 및 심지어는 촛불 생산의 향상을 통해 더 진전된다. 이러한 기술 도입은 사회적 공간과 가정 공간을 모두 바꾸었다. 아르강 램프는 18세기 말에는 등대에 사용되기 시작했다(결과적으로 무역에 영향을 주었다). 가스는 1805년 랭커셔 공장에 사용되었고 1809년에는 레저 목적으로 런던의 팰 맬[132]에서 사용되었다. 모든 형태의 조명 혁신은 유럽 국가에 의해 그 식민지로 도입되었다. 제국주의가 어둠에 빛을 가져다준 것이다.

이윽고 이 모든 발전은 극장 조명에 도입되었다(Bergman, 1977 참조). 이는 미디어로서의 극장 자체가 변형하는 데 일조하기도 했다. 18세기 중반 이래로 극장 조명은 더 이상 무대와 객석을 동등하게 비추지 않게 되었다. 특별석과 최상층 관람석의 전면에 객석 유도등과 가로등이 부착되었고 빛이 무대를 향하게 하여 무대와 관객을 분리시키는 장치들도 만들어졌다. 캄캄한 방의 한쪽 끝에 밝게 밝혀진 공간에서 하는 퍼포먼스를 기반한 예술, 즉 어떤 의미에서는 관객으로부터 분리된 퍼포먼스의 개념이 나타났다. 이 개념은 영화에 대한 정의의 일부이기도 하다.

이는 이미 또 다른 빛의 예술인 매직 랜턴(환등기)에서 예견되었던 바다. 매직 랜턴은 색칠된 유리나 종이를 통해 빛을 투사시킨다. 이 가능성은 적어도 16세기부터 알려졌고(Remise et al., 1979), 요하네스 잔Johannes Zahn은 심지어 17세기 말이라는 이른 시기부터 밀접하게 관련된 이미지

132 런던의 팰 맬 거리는 가스등으로 최초로 거리 전체를 밝힌 곳이다. 토머스 로랜슨Thomas Rowlandson이 그린 캐리커처 〈팰 맬의 가스등 구경*A Peep at the Gas-lights in Pall Mall*〉은 1809년 당시 팰 맬 거리에 가스등을 구경하는 사람들의 모습을 보여 준다. — 옮긴이

들을 연속적으로 투사함으로써 일종의 움직임을 만들어 보려고 한 바 있다. 매직 랜턴 쇼는 18세기를 거치며 점차 유명해졌고 이 원리는 로베르송Robertson의 판타스마고리아Phantasmagoria(1798)[133]를 통해 극장에서 특수 효과, 특히 공포를 불러일으키는 효과를 만들어 내는 데 사용되었다. 조명 쇼를 통해 즐거움과 교훈을 얻는다는 아이디어는 이미 18세기 말에 잘 정립되었지만, 큰 공공 장소에 강한 빛을 충분히 제공하기 위해서는 강렬하고 지속적인 광원의 발전이 필요했다. 그리고 이것이 가능해지자 매직 랜턴은 이례적으로 계급을 불문한 오락의 형태가 되었을 뿐만 아니라 대중 교육의 주요한 자원이 되었고(Chanan, 1980: 13) 사진 슬라이드의 도입으로 그 기능은 강화되었다.

새로운 형태의 극장 조명은 빛이 없는 공간에서 빛이 있는 공간의 퍼포먼스를 관람하는 방식의 발전에 기여했을 뿐만 아니라, 무대 연기와 관련한 빛의 사용에 변화를 만들어 내기도 했다. 조명은 더 이상 모든 것과 모든 연기자를 차등 없이 명료하고 강렬하게 비추는 "무심한 대칭적 빛"(Bergman, 1977: 177)을 제공하지 않는다. 다른 무대 장치의 발전과 함께 빛은 분위기를 조성해 냈고, 주요 연기자들과 연기의 특정 측면들로 주의를 집중시키는 역할을 하게 되었다. 빛의 극적 사용에 대한 이러한 개념화는 점차적으로 석회등limelight(이로부터 만들어 '각광받는in the limelight'이라는 표현이 유래함)과 가스등의 도입을 통해 더 촉진되었다. 이것

133 로베르송이라는 이름으로 알려진 에티엔 가스파르 로베르Étienne-Gaspard Robert는 벨기에 출신의 물리학자이자 마술사로, 매직 랜턴의 원리를 활용한 장치인 판토스코프Fantoscope를 이용해 판타스마고리아를 개발했다. 판타스마고리아는 여러 개의 영사기로 악마나 유령의 이미지를 영사하고 음향 효과를 곁들여 진행되는 공포극이었는데, 당시 수많은 관객들이 실제 유령을 보고 있다고 착각할 정도였다고 한다. — 옮긴이

들은 미국의 극단 책임자 겸 배우인 데이비드 벨라스코David Belasco[134]의 유명한 무대 연출 방법에서 나타난다. 영화사 초기에 나타났던 벨라스코의 연출과 글은 영화 조명에 직접적인 영향을 주었다(Baxter, 1975: 96~97). 벨라스코는 조명을 자연적이고(실제 세계에서 빛이 떨어지는 방식을 묘사함), 분위기 있고, 심리적이고(그리하여 퍼포먼스가 "등장인물을 비추는 빛의 성격"[Belasco, 1902; Bergman, 1977: 306에서 재인용]에 의해서도 구성되도록 함), 지시적으로(관객의 주의를 중요한 쪽으로 유도하고 어떻게 봐야 할지 방식을 제시함) 이용했다. 벨라스코의 접근법에 빛이 매우 중요했기에 그는 1901년 "무대에 나오는 등장인물은 조명 효과에 부차적이다"(Baxter, 1975: 86에서 재인용)라고 주장하기까지 했다.

따라서 조명 기술은 일상(필요할 때마다 가시적일 수 있다는 기대)과 극 예술(극은 의미를 만들어 내는 빛이 넘쳐 흐르는 분리된 공간에서 일어난다는 기대)에 새로운 기대를 만들어 냈다. 둘 다 빛의 인식론의 일부로, 분석적이면서도 비유적이다. 빛의 본질에 대해 탐구는 근대 아이작 뉴턴의 색 스펙트럼에 대한 연구(1666)와 크리스티안 하위헌스Christian Huygens의 《빛에 관한 논문*Traité de la lumière*》(1690)을 통해 시작되었다. 18세기에는 프랑스의 물리학자이자 천문학자 피에르 부게르Pierre Bouguer의 작업(1729)을 시작으로, 그리고 통제 가능한 지속적인 광원의 발명과 함께 엄청난 활력을 얻으며 광도 측정, 빛의 측정에 있어 발전이 이루어졌다. 빛에 대한 탐구는 근대 사상의 초석이 되었는데, 예를 들어 제임스 맥스웰James Maxwell의 백색광과 색각色覺에 대한 연구(1855)뿐만 아니라 에마누

134 데이비드 벨라스코(1853~1931)는 〈나비 부인*Madame Butterfly*〉의 극본을 썼다. 그는 〈나비 부인〉에서 나비 부인과 그의 하녀 스즈키가 노을을 바라보며 남자 주인공 핑커톤을 기다리는 대목에서 저녁부터 새벽까지의 시간 경과를 조명 효과를 통해 연출했다. — 옮긴이

엘 스베덴보리Emanuel Swedenborg[135]의 이론에도 영향을 주었다. 로절린드 크라우스Rosalind Krauss(1978: 37)는 스베덴보리에게 빛이란 "감각 인상의 세계와 영혼의 세계 사이의 도관"이었다고 말하기도 했다. 동시에, 조지프 말러드 윌리엄 터너Joseph Mallord William Turner(1775~1851), 휘슬러(1834~1903), 클로드 모네Claude Monet(1840~1926), 조르주 쇠라Georges Seurat(1859~1991) 등의 작품은 빛의 효과에 대한 체계적 분석을 반영한다.[136]

앎과 연결된 빛의 은유는 성서와 예배 전통에서 유서가 깊다. "빛이 있으라"(창세기에서 신이 세계에 의미를 가져다주는 것), "그는 타오르고 빛나는 빛이었다"(성 요한의 복음서에서 침례교도 요한이 그리스도 강림에 대한 소식을 가져올 때), "비유대인을 비추기 위한 빛이 되기 위해"(유대인 너머에 신의 진리에 대한 앎을 전하는 것), "주여, 우리의 어둠을 밝혀 주길 간구합니다"(일반 기도서에서 고난으로부터의 안도와 앎을 연결시킬 때) 등. 성스러운 전통은 단테 알리기에리Dante Alighieri, 셰익스피어, 존 밀턴John Milton 등의 세속적인 영역을 통해 보완된다. 빛의 문화는 이러한 은유를 동원했을 뿐만 아니라 여기에 독특하고 결정적인 변형을 가했다. 말 그대로의 빛에 대한 강렬한 관심은 지식을 알고 퍼트리는 인간의 가능성과 연결되었다. 18세기 계몽을 일컫는 표현이 "le siecle des lumieres," "l'illuminisimo," "die

135 스베덴보리는 1772년에 세상을 떠났지만, 그의 이론이 국제적으로 큰 영향력을 발휘한 것은 19세기였다.

136 폴 힐스Paul Hills는 이탈리아 초기 르네상스 시기의 회화에서 빛을 표현하는 방식을 추적한다. 그러나 그에 따르면, 이러한 빛에 대한 집착은 서구 전통의 특수성이다. 다른 문화권에서 빛이란 "모방해야 할 것이 아니라 가시성을 확보해 주는 보편적 미디어로서 당연히 여겨진다"(1987: 1).

Aufklarung"[137]과 같은 것은 유서 깊은 은유의 차원만이 아니었다. 그 연결은 지식과 관련하여 당대의 가장 유명한 경구에서 발견된다. 그것은 영국 시인 알렉산더 포프Alexander Pope가 《인간론*Essay on Man*》(1732~1734)에서 쓴 경구다.

> 자연과 자연의 법칙은 어둠에 잠겨 있는데
> 신이 "뉴턴이 있으라" 하시자 세상이 밝아졌다.

뉴턴이 모든 색이 합쳐진 것은 검정이라는 기존의 믿음을 깨고 백색광을 주장했다는 사실(Bynam et al., 1981: 236)은 유럽의 지식이 활기차게 팽창해 가던 시기에 적어도 인종적으로 시사하는 바가 있다.

지금까지 살펴본 빛의 기술과 인식론에 사진을 더해 볼 수 있다. 이미 서술했듯이, 사진은 빛의 예술로 이해되며, 실로 말 그대로 빛photo의 그림graphy이다. 어두운 방에 벽의 작은 구멍을 통해 들어오면서 벽 바깥에 있는 것의 (역전된) 이미지를 드리우는 빛의 효과는 알려진 지 오래다. 이는 적어도 알 하젠Al Hazen[138](965~1068)과 16세기 중반 이래의 서구 근대 시기로 거슬러 올라간다. 요하네스 토렌티우스Johannes Torrentius[139](1589~1644)가 그러한 이미지를 화학적으로 고정하는 데 성

137 각각 '계몽주의'를 일컫는 프랑스어, 이탈리아어, 독일어로, 모두 빛이나 밝힌다는 의미의 단어를 포함하고 있다. — 옮긴이

138 알 하젠은 '근대 광학의 아버지'라고도 불리는 아랍의 수학자이자 천문물리학자로, 빛이 물체에서 반사되어 눈에 들어옴으로써 시각적 지각이 일어난다는 설명을 최초로 했다. — 옮긴이

139 요하네스 토렌티우스는 네덜란드 화가다. 그가 그림을 그릴 때 화학적 반응을 이용하기도 했다는 이야기가 있지만, 어떤 재료로 무슨 화학적 시도를 했는지에 대한 자세한 내용은 알

공적인 시도를 했다는 주장이 있지만(Barnouw, 1984), 일반적으로 화학적 탐구가 처음으로 입증된 것은 1772년 독일 화학자 요한 하인리히 슐츠Johann Heinrich Shulze와 1777년 스웨덴 화학자 카를 빌헬름 셸레Carl Wilhelm Scheele의 시도에서였고, 이것이 처음으로 실용적으로 구현된 것은 1822년 조제프 니세포르 니엡스Joseph Nicephore Niepce에 이르러서였다. (이미지를 포착하고 이미지에 노출된 화학물을 변화시키는 데) 빛이 어떻게 작동하는가가 사진의 근간인데, 이에 대해 또 다른 사진 발명가인 윌리엄 헨리 폭스 탤벗William Henry Fox Talbot은 이렇게 매혹적으로 표현했다.

> 카메라(옵스큐라)의 유리 렌즈가 종이에 초점을 맞춰 던진 자연이 그린 그림으로서의 사진picture의 독보적 아름다움(에 대해 생각했다). 아름다운 사진들, 순간의 창조들 …… 그 자연 이미지들이 종이에 색이 바래지 않고 스스로 인쇄될 수 있도록 만든다면 얼마나 멋진 일일까! …… 그리고 왜 그것이 가능하지 않을까? …… 빛은 그것이 존재하는 곳에서 작용할 수 있고, 특정한 상황에서는 물질적인 것에 변화를 가하기에 충분한 작용을 할 수 있다. 그렇다면 그런 작용이 종이에 행해질 수 있다고 가정해 보자. 그리고 종이가 그로 인해 시각적으로 변할 수 있다고 가정해 보자(《자연의 연필*The Pencil of Nature*》, 1844~1846; Ward & Stevenson, 1986: 10에서 재인용).

누군가가 빛을 이용해 중요한 미디어로서의 사진을 만들었다고 가정해 보자.

려져 있지 않다. — 옮긴이

상업적으로 가장 성공적이었고 형식 면에 있어 영향력 있었던 19세기 인물 사진가 중 나다르Nadar는 스베덴보리의 도관으로서의 빛의 개념을 받아들여 빛의 예술인 사진이 인간의 내면을 포착할 수 있다는 생각으로 해석했다. 그에게 좋은 사진의 핵심이 "빛의 느낌"(Lemagny & Rouillé, 1987: 21)이었던 것은 이러한 이유에서다. 여기서 내가 관심이 가는 것은 바로 그 느낌, 그 잠재적인 인종적 함의다. 문화 생산에서 빛에 대한 두 가지 인식에 주목해 보려 하는데, 둘 다 현재 우리가 무언가를 본다는 차원에서 완전히 흔한 것이면서도 아주 특기할 만한, 특히 첫 번째의 경우에는 얄궂기까지 한 보기의 방식이다. 세계에 더 많은 빛이 있다는 사실, 빛과 앎의 연결, 그리고 이 기술-인식론적 구성의 전형적 예술로서의 사진과 영화, 이 모든 것은 세계를 투명한 것으로 볼 수 있다는 가능성과 빛이 위에서부터 내려온다는 가정을 관통한다.

## 세계는 투명하다

> 여러 색의 유리 돔처럼 삶은
> 영원의 하얀 광채에 얼룩을 만든다.
> (퍼시 비시 셸리Percy Bysshe Shelley, 〈아도네이스*Adonais*〉, 1821)

우리가 사진을 볼 때 보는 것은 반투명한translucent 세계다. 그런데 이는 우리가 슬라이드(매직 랜턴) 쇼나 영화를 볼 때 더 강화된다. 사진은 보통 하얀 종이에 인쇄되고, 슬라이드와 영화는 하얀 화면에 투사된다. 하얀 배경 위의 빛은 우리가 보는 사물과 사람을 비쳐 보이게 한다. 우리가 셸리의 표현대로 삶이 투명한 것인마냥, 이러한 세계의 재현을 쉽게 받아들이는 건 놀라운 일이다. 19세기 전반(셸리가 이 시구를 썼을 때)에 재현의 형식은 완전히 정립되었다. 많은 작품이 반투명성을 갈망했지만, 그 비실재성은 반대로 반투명성에 물질성을 부과하는 경향을 지니고 있었다. 이것은 결국 이러한 재현의 양식이 지닌 특수한 인종적 잠재력과 연결된다. 빛은 검은 피사체보다는 흰 피사체를 더 잘 비추어서 흰 피사체가 진짜 빛나는 것처럼 보이게 만들지만, 흰 피사체가 물질성 자체가 없는 것처럼 만들 수 있다는 점에서 문제가 있다.

빛을 기반으로 세계를 재현하고 볼 수 있게 되는 것은 사진이 발명되었을 즈음에는 이미 정립된 관습이었다. 그렇지 않았다면 아마 사진술을 고안해 내는 것을 불가능했을 것이다. 카메라 옵스큐라의 효과, 즉 하얀 표면 위에 드리운 유령 같은 이미지는 그저 신기하게 보일 뿐 새로운 미디어의 토대로 사용할 만한 것으로 보이지는 않았을 것이다.

앤 홀랜더Anne Hollander는 자신의 책 《영화*Moving Pictures*》에서 15세기 북유럽 회화에서부터 영화에 이르기까지 빛을 묘사하는 독특한 방식의 발전을 추적한다. 홀랜더는 화가들이 "회화가 외부로부터 온 빛을 표면에서 반사시키는 게 아니라 마치 빛을 투과시키는 듯 보이게끔 하는 보석 같은 투명함"(1989: 15~16)을 추구해 왔다고 말한다. 이것은 회화와 인쇄, 목판화 모두에서 나타난 것으로 보이는데, 이들은 하얀 종이에 검은 인쇄를 하는 관습을 갖고 있다. 예를 들어 하얀 얼굴은 사실상 백지이고 검은색이 백지를 둘러싸거나 배경이 되어 줌으로써 우리가 그 존재를 감지해 내는 것이다. 홀랜더가 이러한 관습의 기원을 북유럽 회화에서 찾고 있다는 점은 시사적이다. 북유럽은 그야말로 백인의 땅이기 때문이다. 이것은 (전수되거나 드러난 지식을 묘사하는 것이 아닌) 세계가 어떻게 보이리라는 것을 묘사하는 것과 관련된 현실주의 예술이었다. 텅 빈 하얀 공간을 현실주의적으로 얼굴이 재현될 공간으로 보는 개념적 도약은 밝은 피부의 사람들에게 더 쉽게 일어날 만한 일이다.

그러한 반투명한 재현은 18세기 후반과 19세기 초반에 더 강화되었다. 매직 랜턴의 인기가 엄청나게 올라갔다는 사실은 이미 앞에서 언급했다. 마찬가지로 당시 스테인드글라스와 수채화의 인기도 엄청나게 높아졌다. 둘 다 훨씬 오래된 미디어이지만 이때에야 다시 한 번(스테인드글라스) 또는 처음으로(수채화) 그 진가를 발휘했다. 스테인드글라스는 주로 교회에서 사용하면서 유명해졌고, 때로는 귀족적인 용도로도 사용되면서 반투명성을 초월과 연결하는 사회적 함의를 지녔다. 이 자체가 근대적인 인식일지도 모르겠다. '광채luminosity'는 "초기 유리 디자이너들이 많이 몰두한 요소는 아니었다"(즉 로마네스크와 초기 고딕 시기)라고 게이지(1993: 70ff.)가 말한 것에서 알 수 있듯 말이다.

수채화는 19세기 초에야 보편화되었다(Clarke, 1981: 14). 미리 혼합된 물감의 대량 생산, 관찰과 기록에 대한 관심의 증대(자연사, 풍경화, 초상화), 관찰과 기록을 해야 하는 여행에서 수채화의 편리함, 보조 기구로서 휴대용 카메라 옵스큐라의 용이성, 중산층 교양 차원에서 아마추어적인 취미의 발전, 다시 말해, 수많은 기술적이고 사회적인 발전이 합쳐져 시각과 빛 문화의 새로운 측면을 만들어 냈다. 수채화는 용도, 위신, 용이성, 형태적 특성 등 많은 면에서 사진술을 예견한다. 수채화에 대한 두 설명은 이미 앞에서 사진 미디어의 특징으로서 제시되었던 성질들을 강조한다.

> [수채화에서] 빛은 표면에서 반사되는 것만이 아니라, 그림의 모든 층을 통과한 후 종이 그 자체에서도 반사된다. 따라서 흰 종이를 사용하면 물감이 층층이 쌓여서 색칠된 유리판 같아진다(Koschatzky, 1970: 14).

> 표면에 놓인 염료의 층들이 매우 얇기 때문에 빛은 하얀 배경에서부터 반사되어 색칠된 도료를 통과해 수채화의 특징인 톤의 밝기, 색채의 산

뜻함, 광채를 만들어 낸다(Reynolds, 1971: 8).

첫 번째 설명과 셸리의 표현이 공명한다.

매직 랜턴과 수채화의 부상, 그리고 1840년대까지 사진술의 빠른 수용은 마찬가지로 실체가 없는 성질을 전달하고자 했던 극장 조명의 발전과도 궤를 함께한다. 극장은 항상 육체나 사물의 성격을 지니고 있기에 영화 같은 방식으로의 반투명함을 지닐 수는 없다. 그러나 배경으로 가벼운 천을 사용하거나, 광채 나는 분장을 하는 것, 그리고 조명 효과에서 분산시키고, 겹치게 하고, 고이게 하고, '커튼을 치는 것'[140] 같은 효과(매직 랜턴의 영사를 포함해서) 모두가 특정한 종류의 극장이 지닌 비실체성insubstantiality의 미학을 구성했다. 천사, 요정, 꿈, 환상, 일출과 일몰은 대중 극장 스펙터클의 주요한 특징이었다. 20세기 극에 거대한 영향을 미치기도 한 아방가르드적 맥락 속에서, 19세기 말엽의 아돌프 아피아Adolphe Appia[141]가 보여 준 무대 디자인은 매우 간결한 무대 세팅과 함께 빛을 사용해서 "안개 속으로 그림자가 녹아들고 아득한 거리감이 느껴지는"(Simonson, 1968: 39) 모습을 구현해 냈다.

인쇄, 매직 랜턴, 수채화, 사진, 영화는 모두 반투명성을 통해서 사람을 재현한 미디어이고 이에 기초하지 않은 미디어인 유화나 연극 또한 반투명성의 특질을 추구하기도 했다. 반투명성은 확실히 수용되고 가치

140 1892년 특허를 받은 스틸 매케이Steele MacKaye의 '럭사울레이터luxauleator'처럼, '빛의 커튼'이 하나의 장면을 다 가린 후, 그 커튼이 '걷히면서' 다른 장면들이 나타나도록 하는 방식이었다(Vardac, 1968: 143).

141 건축가이자 무대 조명 및 장식 이론가였던 아돌프 아피아(1862~1928)는 바그너 오페라의 무대 디자인으로 가장 잘 알려져 있다. 그는 빛의 강도와 색 등을 이용해서 3차원적인 깊이감을 만들어 냈다. — 옮긴이

를 인정받긴 했지만 한편으로는 문제적이기도 했다. 세계는 거의 비존재의 지점까지 투명해졌다. 이러한 인식의 발전은 근대 회화의 역사를 읽는 흔한 방식이다. 하나만 예로 들자면, 모네의 루앙 성당 연작(1892~1893)은 하루 동안 다른 시간대의 빛을 보여 주는데 성당은 거의 존재하지 않고 빛의 작용만이 있는 듯 보인다. 이러한 인식은 여전히 물질주의, 실증주의 사고와는 동떨어진 것으로, 빛은 그냥 거기에 있는 것이 아니라 보기를 위한 수단이라는 계몽주의의 프로젝트를 이어가려는 것이다.

반투명의 문제와 그와 관련된 특질로서의 분광, 흐릿함 등은 사진 초창기에 사진술과 관련된 논쟁과도 연결된다(Seiberling, 1986: 26~27 참조). 기술적 혁신가들이 날카롭고 섬세하고 구체적인 포착을 원하고 자연과 물체를 피사체로 삼고 싶어 했다면, 사용자나 비평가들은 특히 인물 사진에서는 약간 초점이 나간 모습을 원했다. 피사체의 본질은 그러한 희미함 속에서만 포착되고, 선명한 윤곽선의 표현 속에서는 놓쳐지고 마는 것이라고 여겼다. 실제로 차이가 생겨났다. 하나는 위대하고 선한 자의 인물 사진에서 흐릿한 영적인 속성을 드러내는 것으로 줄리아 마거릿 캐머런의 작업에서 정점에 달했고, 두 번째는 범죄, 의학, 우생학, 민속지학적 사진이 보여 주는 뚜렷하고 정밀한 속성이다.

흐릿함diffusion과 선명함sharpness은 주제에 따라 또는 주제 내에서 구분되어 나타난다. 윤곽이 선명하고 상대적으로 불투명한 피사체가 있는가 하면(광인, 중죄인, 원주민) 윤곽이 부드럽고 투명한 것들도 있다(천사, 요정, 성인, 또는 이런 특성을 지닌 사람들). 각 양극에는 불투명한 비백인 피사체와 투명한 백인 피사체가 있고, 그사이에서 기술은 차별화되고 위계화된 구조로서의 백인성 재생산을 허용한다. 계급을 비롯하여 온전한 정신, 비범죄 등과 같이 백인성의 적정 기준은 반투명성의 정도를 통해 표현되었다. 빈곤층, 노동 계층, 이민자 백인 피사체에는 탁함이 연결되었다.

극명한 예시를 사진술의 역사에서 찾아볼 수 있다.[142] 장클로드 르마니Jean-Claude Lemagny와 앙드레 루이예André Rouillé(1987: 22)는 1850년 이전 부랑자처럼 옷을 입은 배우와 대장장이가 담긴 다게레오타입을 보여 준다. 배우는 그 배역에도 불구하고 수염이 난 깨끗한 하얀 얼굴을 갖고 있으며 하얀 얼굴은 검은 배경 때문에 부각된다. 한편 대장장이는 매우 어두운 얼굴에 한두 군데 하이라이트만 있고, 그 어둠은 밝은 배경 때문에 더 강화된다. (더욱이 위를 향해 보고 있는 배우의 얼굴 및 포즈와 카메라를 바로 응시하는 대장장이의 모습은 계급 차이를 표현한다. 전자는 카메라에 의해 미화된 자이고 후자는 카메라에 내맡겨진 자다.) 1889년 12월 〈스크리브너스 매거진*Scrivener's Magazine*〉에 실린 제이콥 리스Jacob Riis[143]의 유명한 이민자 사진 르포르타주 "세상의 절반은 어떻게 사는가How the Other Half Lives"는 빈곤과 환경 사이의 관계를 보여 주며, 빈곤이 가난한 자들의 부도덕함이나 성격에 기인한 것이라는 생각을 반박한다. 그러나 르마니와 루이예가 지적하듯, 리스의 서술은 또 한편으로 어떤 사람들이 왜 가난한지에 대한 인종주의적 설명을 제공하는데, 중국인, 이탈리아인, 유대인에 비해 "리스 자신과 같이 **북**유럽 출신의 가족들은 깔끔하고 근면하고 빈민가를 벗어날 확률이 크다"라는 식이다(1987: 64. 강조 추가). 사진은 빛과 어둠, 흐릿함과 선명함을 이용해 빈곤층 내에서의 차이를 강조한다.

이러한 재현은 또한 젠더화된 형태로 나타난다. 중산층 귀족 여성의 얼굴은 그것이 인쇄된 종이나 투사된 화면만큼이나 하얗게 표현되는

142 벤저민 스톤의 두 인물 사진에 대한 2장의 논의를 참조하라.

143 제이콥 리스(1849~1914)는 미국의 빈민가와 이민자 구역을 사진으로 찍어 빈부 격차와 이로부터 비롯된 사회 문제를 고발하고 개혁하고자 했던 포토저널리스트다. "세상의 절반은 어떻게 사는가" 역시 사실주의적 시각으로 뉴욕 빈민 구역의 생활상을 담아냄으로써 사회 고발적인 성격을 보여 준다. — 옮긴이

한편 노동 계급 남성은 노동 계급 여성보다도 더 어둡게 나타난다. 백인성 내에서도 불투명성의 정도를 통해 젠더화된 차이가 드러난다. 백인 피사체의 내에서 부드러움과 날카로움, 밝음과 어두움, 투명함과 뚜렷함의 경합이 일어난다. 그러나 이는 백인 남성에게서 더 그러한데, 빛과 어둠이 극명하게 대비되고, 윤곽은 선명하지만 반투명한 영역이 있음으로써 육체 속에 정신이 있는 것으로 그려진다. 백인 여성은 좀 더 전반적으로 반투명한 경향이 있다. 백인 여성의 육체성은 전적으로 부정되거나, 부인하는 형태로 공존하거나, 여성의 정신적인 이미지를 기만하는 기호로서 제시된다. 이 차이에 대해서는 아래에서 더 다루겠다.

백인성에 대한 열망의 구조 내에서 사진술의 반투명성은 인종 간 또는 백인 내에서의 구별을 제공해 주며, (주로 남성) 백인 피사체 내의 반투명성 정도도 보여 줄 수 있었다. 필름도 완전히 투명하지 않으면서 빛이 지나가게끔 하기에 유사한 반투명성을 만들어 낸다. 영화 조명 발전의 상당 부분은 필름 이미지의 비실체성에 대한 반작용으로서 이루어졌는데, 필름에서 영사된 빛의 깜박거리는 성질을 통해 고조되었다. 초기의 필름은 분광이 된 전체적인 빛(주로 간접 조명되거나 추가로 동원된 태양 빛)을 사용하다가, 점차적으로 (벨라스코 작품에서 두드러지는) 명암법을 사용하게 되었고, 인공 광원은 인물의 모델링뿐만 아니라 리얼리즘(광원이 화면에서 보임)과 연출(등장인물의 위계)에서도 허용되었다. 후방 조명은 인물이 배경과 분리되게 만들어서 이미지에 깊이감을 주었다. 3점 조명은 인물의 윤곽을 드러내고 표면, 피부, 옷 등의 질감을 살려 냈다. 따라서 역설적이게도, 조명은 이미지의 본질적인 반투명성을 상쇄시키는 방식으로 균형을 잡는 데 사용될 수 있었다. 여기에 다른 두 요소가 더해져야 하는데, 그 자체로 조명의 성질은 아니지만 비현실적인 필름 이미지에 통일성의 환영을 부여한 요소들이다. 먼저, (1920년대에 관습으로 자리잡은) 연속 편집continuity editing과 이동 카메라는 3차원성의 환영을 만들어 냈을 뿐만 아니라 관객이 마치 그 공간 **안**에 있고 거기에 둘러싸여 있는 듯한 느낌을 들게 해 주었다.[144] 둘째로, 모든 사진 이미지들은 사진으로 찍히기 위해서는 물질적이고 만져지는 실재가 있었다는 것을 보여 준다. 어떤 면에서 사진은 만져지는 실재의 이미지라는 점에 의해 그 반투명성은 언제나 항상 억제된다.

그러나 필름은 반투명성, 흐릿함과 빛, 사랑의 미장센과 스타 시스템의 발전에 기여했다. 이것들은 영화의 상업적이고 문화적인 성공의 초석이고, 이 장의 마지막에서 다시 다룰 것이다.

사진 미디어는 반투명성과 물질성을 한데 묶는다. 이것은 매우 유연하고 미묘한 재현 방식을 제공한다. 이는 또한 빛이 많이 나는 사람과 거의 나지 않는 사람, 즉 빛이 나는 하얀 얼굴과 불투명한 검은 얼굴 간의 차별을 구성해 내기도 한다. 그러나 미디어 그 자체로서 사진은 백인 개념에 중심적인 빛과 물질의 혼합이다.

이러한 맥락에서 명암법은 백인성을 재현하는 데 핵심적인 특성이다. 홀랜더는 명암법이 물질에 대한 정신의 작용을 통해 이미지를 규율하고, 조직하고, 고정시키는 데 사용되었다고 말한다. 또한 명암법은 흑 대 백의 양극을 동원했는데, 이는 2장에서 논의되었던 서양 이분법주의의 인식론적/도덕적/인종적 미끄러짐과 일치한다. 더불어 명암법은 선택적으로 빛을 투과시킨다. 명암법은 정신적인 것이 물질적인 것에 나타나도록 만든다. 이 장의 마지막 부분에서 논의될 반투명성의 극단적 예

144 한 신의 설정 숏은 관객을 멀리 떨어트려 놓는 반면, 신 안에 있는 것을 미디엄 숏이나 클로즈업 숏으로 잡거나 그 안으로 트래킹해 들어가는 것은 3차원 공간을 통과하는 듯한 경험을 만들어 낸다.

시는 천사 같은 백인 여성이다. 그 반대 극에는 범죄자, 광인, 장애인 백인이 있으며, 특히 남성일수록 어둡고 광이 나지 않는다. 이러한 극단은 드물다. 백인 재현에 결정적 역할을 하는 것은 반투명성 혼자만이 아니라 반투명성과 물질성의 결합이다.

### 위에서 내려오는 빛

투명성으로서의 삶에 대한 관념은 지금의 우리에게 익숙하지만 과거에는, 인식론적 도약을 보여 주는 것이었다. 한편, 위에서 내려오는 빛이라는 관념은 별로 흥미롭지 않을 수 있다. 빛의 자연적 형태란 위에서 오게 마련이다(태양 빛, 달빛, 별빛……). 이것은 부인할 수 없는 사실이지만 두 가지 점을 고려해 봄직하다. 겨우 18세기에 와서야 인공 조명이 위에서 오기 시작했고 그것이 보편화된 것은 19세기 말에서다. 그리고 북쪽 지역의 나라에서만 한낮에 위에서 빛이 오는 시간이 최적의 시간이라고 여겨졌고, 남쪽에서는 아침이나 저녁처럼 빛이 낮게 비스듬히 (여전히 위쪽이긴 하지만) 있는 때가 가장 사람과 사물이 잘 보이는 시기다. 그러나 영화에서는 항상 빛이 높은 곳에 있다.

크리스 말키비츠는 1986년의 글에서 오늘날의 촬영 감독들이 "창문이나 바깥의 실제 광원에서 빛이 오는 현실과는 다르게 '필름 룩'을 만들어 내면서 위에서부터 내려오는 주 조명에 대해 점점 어색하게 느낀다"(1986: 100)고 말했다. 이것이 사실이라고 말할 수는 없다. 많은 현대 주류 영화들이 보다 아래에 위치한 뚜렷한 광원을 활용하긴 하지만 위에서 오는 빛을 포기할 정도라고까지는 할 수 없다. 예를 들어 아카데미 촬영상을 받은 〈쉰들러 리스트〉(1993. 촬영 감독 야누즈 카민스키Janusz Kaminski)는 흑백과 강력하고 직접적인 빛을 사용한다는 점에서 별로 할리우드적인 영화가 아니라고 할 수도 있으나 영화 내내 인물의 머리에 빛 테두리를 만들거나 관자놀이에 빛을 만들어 내기 위해 오버헤드 조명을 쓰고 있다. 이것이 두드러지게 나타나는 부분이 강제수용소의 여성 막사에서 밤에 한 여성이 다른 이들에게 가스방에 대해 들은 것을 말하는 시퀀스다. 그 어두침침한 방 안에서도 여성들의 머리에는 은은하고 고귀한 분위기의 빛이 있다. 말키비츠가 현대 영화 촬영에서 위에서 오는 조명에 대한 어색해하는 분위기를 발견하긴 했어도, 그 조명이 포기되는 데까지는 이르지 못한 것이다.

말키비츠는 위에서 오는 빛을 부자연스러운 것으로 보지만, 18세기 말에 극장이 오버헤드 조명으로 변해 간 것은 정확히 같은 방식, 즉 자연에 의존하면서였다. 1781년 화학자 앙투안 라부아지에Antoine Lavoisier는 코메디 프랑세스에 오버헤드 기름 램프를 반사판과 함께 사용할 것을 조언하며, 그렇게 해야 "물리적 원칙대로라면 물체는 위에서 아래로 빛을 받아야 하는데, 물체에 아래에서 위로 빛을 줘서 자연에 반하는 방식대로 물체를 제시하는" 구식 오류를 제거할 수 있다고 했다(O'Dea, 1958: 161에서 재인용). 어느 시대나 자연스러운 것으로 간주되는 것은 무엇이 가능한가, 그리고 무엇이 부족한가와 관련되어 있다. 새로운 광원은 구현 가능한 빛의 특정한 속성(통제성, 밝기, 안정성)을 만들었고, 그로 인해 누구나 집, 거리, 무대, 스튜디오에 늘 오버헤드 조명을 가질 수 있게 되었다.

극장과 사진 모두 19세기 말에는 오버헤드 조명을 정립했다(비록 니콜라스 바르닥Nicholas Vardac에 따르면 1917년이나 돼서야 벨라스코가 "풋라이트[145]의 왜곡을 제거할 수 있었다"[1968: 119]고는 하지만). 영화는 그 관습을 채택했다. 처음에는 (천장이 없는 내부 세트에서 촬영하며) 자연 태양광을 이용했지만

145 무대 앞쪽 아래에 위치해서 배우를 비추는 조명을 말한다. — 옮긴이

이것은 점차 변하거나(천, 거즈 등을 사용해 분광하는 식으로) 인공 조명으로 보충되었다. 1919년에 이르면 인공 조명이 연기자의 머리 위에 위치하는 것이 일반화되었다(Salt, 1983: 141). 이것도 (풋라이트나 테이블 램프에 비해) 상당히 높은 위치였지만, 제대로 된 영화 조명이 정착하면서 더 높아졌다.

여기서 높이란 연기자 위의 거리보다 위치를 의미한다. 머리로부터 어느 정도 거리에 조명이 있는가는 작업할 때의 편리한 정도(열의 문제와 숏에서 지우는 문제)를 비롯하여 빛의 강도나 퍼지는 정도에 분명 영향을 미치긴 하지만, 가장 중요한 것은 각도다. 비록 이러한 종류의 빛이 때로는 '천정 조명zenith light'이라고 불리기도 하지만, 이건 엄밀히 사실은 아니다. ("가장 형편없는 사진은 태양이 머리 바로 위에 있는 정오에 찍은 사진이다"라고 영화 감독 클래런스 브라운Clarence Brown은 말했다. Brownlow, 1968: 164에서 재인용). 주 조명이 바로 머리 위에 위치하면 눈썹, 코, 턱 등에 그림자를 지게 해서 이를 보완하기 위해 아주 강한 보조 조명을 동원해야 한다. 따라서 45도 정도의 조명이 선호되는데, 인물을 왜곡시키는 그림자를 없앨 수 있기 때문이다.

빛은 말 그대로도 위에서 오지만, 이는 지리학적이고 존재론적인 함의의 차원에서 더 중요하며, 인종적으로도 시사하는 바가 있다.

영화 조명은 빛을 사용하고 재현하던 19세기 관습을 이어오고 있는데, 이는 그 시기에 재발견된 북유럽 회화, 무엇보다 렘브란트Rembrandt와 얀 페르메이르Jan Vermeer의 회화에 의존하고 있다(Silve, 1962). 고전적인 성경 속의 피사체보다는 가내 초상화를 선호한 그들의 회화는 사진을 위한 훌륭한 모델상을 제공했고, 이는 곧 데이비드 옥타비우스 힐David Octavius Hill과 로버트 애덤슨Robert Adamson[146](렘브란트), 헨리 피치

146 스코틀랜드의 화가 데이비드 옥타비우스 힐(1802~1870)과 사진가 로버트 애덤슨(1821~1848)은 1840년대에 함께 스튜디오를 만들어 수많은 인물 사진 작업을 했다. 특히 애덤슨의

로빈슨Henry Peach Robinson[147](페르메이르) 같은 초기 사진가들의 눈에 들어오게 된다. 유사하게 극장에서도 벨라스코와 아피아가 서로 반대되는 방향으로(각각 자연주의와 반환영주의로) 나아가기는 했지만 네덜란드와 플랑드르의 대가들을 스승으로 삼아 참고하여 오버헤드 조명을 많이 사용했다. 영화 조명은 또한 북유럽 회화에 의존했는데, 부분적으로는 인물 사진의 관습을 물려받고,[148] 부분적으로는 벨라스코의 영향을 받았으며(벨라스코는 세실 B. 드밀Cecil B. DeMille[149]에게 직접적이고 강력한 영향을 주었다[Baxter, 1975: 101]), 그리고 부분적으로는 스칸디나비아 국가들에서 독자적으로 발전한 영화 조명 스타일이기도 하다(노르딕 빛의 특성에 대한 관찰과 재생산을 기반으로 한 예술의 독특한 스타일 부흥에 맞추어 발전했다[Ken, 1987 참조]). 이런 발전은 할리우드가 넘겨받게 된다.

1910년대 말부터 영화에서 완벽한 조명을 일반적으로 '북쪽' 조명이라고 불렀다. "나는 항상 렘브란트의 북쪽 조명 테크닉을 사용해 왔습니다. 세트에서 주 광원은 항상 북쪽에서 왔죠"(촬영 감독 리 가메스Lee Garmes. Russell, 1973: 45에서 재인용). 배리 솔트에 따르면, 북쪽 조명은 "낮에 북쪽을 향한 큰 창에서 방으로 들어오는 종류의 빛, 또는 인조적인 수단으로 그와 같은 효과를 내는 장치"(1983: 329)라고 정의할 수 있다. 그것은

사진은 '렘브란트적Rembrandtish'이라는 평을 받았다. — 옮긴이

147 헨리 피치 로빈슨(1830~1901)은 영국의 사진가로, 여러 사진 이미지를 하나의 이미지로 합치는 초기적 형태의 포토몽타주를 시도했다. — 옮긴이

148 솔트(1983: 136)는 이것이 다소 뒤늦은(1919) 영향이었다고 말한다.

149 세실 B. 드밀(1881~1959)은 〈십계*The Ten Commandments*〉(1923), 〈클레오파트라*Cleopatra*〉(1934) 등을 연출한 영화 감독이다. 그의 아버지 헨리 처칠 드밀Henry Churchill DeMille은 연극 제작을 하면서 벨라스코와 협업했고, 어릴 때부터 자연스럽게 벨라스코의 영향을 받은 세실 B. 드밀은 후에 벨라스코의 극작업을 영화로 각색하기도 했다. — 옮긴이

부드럽고 하얗고 가파른 경사를 형성한다. 초기 영화에서 태양광이 퍼지는 움직임조차 북쪽 조명의 부드러움을 재생산하려는 시도였다고 볼 수 있으며, 3점 조명의 발전에도 핵심적이었다. 더 최근에는, 석영 조명이나 우산 조명을 이용해 빛을 반사시켜서도 만들어 낼 수 있다(같은 책: 329~330).

그 영향이 얼마나 컸든 간에, 이 빛은 특정한 함의를 지닌다. 말 그대로도 상징적으로도 이것은 우월한 빛이다. 유럽이 팽창하는 과정에서 표준화된 인종 지형 및 세계 지도에서 북쪽은 남쪽의 위에 있다. 북쪽으로 올라가고 남쪽은 아래에 있다는 것이 일반적인 생각이다. 이것은 또한 북유럽인, 즉 백인의 인종 위계에서도 가장 하얀 백인들의 지역이다. 1장에서 논의했듯이 북쪽은 백인성의 활력, 깨끗함, 독실함, 진취성을 고양시키는 '높고 추운' 지역의 전형이다. 이러한 표준화된 북쪽 조명에서 백인은 정점에 위치한다. 그들은 조명과 특별한 친연성을 지니고, 그에 의해 고양되거나 그 수혜자이자 반영물이며, 심지어는 세계의 빛의 광원이 되기까지 한다.

그러한 친연성은 금발에 파란 눈(머리카락은 태양의 색이고 눈은 하늘의 색)을 지닌 이상적인 아리아인의 형상에서도 살펴볼 수 있다. 서양에서 인간성의 최고 체현은 그리스도인데, 기독교 도상에서 그는 "머리카락과 수염이 햇빛의 색, 위에서 온 빛의 광휘를 부여받았고, 그의 눈은 그가 내려왔고 다시 돌아갈 하늘의 색을 갖고 있다"며 백인화되었다(Bastide, 1967: 315).

위에서 오는 빛은 고결한 북쪽의 것이며, 앞의 인용이 말해 주듯, 천상의 것이다. 천국은 12세기부터 빛의 공간으로 여겨져 왔다(McDannell & Lang, 1988: 80ff.) 영화는 이를 빨리 알아차렸다. 벨라스코를 따라, 영적인 헌신이나 전환 장면에 빛 웅덩이가 사용되었다(Gunning, 1991: 182,

그림 10 〈톰 아저씨의 오두막〉.

187). 영화에서 이러한 빛 표현의 가장 초기 사례는 〈톰 아저씨의 오두막〉(미국, 1903)에서 에바가 천사의 형상으로 나타날 때다(그림 10). 에바가 나타나는 빛줄기와 창문을 통해 들어오는 45도 각도의 빛은 사실 세트에 그려진 것이다. (페인팅 조명으로, 그리고 영화의 상업적 성공으로 유명해진) 이 사례는 이보다 더 인종적으로 게르만적일 수 없다. 에바는 그녀가 이상적인 백인 여성성의 구성에 중심적 형상 그 자체라고 할 수 있는 천사가 되기도 전부터 백인 순수성의 결정체로 등장한다.

위에서 내려오는 빛이 지닌 천상의 함의는 명시적으로 종교적이거나 천상의 맥락에서의 사용에만 국한하지 않는다. 이에 대해서는 이미 〈떠오르는 태양〉에서 숀 코너리의 이마를 비추는 조명의 예시와 〈어 퓨 굿 맨〉에서 톰 크루즈의 빛나는 머리카락과 흑인 남성의 빛나는 머리카락에 대한 예외적 예시를 통해 다루었다. 이 모든 경우에 빛은 남성을 전체적으로 비추지 않고 머리만 살짝 비춘다.

이런 식으로 백인 남성을 재현하는 것은 19세기 인물 사진의 연장선에 있다. 크리스틴 배터스비Christine Battersby(1989)는 특정 시기의 남성 초상화에서 관자놀이에 빛이 있는 모티프에 주목했다(그림 11). 같은 모티프가 사진에서도 발견된다. 줄리아 마거릿 캐머런의 작품인 존 허셜John Herschel 경[150](1867)(그림 12)과 헨리 롱펠로Henry Longfellow(1868) 사진이 그 모티프가 두드러지게 나타나는 예다. 캐머런은 천사와 요정에 대한 작품도 찍었다. 그녀는 빛의 영적이고 천상과 같은 성질에 대한 자신의 이해를 하늘의 영감을 받은 위대한 사람들에게로 옮겨놓았다. 그렇다고 이런 기법을 위대하고 선한 자들의 인물 사진에만 국한해서 사용한 것은 아니다. 존경할 만한 남자가 검은 옷을 입고 얼굴은 약간 위로 향한 채 위에서 조명이 오는 것은 (이상적이고 특권적인) 백인 남성성 이미지를 생산하는 표준적인 방식이 되었다.

빛의 문화는 빛을 통해서 그리고 빛의 차원에서 보는 것을 인간 이미지의 구성에 중심적인 것으로 만들었다. 빛은 문화의 본질적인 의미를 구성하는 조건이자 수단이고, 특정 집단이 빛과 어떻게 연결되어 있는가는 곧 그들의 사회적 위치를 말해 주기도 한다. 얼마나 갈라져 있든, 얼마나 많은 고투를 하든, 빛이 통과하는 자들, 위로부터 내려온 빛이 신체에 접촉한 이들, 빛을 향해 위를 갈망하는 이들, 이들이 세계를 지배하고 물려받아야 하는 이들이다. 그러나 이미 위에서 제시했듯이, 그러한 이미지는 계급과 젠더에 의해 굴절을 겪는다. 그리고 이 중 젠더적인 측면은 내가 지금부터 살펴볼 인종의 성적 재생산에서 매우 중요한 부분이다.

150 존 허셜(1792~1871)은 영국의 천문학자이자 수학자다. — 옮긴이

그림 11　　영국 화가 제임스 노스코트James Northcote(1746~1831)의 〈헨리 푸젤리*Henry Fuseli*〉(1778). (National Portrait Gallary, London) [헨리 푸젤리(1741~1825)는 스위스 출신의 화가로 영국 낭만주의 운동의 핵심적인 인물이다. — 옮긴이]

그림 12　줄리아 마거릿 캐머론의 〈존 허셜 경〉(1867). (Royal Photographic Society, Bath)

## 백인 여성의 빛

여태까지 나는 빛의 문화에서 최고의 장치이자 실천인 사진 미디어의 미학적 기술이 백인성을 가정하고 특권화할 뿐만 아니라 구성해 왔다고 주장해 왔다. 마침내 나는 이에 대한 극단적 예로 이성애 내에서 이상적인 백인 여성의 이미지를 구성하는 빛의 사용을 살펴보고자 한다.

《톰 아저씨의 오두막》(1852)의 한 문단은 사진과 영화에서 표준이 된 시각 효과를 묘사한다.

> 에바는 베란다 계단을 올라가 아버지에게로 갔다. 늦은 오후였다. 금발에 붉은 뺨을 지닌 에바가 흰옷을 입고 다가오자 태양 빛이 에바의 뒤에 후광glory을 만들어 주었다(Stowe, 1981: 401).

이상화된 백인 여성은 빛에 흠뻑 젖거나 빛이 스며들어 있다. 빛은 백인 여성을 타고 흐르며 이들의 위로 떨어진다. 즉 백인 여성은 빛난다glow.

백인 여성은 번들거리기shine보다 빛난다. 내부로부터 또는 위로부터의 빛이 몸에 번지는 것 같아 보인다. 한편 번들거린다는 것은 피부 표면으로 빛이 튕겨 나가는 것을 말한다. 이는 땀의 반사 효과로, 노동의 의미에서든 분만의 의미에서든 모두 신체의 배출이나 숙녀답지 못한 노동, 그 자체로 육체성을 암시한다. 잘 알려진 빅토리아 시대 속담 중, 동물들은 땀을 흘리고sweat, 신사들마저도 땀을 흘리지만perspire, 숙녀들은 그저 빛날glow 뿐이라는 말이 있다. 어두운 피부도 빛을 흡수하지 않을 때면 빛을 튕겨낸다. 비백인과 때로는 노동 계급의 백인 여성은 사진과 영화 속에서 빛나기보다 번들거리는 경향이 있다.

화장술은 번들거리지 않고 빛나게 만드는 데 기여해 왔다. 화장에서 파우더를 사용하는 이유는 번들거림을 막기 위해서다. 엘리자베스 아덴의 클렌징크림은 '번들거리는 볼'이라는 결점을 없애 준다고 약속했다. 헬레나 루빈스타인은 자신의 크림이 반투명한 흼, 즉 석고 같은 피부alabaster skin을 만들어 준다는 주장으로 명성을 얻었다. 1938년 〈포토플레이*Photoplay*〉 10월호에 실린 한 광고는(그림 13) 제품의 순수성 그 자체가 진정한 사랑스러움을 만들어 준다는 생각을 깔고 있다. 룩서Luxor는 "당신의 피부에 새롭고 매끈한 **투명함**을 가져다줄 것이며, …… 순수한 아름다움의 **광채**radiance와 생기를 가져다 줄" 파우더다(강조 추가). 아프리카계 여성을 위한 미백 제품 광고는 아프리카계 여성도 (아마도 백인 여성처럼) 빛날 수 있다고 주장한다. 1973년 〈에보니*Ebony*〉 7월호에 실린 광고(그림 14)는 표백과 빛Bleach and Glow이라고 불리던 피부톤 크림 광고인데 이렇게 말한다. "그 빛나는 피붓결…… 바로 당신의 것…… 꿈꿨던 것보다 더 가까이에." 다시 말해, 흑인 여성도 여성적 이상, 즉 백인 여성에 가까워질 수 있다는 것이다. 마찬가지로 같은 호에 실린 토니Tawny 광고는(그림 15) "유색인 소녀들만을 위해 만들어진 새로운 화장품 — 마침내 누군가는 당신의 피부가 달라졌다고 느낄 것이다"라는 문구로 빛나는 백인 이상을 모델로 하지 않는 흑인 여성 뷰티를 광고하며 동시대의 다른 측면을 보여 준다.

금발 또한 백인 여성을 빛나게 해 준다. 마리나 워너는 금발과 밝음 사이의 관계를 추적해 기독교 전통까지 거슬러 올라간다. 금발은 "천상의 광채"로 간주되며, "태양의 광휘, 빛 스펙트럼의 총체, 빛의 넘쳐흐르는 완전함을 반사시킨다. 단테는 천국으로 올라가며 점점 휘황찬란해졌다"(Warner, 1994: 366). 영화에서 금발을 금발로 보이게 만들기 위해 후방 조명이 발전했다는 것은 앞에서 살펴본 바 있다. 후방 조명 기술은 이러한 찬란한 눈부심을 생산할 수 있게 해 주었다.

하얀 옷도 빛나게 해 준다. 신부의 옷이 대표적이다. 결혼은 이

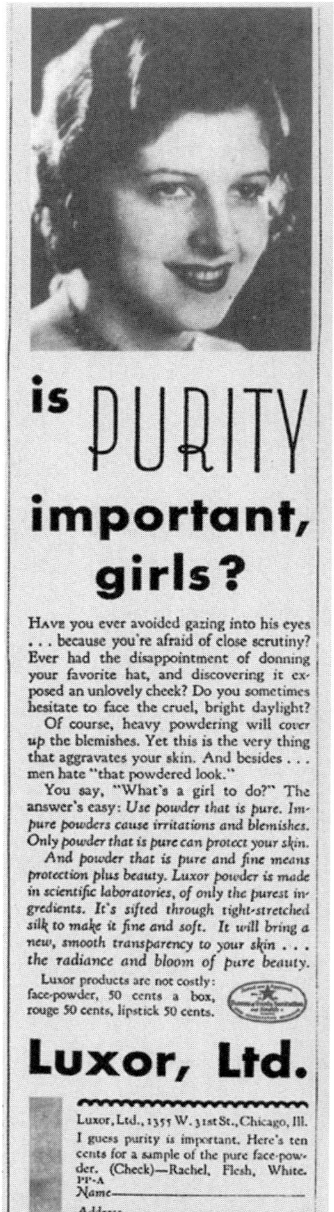


그림 13 1938년 〈포토플레이〉 10월호에 실린 룩서 파우더 광고.

그림 14 1973년 〈에보니〉 7월호에 실린 블리치 앤드 글로 피부톤 크림 광고.

그림 15 1973년 〈에보니〉 7월호에 실린 토니 화장품 광고.

성애, 즉 (인종적) 재생산의 특권적 순간이며, 여성에게도 결혼하는 날은 자기를 위한 날로 미화되기에 특권적 순간이다. 웨딩드레스의 색이 흰색이라는 관습이 고착된 것은 19세기 중반부터다(Ginsburg, 1981; McBride-Mellinger, 1993 참조).[151] 웨딩드레스와 특히 베일과 레이스(18세기 말부터 산업적으로 생산되었음)는 빛나는 모습을 만드는 데 일조한다. 어두운 피부색의 신부도 물론 흰 옷을 입지만, 그들이 밝은 머리색을 갖고 있는 경우도 별로 없거니와 그 피부색이 옷과 강하게 대조되기 쉽다. 한편 백인 여성의 피부는 특히 웨딩 사진에서 절정에 달한 흼과 빛을 띠게 된다.[152]

사진 미디어는 후광, 후방 조명, 소프트 포커스, 거즈, 보정을 비롯해 여성스러운 조명의 모든 관습을 통해 이러한 화장과 의상의 특성을 강화해 왔다. 그림자와 빛의 인종적 의미는 제거될 수 있다. 그림자의 경우 3점 조명 이상의 조명을 결합함으로써, 빛의 경우에는 다양한 강도, 색, 온도의 빛을 선택함으로써 그 인종적 의미를 제거할 수 있다. 이러한 방법은 영화 속 여성의 클로즈업에서 두드러지곤 하는데, 이로써 전체 조명과 인물 조명 사이의 차이를 더욱 잘 발견할 수 있다.

빛나는 인간 이미지는 유럽 예술에서 발전해 왔다. 광륜halo을 재현

151 맥브라이드멜린저McBride-Mellinger(1993)는 15세기부터 현재까지의 흰 웨딩드레스의 예시를 찾아보았는데, 19세기나 돼서야 나타나고 특히 1840년 빅토리아 여왕의 결혼에서 규범이 된 것으로 나타났다. 이때부터 패션·결혼 잡지에서 흰색이 "아주 일찍부터"(*Godey's Lady's Book*, 1849) 또는 "태곳적부터"(*Ladie's Home Journal*, 1890) 사용되어 왔다는 말이 등장한다.

152 〈피아노*The Piano*〉(1993)의 인종적 맥락에 유의해 에이다(홀리 헌터)의 촬영 방식에 대한 린다 다이슨Lynda Dyson의 설명과도 비교하라. 에이다의 "피부는 표백된 것 같아서" 피아노 칠 때 "드러난 여린 등은 **그녀가 입은 보디스의 흰색과 구분되지 않을 정도다**"(1996: 270~271. 강조 추가).

하는 수단이 하나의 지표다. 중세 예술을 보면 머리의 실루엣으로 나타나는 금빛의 광륜을 볼 수 있다. 르네상스 이후 광륜은 머리에서 발산되어 나와 빛으로 퍼지는 형상으로 그려졌다. 루돌프 아른하임Rudolph Arnheim은 렘브란트의 작품에서 (사람을 포함한) 대상이 빛의 효과를 받음과 동시에 "그들 스스로가 광원이 되어 에너지를 발산하는 것. 계몽되어 메시지를 전달하는 것"의 방식을 논했다(1956: 314~315). 이러한 인식은 영화 조명으로까지 이어졌다.

이것이 세속화되고 여성화 및 구체화된 것이 바로 계몽되고 계몽하는 천사로서의 여성상이다. 신학적으로, 천사는 젠더가 없다. 성경과 중세 예술에서 천사는 남성이나 남성스러운 것으로 묘사되었다. 르네상스와 함께 천사는 여성이거나 '여성스러운' 특징을 지닌 남성으로 묘사되기 시작했다(Underhill, 1995: 56). 그리고 천사의 언어적, 시각적 이미지는 이상화된 또는 동경되는 여성에게 적용되기 시작했다. 영국 시인 에드먼드 스펜서Edmund Spenser는 〈축혼곡*Epithalamion*〉(1594)에서 사랑스러운 신부가 도착하는 모습을 신성한 여성성의 강렬한 색채로 나타내며 이것이 그를 지복至福으로 이끌었다고 말한다. 그녀는

> 최고의 처녀처럼 보이게, 하얀 옷을 입었다.
> 그게 너무 잘 어울린 탓에, 당신은 분명
> 그녀가 천사라고 여겼을 것이다.

19세기에 이르러 이것은 원칙이 되었다. 대표적으로 빅토리아 사회 여성들은 '집안의 천사angel in the house'로 불렸는데, 이 용어는 1854년 코번트리 팻모어Coventry Patmore가 쓴 시의 제목에서 유래한 것이다.

그녀의 기질은 독실하고
그녀의 얼굴은 천사와 같네.
……
믿음의 황홀이 그녀의 삶을
천상의 안식으로 데려갔네.

그 용어는 존 러스킨John Ruskin이 《참깨와 백합*Sesame and Lilies*》(1865)에서 사용하였는데, 제목에서의 백합은 여성을 의미한다. 작품 속에서 러스킨은 천사가 남성을 위해 "무자비한 세상에서 안식처"를 제공한다고 말하며 '안식처haven'와 '천국heaven' 사이 단어의 유사성을 갖고 논다. 유사하게 미국의 신학자 호러스 부슈널Horace Bushnell은 《여성의 참정권: 자연을 거스르는 개혁*Women's Suffrage: The Reform against Nature*》(1869)에서 비난을 퍼붓는다.

> 우리 여성들이 볼 수만 있다면…… 상처 입은 가엾은 전사가…… 들어와서 고요해지고 교화되어 천사의 손길을 받을 수 있는 영역을 만들 수 있는지를. 그러면 그들은 여성적 종속을 무시하지 않을 텐데(Dijkstra, 1986: 11에서 재인용).

이 천사 이미지의 지속성과 힘은 수년 후 미 남부에서 자란 젊은 캘빈 헌튼Calvin Hernton[153]에서도 발견된다.

153 캘빈 헌튼(1932~2001)은 성과 인종 차별 연구로 유명한 아프리카계 미국인 사회학자로 시인이기도 하다. — 옮긴이

백인 여성을 그토록 고귀하고 천사처럼 만든 것이 무엇인가를 알아내고 싶은 욕망은 내가 나이를 먹을수록 내 마음속 비밀스럽고 기괴한 부담이 되었다. …… 나는 무엇이 백인 여성성을 **백인 여성성**으로 만들었는지를 알고 싶어 했다. 백인 여성을 천사 같은 금단의 존재로 만든 속성이 무엇인지를 파헤치고 싶었다(1969: 61~62).

부슈넬이 찾아 헤맸던, 그리고 헌튼에게 부담이 되었던 천사의 손길은 기독교적인 것으로, 그 세계관 속에서 천사의 형상이 그려지는 데에서뿐만 아니라 빅토리아 시대의 미 담론과도 상통한다. 빅토리아 시대 미 담론에 따르면 서구의 신체적 이상은 그리스로부터 유래한 후 기독교에 의해 결정적인 변형이 이루어져 내면의 아름다움의 압도적 중요성을 강조하게 되었다고 한다(Steele, 1985: 102ff). 따라서 《아름다워지는 법 *How to be Beautiful*》(1866)을 쓴 익명의 저자는 "'더할 나위 없이 평범한 외양을 지녔고 신체와 걸음걸이가 무쪽같은 소녀'를 묘사하면서, 그녀가 아름다워지는 비법은 '마음속에 그리스도가 깃드는 것'임을 발견했다" 고 말한다(같은 책: 105). 이것은 일종의 빛으로, 신체의 것이 아니라 신체 안에 있는 것이고 신성한 무언가다.

천사처럼 빛나는 백인 여성은 극단적인 재현이고, 이상화된 형태이기에 더욱 그렇다. 이 재현은 19세기 말에 정점을 찍었으며, 백인성의 헤게모니에 대한 위기 의식이 높아진 세 가지 상황에서 특히 강화되었다. 영국의 이데올로기적 인종 분류는 1857년 인도 반란과 1865년 자메이카 봉기를 비롯하여 대영제국에 대한 엄청난 저항에 대응하여 더욱 증가했다(Miles, 1989: 83). 미국 남부의 여성성에 대한 이상은 남북 전쟁 이후의 시기에 공식적인 인종주의 및 노예제가 타도되고 무법 상태의 흑인이 늘어나면서 함께 더욱 강화되었다. 릴리언 기시나 메리 픽포드[154](그림 16과 17)처럼 영화 속 빅토리아 시대의 이상적인 처녀상에 대한 찬양은 중산층에 대한 존경을 이끌어 내려는 노력이 드러나는 계급적 이슈였으나 20세기 초반 미국의 인종 문제와도 분리할 수 없다. 노르딕 지역 외의 인구가 미국으로 대거 이주하고 남부의 시골 지역에 흩어져 살던 아프리카계 미국인이 북부의 응집된 도시 지역으로 대거 이주하는 양상과 모두 연결된다(May, 1983; Hansen, 1991).

이러한 맥락에서 천사로서의 백인 여성은 백인 미덕의 상징이자 백인이 인종으로서 특별한 이유가 비신체적이고, 정신적이고, 실로 천상의 가치에 의거한 것이라는 주장의 결정판이었다. 이는 백인 여성은 어떠해야 하고 어떨 수 있으며, 본질적으로 어떠한지에 대한 이미지이면서 실제 백인들에게 명과 암이 되었던 이미지다. '빅토리아 시대적 가치'는 쉽게 동의될 만한 것이 아니고, 항상 논쟁적이었다. 심지어 영화 속에서도, 진정한 여성성에 대한 신화를 전파하는 것으로 보이는 바로 그 영화 안에서도 대안적이고 상반된 시각이 나타난다(Hansen, 1991: 120 외 여러 대목). 백인 여성의 이상 그 자체는 불안정한 것으로, 남녀를 불문하고 사람들 사이에서 매력적이면서도 거부감을 일으키는 것으로 여겨졌다.

이상적 백인 여성 이미지는 백인 여성에게 도덕적 우월성의 위치를 부여하고 존중받도록 만들었지만, 도덕적 책무와 비현실적인 도덕적 요구라는 함정이 되기도 했다. 백인 남성에게는 고무적인 헌신의 대상을 제공했지만 한편으로는 도덕적 우월성과 성적 불가능에 대한 분노를 일으키기도 했다. 이러한 이미지의 양가성은 19세기 중반에 도입된 낭만주의 발레의 발레리나 형상(그리고 관련된 장르로서의 몽환극féerie, 판토마임, 벌레스크)

154 이 시기의 이러한 여성 스타 이미지에 대해서는 Rosen, 1974; Higashi, 1978; Tey, 1980을 참조하라. 특히 기시와 백인성에 대해서는 Dyer, 1993을 참조하라.

그림 16　　릴리언 기시. 하트숙 스튜디오Hartsook Studio 촬영.

그림 17 메리 픽포드. 1917년 넬슨 에번스Nelson Evans 촬영. [에번스는 고전 할리우드 시기에 활동한 사진가로 배우들을 촬영한 것으로 유명하다. — 옮긴이]

그림 18　너새니얼 커리어Nathaniel Currier: 〈온디네, 또는 나이아스*ondine, ou la naiade*〉에서 파니 엘슬러Fanny Elssler의 어둠의 춤을 그린 석판화(1846). [파니 엘슬러(1810~1884)는 오스트리아의 발레리나로 1834년 파리 오페라극장에 데뷔해 인기를 누렸으며 스페인과 폴란드, 헝가리 등의 전통 무용을 발레에 도입했다. — 옮긴이]

에서 드러나는데, 부드럽게 너울거리는 가스등의 빛이 솜털처럼 겹겹이 부풀려진 튀튀 드레스를 비추면서 퍼져나가는 형상이다.

요정 이야기나 포앵 자세(발레리나들은 발끝으로 서서 춤을 추기 때문에 무게가 느껴지지 않는다)와 더불어서, 낭만주의 발레는 반투명하고 비육체적인 이미지를 구축한다(그림 18). 그런데 발레리나는 피와 살을 지닌 여성으로 다리를 드러낸다. 귀스타브 도레Gustave Doré의 석판화 〈오페라의 쥐들*Les Rats de l'Opéra*〉(그림 19)은 발레를 둘러싼 성애적 역학을 완벽하게 표현한다.

그림 19　　귀스타브 도레의 〈오페라의 쥐들〉.

어두운 박스석의 남성들이 빛 속에 있는 천상의 존재들을 탐욕스럽게 바라본다. 파리의 발레극과 멜로드라마의 우연한 겹침 또는 전략적 합작은 1866년 뉴욕에서 〈검은 옷의 괴조*The Black Crook*〉라는 공연을 만들어 냈고, 이 공연은 발레, 뮤지컬 코미디, 벌레스크(스트립쇼)를 동시에 미국 극장으로 도입한 것으로 인정받는다. 낭만주의 발레는 가장 천상의 공연 미학을 구현하면서 섹스 쇼를 만들어 낸 것이다.

한때의 이상으로서, 빛나는 순수한 백인 여성의 이미지는 더 이상 유통되지 않는다. 성적으로도 여성이 이 이상에 부합하기를 기대하지 않으며 그걸 좋게 여길 사람도 별로 없다. 그러나 이러한 이미지 언어는 여전히 강력해서 흠모의 찬란한 순간에 빛을 발한다. 남자가 자신의 첫 사랑 또는 엄청난 사랑을 처음 본 순간 얌전히 아래를 내려다보며 사랑스러움의 빛을 발하는 모습, 하얀 드레스를 입고 빛 속에서 빛나는 신부의 모습, 아이들에 대한 순수한 사랑으로 가슴이 빛나는 젊은 엄마의 모습. 다이애나 전 왕세자비의 역사는 그 영예부터 추락까지 이 이미지를 통해 설명된다. 백인 여성의 이상화된 재현 속에 빛은 핵심적 요소다. 제인 폰다 같은 페미니스트 스타나 영국 타블로이드지의 흔한 핀업 걸에서도 마찬가지다.[155]

이 이미지는 특히 백인 이성애 커플, 즉 인종을 재생산하는 자들의 재현에서 두드러지게 지속된다. 여기에는 빛의 차원에서 남성과 여성 사이의 차별화가 끈질기게 이루어진다. 회화에서도, 영화 속 애정신의 숏에서도, 스틸 사진에서도,[156] 남성은 더 어둡다. 남성의 옷은 더 칙칙하고, 몸도 더 가려져 있는 가운데, 살갗이 드러난 부분도 빛이 별로 비추지 않아서 어둡다. 이에 어긋나는 재현은 거의 없을 것이다. 주류 영화나, 예술 영화나 포르노나 마찬가지다. 마돈나는 새하얀 외모와 까만 장신구를 통해 포스트모던한 양극화를 보여 준 경우다.

차이란 미묘할 때도 많다. 영화 〈빅 슬립*The Big Sleep*〉(미국, 1946)의 유명한 스틸 사진은 20세기의 이성애 커플의 아이콘 중 하나인 로렌 바콜

155 원서에 수록된 다이애나 전 왕세자비의 사진들과 영화 〈귀향*Coming Home*〉(1978) 속 제인 폰다, 영국 타블로이드지 〈페이지 3 *Page 3*〉의 1994년 8월호 속 한 핀업걸의 사진은 모두 머리칼이 빛을 받아 환하게 빛나고 전체적으로 은은한 빛 속에 있는 듯한 여성을 보여 준다. —옮긴이

156 이때 스틸 사진이란 영화 속 한 프레임을 포착해서 대략적인 이미지를 보여 주는 걸 말하는 것이 아니라, 영화 속 특정 숏에 기반해서 포즈를 설정해 찍은 후 홍보를 위해 사용하는 사진을 말한다. 이런 스틸 사진은 대중 담론 속에서 해당 영화에 대한 이미지를 고착시키는 데 중요한 역할을 한다.

그림 20　〈빅 슬립〉: 로렌 바콜과 험프리 보가트.

과 험프리 보가트의 모습을 담고 있는데, 여기서 보가트가 조금 더 어둡다(그림 20). 로렌 바콜의 드레스가 사실 험프리 보가트의 수트보다 더 까맣고 둘 다 머리 위 조명과 그림자를 제거해 주는 보조 조명이 있다. (필름 느와르 장르가 아니었다면 이렇지는 않았을 것이다.) 그럼에도 불구하고, 로렌 바콜이 더 밝고 하얗다. 머리 위 조명은 그녀의 머리칼을 더 비추고 주 조명도 그녀를 비추고 메이크업과 일부 보정이 이루어져 그녀의 얼굴이 이미지 속에서 가장 크고 선명한 흰 부분으로 나오게 만든다. 바콜의 오른쪽 볼에 드리운 코 그림자는 보가트 눈가에 날카롭고 깊게 생긴 코 그림자보다 훨씬 부드럽다. 바콜의 어두운 의상은 그녀의 흰 얼굴, 손

그림 21 〈카미유〉: 앨라 나지모바와 루돌프 발렌티노.

목, 손을 더욱 도드라져 보이게 만드는 효과를 준다. 보가트는 관자놀이의 빛을 제외하고는 전체적으로 더 회색빛이다. 무엇보다, 이 빛을 만들어 내면서 보가트의 오른쪽 측면(카메라 반대쪽)을 비추는 빛은 바콜의 등과 머리를 비추는 조명과 같은 것으로 보이는데, 그래서 보가트를 비추는 빛이 어느 정도는 바콜로부터 또는 바콜을 통해서 들어오게 된다.

이는 여성과 남성에 대한 조명 배치 차이 문제가 아니라 빛이 그들 사이의 관계를 만들어 내는 방식의 문제다. 여성에 의해 남성이 비춰진다는 것은 고전 할리우드 영화에 의해 구축된 흔한 관습이다. 앨라 나지모바와 루돌프 발렌티노(《카미유*Camille*》, 1921), 에리히 폰 스트로하임과 모드 조지(《어리석은 아낙네들*Foolish Wives*》, 1921), 릴리언 기시와 라스 한슨(《주홍글씨*The Scarlet Letter*》, 1926), 그레타 가르보와 존 길버트(《육체와 악마*Flesh and the Devil*》, 1926), 로버트 테일러와 진 할로(《퍼스널 프로퍼티*Personal Property*》, 1936), 베티 데이비스와 헨리 폰다(《제저벨*Jezebel*》, 1938)가 그 예다(그림 21~26). 이 관습은 오늘날까지도 이어져 이자벨 아자니와 뱅상 페레(《여왕 마고*La Reine Margot*》, 1994)부터 로맨스 문학의 표지(컬러 그림 8)까지 이른다. 여성은 더 완전히 빛을 받고 있고 남성은 그 속으로 들어가려는 듯, 갈망하는 듯 보인다. 남성의 어두운 신체는 여성의 빛 속으로 타고 올라간다. 남성은 아래 부분이 어둡고 셔츠 앞섶이나 목덜미까지 점차적으로 밝아진다. 이것은 호러 영화의 이미지로 이어진다. 불 앞의 나방처럼 욕망의 순수한 빛 속으로 뛰어들고자 하는 무섭고 일그러진 어둠이 섹슈얼리티에 존재한다.

이러한 역학은 영화 속 하나의 이미지에서뿐만 아니라 숏과 숏 사이에서도 작동한다. 앞서 논의했던 〈동부 저 멀리〉를 예로 보자면, 바델메스와 기시가 처음으로 서로를 보는 숏-리버스 숏에서 바델메스는 오른쪽으로부터 강한 빛을 받고 있지만 어두운 배경을 등지고 있고 이미

그림 22 〈어리석은 아낙네들〉: 모드 조지와 에리히 폰 스트로하임.

그림 24　〈육체와 악마〉: 그레타 가르보와 존 길버트.

그림 25　〈퍼스널 프로퍼티〉: 로버트 테일러와 진 할로.

← 그림 23
〈주홍글씨〉: 라스 한슨과 릴리언 기시.

그림 26 〈제저벨〉: 헨리 폰다와 베티 데이비스.

지 주변이 어둡다. 한편 기시는 밝은 배경을 등지고 정면으로 강한 조명을 받으며 머리 위 조명은 기시의 보닛 위를 비추어서 빛이 떨어지는 이미지 가장자리만 살짝 어두워지고 프레임은 부드러워지는 효과를 지닌다. 바델메스는 자신을 둘러싼 어둠 속에서 흐릿한 빛 속에 있는 기시를 바라본다.

이러한 대조는 이성애 커플의 첫 만남에서 흔하다. 촬영 감독 조지프 워커는 〈디즈 씨 도시에 가다*Mr. Deeds Goes to Town*〉(1936)를 찍을 때 교차 편집될 클로즈업에서 개리 쿠퍼를 위해 날카로운 조명을 세팅하고 진 아서에게는 분광된 조명을 설치할 때 느꼈던 어색함을 회상한다. 감독이었던 프랭크 카프라Frank Capra는 워커에게 걱정하지 말라고 말했다. "어떤 일이 있어도, 아서의 클로즈업으로 곧장 들어가세요. 이것이 바로 그가 그녀를 보는 방식이니까요! 남자는 사랑에 빠져서 그녀를 보고…… 빛이 부드럽게 퍼지면…… 천상의 것 같은…… 아름다움…… 바로 그것"(Walker & Walker, 1984: 220).

〈흩어진 꽃잎*Broken Blossoms*〉(미국, 1919)에서, 챙(리처드 바델메스)은 우울감에 빠져 그의 가게 카운터에 앉아 창밖을 바라보고 있다. 그의 얼굴 정면, 머리 위, 어깨, 오른손, 그의 뒤에 쌓인 물건들 위로 강한 조명이 들어오지만, 이 빛은 그의 어두운색 모자와 재킷 및 칠흑 같은 주변과 대조를 만들어 내기 위함일 뿐이다. ("눈물 머금은 얼굴의 이 아이"라는 중간 자막과 함께) 챙이 바라보고 있는 곳을 향해 장면이 넘어가면, 루시(릴리언 기시)가 창문 너머에서 진열품들을 보고 있는 모습이 나온다.

숏은 거의 어둠에서 시작하며 기시의 오른쪽 볼에 약한 빛과 왼쪽 어깨 위의 머리카락에 약간의 조명이 있을 뿐이다. 그녀는 오른쪽에 치우쳐 가슴 윗선부터 화면에 잡히기 때문에 화면의 반 이상이 어둠이다. 그러나 숏이 지속됨에 따라 그리고 챙이 그녀를 계속 바라봄에 따라, 조명은 더 강해지고 넓어져서 마침내 그녀의 얼굴 대부분이 빛에 들어오고 몸은 빛으로 둘러싸이고 그녀 뒤의 벽 부분도 부드럽게 빛나게 된다. 빛은 루시의 아름다움을 챙이 점차적으로 인식하는 것을 보여 주며 그의 순수한 욕망을 일깨운다.

〈길다*Gilda*〉(미국, 1946)에서 조니(글렌 포드)와 밸런(조지 매크리디)은 둘 다 어둡게 옷을 입고 목까지 단추를 채운 채 밸런 집의 밝은 복도부터 어두운 통로를 지나 여성의 부드러운 노랫소리가 들려오는 침실로 걸어간다. 그들이 침실 문턱에 도달했을 때, 조니가 어두운 통로에 남아 있는 동안 밸런은 안으로 들어가 밝고 하얀 문에 검은 형체를 드리우며 선다. 여기서 그들이 보고 있는 대상으로 컷이 넘어간 곳에는 화려하게 빛나는 공간에 어깨를 드러낸 여성 길다(리타 헤이워드)가 있고 길다가 일어나서 머리를 넘기는 순간 빛이 쏟아진다. 남자들은 어둠 속에 서서 안쪽의 여성, 빛을 발산하는 듯한 여성을 바라본다. 〈뜨거운 것이 좋아*Some Like It Hot*〉(미국, 1959)에서 조(토니 커티스)와 제리(잭 레먼)는 여장을 하고 기차간의 여성 화장실로 뛰어 들어가 몰래 브랜디를 마시고 있던 슈가(메릴린 먼로)를 놀래킨다. 셋은 모두 까만 드레스를 입고 있지만 남성들은 슈가/먼로의 금발과 대조를 이루는 까만 모자를 쓰고 있다. 슈가/먼로의 금발은 위에서부터 빛나고 옆과 아래에서부터도 빛나며(머리카락이 끝나는 목덜미까지), 그래서 머리가 거의 빛 덩어리 같아 보인다. 이러한 특성은 기차 밖에서 그녀를 통과해 가는 빛과도 공명하는 한편, 조와 제리는 기차 안쪽을 등지고 있다. 〈8과 1/2 8½〉(이탈리아, 1963)에서 귀도(마르첼로 마스트로이안니)는 어두운 수트를 입고 까만 테의 선글라스를 낀 채 스파에서 물을 마시기 위해 줄을 서 있으면서 자신이 만들려고 하는 영화에 대한 생각에 잠겨 있다. 갑자기 귀도는 자신이 이상적인 여성(클라우디아 카르디날레)을 보는 모습을 상상한다. 그는 선글라스를 내리고 그의 눈을 빛을 향해 드러내며 화면 밖을 쳐다본다. 소박한 흰 드레스를 입은 여성은 발끝으로 걸어서 빛에 잠긴 공간으로 조용히 걸어 들어가 버린다. 영화는 귀도의 어두운 형상을 거쳐 깔끔하게 빛나는 하얀 배경 앞에 서서 턱과 이마가 잘린 그녀의 익스트림 클로즈업으로 이동해 간다. 마침내 그녀가 무언가를 줍기 위해 몸을 숙이자 화면은 완전히 백지로 남겨진다.

이성애 관계에서 백인 남성과 여성 사이의 대조적인 빛 사용에 관해 지금까지 제시한 모든 예시, 빛을 향한 어두운 욕망에 대한 모든 예시는 내가 한 설명보다 더욱 복잡하고, 모순적이고, 긴장 관계를 안고 있다. 〈흩어진 꽃잎〉에서 백인 소녀를 바라보는 것은 중국 남성이다. 영화는 그가 함께 살아가는 유럽인들, 특히 소녀를 학대하는 계부에 비해 그의 착한 천성을 드러내기 위해 공을 들이는 한편, 이 소녀에 대한 욕망을 인종적 타자 속에 위치시킨다(Andrew, 1981; Lesage, 1985 참조). 〈길다〉에서 여자가 뒤돌아보자, 길다는 조니를 뜯어보듯 살펴본다(Dyer, 1978 참조). 〈뜨거운 것이 좋아〉에서 여자는 남자를 여자로 여기면서 온갖 모호함을 만들어 낸다(French, 1978 참조). 〈8과 1/2〉에서는 남자는 여자가 환상인 것을 알고 있고 영화 끝에는 마침내 환상 부분을 연기하던 여배우가 그에게로 와서 자신이 그의 환상일 뿐이라고 말해 주는 장면을 보여 주기까지 한다.

이러한 변주는 내가 위에서 말했던 천사로서의 여성 이미지에 대해 저항하거나 얼버무리는 방식이다. 영화는 도착, 저항, 자기 성찰, 아이러니를 활용한다. 영화는 백인 여성이 그 이미지와 함께 또는 그에 대항해서 작동할 공간을 제시함과 동시에 백인 이성애 남성성의 분노, 처벌, 자기 인식을 보여 준다. 영화는 이미지의 효과를 축소시키지는 않는다.

빛의 이상화된 산물로서의 백인 여성이 항상 양가적이고 이론異論이 있는 이미지였듯, 이러한 이미지의 변주는 그 상상력을 증명한다. 아마도 백인 시대의 문화적 생산에 있어 가장 특징적인 양식일 빛의 미학적 기술은 백인성의 요람인 이성애에서 가장 왕성하고 유연하며 모순적인 표현을 해 낸다.

18세기 영국 미술가 폴 샌드비Paul Sandby의 인상적인 수채화 작품 중 매직 랜턴을 감상하는 사람들의 모습이 있다(컬러 그림 9). 이 그림은 매직랜턴을 그린 수채화, 즉 반투명함에 대한 반투명한 재현이라는 점에서 이미 매력적이다. 그림의 양쪽에는 두 개의 상반되는 형상이 있다. 오른쪽에는 아이를 껴안고 있는 보모인 백인 여성이 있다. 매직 랜턴의 스크린으로부터 나온 빛은 감상하는 이들을 거의 비추지 않으며 보모는 스크린으로부터 상대적으로 더 떨어져 있다. 그러나 그녀는 다른 사람들보다 밝은 옷을 입어 빛나고 있으며 근원을 알 수 없는 빛이 그녀의 보닛 위를 비춘다. 그녀는 (모성의) 미덕의 형상이자 바람직한 형상이다.

왼쪽에는 아프리카계 혈통으로 보이는 남성 하인이 있다(당시 부유한 가구에는 흔한 일이었다). 그는 흰 점 같은 한쪽 눈과 허리 근처의 촛불에서 나오는 약간의 빛 외에는 완전히 어둡다. 그의 왼쪽은 스크린에서 나오는 빛을 등지고 그늘져서 그의 피부/색조와 빛의 색에 미학적 형태가 만들어진다. 백인 여성은 비록 지위는 낮지만 조명이 필요 없을 정도로 밝다. 흑인 남성은 촛불을 든 채 스크린 바로 앞에 있지만 빛을 받지 못하며 불투명한 모습이다. 그러나 그의 촛불은 그의 손에 들린 책인 닥터 테일러가 쓴 빛에 대한 논문을 비춘다. 두 하인(백인 보모와 흑인 하인)은 스크린을 바라보고 있지 않고 서로를 욕망의 눈으로 바라보고 있다. 부유한 백인이 스크린 슬라이드(의회 행진 패러디)를 보는 동안 어둡고 육체적이고 계몽되지 못한 욕망의 형상이 빛나는 미덕의 형상을 바라보고 있는 것이다. 이러한 빛과 어둠, 투명성과 물질성, 코카시아인과 비코카시아인, 여성과 남성, 성적 욕망과 무관심의 사용은 빛의 인식론을 바탕으로 하는 18세기 말의 반투명한 이미지의 맥락에서, 이 장의 주제, 또 여러모로 이 책의 주제를 응축한다.

# 4

# 백인 남성의 근육

1980년대까지 백인 남성이 대중 픽션 장르에서 반나체로 나오는 경우는 거의 없었다. 미술관, 스포츠, 포르노는 사회적으로 허가되거나 통제된 이미지를 제공했지만, 20세기에 주요한 시각 내러티브 형태였던 영화는 특정한 경우에만 그렇게 했다. 비백인 남성 몸은 제재 대상이 아니다. 서부극, 플랜테이션 드라마[157]와 정글 모험 영화에서 비백인의 몸은 꾸준히 전시되어 왔다. (마돈나의 비디오를 비롯하여) 벌거벗은 코러스 남성들이 나오는 댄스 넘버는 거의 ('라틴'계를 포함한) 비백인 댄서를 이용한다. 최초의 주연급 아프리카계 미국인 연기자였던 폴 롭슨은 출연한 영화 대부분에서 상반신이나 그 이상을 탈의한 채로 등장했는데, 백인 남성 스타에게는 상상할 수 없는 일이다. 백인 남성 스타는 샤워하거나 수영장 및 바다에서 나오는 간단한 장면에서 잠시 벗은 몸을 드러낼 뿐이다. (이후 바로 가운을 입는다.) 그러나 (라틴계나 비백인 역할로 캐스팅되는) 루돌프 발렌티노 같은 스타나 〈피크닉*Picnic*〉(1955) 같은 영화는 예외적이다.[158] 그리고 (여기서는 다루지 않지

157 플랜테이션 농업이 이루어지던 제국주의 시대 식민지를 배경으로 펼쳐지는 이야기를 의미한다. — 옮긴이

158 발렌티노는 Studlar, 1989; Hansen, 1991; Dyer, 1992; Leconte, 1996을 참조하라. 〈피크닉〉은 Cohan, 1991을 참조하라. [루돌프 발렌티노는 이탈리아 출신의 할리우드 배우로 무성 영화 시절 수려한 외모와 춤 솜씨로 큰 팬덤을 형성했다. 영화 〈피크닉〉은 한 마을에 외부인이 들어오면서 벌어지는 로맨틱 코미디 장르의 영화로, 백인 남성 배우인 윌리엄 홀든이 주인공 역을 맡았다. — 옮긴이]

만) 복싱 영화와, 챔피언다운 근육질 몸을 가진 스타가 등장하면서 식민지를 배경으로 삼는 모험 영화, 이 두 장르도 예외적이다.

모험 영화는 세 가지 시기로 나누어 살펴볼 수 있다. 첫 번째는 타잔 영화로, 1912년 책으로 출판된 〈타잔*Tarzan of the Apes*〉으로 시작해 이후 영화 46편과 텔레비전 시리즈 2개로 만들어졌고 모방작들을 양산해 냈다(예를 들어 〈킹 오브 더 정글*King of the Jungle*〉[1927, 1933]과 〈정글 보이 봄바*Bomba the Jungle Boy*〉[1949~]).[159] 두 번째는 1957~1965년에 제작된 이탈리아 영화 시리즈로 미국 보디빌더가 연기하는 고대 영웅들을 중심으로 전개되는 영화인데, 페플럼peplum이라고 알려진 장르다.[160] 세 번째는 1970년대 중반 이래 아널드 슈워제네거, 실베스터 스탤론, 장 클로드 반담, 돌프 룬드그렌 등의 근육질 스타를 기용한 영화들이 있다.[161]

이러한 영화들은 백인 남성의 벗은 몸을 바라볼 조건을 만들어 주는 공통적인 두 가지 특징을 지니는데, 바로 챔피언형 근육질 몸과 식민지 배경이다. 백인 남성이 수세기 동안 서구 문화에서 중심이었음에도 그들의 몸이 전시되는 것이 문제가 된다는 점은 이미 살펴본 바와 같은 백인성과

159 타잔 영화는 Essoe, 1968; Lacassin, 1982; Nesteby, 1982; Torgovnick, 1990; Morton, 1993; Fury, 1994를 참조하라.

160 이 장르는 1958년 〈헤라클레스*Le fatiche di Ercole*〉를 시작으로 1965년까지 제작되었으며, 〈삼손과 위대한 도전 〉(1966) 같은 아류작까지도 포함할 수 있다. 보다 완전한 설명은 Cammarota, 1987을 참조하라. '페플럼'이라는 용어는 1960년대 초기 프랑스 비평가가 사용한 것이다. 여성의 튜닉을 뜻하는 라틴화된 그리스어에서 유래했으나 여기서는 영웅이 입는 짧은 치마나 킬트를 일컫는다. '페플럼'은 주로 1958~1965년 이탈리아 영화들을 지칭하지만, 더 앞선 시기의 이탈리아 영화 〈쿠오바디스*Quo Vadis?*〉(1919)와 특히 〈카비리아*Cabiria*〉(1914)부터 1926년, 또는 〈십계〉, 〈벤허*Ben Hur*〉, 〈클레오파트라〉, 〈코난 더 바바리안 〉 같은 할리우드 영화를 포함하여 '고대'를 배경으로 한 모든 모험 영화를 의미하는 용어로 사용하기도 한다. 그러나 이 책에서의 '페플럼'은 1957~1965년 영화들만을 의미한다.

161 이 영화들에 관한 연구로 Tasker, 1993과 Jeffords, 1994를 들 수 있다.

가시성 사이의 모순에 또 하나의 굴절을 더한다. 벗은 몸은 취약하다. 기본적인 의미(나체는 외부 요소로부터 보호받지 못한다)에서뿐만 아니라 사회적 의미에서도 그러하다. 옷은 위신, 부, 지위, 계급의 의미를 담고 있다. 옷을 입지 않았다는 것은 곧 위신을 잃는 것이다. 또한 나체는 사회적 이상에 비추어볼 때 신체의 부적절함을 드러낸다. 나체는 남성과 여성, 백인과 비백인 신체의 상대적인 유사성을 드러내고, 옷과 꾸밈에 의해 만들어지는 차이와 그것이 수반하는 권력을 무화시킨다. 노출된 백인 남성 신체는 백인 남성 권력의 정당성에 문제를 제기한다. 왜 저렇게 생긴 (평범하고 남들과 같은) 사람이 그 큰 권력을 가진단 말인가?

동시에, 백인 남성 신체의 노출에는 가치가 있다. 일단 한편으로 신체는 사회적 차이를 설명하는 매우 효과적인 지점이 있다. 백인(그리고 남성)은 생물학적, 즉 신체적 우월성에 의해 사회적으로 우월해진다. 신체가 일종의 증명인 셈이다. 다른 한편, 백인이 신체를 초월하는 정신에 대해 강조하는 것은 비백인이 더 나은 신체를 갖고 있고, 더 빨리 달리고, 재생산도 쉽게 하고, 큰 근육을 가지고 있을 것이라는 시각으로 이어진다. 글자 그대로 농구에 대한 언급임과 동시에 이성애적인 재생산에 대한 함의를 갖기도 하는 어느 영화 제목처럼 "백인 남성은 점프를 못한다white men can't jump"[162]라는 것이다. 백인이 신체적으로 열등할 것이라는 가정은 정신적으로 높은 경지에 오르지 못하고 신체만이 유일한 자산인 일부 백인 남성에게는 부담이 된다. 특히 백인 노동자 계급 또는 '부진한underachieving' 남성성의 맥락에서, 백인 남성 신체의 가치 또는 우월성에 대한 주장은 특별한 의미를 일으킨다(Walkerdine, 1986; Tasker, 1993 참조). 식민지 모험물에 등

162 한국에서는 〈덩크슛〉이라는 제목으로 번역되었다. — 옮긴이

장하는 근육질 몸은 노출을 하는데도 백인 남성 권력의 정당성을 잃지 않으면서 백인 남성 신체를 긍정적으로 확인해 주는 하나의 공식이다. 이는 또한 백인 남성이 무엇보다 정신과 진취성의 차원에서 특별한 존재라는 사실도 재확인시켜 준다.

나는 우선 이러한 종류의 몸에 대한 함의를 살펴보고 식민지 배경이 지니는 함의를 알아본 후, 둘의 관계를 논의한다. 이 장의 마지막 부분에서 페플럼의 특정한 예시를 자세하게 들여다본다. 식민지의 근육질을 계급 관점에서 보고 그것이 백인 형태의 정치라 할 만한 파시즘과 어떤 관계를 맺는지 볼 것이다.

타잔, 헤라클레스, 람보[163] 그리고 여기서 살펴볼 또 다른 영화 속 영웅들은 운동선수였거나 근육질의 몸을 가진 배우들이 연기를 했다. 첫 번째 타잔과 초기(1912~1926) 이탈리아 근육질 장르의 스타들은 다양한 무대 출신의 강한 남성들로부터 선발되었다. 그러나 이후에는 스포츠 분야에서 많은 배우가 배출되었다. 타잔 역을 맡았던 배우 중 제임스 피어스(1926)는 인디애나대학 풋볼팀의 전미 대표 센터였고, 프랭크 메릴(1928, 1929)은 국가 대표 체조 선수였다. 조니 와이즈뮬러(1932~1948년 작품 12편)는 수영으로 올림픽 금메달 5개를 보유했고, 버스터 크래브 또한 올림픽에 출전한 수영 선수였다. 허먼 브릭스(1935, 1938)는 올림픽 투포환 선수였고, 글렌 모리스(1938)는 올림픽 데카트론 챔피언, 데니 밀러(1960)는 UCLA 농구 스타, 마이크 헨리(1967~1968년 작품 3편)는 미식축구팀 로스엔젤레스 램스의 스타급 라인배커였다. 렉스 바커(1949~1955), 조크 마호니(1962~

163 람보 영화로는 〈람보*First Blood*〉(1982), 〈람보 2*Rambo: First Blood Part II*〉(1985), 〈람보 3*Rambo III*〉(1988)가 있다.

1963), 론 엘리(TV 1966~1968)는 조각 같은 몸이라기보다 덩치가 우람한 편이었지만, 고든 스콧(1955~1960)은 분명히 보디빌더였고 마일스 오키프(1981)와 울프 라슨(TV 1991~1993)도 갑옷 같은 몸을 갖고 있다. 페플럼과 최근 근육질 남성 영화의 스타들은 체육관이 낳은 스타들이다. 대표적인 두 사례만 보더라도 보디빌딩 챔피언 출신이다. 스티브 리브스(가장 유명한 페플럼 스타)는 1947년 미스터 아메리카와 1950년 미스터 유니버스에 선발되었고, 아널드 슈워제네거는 일곱 번이나 미스터 올림피아를 석권했다.

1950년대 이래 타잔과 페플럼 영웅들, 슈워제네거, 스탤론 등은 근육질bodybuilt 몸을 지녔다. 초기 타잔들의 몸은 승자의 몸이었고 따라서 백인 우월성 차원으로 이해하기 쉬웠지만, 근육질 몸에서 한껏 부각되는 근육은 백인성에 대한 깊은 함의를 지닌다.

보디빌딩은 인종 평등의 차원에서 비교적 양호한 이력을 지닌다. 1950년대 이후 비백인 남성(특히 아프리카계)은 보디빌딩 대회의 주요 참가자였다.[164] 그러나 근육질 몸에 대한 지배적 이미지를 차지하는 것은 여전히 백인이다. 케네스 더튼Kenneth Dutton(1995: 232)에 따르면, 오늘날 스포츠 이미지를 정립하고 퍼트리는 데 주요한 역할을 하는 보디빌딩 잡지인 〈근육과 피트니스*Muscle and Fitness*〉에 흑인 보디빌더가 표지에 실리는 경우는 거의 없다. 물론 흑인 선수들의 활약상을 다뤄야 할 경우 본문 기사에서는 다뤄진다. 하지만 잡지를 사지 않는 사람들에게까지 이미지를 고착시키는 효과가 있는 것은 표지 사진이다. 〈근육과 피트니스〉 표지는 근육질 몸을 백인적이라고 규정하는 경향이 있다. 영화가 비백인 보디빌더

164 데이비드 웹스터David Webster(1979: 105)는 이 시기 이전에는 "니그로 인종은 종아리 위치가 높아서 전체적인 비율이 별로"라는 시각이 있었다고 말한다. '고대 그리스 로마적인' 전형에 기반한 신체 이미지를 백인성의 전유물로 하려는 생물학적 담론이었을 것이다.

를 다루는 양상에서도 상황은 더 낫지 않다. 아프리카계가 정글의 왕인 적은 없으며 비백인 근육질 스타도 잘 등장하지 않는다.[165] 페플럼이 흑인 보디빌더를 기용한 적은 두 번 있었는데, 폴 윈터와 세르주 뉘브레였다. 세르주 뉘브레는 보디빌딩계의 가장 유명한 인물로 알려져 있기도 하지만, 둘 다 영웅은 되지 못하고 조력자나 적으로 나온다.[166]

대중문화에서 보디빌딩은 백인 남성성을 의미한다.[167] 보디빌딩이 만드는 몸의 모양이나 몸을 제시하는 방식은 대개 백인 전통에 기댄다. 우선, 보디빌딩은 고전(즉 고대 그리스와 로마) 예술을 참조점으로 삼는다(Doan & Dietz, 1984: 11~18; Wyke, 1996 참조). 보디빌딩 모형이나 몽타주는 몸의 모양이나 포즈를 고전 모델에 연결시키며(그림 27), 보디빌딩 관련 글에서도 마찬가지다.[168] 포즈에 대한 표준 어휘는 19세기 말에 발전했는데 시각 문화에서 모범으로 여겨지는 고전 조각상들을 염두에 둔 것이다. 최초의 보디빌딩 스타인 유진 샌도Eugen Sandow는 1904년 자신이 쓴 매뉴얼인 《보

165 흑인이 아니라 아시아인으로서 그 예외에 속하는 경우는 미국에서는 브루스 리(이소룡)가 있다.

166 〈카비리아〉(1914) 같은 더 초기의 영화들은 마시스테라는 인물을 보여 주는데, 마시스테는 근육질이 아닌 영웅의 조력자로, 누비아 출신의 노예다(이탈리아인인 바르톨로미오 파가노가 연기한다). 마시스테 캐릭터가 큰 인기를 얻으면서 이 시기 페플럼 영화에서 가장 사랑받은 캐릭터가 되었다. 그러나 그의 흑인성은 잊혀졌다. [마시스테는 1910년대에서 1960년대 중반까지 이탈리아 영화에서 영웅적인 인물로 등장한다. 보통 헤라클레스와 같은 인물로 묘사되면서, 평범한 사람들이 할 수 없는 영웅적 위업을 달성하기 위해 엄청난 힘을 발휘한다. 이탈리아 외 다른 국가에서 개봉 시 마시스테보다는 더 유명한 헤라클레스, 골리앗, 삼손 등의 이름으로 대체되기도 했다. — 옮긴이]

167 〈펌핑 아이언*Pumping Iron*〉 시리즈에서 여성성과 흑인성이 나타나는 다양한 방식에 대한 논의로는 Holmuland, 1989를 참조하라.

168 책 속에서 타잔이 묘사될 때 고전 용어들이 사용된다는 점도 주목할 만하다. 이에 대해 Holtsmark, 1981을 참조하라.

그림 27　　1930년대 조니 와이즈뮬러. 1932년 LA 올림픽 홍보 사진.

디빌딩, 만들어지는 남자*Bodybuilding, or Man in the Making*》에서 자신이 그리스와 로마의 혈통을 갖고 있다고 말했다.[169] 고전 세계가 지닌 코카시아 백인성은 당연히 여겨져서 오늘날 조각상들의 흼(색조)에까지 영향을 미친다. (빅토리아 시대 사람들은 그리스 조각상들이 한때 유색이었다는 말에 분개하기도 했다[Jenkyns, 1980: 14~54]). 둘째로, 보디빌딩은 미국, 더 강력하게는 캘리포니아의 라이프스타일을 연상시키며 건강, 에너지, 자연스러움의 관념을 강조한다. 더튼(1995: 17)은 보디빌딩의 미국다움을 노동과 여가, 고통과 소비주의의 연결 속에서 찾는다.

> 풍족한 소비 사회와 프로테스탄트 노동 윤리의 결합은 규율적인 금욕주의와 나르시시즘적인 쾌락주의가 역설적으로 결합한 활동에 반영된다.

미국은 물론 굉장히 다인종 사회이지만 '미국인'이라는 관념은 백인 외에 다른 피부색의 사람이라는 관념으로 잘 이어지지 않는다. 세 번째로, 보디빌딩은 만화책에서 가져온 야만인의 이미지를 채택하곤 한다. 슈워제네거의 초기 작품은 〈코난 더 바바리안*Conan the Barbarian*〉(1982), 〈코난 더 디스트로이어*Conan the Destroyer*〉(1984)였고, 이 테마로 비디오 영화들도 많이 나왔다. 그중 〈바바리안*The Barbarians*〉(1987)은 자신들이 한 보디빌딩 퍼포먼스를 가지고 스스로를 야만인이라고 칭했던 폴 형제[170]를 섭외했다.

야만인 이미지가 지닌 원시성과 이국성은 (야만인들이 대체로 고전 문명을 파괴하는 것으로 알려진 사실은 말할 것도 없이) 비백인의 이미지를 시사한다. 그

169 샌도에 대해서는 Chapman, 1994를 참조하라.

170 쌍둥이 형제 영화 배우이자 보디빌더였던 데이비드 폴과 피터 폴은 스스로를 '야만인 형제The Barbarian Brothers'라고 칭하며 주로 1980년대에 배우로 활발하게 활동했다. — 옮긴이

러나 영웅의 캐스팅은 (또한 만화책의 그림은) 항상 백인일 뿐만 아니라, 종종 초인Ubermensch에 대한 프리드리히 니체Friedrich Nietzsche의 레토릭을 동원하여[171] 좀 부정확하긴 해도 히틀러주의 및 비밀 파시즘과 강하게 연결됐다. 마지막으로, 보디빌딩은 기독교 이미지를 끌어온다. 보디빌딩 행위 자체는 고통과 신체적 괴로움, 그리고 고통의 가치라는 관념과 연결된다. 이것은 영화 속 보디빌더들이 십자가형에 처해지는 이미지에서 반향을 일으킨다. 레온 헌트Leon Hunt는 대서사 영화에서 십자가형의 중요성을 논하면서, 이를 통해 "수동성은 통제에 의해 상쇄되고, 수치심은 희생의 고귀함에 의해 상쇄되고, 에로티시즘은 초월의 종교적 함의에 의해 상쇄된다"고 말한다(1993: 73). 자주 등장하지는 않아도 십자가형은 딱히 기독교도 캐릭터가 아닌 이의 도덕적 우월성을 설정하는 중요한 순간으로 동원된다. 〈코난 더 바바리안〉의 코난과 〈람보 2〉의 람보처럼 말이다.[172]

고전성, 캘리포니아스러움, 야만성, 십자가형은 구체적이고 강렬한 백인 재현 전통들이다. 마찬가지로, 근육질 몸이 가진 많은 특성이 백인성의 함의를 지닌다. 근육질 몸이란 이상적이고, 굳건하고, 성취의 결과이고, 풍요롭고, 털이 없고, 태닝된 것이다.

근육질 몸은 전형적인 것이 아니라 이상적인 것으로 제시된다. 근육질 몸을 보며 우리는 그리스 신들과 초인을 어렴풋이 떠올린다. 경쟁으로서 조직된 보디빌딩은 최고의 몸에 대한 담론을 만들어 낸다. 케네스 더튼의 연구는 보디빌딩을 완벽성에 대한 서구 특유의 믿음, 즉 인간이 지상에

171 대표적으로 니체에 기반한 리하르트 슈트라우스Richard Strauss의 교향시 〈차라투스트라는 이렇게 말했다*Also sprach Zarathustra*〉의 서두에 보디빌딩 경기가 사용된다.

172 각 영화에서는 적에게 포획되어 십자형으로 매달려 고통 받는 코난과 람보의 모습이 나온다. — 옮긴이

그림 28　　1980년대 '머슬 푸드' 광고에 나온 데이브 윌리엄스Dave Williams

서 스스로를 계발할 수 있다는 가능성에 위치시킨다. 〈펌핑 아이언〉(1976)에서 슈워제네거는 보디빌딩을 "완벽한 신체에 대한 꿈이자 그것을 얻기 위해 거쳐야 하는 고통"이라고 묘사한다. 1장에서 말했듯 백인성은 인간 발달에 대한 이상을 지니고 있는 열망의 구조다. 보디빌딩의 모든 레토릭은 이 열망의 구조에 기반하고, 이는 영원히 위를 향해 나아가는 신체를 보여 주는 포즈가 지닌 열망의 모티프에서 명징하게 나타난다(그림 28).

근육질 몸은 견고하고 선이 뚜렷해서 갑옷을 닮았다. 보디빌딩은 세 가지 목적을 지닌다. 부피(근육의 크기), 선명도(근육군들이 서로 또렷이 구별되어 두드러지는 정도), 비율(신체 모든 근육 사이의 균형). 부피와 선명도는 견고함을 보여 준다. 팽창한 근육 위로 뻗은 피부는 팽팽한 표면을 만들어 내고, 보디빌딩에서 쓰는 용어처럼 근육군 간의 구별은 마치 돌을 쪼개듯 신체를 '쪼개cut' 들어가는 것 같아 보인다. 선명도와 비율은 또한 각 근육군과 신체 전체의 윤곽을 강조하기도 한다. 보디빌딩의 포즈 관습은 크기를 극대화하고 팽팽하게 해서 선명도를 높이고 근육군을 서로 이음으로써 이러한 속성을 더욱 강조한다. 몸에 오일(영화에서는 물이나 땀)을 사용하면 그 표면이 강조되어 형태를 두드러지게 만든다. 3/4 앵글의 강한 조명은 근육의 형태를 도드라져 보이게 한다. 원형 파노라마를 배경으로 포즈를 취하거나 스카이라인을 배경으로 찍으면(그림 29) 전체적인 신체 윤곽이 드러난다.

조각상처럼 보이는 것은 고전적인 느낌을 준다. 수평선을 배경으로 선 남성은 열망 프로파간다의 클리셰다. 더욱이 견고하고 윤곽이 뚜렷한 신체는 다른 신체와 뒤섞일 위험이 없어 보인다. 분리와 경계성은 백인 남성 자아에 중요하다. 클라우스 테벨라이트Klaus Theweleit는 독일 의용군에 대한 연구(1987)에서, 백인 남성의 정체성이란 여성, 군중, 열등한 인종의 물밀 듯한 침입에 대한 두려움 속에서 자아의 통합과 생존에 대한 불안이

그림 29 스티브 리브스. 〈머슬맨〉 잡지 표지(1950년, 사진은 1947년)

표현되는 양상이라고 설명했다. 견고하고 시각적으로 경계가 뚜렷한 신체만이 여성성과 비백인의 공포에 잠식되는 것에 저항할 수 있다.

근육질 몸은 열심히 공들이고, 계획하고, 고생을 해서 성취한 몸이다. 우람하고 조각 같은 신체는 사전 숙고와 장기간의 조직을 필요로 한다. 단계별 운동 요법, 식이 조절, 계획된 휴식 등이 이루어져야 하고 엄격하게 지켜져야 한다. 다시 말해, 몸을 만드는 것은 물질에 대한 정신의, 육체에 대한 상상의 완전한 승리다. 몇몇 페플럼 영화들(예를 들어 〈로마의 노예*La schiava di Roma*〉, 〈트로이 전쟁*La guerra di Troia*〉, 〈마라톤 전투*La battaglia di Maratona*〉)[173]과 많은 현대 근육질 남성 영화는 그러한 규율적인 몸 만들기 시퀀스를 보여 준다. 이런 시퀀스는 특히 스탤론의 영화에서 흔히 볼 수 있는데, 대표적으로 〈록키 4*Rocky* Ⅳ〉(1985)는 록키의 소박하면서도 즉흥적인 훈련 루틴과 상대 소련인의 기계 같은 신체를 만드는 최첨단 훈련을 교차 편집으로 보여 준다. 슈워제네거는 영화에서 그렇게 고통스러워하는 장면이 없고, 〈터미네이터*Terminator*〉(1984, 1991) 영화들에서 기계의 적이 아니라 기계로 캐스팅되었다. 슈워제네거는 미스터 올림피아에 여러 번 우승한 사람으로서 항상 챔피언의 신체를 유지해 왔다. 한편 스탤론의 몸은 그렇지가 않아서 그의 내러티브는 그가 신체적으로 증명해 내는 과정과 연결된다. 슈워제네거는 딱 봐도 몸이 우람하고, 특유의 온화한 표정을 지으며, 게르만족 특유의 자신감에 찬 페르소나를 지니고 있다. 스탤론의 근육은 고통을 거쳐 만들어진 것으로 핏줄이 울퉁불퉁 튀어나오고 피부는 긴장되어 있다. 스탤론의 눈과 입은 취약함을 표현하여 멍이 들거나(〈록키〉) 상처가 난(〈람보〉)[174] 상징적 이미지로 떠오른다. 슈워제네거와 스탤

173 이 장의 뒷부분에 페플럼 영화들의 감독, 제작 연도, 출연 배우 등이 정리되어 있다.

174 람보 영화들 속 고통의 역할에 대해서는 Warner, 1992를 참조하라.

론은 서로 다른 버전의 성취를 보여 준다. 다른 모든 근육질 영웅들처럼 그들의 몸은 강도 높은 계획적 노동, 육체를 지배하는 정신의 기표다.

근육질 몸은 풍요로운 몸이다. 잘 먹고 많이 쉬어야만 가능한 몸이다. 고든 스콧, 스티브 리브스, 아널드 슈워제네거의 거대하고 단단한 근육은 영화 속에서 원주민들의 가냘프고 처진 몸과 완벽한 대비를 이룬다. 그러한 근육은 부유의 산물이자 기호다.

마지막으로, 보디빌더들은 털이 없고(자연적으로 그렇거나 제모를 했거나) 태닝된 몸을 갖고 있다. 제모와 태닝은 모두 근육을 더 잘 보여 주기 위해 하는 것이지만 그보다 더 깊은 의미를 가진다. 체모는 동물적이다. 체모가 없다는 것은 자연에 대항한다는 의미를 함축한다. 〈헤라클레스의 사랑*Gli amori di Ercole*〉(1960)의 클라이맥스에서 헤라클레스는 거대한 유인원과 싸우는데, 이 유인원은 헤라클레스가 사랑하는 데자니라의 머리를 쓰다듬다가 그녀가 강간이라도 당하는 상황처럼 소리를 지르자 킹콩처럼 행동한다. 클로즈업은 헤라클레스의 매끈하고 털이 없는 근육과 인종주의적 전형인 이 유인원의 털북숭이 팔다리를 대조시킨다.[175]

현대 보디빌더들은 태닝을 한다. 샌도는 자신의 몸이 한층 더 그리스 조각 같아 보이게끔 흰 파우더를 사용했지만, 동시대 보디빌딩 전문가인 로버트 케네디Robert Kennedy는 다음과 같이 조언한다. "신체 경기의 무대에서 두드러져 보이고 싶으면 태닝이 정말 잘 되어 있어야 한다"(1983: 139). 백인만이 하는 태닝은 백인의 특권에 대한 전형적인 암시다. 여가(몸을 태울 수 있도록 누워 있을 시간이 있다는 것), 부(그러한 여가 시간을 사거나, 인공적으로 태닝을 하거나, 태양이 있는 곳으로 여행할 수 있다는 것), 건강한 라

175 인종주의적 전형으로서의 〈킹콩〉에 대해서는 Lott, 1995를 참조하라.

이프스타일(흑색종의 위협에도 끄떡 없는 캘리포니아, 호주의 신화).

백인적 함의를 지닌 이러한 신체는 식민주의적 모험 영화 속에서 전시된다. 그중 주인공이 낯선 땅에 정착하여 지속적으로 통치를 하는 내용은 거의 없다. 영웅들이 사건이 일어나는 공간의 토착민인 경우도 별로 없다. 이것은 탈식민주의적으로 이해된다.

근육질의 영웅들은 토착민이 아니다. 타잔이 정글에 살긴 해도 정글 출신은 아니다. 페플럼의 영웅들은 고대 그리스나 로마를 배경으로 등장하지만 곧 멀리 떨어진 시공간으로 떠난다. 1980년대 근육질 영화(예를 들어 슈워제네거가 나온 〈코만도*Commando*〉[1985]와 〈프레데터*Predator*〉[1987], 스탤론의 람보 시리즈, 척 노리스의 작품,[176] 마이클 듀디코프가 출연한 1985년 이후의 〈아메리칸 닌자*American Ninja*〉 시리즈, 리처드 노튼의 〈스워드의 복수*Sword of Bushido*〉[1990], 돌프 룬드그렌의 〈붉은 전사*Men of War*〉[1994])에서 '베트남' 도상으로 널리 인식되는 것(무성하고 빽빽한 정글, 카모플라주 장비, 최첨단 무기, 네이팜 스타일의 총격)[177]이 등장할 때, 최근 서구 역사에서 가장 생생하게 기억되는 이국異國에서의 전투를 떠올리게 된다. 근육질의 이미지와 베트남의 경험은 결합하여 최근의 다른 근육질 영화들로 이어진다.

모든 경우에 영웅은 낯선 것, 위험한 영토와 동물과 인간을 비롯한 토착 존재와 맞붙게 된다. 그 토착 존재는 주로 영웅에게 적이지만 항상 그런 것은 아니다. 토착 존재 중에도 선한 것과 나쁜 것, 본능적인 것과 영악한 것, 멍청한 것과 현명한 것, 원시적인 것과 오리엔탈리즘적인

176 Williams, 1990을 참조하라.

177 영화들이 반드시 베트남을 배경으로 하는 것은 아니다. 1980년대 액션 영화 속 '베트남'에 대해서는 Tasker, 1993의 여러 대목을 참조하라.

것이 있다. 영웅이 토착 존재와 맺는 관계의 식민주의적 구조는 적대적인 경우만큼이나 도움을 주는 경우도 많다. 영웅은 토착 존재들이 스스로 해결할 수 없는 문제를 해결해 주곤 한다. 이것이 바로 서구 국가들 스스로가 이전 식민지국들과 맺는 관계에서의 역할이기도 하다. 제국이 토착민들에게 이득을 가져다주었고 심지어는 이득을 가져다주기 위해 식민화했던 것이라는 주장은 늘 있었다. 이 주장은 1950년대 이래 미국이 세계 경찰이라는 관념하에 만들어지고 냉전을 통해 첨예화된 정책의 토대가 되었다. 도움이란 제3세계를 향한 대외 정책에서나 근육질 영웅에게나 동일한 기능을 하는 표어다.

이에 대해 서로 두드러지게 다른 특징을 보여 주는 세 종류의 영화가 있다. 여기서는 타잔과 람보 등을 간단히 살펴보고 페플럼 영화가 보여 주는 조금 낯선 형태의 식민주의는 이 장의 마지막 부분에서 다룬다.

타잔 영화는 명백하게 식민주의에 토대를 두고 있으면서도 약간 비트는 부분들이 있다. 타잔 영화는 대개 백인들이 아프리카로 들어가는 여정을 다룬다. 까다로운 지형, 그 낯섦과 위험(야만적인 짐승, 가파른 산길, 거센 강물, 우거진 정글)은 백인이 불굴의 정신을 실현해 보일 기회를 제공한다. 토착민은 백인에게 도움이 될 만한 지식을 갖고 있지만 대체로는 짐을 나르는 것과 같은 노동을 제공하거나 그 지역의 또 다른 위험 요소로 등장할 뿐이다. 이 모든 것이 정글 모험 이야기가 지닌 스릴의 친숙한 토대다. 그러나 타잔은 이미 정글에 있다. 타잔이 어떻게 정글에 가게 되었는지(타잔은 스코틀랜드계 부모 아래에서 태어났지만 곧 부모를 잃는다)를 다룬 엘모 링컨의 영화[178]와 〈그레이스토크: 타잔의 전설*Greystoke, the Legend of*

178 엘모 링컨이 타잔 역을 맡았던 최초의 타잔 영화 〈타잔〉(1918)은 타잔의 부모가 아프리카행 선박을 탔다가 선박 내 폭동으로 인해 어느 해안가에 떨어져 고립되는 과정을 보여 준다.

*Tarzan*〉(1984)을 제외하고는 타잔이 정글에 산다는 것은 기정 사실로 주어진다. 타잔은 백인을 도울 때도 있지만 대체로는 백인에 대항해서 정글을 지킨다. 백인들은 보물을 찾으러 오거나 자연을 빼앗기 위해 오기 때문이다(예를 들어, 상아를 얻기 위해 코끼리를 죽이고 타잔의 조력자인 동물들을 포획하는 등). 정치적으로 타잔은 환경친화적이다green.[179] 타잔은 토착민의 삶의 방식을 훼손하려는 백인들로부터 토착민을 지켜낸다.

그렇다면 타잔은 정글과 동일시할 수 있을 것이다. 타잔은 동물의 편이다. 거의 전라 상태인 그는 꾸밈없는 자연인이다. 일부 만화와 와이즈뮬러의 영화는 타잔이 정글의 모양이나 그림자와 일체되는 것을 보여준다(그림 30과 31). 그러나 타잔은 자연보다 우월한 자이자 정글의 왕이기도 하다. 코끼리와 침팬지는 타잔의 부름을 듣고 구하러 오거나 그가 위험에 처했다는 것을 본능적으로 감지하기까지 하며, 사자와 악어 또한 그의 명령대로 움직인다. 마찬가지로, 타잔은 선한 토착민들에게 친구인 한편(그들과 같이 살 정도까지는 안 되지만) 악한 토착민들에게는 천하무적의 적이 되기도 한다. 어떤 쪽에서든 타잔은 신체적으로, 정신적으로, 도덕적으로 우월한 자다.

자연이라는 주제, 타잔의 환경 친화적 특성이 식민주의적 관계를 은폐하는 가면인 것만은 아니다. 자연을 다루는 것은 식민주의 진취성에서 핵심 부분이다. 식민주의의 진취성은 자연을 정복하고 명령하는 것과도 관련되지만 또 한편으로는 백인과 자연 간의 거리를 만들어 내는 약탈의 의미이기도 하다. 자연에 대한 친밀함을 잃은 통탄은 백인 문화에서 꾸준히 발견된다. 그러나 타잔을 통해서 백인은 식민주의적 권력

이후 부모가 죽으면서 타잔은 유인원의 손에 넘겨진다. — 옮긴이

179 이것은 내가 가르치는 석사 과정 수업에서 존 틴클러가 쓴 에세이의 주제였다.

그림 30　1920년대 미국 화가 앨런 세인트 존Allen Saint-John이 그린 타잔 그림. [앨런 세인트 존은 타잔 시리즈의 작가 에드거 라이스 버로스 소설의 그림으로 유명하다 — 옮긴이]

그림 31　　1930년대 조니 와이즈뮬러. 〈정글왕 타잔*Tarzan of the Ape Man*〉(1932).

과 자연에 대한 친밀성을 모두 가질 수 있다. 타잔은 의심의 여지 없이 백인이다. 타잔의 스코틀랜드 귀족 부모 이야기와 유전 개념의 중요성이 드러나는 소설을 읽어 보지 않은 사람이라도(Newsinger, 1986; Bristow, 1991: 213~218 참조) 영화를 보면서 타잔이 스포츠/운동으로 만들어 낸 몸과 그 몸이 다른 어두운 피부색의 토착민 남성들의 몸과 만들어 내는 대조, 그리고 그를 노골적으로 '백인 유인원'으로 표현하는 것에서 타잔의 백인성은 드러난다. 그러나 이 백인 남성은 토착민보다도 더 자연과 조화를 이룬다. 타잔을 통해 백인은 정글과의 일체감을 잃지 않으면서 정글의 왕이 될 수 있다.

타잔 영화는 식민주의 권력을 향유하는 것과 식민주의를 통해 치러야 하는 생태학적 대가 간의 상상적 화해를 만들어 낸다. 람보 영화도 이와 비슷한데 그 방식은 더 꺼림칙하다. 이본 태스커Yvonne Tasker가 지적했듯(1993: 98ff), 람보 영화 자체는 직설적이고 열성적인 미국인 애국자로서의 람보에 대한 이미지와는 다소 상충한다. 람보는 오히려 국가가 없는 애국자처럼 보인다. 첫 번째 영화 〈람보〉에서 베트남에서 돌아온 람보는 자신이 저속한 문제아 취급을 받는다는 것을 느낀다. 영화의 배경은 미국 북서 지역이지만 람보가 숲으로 들어감에 따라 마치 베트남인 것처럼 보인다. 람보는 그의 조국이지만 낯선 이 땅에서 적과 맞서 싸워 이긴다. 〈람보 2〉에서 그는 전후에 베트남에서 작전 중 실종된 병사들을 구조한다. 군사 관료는 람보를 방해할 뿐만 아니라 위험으로 몰아넣는다. 람보는 군의 산물이지만 소모품이기도 하다. 〈람보 3〉에서 람보는 소련이 점령한 아프가니스탄에 홀로 침투해 미 정부가 했어야 할 임무(미국 이상의 최대 적인 공산주의를 파괴하는 것)를 수행한다. 따라서 그는 반복적으로 미국의 실상에 반하는 미국의 기본적 가치를 지킨다.

이 구조적 패턴만큼 또 중요한 것은 람보가 옷을 입는 방식이나 싸우는 방식이다. 환경을 즉흥적으로 이용하는 영민함 및 기지와 고통과 고문을 견뎌 내는 인내심 모두에서 람보의 정신은 뚜렷이 나타난다. 고통이 가해진 스탤론의 근육과 더불어 람보의 액션은 이러한 람보의 정신을 표현한다. 그러나 람보의 기지는 또한 그가 비백인적인 테크닉을 취하는 형태로도 발동한다. 타잔과 마찬가지로 람보는 현지인보다도 더 자연에 녹아드는데, 가장 인상적인 것이 〈람보 2〉에서 람보가 진흙탕 속에 몸을 깊이 담그고 눈만 내놓고 있다가 자신을 좇던 미 해군 중 하나를 죽이는 장면에서다. 람보가 싸울 때 입는 복장 중 의례적으로 꾸며진 머리띠는 그에게 반半원주민 부모가 있음을 암시한다. 또한 람보가 고른 무기는 커다란 톱니 모양의 칼과 전동 활, 화살이다. 이는 하이테크 버전이긴 해도 미국 원주민을 연상케 한다. 람보는 반복적으로 그리고 노골적으로 미국에 대한 사랑을 드러내지만, 전체적으로 원주민처럼 입고 미국을 위해 싸운다. '아메리카'는 백인의 USA라는 역사적 실재성을 우회함으로써, 즉 USA 이전에 존재하던 것으로 회귀함으로써 보완될 수 있다. 람보 영화는 그러한 모순적 수단을 통한 구원의 불가능성 앞에 중단된다. 람보의 마지막 장면에서 람보는 울거나(〈람보〉), 황량한 대지로 걸어나가거나(〈람보 2〉), 카메라가 그가 구한 사람들 앞에 머무는 동안 화면 밖으로 나간다(〈람보 3〉).

나는 람보 영화가 다른 1980~1990년대 근육질 영화와는 다른 꺼림칙한 구석이 있다고 생각한다. 베트남전의 도상을 활용하는 다른 영화에서는, 존재하지 않는 나라를 사랑하는 모순은 물론이거니와 그런 의혹은 존재하지 않는다. 감정적으로는 매우 중심부에 위치한 자(남성, 백인, 이성애자, 힘 있는 자)가 관료와 정치가들에 의해 배신당했다는 주제는 여전히 매우 많이 보이지만 말이다.

타잔, 헤라클레스, 람보, 그리고 나머지도 이상적이고, 견고하고, 성취적이고, 부유하고, 체모가 없고, 태닝이 된 백인 남성의 몸을 보여 주며, 이 신체를 낯선 땅 및 사람들과 맺는, 적대적인 만큼이나 도움을 주는 식민주의적 관계 속에 위치시킨다. 이 배경에서의 이 몸은 신체적으로 우월하지만 평범한 사람이기도 한 백인, 식민 세계 발전의 임무를 맡은 백인을 구성한다.

신체는 그 주변과 구별된다. 단단하고 늘어지지 않고, 잘 먹어서 쇠약하지 않고, 나태하게 찐 살 없이 잘 쪼개진 몸으로, 등이 굽지 않고 열망에 찬 포즈를 취한 몸이다. 근육질 몸의 백인 영웅이 근육질 몸의 비백인과 겨루게 될 때도 있지만, 백인이 늘 이기기 때문에 이러한 대결 장면은 백인 남성 신체의 절대적 우위를 다시 확인해 줄 뿐이다. 〈타잔: 마이크 헨리 편 2*Tarzan and the Great River*〉(1967)의 클라이맥스에서 타잔(마이크 헨리)은 국가의 주요 물 공급지를 차지하려는 흑인 우두머리 바쿠나(라퍼 존슨)와 싸운다(그림 32). 존슨의 몸도 괜찮은 편이지만 헨리보다는 덜 가꿔진 몸이다. 교차 편집으로 보여 주는 장면에서 헨리는 아래에서 위로, 존슨은 위에서 아래로 촬영되어 표준적인 확대/축소 레토릭이 나타난다. 타잔/헨리는 딱 맞는 아랫도리를 입었고(그 앞에서는 양복을 입고 나온다), 반면 바쿠나/존슨은 표범 가죽과 수호신을 나타내는 장신구를 하고 있다. 즉 그 둘의 대결의 결과만 타잔의 신체적 우월성을 증명하는 것이 아니라, 캐스팅, 촬영, 의상이 전반적으로 그의 우월성을 말해 준다. 이와 같은 의복의 대조는 페플럼 장르에서도 많이 발견된다. 〈사이클로프스의 아틀라스 *Maciste nella terra dei ciclopi*〉에서 마시스테(고든 미첼)는 페플럼을 입고 있는데(천으로 맞춰진 옷이라는 점에서 보다 높은 인간 발전 단계를 암시한다), 그의 상대인 무명의 흑인(폴 윈터)은 표범 가죽의 천을 두르고 있다(제조된 것이 아니라 사냥한 것이고, 맞춘 것이 아니라 그냥 두르기만 했다는 점에서 원시적인 의복이다). 미스

그림 32 〈타잔: 마이크 헨리 편 2〉: 마이크 헨리(왼쪽)와 라파 존슨.

터 유니버스 출신인 윈터는 영웅보다 더 근육질 몸을 가지고 있지만 그가 입은 옷과 패배한다는 설정이 그의 몸을 깎아내린다.

영웅의 몸은 우월하지만 영웅의 피부색(태닝된 백인 피부색)은 또 한편으로 그를 평범하게 만들어 준다. 2장에서 논의했듯, 태닝은 인종적으로 흑인이 되고 싶은 욕망이나 의지를 의미하는 것이 아니고, 태닝된 백인 몸은 그저 태닝된 백인 몸일 뿐이다. 동시에, 태닝은 백인들이 다채로운 피부색을 가질 수가 있다는 것을 암시하지만, 피부색을 밝게 만든 흑인은 우스갯거리가 되거나 실패로 보일 뿐이다. 태닝된 근육질 몸은 백인성을 특수한, 그러나 한계가 없는 몸임을 확인시켜 주고, 영화 속 다른 몸들과 대

그림 33 〈헤라클레스의 대역습〉: 스티브 리브스와 실비아 코시나.

비되면서 그 효과가 고조된다. 타잔은 원주민들보다 하얗지만 다른 백인들보다는 어둡다. 같은 작가가 그린 두 가지 책 표지(컬러 그림 10, 11)에서 타잔은 유인원과 싸울 때는 더 밝은 피부색을 가지고 있고, 백인 여성과 있을 때는 더 어두운 피부를 가지고 있다. 남성적인 어두움과 여성적인 밝음의 두 극단 사이에서 유동적으로 표현되는 것이다. 비백인 캐릭터가 별로 안 나오는 페플럼에서도 피부색의 차이가 나타난다. 영웅은 착한 여성이든(금발) 나쁜 여성이든(흑갈색 머리) 그 어떤 백인 여성들보다 어두운데, 이는 여성의 하얀 손이 영웅의 태닝된 가슴 근육에 얹어져 있는 정형화된 포즈에서 잘 드러난다(그림 33). 영웅은 다른 백인 남성들보다도 어둡다. 특히 악당으로 나오는 동양의 지도자는 지하나 동굴에 살면서 빛을 많이 받지 못해서 피부가 창백한 것으로 묘사되며 이는 그들의 타락이나 후진성을 드러낸다. 〈사이클로프스의 아틀라스〉에서처럼 영웅은 마치 태양의 빛줄기 속에서 태어난 듯 주로 지평선에 태양을 마주하고 서 있는 모습으로 등장한다. 이런 영웅의 모습은 생명을 낳는 태양 속에서 쪼그라들어 버리는 악당의 흼과는 정반대다. 착한 백인 남성조차도 영웅만큼 어둡지는 않다. 그러나 영웅이 인종적 흑인성과 같은 선상에 놓이는 경우는 절대 없다. 선하고 신체적으로도 훌륭한 흑인 남성이 등장할 때, 영화는 영웅의 우월성을 부각시키기 위해 애를 쓴다. 따라서 백인 남성의 영웅주의는 명백하게 흰색으로 구성되면서도 흰색에만 갇히지 않는다. 근육질 영웅은 평범한 자everyman다. 그의 태닝은 그가 어디에든 개입할 수 있는 권리를 지녔다고 말해 준다.

페플럼에서 신체 스펙터클을 강조하는 것은 또한 남성성과 식민주의를 신체 간의 관계로 재현하는 방식이다. 백인의 신체적 우월성을 통해 식민자의 정당성을 제시할 때 식민주의의 경제적, 군사적, 기술적 현실은 사라져 버린다. 가장 단순한 수준에서, 영웅과 악당의 일대일 싸움으로써 식민주의 갈등을 해결해 버린다. 이때 악당은 우두머리 전사이거나, 지배자이거나, 약탈자다(체화된 권력의 세 가지 버전). 내러티브가 어떠하든 간에, 영웅은 더 나은 몸을 갖고 있어서 열등한 동양/원시인을 이겨 버린다. 위에서 살펴본 〈타잔: 마이크 헨리 편 2〉의 예나, 〈코만도〉의 클라이맥스에서 슈워제네거가 보여 주는 전투는 천연자원이나 미국 대외 정책을 놓고 벌어지는 정치적 다툼을 맨몸 간의 대결로 환원시키고, 최상의 몸이 이기는 것을 보여 준다.

이러한 패턴은 영웅의 몸이 적의 기술과 대적할 때 고조된다. 영웅이 식민주의적으로 처리해야 할 대상인 이들이 정교한 무기와 머릿수에 의지하는 한편, 영웅은 이에 맨몸으로 맞선다. 이것은 〈마라톤 전투〉에서 생생하게 묘사된다. 영화 클라이맥스에서 필리피데스(스티브 리브스)는 완전

그림 34 〈마라톤 전투〉: 왼쪽부터 밀레느 드몽조, 세르지오 판토니, 스티브 리브스.

무장한 적에 맞서서 오로지 하얀 아랫도리만 두른 채 전투의 정교한 무기들에 맨몸으로 맞선다(그림 34). 그러나 그의 하얀 근육질 몸이 겸게 무장하고 기술적으로 우월한 이들을 이긴다. 따라서 식민주의적 접촉 및 백인의 우월성은 신체를 통해 실현되고 달성됨에 따라 자연화된다.

하얀 근육질 몸은 백인 남성이 타고난 몸이 아니라, 백인 남성의 정신적 우월성에 의해 가능해진 몸이다. 결국 요점은 사유와 계획에 의해 만들어진 산물, 성취로서 만들어졌다는 점이다. 이런 몸이 만들어지는 배후에서 작용한 정신이 곧 그 몸의 백인성을 결정짓는다. 이로 인해 백인 남성은 자신의 몸을 잘 다루고, 주어진 것으로부터 기지를 발휘하고, 사태를 간파할 수 있다. 비백인 보디빌더의 몸이 얼마나 대단하건 간에 비백인들은 이런 성질을 가지지 못한다(그리고 그렇기 때문에 그들의 몸도 만들어진 몸이라는 점은 간과된다). 영웅의 몸은 훌륭하지만, 그 효과를 증폭시키는 것은 바로 내면의 정신인 것이다.

다시 말해, 근육질 몸과 제국주의적 진취성은 유사하다. 근육질 몸은 정신의 계획과 야망에 의해 만들어지고 빛이 난다. 마찬가지로 식민지 세계는 식민자들이 기술, 감각, 비전을 동원해 길들여야 할 미완의 땅처럼 재현된다. 근육질 영웅은 자신의 근육을 그 땅에 배치시켜 뛰어나고 현명하게 다스린다. 근육질 영화 속 땅은 규율될 필요가 있는 쇠약한 맨몸과 같다. 근육질 백인 남성의 몸과 식민주의적 진취성은 서로에게 거울과 같고, 둘 다 백인 남성의 웅장한 신체성을 전시하면서도 그 안의 정신을 보여 주려고 한다.

## 페플럼 영화

1957~1965년 이탈리아 페플럼 영화들을 좀 더 자세히 다루면서 이 장을 마친다. 특히 페플럼 영화가 계급을 다루는 방식이나 파시즘이라고 하는 명백한 백인 정치와 어떤 관계를 맺는지에 주목하고자 한다. 페플럼 영화는 완벽한 정신이 깃든 몸과 더불어 하찮은 존재들이 지닌 문제를 해결해 주는 능력을 갖춘 이상화된 백인 남성의 이미지를 끌어온다. 여기서 하찮은 존재들, 손상된 정체성이란 이탈리아 노동 계급 남성성을 말한다. 당시 급속한 산업화의 진전과 민족주의의 태동 속에서 제국주의적이고 인종주의적인 정치인 파시즘은 이들에게 밝은 미래를 약속했다. 페플럼 장르는 이러한 역사적 순간에 이탈리아 노동 계급 남성 관객의 위치를 고려하여, 지금까지 논의한 바와 같은 신체 이미지와 식민주의 서사 구조 간에 공명하는 백인성을 동원한다. 페플럼 영화는 분명

계급과 젠더의 불안을 다루지만, 그 방식은 백인성 레토릭에 부분적으로 의존한 방식이다. 이러한 방식은 파시즘을 정치로서 명백히 부정하기도 하기에 복잡하다. 다시 말해, 영화는 손상된 남성 계급 정체성에 대한 위로로서 백인성을 동원하면서도 백인성의 수치스러운 정치로부터는 스스로를 분리해야 했다.

페플럼 영화는 (성경을 포함하여) 고대 유물에서 빌려온 영웅을 중심으로 한 모험 영화이며, 영웅은 미국 보디빌더가 연기한다. 이런 연기자들이 맡는 캐릭터는 백인의 과거와 미래를 체화한다. 고대가 인종적으로 백인적이라는 믿음이 지속되고 있고 유럽인들은 미국을 기본적으로 유색인 소수자가 있는 백인 국가라고 생각한다. 더욱이 이탈리아에 존재하는 고대 유물은 전체 인류가 달성한 최고 정점으로 여겨지며, 미국은 인류의 미래의 땅으로 여겨지곤 한다.

대부분의 페플럼 영웅은 고전에서 나왔지만(헤라클레스, 스파르타쿠스, 율리시스, 삼손, 골리앗), 가장 중요한 두 영웅은 현대의 산물이다. 바로 소설이자 영화인 〈쿠오바디스*Quo Vadis?*〉에 나오는 우르수스와 1914년 영화 〈카비리아〉에 나오는 마시스테다. 페플럼 영화의 그 어떤 영웅도 자신이 처음 나타난 시공간에 묶여 있지 않는다. 헤라클레스와 마시스테 등은 수많은 다른 상황에서 나타나고, 이는 원전과도 동떨어져 있다. 고대 세계 전체가 이용되면서도 새로운 판타지의 땅이 만들어지고, 고대 이후의 세계도 나타난다. 예를 들어 마시스테는 13세기 아시아(〈위대한 칸의 궁에 간 마시스테*Maciste alla corte del Gran Khan*〉), 17세기 스코틀랜드(〈지옥의 마시스테*Maciste all'inferno*〉), 중국(〈몽골인에 맞서는 헤라클레스*Maciste contro i Mongoli*〉), 아라비아(〈마시스테와 족장의 대결*Maciste contro lo sceicco*〉), 러시아(〈황제의 궁전에 간 마시스테*Maciste alla corte dello Zar*〉), 아프리카(〈솔로몬 왕의 보물창고에 간 마시스테*Maciste nelle miniere del re Slomone*〉), 중미(〈마시스테, 마야인들의 복수*Maciste il vendicatore dei Mayas*〉) 등에 나타난다. 이는 원작에서는 서로 다른 시대와 텍스트 전통(전설, 역사, 로맨스)에 기반한 영웅을 동지나(《삼손과 위대한 도전*Ercole, Sansone, Maciste e Ursus gli invincibili*》) 적으로서(《율리시스 대 헤라클레스*Ulisse contro Ercole*〉, 〈삼손에 대항하는 헤라클레스*Ercole sfida Sansone*〉) 한데 모으는 자유로운 구성이다. 한 영화에서는 선사 시대 배경으로 등장했던 세트나 의상이 다른 영화에서는 로마 시대를 배경으로 등장하고, 영어 더빙 버전에서는 영웅들 이름이 뒤바껴 있기도 하면서 영화 속 시공간 설정은 더 느슨해진다.

이러한 활발한 콜라주는 생산과 소비 패턴 모두에서 설명이 가능하다. 이탈리아 영화 중에는 고급스러운 것도 있지만 대부분은 그렇지 않았다. 세트는 세트 같아 보이고, 세트와 의상은 재사용되었으며, 리허설은 최소한만 했고, 배역들은 서로를 이해하지 못했으며, (원작인데도) 화면 속 인물과 흘러나오는 목소리가 일치하지 않기도 했다. 페플럼 영화는 개봉관에서는 잘 상영되지 않았고(Della Casa, 189: 91), 주로 빈민 지역이나 지방 극장에서 상영했다. 크리스토퍼 와그스태프Christopher Wagstaff(1992)에 따르면, 그러한 2류 영화관terza visione에서 영화를 관람할 때 사람들은 마치 텔레비전을 볼 때처럼 아무 때나 드나들기도 하고 자리를 옮기기도 하고 대화를 하기도 하면서 보았다고 한다. 영화는 관객에게 비교적 더 친숙한 광장, 서커스, 박람회 등에서 볼 수 있는 차력 쇼와 같은 대중 전통에 기대고 있다(Farassino & Sanguineti, 1983). 그러한 생산과 소비의 조건은 줄거리의 일관성, 등장인물과 배경의 개연성, 톤의 일관성 등이 보장된 완성되고 발전된 형태의 '고전 할리우드 영화'로 이어지지 못한다. 오히려 연출 가능하면서도 관객에게 먹힐 수 있는 것은 세트에서의 연기, 즉각적이고 생생하게 인식될 만한 등장인물과 배경, 묘기, 춤, 촌극, 슬랩스틱, 연설, 광경 같은 버라이어티의 원칙이다.

이는 특정한 종류의 영화를 가능케 한다. 여기서 내가 염두에 둔 것은 초현실주의자들이 대중 영화에서 매우 가치 있게 여기는 이성(타당성, 예의)의 포기 같은 것이 아니라, 백인 남성성의 문제와 관련한 어떤 텍스트적 결과에 관한 것이다.

영웅을 연기하는 배우들이 이탈리아어를 모른다는 점이나 연기자로서 그들의 미숙함 및 한계로 미루어보아, 다른 사람과 주고받는 연기를 찍지 않는 편이 더 쉬웠을 것이다. 따라서 〈마라톤 전투〉의 필리피데스는 전투에 절반 정도 참여하지 않다가 언덕을 올라가 적을 향해 바위를 던진다. 〈헤라클레스의 대역습*Ercole e la regina di Lidia*〉에서 테베의 해방이 이루어지는 장면에 헤라클레스는 도시를 약탈하는 다른 인물들과 함께 하지 않고 호랑이와 겨루는 데 몰두한다. 〈코난 마시스테*Maciste contro i mostri*〉의 클라이맥스는 마시스테가 지켜보는 가운데 두 부족장이 싸우는 장면으로 이루어져 있다. 〈헤라클레스〉의 후반부는 이아손과 황금 양털 이야기를 중심으로 흘러가는데, 헤라클레스가 필수적인 조력자 역할을 하긴 해도 주로 이아손의 모험이 서사를 이끌고 간다. 영웅은 서사의 한쪽에 위치할 뿐이다.

그러한 서사적 장치로 인해 보디빌더를 캐스팅함으로써 수반되는 포즈 장면이 있을 수 있다. 이런 장면은 날렵하거나 아크로바틱한 것이 아니라, 몸의 크기와 모양, 강력한 긴장의 순간 등이 특징적이다. 사자와 맞선 장면에서 바위를 높이 든 모습(그림 35)은 보디빌딩 경연에서 사용되는 포즈 언어를 가져 왔을 뿐 아니라 신체 사진이나 차력 쇼에서 볼 수 있는 비서사적 양식의 미장센도 끌어온다. 페플럼의 콜라주 구조는 근육질 몸과 그 몸이 내포한 백인적 가치를 보여 준다.

더욱이 영웅을 서사의 한 축으로만 두는 것은 그의 존재론적 상태의 애매모호함과도 일맥상통한다. 페플럼 영웅은 인간인가? 헤라클레스

그림 35 〈왕들의 협곡에 간 마시스테〉: 마크 포레스트.

는 분명히 완전 인간은 아니다. 일부 영화에서도 다루어졌듯이(〈헤라클레스〉, 〈헤라클레스의 대역습〉, 〈헤라클레스와 아틀란티스 정복〉) 반신반인이다. 마시스테는 원작 〈카비리아〉에서는 노예인데, 〈코난 마시스테〉에서는 태양과 달이 부모라고 나온다. 〈마이 선, 더 히어로*Arrivano i Titani*〉의 크리오스는 반신반인의 거인이다. 명백하게 제시되지 않더라도 영웅의 상당수는 인간이 아닌 것처럼 보이고, 필요에 따라 시공간을 초월하는 능력과 같이 영화 속에서 절대 설명되지 않는 능력들만 봐도 인간은 아니다(〈사랑과 지옥〉에서 마시스테가 스코틀랜드 마녀 화형에 갑자기 아랫도리만 두르고 나타난 장면이 대표적이다). 영웅이 영화에서 등장하는 장면은 마법과도 같다. 영웅은 마치 물에서 태어난 것처럼 바다나 폭포에서 발견되곤 한다. 〈헤라클레스〉에서 헤라클레스는 불멸의 능력을 잃게 되고, 이 장면은 헤라클레스가 비

그림 36 〈헤라클레스〉: 스티브 리브스.

에 젖은 채 마치 물속에서 인간으로 다시 태어나는 듯한 모습으로 상징화 되었다(그림 36). 〈사이클로프스의 아틀라스〉에서 영웅의 첫 숏은 그가 바다 옆 바위에 한 줄기 빛을 받으며 누워 있는 모습인데, 시스티나 성당에 있는 미켈란젤로의 작품 속 아담과 같은 자세다(이탈리아에서 교육을 받은 사람에게는 친숙한 이미지일 것이다). 물론 그러한 이미지는 창세기의 성수를 떠올리게 만들기 때문에 기독교(그리고 백인)적이다. 더불어 이 이미지는 영웅의 인간성을 보여 주지만, 한편으로 시공간을 자유롭게 이동할 수 있는 신성의 측면이나 영웅이 서사에 완전히 종속되어 있지 않은 방식 등은 영웅을 초인으로 만들기도 한다. 영웅은 인간이면서 그 이상이고, 이는 곧 백인 남성의 위치다.

남성의 신체적 힘을 보여 주는 장면들은 영화의 원래 관객 문화가 지닌 특정한 의미를 전제로 한다. 주세페 발페르가Giuseppe Valperga(1983)에 따르면, 괴력 남성의 이미지는 이탈리아 시골의 문화적 전통에 뿌리내리고 있다. 괴력을 지닌 자의 이미지는 오락물과 대중 소설에서 인기 있을 뿐 아니라 종교적이고 지역적인 의미도 지니고 있다. 가톨릭에서 성인에 대한 숭상과 기도는 아주 중요한 요소이고, 소작농들 사이에서는 전설 속에서 그리스도를 어깨에 멨다는 거인인 성 크리스토퍼에 대한 특별한 애착이 있었다. 마찬가지로 덩치 큰 괴력을 가진 자는 소작농 사이에서 중요한 인물상이다. 큰 남자아기가 태어나면 많은 관심을 받고 축복으로 여겼는데, 특히 힘센 사람이 농촌 노동에서 경제적으로 큰 가치가 있어서이기도 하다. 이런 맥락에서 덩치 큰 남성의 신체는 무엇보다도 중요한 자원이면서, 사용되는 소재(바위, 나무 둥치, 수레, 체인 등)에서 볼 수 있듯 남성의 능력을 보여 주는 것이다

그러나 페플럼 시대의 이탈리아는 남부 시골에서 산업화된 북부로, 힘에 의존한 노동에서 기계 기술에 기반을 둔 노동력으로의 대규모 이주를 경험하고 있었다. 농촌 노동의 가치가 줄어들면서, 크고 강한 몸의 가치와 남성의 힘이 지닌 가치는 저하되었다. 페플럼은 여전히 남성의 몸이 경제적 자부심인 관객을 위해서 남성의 몸을 찬양했다. 영화의 콜라주 구조 속에서도 근육이 전경에 배치되어 강조되거나 그 근육을 이용하여 영웅이 승리하는 장면 등은 남성의 힘이 예전만큼의 가치가 없다고 느끼는 관객에게 그 가치를 확인시켜 주었다. 영웅은 기계와 대결을 하면서 정교한 전쟁 기계를 이기기도 하고(〈마라톤 전투〉, 〈로도스의 거상*Il colosso di Rodi*〉), 많은 사람이 끊임없이 아무 생각 없이 돌려야 하는 거대 톱니바퀴로부터 사람들을 구해 내기도 한다(〈대진군*Nel segno di Roma*〉, 〈7인의 반역 검투사*Sette contro tutti*〉, 〈헤라클레스와 두더지 인간의 대결*Maciste l'uomo piu forte del mondo*〉). 기계와의 대결에서 맨몸으로 이기는 장면은 관객에게 전

통적 자원을 가지고 새로운 노동 조건에서 승리를 거두는 판타지를 제공한다.

그러나 이 영웅들은 상당히 현실적인 듯해도 미국인이 연기하는 신성의 캐릭터이기도 하다. 인물들이 관객의 현실에 호소하고 관객의 현실을 보여 주는 것 같더라도, 한편으로는 관객의 위에 위치한다. 이것에 바로 페플럼과 파시즘 사이의 연속성을 제공하는 감정의 구조 중 하나다.

파시즘은 이탈리아에서 20년 넘게 지속되었고, 이것은 독일보다도 두 배 긴 기간이다. 페플럼의 인기가 절정이던 1960년은 파시즘이 종말을 맞은 지 겨우 15년 지났을 뿐이었다. 파시즘은 영화의 흔한 주제까지는 아니더라도 기억 속에서 생생한 것이었다. 반파시즘에서 태어난 네오리얼리즘의 짧은 기간에서 벗어나, 국제적으로 알려진 이탈리아 작가 감독들(베르나르도 베르톨루치Bernardo Bertolucci, 릴리아나 카바니Liliana Cavani, 페데리코 펠리니Federico Fellini, 피에르 파올로 파솔리니Pier Paolo Pasolini, 프란체스코 로시Francesco Rosi, 리나 베르트뮬러Lina Wertmüller)이 파시즘에 관한 영화를 만들기 시작한 것은 1970년대가 되어서다. 대중 관객의 요구에 민감하게 반응해야 했고 무엇이 옳은지에 대한 질문은 덜 다루었던 대중 영화도 코미디에서 직간접적으로라든지 페플럼 장르를 통해 특유의 방식으로 파시즘을 다루었다.

이탈리아 파시즘의 남성성 이미지는 기념비 이미지가 중심적이고 무엇보다 무솔리니 총통Il Duce에 기반을 둔다. 무솔리니 체제는 나치즘을 연상케도 하는 열망의 자세를 취한 거구의 남성을 표현하는 조각과 회화(특히 프레스코와 포스터)를 대량으로 만들어 냈다. 파시스트가 만든 로마의 스타디움인 포로 이탈리코Foro Italico는 실제 사람 세 배 크기의 하얀 근육질 남성 석상으로 둘러싸여 있다(그림 37). 1932년 헤비웨이트급 챔피언으로 유명한 프리모 카르네라(《헤라클레스의 대모험》에 적으

그림 37　1938년에 지어진 로마의 포로 이탈리코. 엘리코 델 데비오Enrico del Debbio가 만든 조각상. [포로 이탈리코는 엘리코 델 데비오와 루이지 모레티Luigi Moretti의 설계로 1928~1938년에 지어졌다. 무솔리니가 설립한 이탈리아 파시스트 건축물의 탁월한 예로 꼽힌다. — 옮긴이]

로 등장하기도 한다)는 체제의 상징으로 알려졌고 사진가 엘리오 룩사르도Elio Luxardo를 비롯한 예술가들의 피사체가 되었다(Turroni, 1980)(그림 38). 또한 스포츠 시설이나 체조 경기를 늘리는 것은 당시 중요한 정책이었다(Felice & Goglia, 1982: 184~187; Abruzzese, 1983: 65). 그러나 그러한 이미지가 중요하더라도 영화에는 잘 나오지 않거나 거의 나오지 않았다. 파시스트의 신념에 맞추어 대서사시 전통을 이용하려고 했던 시도인 〈스키피오 아프리카누스*scipione l'Africano*〉(1937)는 근육질 남성을 영웅으로 캐스팅하지 않았고 크게 흥행하지도 못했다(Hay, 1987: 155~161; Dalle Vacche, 1992: 27~49). 그러나 관객들은 이 영화가 무솔리니를 다루고 있음을 분명히 알고 있었다. 그가 체제의 최고 영웅상이었기 때문이다. 실제로, 이

그림 38　1930년대 엘리오 룩사르도의 프로모 카르네라 사진 연구.

영화가 개봉되었을 때 영화 저널 〈비안코 에 네로*Bianco e nero*〉에 실린 한 소년의 에세이는 다음과 같다.

> 스키피오가 백마에 앉은 모습이 얼마나 멋있던지. 그러나 [무솔리니] 총통은 스키피오보다 더 멋있고 용맹해(Brunetta, 1975: 77에서 재인용).

지안 피에로 브루네타Gian Piero Brunetta(1975)와 제임스 헤이James Hay(1987)에 따르면, 무솔리니는 파시스트 이탈리아의 마시스테였다. 서사적으로나 도상학적으로나 말이다. 이탈리아라는 이야기에서 그의 역할은 실업, 부패, 무능과 같은 나라의 문젯거리를 해결해 주는 (육체적, 도덕적, 기질적으로) 강한 자였다. 1930년대 중반에 들어서야 이것은 제국주의적으로(에티오피아와의 전쟁을 통해서)나 인종적으로(1938년 반유대주의법 제정) 측정된 이탈리아의 위대함에 대한 질문과 연결되었다. 도상학적으로 보자면, 헤이(1987: 227~229)가 설명하듯 무솔리니는 자신의 제스처를 무성 영화의 영웅들에서 따왔고, 자신의 상징적 역할(전사, 건설가, 가장)을 파시스트 레파토리에서 따왔다. 무엇보다 중요한 것은, 무솔리니는 이러한 자질들을 자신의 몸을 통해서, 즉 옷을 입고 있을 때 신장이나 자세(카메라 앵글의 도움을 받아), 옷을 입고 있지 않을 때 자신을 전시하는 방식 등을 통해서 드러냈다. 무솔리니의 사진을 보면 수영하는 모습, 웃통을 벗은 채 스키 타는 모습 등이 있다(Felice & Goglia, 1983: 82, 88)(그림 39). 농부들 옆에서 웃통을 벗고 일하는 모습은 사진과 뉴스릴 영화 〈총통이 폰티네 평야에서 밀을 타작하다*Il Duce trebbia il grano nell'Agro Pontino*〉(1938)에 나타나기도 했다. 무솔리니는 모든 사람이 스무 살 같은 몸을 가지고 있어야 한다는 명령의 모델이었다(심지어 그는 자신이 태어난 날을 밝히는 것도 금지했다[Milano, 1982: 32]).

페플럼이 운동선수 같은 남성 몸의 무솔리니적 이미지와 맺는 관계는 복잡하다. 영화들은 파시즘을 고발하는 것 같기도 하고 찬양하는 것 같기도 하다. 예를 들어 〈헤라클레스 대 로마*Ercole contro Roma*〉를 보면, 이 영화는 헤라클레스의 그리스성을 유독 강조하고 헤라클레스가 아랍계 상인 겸 전령의 도움을 통해서 로마 평민들을 구하러 오는 것을 보여 준다. 그러나 사람들의 적은 아프로라고 불리는 약탈자이고 헤라클레스가 궁극적으로 되찾은 것은 군사가 지도자를 뽑는 군사주의 체제다. 헤라클레스는 로마의 이름으로 로마에 맞선 셈이다.

이와 같은 모순은 특징적이다. 명백한 암시를 통해서든 특정한 거리

그림 39　　1930년대 베니토 무솔리니. 테르미닐로 스키장에서.

두기 전략을 통해서든 페플럼 장르는 파시즘에 대한 거부를 보여 주지만 영화가 파시즘을 호명하거나 서사를 조직하는 방식에서 파시즘과의 연결성이 나타나기도 한다. 페플럼(과 그 관객)을 파시즘에 동조하는 쪽에든 반대하는 쪽에든 놓기보다는, 파시스트적이었기 때문이든 파시스트에 패배했기 때문이든 수치스럽게 여겨지는 중대사에 대한 상상적 탐색 과정으로서 이 장르를 볼 필요가 있다.

페플럼에서 파시즘을 명백하게 언급한 부분은 파시즘에 대한 적대성을 드러낸다. 이는 주로 도상학적으로 나타난다. 〈헤라클레스와 아틀란티스 정복*Ercole alla conquista di Atalntide*〉에서 아틀란티스의 체제는 금발의 우월한 인간을 육성한다는 설정[180]을 비롯하여 명백히 파시스트적인데, 여왕이 사는 지하 궁전에 있는 거대한 아틀라스 조각상을 통해 상징적으로 드러난다. 〈로도스의 거상〉에서 항구 입구에 다리를 벌리고 서 있는 거상은 반체제 인사의 감옥으로 사용되며 지중해를 전략적으로 지배할 목적이 반영된 혐오의 거상이다. 〈스파르타쿠스와 10인의 검투사*Spartacus e i dieci gladiatori*〉의 작업장은 나치[181]의 수용소를 연상시킨다. 아레나가 나오는 장면들은 나치 체제의 대중 스펙터클을 은유하고 있고, 파시스트 레토릭에서 로마가 중요했다는 점을 고려하면 영화 속 로마에 대한 언급은 파시즘에 대한 언급으로 코드화되어 나타난다고 볼 수 있다. 로마를 강조하는 것은 국가의 중앙집권화를 위한 파시즘의 근

180 이는 이탈리아 파시즘보다는 나치즘에 더 가깝다고 할 수 있는 것으로, 다른 페플럼 영화에서도 발견된다. 대표적인 예로 가장 로마 찬양적인 영화인 〈로마의 노예〉에서 독재 체제하의 갈리아인을 게르만인처럼 묘사한 것을 들 수 있다. 나치즘적으로 파시즘을 다루는 것은 〈무방비 도시*Roma città aperta*〉(1945)부터 〈7인의 미녀*Pasqualino Settebellezze*〉(1976)까지 세계적으로 알려진 많은 이탈리아 영화들에서 흔히 발견된다.

181 앞의 주를 참조하라.

대적 시도임과 동시에 이탈리아를 백인 문명의 선두에 위치시키는 고대 로마 제국의 연속성을 겨냥한 것이기도 하다.

보다 일반적으로 볼 때, 페플럼 영화 속 사회는 무력과 계략으로 권력을 찬탈하고 이에 속은 국민의 지지를 받는 통치자에 의한 잔혹한 권위주의 체제를 띤다. 통치자의 목적은 명백히 인종주의적이다. 〈마시스테, 마야인들의 복수〉의 악당 통치자는 "열등한 인종은 우리에게 복종해야 한다"라고 말한다. 〈7인의 반역 검투사〉의 통치자는 "우리 인종[182]의 순수성이 오염만 되지 않는다면 언젠가 우리가 세상의 주인이 될 것이다"라고 말한다. 영웅의 일은 기존의 권위를 복구하는 것이다. 무솔리니와 다르게, 영웅은 절대 통치자가 되지도, 자신을 지도자의 위치에 놓지도 않는다는 점이 중요하다.

반파시즘에 대한 은근한 의식에서 더 나아가, 우리는 페플럼 영화와 파시즘 사이에 거리를 두는 두 가지 중요한 점들을 볼 수 있다. 첫째로, 파시즘하의 영화에서는 마시스테 같은 캐릭터가 없다가 1950년대 후반이 되어서 이런 파시즘 이전의 영웅 캐릭터들이 재등장한 점이다. 이는 영화가 과거를 소환하려는 의도가 있었다면, 그 과거란 무솔리니 이전의 과거라는 의미다. "파시즘을 일시적인 '왜곡' 또는 '이탈,' 즉 이탈리아 역사에서 괄호 쳐두고 싶은 시기라고 해석"하고 진짜 이탈리아다움은 선대의 문화적 연속성에서 찾으려는 것이 당시의 대세였다 (Cannella, 1973/1974: 12). 마시스테 등과 같은 파시즘 이전의 인물들이 재발견되는 것도 이와 일맥상통한다.

두 번째로, 미국인 또는 미국인 같아 보이는 보디빌더들을 캐스

182 실제 사용된 단어는 'stirpe'로, 주로 '혈통'으로 번역되곤 하는 이탈리아 파시스트 수사의 핵심 용어다.

팅한 점이 중요하다. 이런 연기자들이 미국인이라고 가정되는 것뿐만 아니라[183] 그렇게 보이기까지 한다는 점은 더욱 중요하다. 근육질 몸의 스타일은 전후 미국 보디빌더들이 만들었고(특히 스티브 리브스에 의해 [Sanguineti, 183: 88]) 페플럼 스타들의 헤어 스타일은 제임스 딘, 말론 브란도, 엘비스 프레슬리의 영향을 받았다. 이런 스타일은 영웅과 그 조력자 사이의 대조에서 드러나기도 한다. 〈태양의 자손에게 맞서는 헤라클레스*Ercole contro i figli del sole*〉에서 헤라클레스(마크 포레스트)와 그가 사귀게 된 잉카의 전사 미사(줄리아노 젬마) 둘 다 근육질 몸을 갖고 있지만 미사는 어깨까지 오는 직모에 헤드밴드를 한 반면 헤라클레스는 록스타처럼 윤기 나는 앞머리를 올린 모양을 하고 있다(그림 40). 영웅의 미국적인 특성은 그들이 이탈리아인이 아니라는 점에서 가장 중요하다. 이탈리아 사회에서 고취시키던 근육질의 남성 몸은 15년 만에야 단박에 파시스트적 의미를 벗었다. 이를 위해 이탈리아에 대한 대중적 상상에 미국을 중요하게 넣어야 했으며, 이는 파시즘에 의해 이용당하기도 했지만 좌파적인 의미이기도 했다. 미국 군인들은 이탈리아가 전쟁 끝에 나치 점령으로부터 해방되는 과정에서 선봉에 섰다.[184] 미국이 근대성의 국가라는 점은 기술적으로 연마되고 과학적으로 만들어진 신체에서 드러나는 것

183 실제로 대부분은 미국 출신이었다(스티브 리브스, 고든 스콧, 고든 미첼, 미키 하지테이). 그러나 미국 출신이 아닐 경우 미국인 같은 이름을 갖고 있었다. 캐나다인(샘슨 버크)이나 영국인(레그 파크, 조 로빈슨)이 미국인 이름처럼 인식되게끔 하는 조그마한 문제가 아니라 이탈리아인이 자신의 이름을 바꾸는 식이었다(아드리아노 벨리니는 커크 모리스, 세르지오 치아니는 앨런 스틸로). 미국 보디빌더들도 더 미국 같은 앵글로계 이름으로 바꾸었는데, 이탈리아계 미국인 루 데이니는 마크 포레스트로 바꾸었고, 에드 홀로시크는 에드 퓨리로 바꾸었다. 이러한 이름 변경은 미국인성이 얼마나 확실한 백인성으로 인식되었는가를 보여 준다.

184 이 연관성을 상기시켜 준 루치아노 첼레스에게 감사하다.

그림 40 〈태양의 자손에게 맞서는 헤라클레스〉: 줄리아노 젬마(왼쪽)와 마크 포레스트.

이었다. 미국은 보통 사람Common Man의 나라다. 더욱이 미국은 많은 이탈리아인이 이주해 온 나라이기도 하다.

영웅이 통치자도 아니고 영웅 캐릭터는 이탈리아인이 아닌 이들의 신체를 통해 파시스트 이전의 인물로서 사용되는 등 명백한 반파시즘적 특성에도 불구하고, 페플럼은 파시스트의 정서 구조를 이용한다. 이 정서 구조란 것이 파시스트가 고안한 것은 아니다. 알베르토 아브루체세Alberto Abruzzese(1983: 65)가 주장하듯, "국가사회주의적으로 신체를 사용하는 것은 무솔리니가 스포츠를 칭송한 것보다도 유서가 깊어" 19세기로까지 거슬러 올라간다. 또한 1914년 〈카비리아〉에서 마시스테는 앞에서 언급했던 프리모 카르네라를 비롯한 무솔리니 체제의 화신 및 조각상의 전신前身으로 보인다. 그럼에도 불구하고 체제는 그에 매우 호의적인 이미지 레퍼토리에 접근했고, 1957~1965년 페플럼에 이르러서는 그 관계가 깊어졌다. 더 나아가, 파시즘 기간 동안에는 마시스테 캐릭터가 나오지 않았는데, 체제가 그를 필요로 하지도 않았다. 무솔리니가 있었기 때문이다. 페플럼의 주요 특성(영웅의 몸뿐만 아니라 전개 방식이나 내러티브 구성)은 파시즘과 연속성을 지닌다.

이런 연속성은 체제에 대한 대서사를 다루는 〈스키피오 아프리카누스〉에서 드러난다. 스키피오는 근육질이 아니고 영화의 노골적인 제국주의적 내러티브도 페플럼과는 차이를 보임에도 불구하고, 스키피오는 곤경의 순간에 절대 틀린 적이 없는 영웅이며, 무솔리니, 헤라클레스, 마시스테(또는 타잔, 람보)처럼 문제를 해결하는 유일한 자다. 더욱이 스키피오는 관객이 동일시할 만한 인물로 제시되지 않는다. 관객은 오히려 군중 신 속 '보통 사람'이나, 전쟁의 충격을 보여 주는 서브플롯에서의 연인들이나, 그저 군중에 이입할 것이다. 헤이(1987: 152)는 파시즘 전의 영화 스펙터클로 거슬러 올라가는데 해당 스펙터클에서 "대중 관객들은 엑스트라 군중을 매개로 영화의 일부가 되었"지만 "주인공들이 누구를 위해 액션을 하는가"라고 할 때 그 대상으로서의 존재 차원에서였다. 평범한 민중의 이익은 실력자에 의해 이루어질 수 있다는 것, 이것이 바로 페플럼의 구조다. 영웅이 내러티브의 한쪽에 틀어박혀 있는 설정은, 내러티브상의 위기가 민중의 고난이며 이는 영웅의 개입을 통해 해결될 수 있다는 의미를 강화한다. 영웅은 액션을 하는 것이 아니라 그저 문제를 해결하기 위한 필수적인 행동을 취하는 것이다. 스키피오나 총통과 다르게 영웅이 통치자가 아니라는 사실은 영화가 파시즘의 실력자가 지닌 호소력을 재생하고 있음에도 불구하고 파시스트 정치 체제에 거부를 표하는 방식이다.

페플럼이 파시즘과 맺는 모순적 관계(페플럼이 '진짜' 파시스트적이라는 의미가 아니라 모순적이라는 점을 강조하고 싶다)는 영웅에 체화되어 있으며, 이는 〈헤라클레스와 아틀란티스 정복〉에서 두드러지게 나타난다. 영화 속 아틀란티스의 여왕이자 악당인 안티네아는 이상적인 인종 육성을 감독한다. 안티네아가 헤라클레스를 만났을 때 그가 이상적인 인간상의 궁극의 형태를 갖고 있음을 알아차린 것은 당연하다. 헤라클레스는 이런 파시즘적 체제에 맞서지만 헤라클레스를 연기한 레그 파크의 근육질 몸은 바로 그 이상을 체화한다. 특히 계급 변동 시기의 새로운 힘과 함께, 이러한 신체가 지닌 매력은 페플럼에서 지속적으로 발견됨으로써 수치스러운 근과거에 이루어졌던 신체 찬양의 기억에 대한 긴장감을 만들어 낸다.

페플럼은 초기의 노동 계급 관객들에게 크고 강한 신체의 가치를 확인시켜 준다. 그리고 그 신체가 불명예스러운 과거와 맺는 관계의 문제를 통해 모순이 작동한다. 이와 관련한 백인성은 영화의 식민주의적 구조와 영화가 흑인 보디빌더를 기용한다는 점을 통해 은연중에 표면화된다.

근육질 남성이 나오는 다른 영화들처럼, 페플럼의 주요한 서사적 모티프는 개입이다. 영웅이 이국땅에 도착하여 문제를 해결하는 것이다. 이는 인종적 타자의 편에서 싸운다는 의미이기도 하다. 영웅은 필요하다면 토착민의 편에 서서 나쁜 백인들과 싸우기도 할 것이다. 〈스파르타쿠스의 아들*Il figlio di Spartacus*〉(1962. 컬러 그림 12)에서 로마인 영웅인 란도(스티브 리브스)는 십자가에 박힌 흑인과 노예가 된 민중을 보고 북아프리카인의 고난에 동참한다. 란도는 "로마가 노예제를 허용한다면, 나는 로마에 반대한다"라고 말하기까지 한다. 민중은 란도와 무장한 금발 독일인 동지인 베지

오의 개입을 통해서만 구조될 수 있었다. 더욱이 민중은 로마인뿐만 아니라 야만족들과 아라비아 사람들에 의해서도 고통받고 있었는데, 란도는 마침내 선한 황제의 통치로 복구시켜 놓는다. 스파르타쿠스의 아들이자 노예들의 영웅인 란도는 계몽된 식민주의를 회복시킨다.

페플럼 영화는 반드시 실제 역사적, 신화적 국가를 배경으로 하지 않으며, 실제 역사를 배경으로 할 때는 이탈리아에서 지정학적으로 가깝고 가장 '성공적인' 이탈리아 식민지(리비아)였던 아랍 땅일 때가 많다. 이집트(〈왕들의 협곡에 간 마시스테*Maciste nella valle dei re*〉), 메소포타미아/이라크(〈헤라클레스와 바빌론의 폭군*Ercole contro i tiranni di Babilonia*〉, 〈바빌론의 영웅*L'eroe di Babilonia*〉, 〈골리앗, 바그다드를 점령하다*Golia lla conquista di Bagdad*〉), 또는 그냥 폭넓은 의미에서의 '아랍'(〈마시스테와 족장의 대결〉, 〈족장의 아들*Il figlio dello sceicco*〉, 〈골리앗과 뱀파이어*Maciste contro il vampiro*〉). 사하라 이남의 블랙 아프리카는 딱 한 번 나오는데(〈솔로몬 왕의 보물창고에 간 마시스테〉), 그 지역이 이탈리아의 주요한 이주, 관광, 외교 대상이 아니기 때문이기도 하고 이탈리아가 블랙 아프리카와 제국주의적 갈등을 겪었기 때문이기도 하다. 1935년 무솔리니가 에티오피아를 정복했을 때가 체제의 정점일 때라고 할 수 있는데, 이탈리아가 제국을 형성함으로써 위대한 백인 국가 반열에 들어가는 듯한 순간이었다. 그러나 이탈리아는 1941년 에티오피아를 (다른 연합국 제국주의 권력에게) 빼앗겼다. 에티오피아와 이를 포함한 블랙 아프리카는 이탈리아 제국주의 모험 서사에서 창피한 지점이다. 〈솔로몬 왕의 보물창고에 간 마시스테〉는 흑인이 거의 살지 않고 '아랍' 느낌의 이름을 가진 교묘한 백인에 의해 지배되는 세계로 아프리카를 재현한다.

영화가 실제를 배경으로 하든 만들어진 땅을 배경으로 하든 간에, 파농이 말한 흑 대 백 "마니교적 망상"(1970: 183)은 강하게 드러난다. 이는 의상이나 미장센을 통해 직접적으로 구현되는 때가 많다. 〈코난 마시

그림 41　〈위대한 칸의 궁에 간 마시스테〉: 고든 스콧(왼쪽)과 추라이칫.

스테〉는 선사 시대에 전쟁 중인 (백인) 부족을 그려낸다. 악한 부족은 검은 머리에 어두운 피부를 갖고 있고, 검은 옷을 입은 채, 지하에 살며 밤의 상징인 달을 숭배한다. 선한 부족은 밝은색 머리에 밝은색 피부를 갖고, 흰옷을 입으며, 지상에서 해를 숭배하며 산다. 다른 페플럼은 그 정도가 덜할 뿐 이처럼 의상, 피부색, 지하와 지상, 밤과 낮, 악과 선의 사용을 규칙으로 삼는다.

페플럼에서는 주로 백인 연기자가 다양한 인종을 연기하지만, 미장센을 통해 나타나는 차이는 주로 유럽 중심적 담론에서의 인종 차이다. 그중 하나는 건축, 의상, 헤어스타일, 음악, 춤을 통해 동양('아랍'이나 '중국') 세계를 대략적으로 만들어 내는 것이다(그림 41). 이는 보다 앞선 〈카비리아〉와 〈스키피오 아프리카누스〉의 카르타고 설정에서 정립된 것으로, 페플럼 장르의 두 번째 영화인 〈헤라클레스의 대역습〉에서 리디아를 재현할 때 탑들과 딸랑거리는 음악으로 나타난 바 있다. 이것은 단지 지리의 문제가 아니라 〈코난 마시스테〉나 〈헤라클레스와 두더지 인간의 대결〉 같은 영화 속의 세계에서 오리엔탈리즘적 모티프를 사용하는 관습의 문제다. 한편으로 영화 속에는 동물 가죽을 입고 막사나 땅굴에 살면서 관목 사이를 몰래 돌아다니고 마구잡이로 쾌락을 추구하고 잔혹한 폭력을 일삼는 원시인들도 있다. 〈헤라클레스〉에서 황금 양털 섬을 급습하는 부족은 마치 유인원 같아 보인다. 〈코난 마시스테〉에서는 할리우드 아프리카 모험 영화에서 원시인들이 나오는 모습 그대로, '정글' 음악과 함께 흑인 악당 부족이 사냥물을 막대기에 매달고 나온다. 원시인의 모습은 문명화의 정도에 따라 다양하게 변주된다. 〈마시스테, 마야인들의 복수〉에 나오는 착한 백인 부족은 동물 가죽이 아니라 옷을 입고 있고, 지하가 아닌 곳에 제대로 된 정착 생활을 하며 야수적인 본능이 아니라 정교한 신념 체계를 갖고 있어 흑인 악당 부족과 구별지어진다.

영웅은 동양인과도 원시인과도 관련된 존재가 아니지만, 어느 쪽이든 착하고 정의로운 쪽을 도우러 나타난다. 영웅은 동양인이나 원시인보다 우월하고, 동양인보다 영리하며, 원시인보다 강하다. 영웅은 영리함과 강함을 모두 갖고 있지만 어느 한쪽으로 규정되지는 않는다. 반면 영화 속에서 공공연히 강조되는 것은 영웅이 지닌 '간소함'이다. 〈헤라클레스와 아틀란티스 정복〉의 영웅은 아틀란티스의 정교함에 무덤덤한 태도를 보인다. 〈헤라클레스〉의 남성들이 '몸에 대한 광신과 숭배'를 하는 모습은 헤라클레스의 간소한 태도와 대비된다. 백인은 동양인과 원시인 모두를 이해하면서도 초연하게 덤덤한 태도를 보이고, 궤변이나 본능 같은 것에 끌려다니지 않는다.

페플럼 영화에도 흑인 보디빌더가 나올 때가 있는데, 주로 원시주의적인 장면에서다. 흑인들은 근성을 갖고 최선을 다하며 백인에게 복종하는 것으로 나오곤 한다. 〈사이클로프스의 아틀라스〉에 나오는 이름 없는 노예(윈터)는 마시스테가 사람이 한 무리씩 있는 밧줄의 끝을 양손에 각각 쥐고 버티는 동안 그 옆을 지킨다. 이 줄다리기에서 지는 쪽은 사자 소굴에 빠지는 상황인데, 한쪽은 백인, 한쪽은 흑인이다. 어느 쪽이 이길 것 같으냐고 묻자 노예는 백인이 이길 것 같다고 말한다. 본능적으로(냉소적으로 말한 것은 아닌 것 같으므로) 인종적 우월성을 알아본 것이다. 〈헤라클레스와 두더지 인간의 대결〉에서 마시스테는 반코(이 역시 윈터)를 두더지 인간들로부터 구해 낸다. 그 결과 반코는 자신에게 생명을 준 마시스테의 노예로 평생을 살겠노라 말한다. 마시스테는 반코에게 생명을 준 것은 반코의 어머니이며 주인도 노예도 있을 수 없는 일이라고 말하지만, 반코는 이를 받아들이지 않고 영화 내내 노예 노릇을 한다. 따라서 노예제는 지탄 받을 일임에도 불구하고 백인이 아니라 흑인이 원해서 이루어진 일처럼 그려진다.

마시스테의 도덕성은 노예가 되려는 반코를 거부하는 데서 드러난다. 이런 도덕성은 주로 영웅이 흑인과 싸울 때 하는 행동으로부터 드러나곤 한다. 〈7인의 반역 검투사들〉의 주인공급 영웅인 마르코는 아레나에서 그의 대결 상대였던 흑인을 죽이지 않으려 한다. 〈마이 선, 더 히어로〉에서 라토르(세르주 뉘브레)는 처음에는 미친 듯이 날뛰는 노예였지만 검투에서 크리오스가 자신을 이기고도 왕에게 자신의 목숨에 대한 자비를 요청하자, 크리오스에게 헌신적인 조력자가 된다. 그 과정에서 라토르의 성격이 바뀐다. 그가 크리오스를 대결에서 만나기 전에는 다른(백인) 상대를 죽음으로 몰고 간 뒤 미소 지을 때 횃불의 빛을 받은 그의 몸이 땀으로 반짝인다. 그런데 크리오스가 그의 목숨을 구한 뒤에는 라토르의 육체성이 그토록 강조된 숏이 나오지 않는다. 〈사이클로프스의 아틀라스〉에서 마시스테와 흑인 노예가 싸울 때, 노예가 만든 마법약에 취해 버린 마시스테가 노예에게 무자비하게 얻어맞는 꽤 긴 시퀀스가 나온다. 약효가 다하고 자신의 우월한 힘과 기술을 회복한 마시스테는 신속히 노예를 해치워 버린다. 흑인 노예가 고통을 질질 끌었다면, 마시스테는 최대 효율, 최소 고통으로 끝낸다.

흑인 남성이 백인 남성의 노예가 될 때 흑인은 백인에게 별로 도움이 되지 못한다. 영웅이 흑인을 필요로 하는 것은 이따금 추가적인 지원사격이 필요하거나 물리적인 힘 자체가 필요한 때 정도다. 그러나 흑인은 영웅을 더 많이 필요로 하는데, 영웅이 상황을 잘 판단하고, 옳고 그름을 잘 구별하고, 옳음을 실천하기 때문이다. 지성 대 육체라는 이러한 모티프는 〈마이 선, 더 히어로〉에서 잘 나타난다. 이 영화는 매우 어두운 피부색을 지닌 세르주 뉘브레를 라토르로 캐스팅하고, 이에 맞서는 탈색 금발의 줄리아노 젬마를 크리오스로 캐스팅하여 인종적 차원을 부각시킨다. 싸움 전에 모든 검투사는 검을 골라야 한다. 라토르는 검투사들을 힘으로 제치고 나가 가장 큰 검을 잡는다. 크리오스는 차분하게 서 있다가 가장 작은 칼을 잡는다. (인종별 페니스 크기에 집착하는 백인 신화가 떠오른다.) 그러나 전투에서 크리오스의 기술, 곡예를 하는 듯한 날렵한 발과 눈은 라토르의 짐승 같은 힘보다 앞선다. 라토르가 가장 큰 무기를 골랐을 때, 크리오스는 고개를 저으며 말한다. "힘만 있고 머리는 쓸 줄 모르는군." 잠시 후 왕의 총애를 얻은 크리오스는 백인 남성과 검은 수소 간의 경기를 지켜보는데, 이 경기에서 백인이 이기자 여왕은 "지성은 언제나 이기지"라고 말한다.

〈헤라클레스와 두더지 인간의 대결〉에는 페플럼의 특성을 압축해서 보여 주는 인상적인 장면이 있다. 두더지 인간들의 여왕은 마시스테의 어깨에 멍에를 씌워 점점 무게에 짓눌리게 한다. 마시스테가 그 무게를 못 이기고 무너진다면 멍에 아래에 있는 갈퀴가 자신의 양쪽 아래에 있는 두 동료를 찔러 버리고 말 상황이다. 그중 하나인 반코는 마시스테에게 그만 포기하라고 말하며, 목숨까지 희생하려는 노예로서의 태도를 보여 줌과 동시에 하나만 알고 둘은 모르는 모습을 보여 준다(마시스테가 무게를 떠받치지 못하면 마시스테도 죽기 때문이다). 영화는 여왕이 바라보는 곳을 향해 컷이 넘어간다. 바로 마크 포레스트의 울룩불룩하고 반짝이는 흉근과 이두박근이다. 마시스테가 멍에를 풀려고 하자 무게가 쏟아지며 갈퀴 하나가 반코의 가슴을 찌르고 피가 스며나온다. 초인적인 힘으로 다시 무게를 떠받친 마시스테는 멍에를 자신의 머리 위로까지 높이 들어올린다. 음악이 고조에 달하면서 나오는 리액션 숏에서는 오르가슴으로밖에는 볼 수 없는, 흥분감에 숨을 들이쉬고 침을 삼키는 모습의 여왕이 나온다. 전형적인 근육 과시, 탐욕스러운 악녀의 시점, 동양의 악의 소굴에서 백인의 승리, 특히 착한 흑인 원시인을 구하려는 도덕적 충동에서 더 빛이 나는 승리, 이런 것들을 사도마조히즘적 흥분 상태로까지 밀고 나간 형태가 바로 페플럼이 식민주의 진취성의 차원에서 근육질 백인 남성 신체를 구성하는 방식이다.

페플럼은 육체적으로 강한 남성 신체 이미지를 입증한다. 이것은 모험의 즐거움과 그 신체의 바람직함(모두가 영웅의 힘을 감탄하고 여성들은 사랑에 빠진다)을 통해 이루어진다. 페플럼은 파시즘과의 연관성이라는 난관에 교섭적 양상을 보인다. 이 난관은 영화가 식민주의와 인종을 다루는 방식에서 나타난다. 이탈리아 파시즘에서 식민주의와 인종은 모두 나치즘에 비해서는 덜 공격적이고 종말론적이긴 해도 어쨌거나 문제이긴 했다. 식민주의적 야망과 로마적인 것에 대한 확신은 이탈리아가 백인성의 심장부임을 주장했다. 그러한 주장은 백인 위계에서 바닥에 있는 이들에 대한 상대적 우월성으로 이해된다("적어도 나는 식민지 흑인은 아니야"). 페플럼 전반에 이러한 것이 내재해 있다. 페플럼 영화의 이상한 점이라고 하면, 관객이 동일시할 만한 인물(강한 남성 신체임을 입증받은 자)을 제시했다가도 이 인물을 총통과 같은 특출한 자로서 보통 사람 위에 위치시켜 거리를 두고 이탈리아 연기자에게 배역을 맡기지 않는다는 점이다. 흑인 보디빌더와의 대결을 비롯하여 보다 두드러진 식민주의 구조를 이용하는 것은 이를 극복하려는 전략일지도 모른다. "백인이자 이탈리아 노동계급인 나는 총통이나 미국인은 아니지만, 그들이 **나를** 대신해서 3세계의 열등한 인종에 맞서 주는 거야." 이러한 저글링은 백인 남성성의 유지에 핵심적이다.

페플럼 영화

1913 쿠오바디스 *Quo Vadis?* | 이탈리아 | 엔리코 구아조니Enrico Guazzoni | 브루토 카스텔라니(우르수스)

1914 카비리아 *Cabiria* | 이탈리아 | 조반니 파스트로네Giovanni Pastrone | 바르톨로미오 파가노(마시스테)

1958 헤라클레스 *Le fatiche di Ercole/Hercules: The Labours of Hercules* | 이탈리아, 스페인 | 피에로 피에로티Piero Pierotti | 스티브 리브스(헤라클레스)

1959 대진군 *Nel segno di Roma/Sign of Rome; Sign of the Gladiator* | 이탈리아, 프랑스, 서독, 유고슬라비아 | 귀도 브리그노네Guido Brignone | 조르주 마샬Georges Marchal(마르쿠스 발레리우스)

1959 마라톤 전투 *La battaglia di Maratona/The Battle of Marathon; The Giant of Marathon* | 이탈리아, 프랑스, 미국 | 자크 투르뇌르Jacques Tourneur, 마리오 바바Mario Bava, 브루노 바일라

• 이 책에서 다룬 페플럼 영화는 대부분 한국 내 미개봉작으로, 그 경우 영어 제목을 번역하였다. 페플럼 영화 목록은 개봉 연도, 제목, 제작 국가, 감독, 배우(캐릭터) 순으로 보완해 정리했다. — 편집자

티Bruno Vailati | 스티브 리브스(필리피데스)

1959 폼페이 최후의 날 *Gli ultimi giorni di Pompei/The Last Days of Pompeii* | 이탈리아, 스페인, 서독, 모나코 | 마리오 보나르드Mario Bonnard | 스티브 리브스(글라우쿠스 레토)

1959 헤라클레스의 대역습 *Ercole e la regina di Lidia/Hercules Unchained* | 이탈리아, 프랑스, 스페인 | 피에트로 프란치시Pietro Francisci, 마리오 바바 | 스티브 리브스(헤라클레스)

1960 왕들의 협곡에 간 마시스테 *Maciste nella valle dei re/Maciste in the Valley of the Kings* | 이탈리아, 프랑스, 유고슬라비아 | 카를로 캄포갈리아니Carlo Campogalliani | 마크 포레스트(마시스테)

1960 헤라클레스의 사랑 *Gli amori di Ercole/The Loves of Hercules* | 이탈리아, 프랑스 | 카를로 루도비코 브라갈리아Carlo Ludovico Bragaglia | 미키 하지테이(헤라클레스)

1961 골리앗과 뱀파이어 *Maciste contro il vampiro/Maciste versus the Vampire; Goliath and the Vampires* | 이탈리아 | 세르지오 코르부치Sergio Corbucci, 지안코모 젠틸로모Giacomo Gentilomo | 고든 스콧(마시스테/골리앗)

1961 로도스의 거상 *Il colosso di Rodi/The Colossus of Rhodes* | 이탈리아, 프랑스, 스페 인 | 세르지오 레오네Sergio Leone | 로리 캘훈(다리오)

1961 로마의 노예 *La schiava di Roma/Slave of Rome* | 이탈리아 | 세르지오 그리에코Sergio Grieco, 프란체스코 프로스페리Francesco Prosperi(프랑코 프로스페리) | 가이 매디슨(마르쿠스 발레리우스)

1961 로물루스와 레무스 *Romolo e Remo/Duel of the Titans* | 이탈리아, 프랑스 | 세르지오 코르부치Sergio Corbucci | 고든 스콧(레무스), 스티브 리브스(로몰루스)

1961 메트로폴리스의 거인 *Il gigante di Metropolis/The Giant of Metropolis* | 이탈리아 | 움베르토 스카르펠리Umberto Scarpelli | 고든 미첼(오브로)

1961 사이클로프스의 아틀라스 *Maciste nella terra dei ciclopi/Atlas Against the Cyclops; Monster from the Unknown World; Atlas in the Land of the Cyclops* | 이탈리아 | 안토니오 레온비올라 Antonio Leonviola | 고든 미첼(마시스테)

1961 세계 최강자 마시스테 *Maciste l'uomo più forte del mondo/Maciste the Strongest Man in the World; The Mole Men Battle the Son of Hercules* | 안토니오 레온비올라 | 마크 포레스트(마시스테)

1961 헤라클레스와 아틀란티스 정복 *Ercole alla conquista di Atlantide/Hercules Conquers Atlantis; Hercules and the Captive Women* | 이탈리아, 프랑스 | 비토리오 코타파비Vittorio Cottafavi | 레그 파크(헤라클레스)

1961 우르수스 *Ursus* | 이탈리아, 스페인 | 카를로 캄포갈리아니 | 에드 퓨리(우르수스)

1961 우르수스와 타타르 공주 *Ursus e la ragazza tartaruga/Ursus and the Tartar Princess* | 이탈리아 | 레미지오 델 그로소Remigio Del Grosso | 조 로빈슨(우르수스)

1961 위대한 칸의 궁에 간 마시스테 *Maciste alla corte del Gran Khan/Maciste at the court of the Great Khan; Samson and the Seven Miracles* | 리카르도 프레다Riccardo Freda | 고든 스콧(마시스테/삼손)

1961 지구 중심의 헤라클레스 *Ercole al centro della terra; Ercole contro i vampiri/Hercules in the Haunted World; Hercules at the center of the Earth* | 이탈리아, 서독 | 마리오 바바 | 레그 파크(헤라클레스)

1961 트로이 전쟁 *La guerra di Troia/The Trojan Horse; The Wooden Horse of Troy* | 이탈리아, 프랑스, 유고슬라비아 | 조르지오 페로니Giorgio Ferroni | 스티브 리브스(아이네이아스)

1962 마시스테와 족장의 대결 *Maciste contro lo sceicco/Maciste Against the Sheik* | 도메니코 파올레라Domenico Paolella | 에드 퓨리(마시스테)

1962 마이 선, 더 히어로 *Arrivano i Titani/My Son, the Hero* | 이탈리아, 프랑스, 스페인 | 두치오 테사리Duccio Tessari | 줄리아노 젬마(크리오스)

1962 스파르타쿠스의 아들 *Il figlio di Spartacus/Son of Spartacus; The Slave* | 이탈리아 | 세르지오 코르부치 | 스티브 라브스(란도)

1962 알리바바 *Le sette fatiche di Ali Babà/The Seven Tasks of Ali Baba* | 이탈리아 | 에밈모 살비 Emimmo Salvi | 로드 플래시 러시(알리바바)

1962 율리시스 대 헤라클레스 *Ulisse contro Ercole/Ulysses Against Hercules; Ulysses against the Son of Hercules* | 이탈리아, 프랑스 | 마리오 카이아노Mario Caiano | 조르주 마샬(율리시스), 마이클 레인(헤라클레스)

1962 족장의 아들 *Il figlio dello sceicco/Kerim, Son of the Sheik* | 이탈리아, 프랑스 | 마리오 코스타 Mario Costa | 고든 스콧(케림)

1962 지옥의 마시스테 *Maciste all'inferno/The Witch's Curse; Maciste in Hell* | 이탈리아 | 리카르도 프레다Riccardo Freda | 커크 모리스(마시스테)

1962 코난 마시스테 *Maciste contro i mostri/Colossus of the Stone Age; Land of the Monsters; Fire Monsters Against the Son of Hercules* | 이탈리아, 유고슬라비아 | 귀도 말라테스타Guido Malatesta | 레그 루이스(마시스테)

1963 골리앗과 노예 반란군 *Golia e la schiava ribelle/Goliath and the Rebel Slave; Arrow of the Avenger* | 이탈리아, 프랑스 | 마리오 카이아노Mario Caiano | 고든 스콧(골리앗)

1963 몽골인에 맞서는 헤라클레스 *Maciste contro i Mongoli/Hercules Against the Mongols* | 이탈리아 | 도메니코 파오렐라 | 마크 포레스트(헤라클레스/마시스테)

1963 바빌론의 영웅 *L'eroe di Babilonia/The Hero of Babylon; Goliath King of the Slaves* | 이탈리아, 프랑스 | 시로 마르첼리니Siro Marcellini | 고든 스콧(니푸르)

1963 헤라클레스와 삼손 *Ercole sfida Sansone/Hercules, Samson & Ulysses* | 이탈리아 | 피에트로 프란치시 | 커크 모리스(헤라클레스), 리처드 로이드(삼손)

1964 삼손과 위대한 도전 *Ercole, Sansone, Maciste e Ursus gli invincibili/Samson and the Mighty Challenge* | 이탈리아, 스페인, 프랑스 | 조르지오 카피타니Giorgio Capitani | 앨런 스틸(헤라클레스), 나디르 모레티Nadir Moretti[나티르 볼티모어Nadir Baltimore](삼손) | 레드 로스[하워드 로스](마시스테)

1964 솔로몬왕 광산의 마시스테 *Maciste nelle miniere del re Salomone/Samson in King Solomon's Mines; Maciste in King Solomon's Mines* | 이탈리아 | 피에로 레그놀리Piero Regnoli | 레그 파크(마시스테/삼손)

1964 스파르타쿠스와 10인의 검투사 *Spartacus e i dieci gladiatori/Spartacus and the Ten Gladiators; Day of Vengeance* | 이탈리아, 스페인, 프랑스 | 닉 노스트로Nick Nostro | 단 바디스(검투사 로치아)

1964 신바드 *Simbad contro i sette Saraceni/Sinbad versus the Seven Saracens* | 이탈리아 | 에밈모 살비 | 고든 미첼(오마르)

1964 태양의 자손에게 맞서는 헤라클레스 *Ercole contro i figli del sole/Hercules versus the Sons of the Sun* | 이탈리아, 스페인 | 오스발도 치비라니Osvaldo Civirani | 마크 포레스트(헤라클레스)

1964 황제의 궁전에 간 마시스테 *Maciste alla corte dello Zar/Atlas Against the Czar* | 이탈리아 | 타니오 보치카Tanio Boccia | 커크 모리스(마시스테)

1964 헤라클레스와 바빌론의 폭군 *Ercole contro i tiranni di Babilonia/Hercules versus the Tyrants of Babylon* | 이탈리아 | 도메니코 파올레라 | 록 스티븐스[피터 루푸스](헤라클레스)

1964 헤라클레스 대 로마 *Ercole contro Roma/Hercules versus Rome* | 이탈리아, 프랑스 | 피에로 피에로티Piero Pierotti | 앨런 스틸(헤라클레스)

1965 골리앗, 바그다드를 정복하다 *Golia alla conquista di Bagdad/Goliath conquers Baghdad* | 이탈리아 | 도메니코 파올레라 | 록 스티븐스(골리앗)

1965 마시스테, 마야인들의 복수 *Maciste il vendicatore dei Mayas/Maciste, Avenger of the Mayans* | 이탈리아 | 귀도 말라테스타Guido Malatesta | 커크 모리스(헤라클레스)

1965 7인의 반역 검투사 *Sette contro tutti/Seven Rebel Gladiators* | 이탈리아 | 미첼레 루포Michele Lupo | 로저 브라운(마르쿠스 아울루스)

# 5

## “내가 할 수 있는 건 아무것도 없어! 아무것도!”

재현물 속에 깃든 제국주의는 그 과정에 백인 정체성을 드러낸다. 백인 정체성은 제국주의 속 백인의 역할과 기능으로부터 만들어지고 백인은 그 역할과 기능을 수행하도록 요구받는다. 텍스트 속 백인에 대한 찬양은 확장성, 진취성, 용기와 (자신 및 타자에 대한) 통제력 같은 남성적 백인의 자질 위주다. 그런데 이에 대한 의심과 불확신이 들어설 때, 여성이 그 중심 무대를 차지한다. 백인 남성의 정신은 제국을 성취하고 유지하는 한편, 백인 여성의 영혼은 그 종말과 연결된다.

제국에 대한 상상에서 정체성의 극명한 대조는 많은 예외와 반례를 인정하게 만든다. 제국의 형성에 있어서, 여성은 남성을 위한 보상이나 장애물로서 외에는 주요한 인물로 그려지지 않았다. 제국 종말에 관한 서사에서도 많은 남성 주인공들이 나타나기는 한다. 그럼에도 불구하고, 제국 종말 서사가 어떻게 여성에 초점을 맞추는지는 주목할 만한 것인데, 대표적으로 영국의 인도 통치기Raj와 관련한 서사가 대표적인 예다. 이러한 서사의 원조격은 E. M. 포스터가 1912~1913년에 집필해 1924년 출판된 《인도로 가는 길*A Passage to India*》이다. 이 소설은 1960년 연극, 1965년 텔레비전 드라마로 각색되었으며 1984년 영화화되기도 했다. 이런 서사의 계보에는 《시바 언덕에 밤이 찾아온다*Night Falls on Siva's Hill*》(1929년 소설), 《더 레인스 케임*The Rains Came*》(1937년 소설, 1940년 영화, 1956년 〈란치푸르의 비*The Rains of Ranchipur*〉로 리메이크), 《검은 수선화*Black Narcissus*》(1939년 소설, 1947년 영화), 《더 리버*The River*》(1946년 소설, 1950

년 영화), 《물총새에 불이 붙듯*Kingfishers Catch Fire*》(1953년 소설), 《보와니 분기점*Bhowani Junction*》(1954년 소설, 1956년 영화), 《인도에서 생긴 일*Heat and Dust*》(1975년 소설, 1982년 영화), 《라지 사중주*The Raj Quartet*》(1966~1975년 소설, 1984년 TV 드라마) 등이 있다. 마지막으로, 내가 이 장에서 다루는 텍스트인 14부작 TV 드라마 〈가장 귀한 것〉이 있다.

이러한 텍스트에서 백인 여성의 재현은 제국주의 내 백인 여성의 위치에 대한 전통적 관점과도 페미니즘과도 복잡한 관계를 맺고 있다. 전통적 관점이란 긍정적 변주와 부정적 변주를 지닌다. 긍정적이라 함은 백인 여성이 지닌 문명화 임무라는 차원에서 쉽게 떠올릴 수 있다. 이는 선교 사업을 통해 달성되기도 하지만, 선교 사업이란 지나치게 적극적인 활동이고 독신녀들이 하는 일로 여겨지는 경향이 있었다. 그래서 지체 높은 기혼 여성이나 백인 장교나 행정가의 어머니, 부인, 딸 등은 도덕적 교양을 쌓은 자기 모습을 통해 문명의 이미지를 불어넣곤 했다. 한편 부정적인 측면은 속물적이고, 토착민들에게 남성보다도 잔혹하게 굴고, 도덕적인 억압과 뜨거운 날씨, 권태로움 속에서 쉽게 간통이나 다른 잘못된 길로 빠져 버리는 마님memsahib[185] 이미지로 나타난다. 그 결과 제국에 백인 여성의 등장은 영국 지배 체제 몰락의 시작점으로 여겨지고 이는 특히 성애적 이미지를 통해 표현되는 경향이 있다. 여성은 그 존재만으로 섹슈얼리티를 들여오고, 이미 달아오른 토착민 남성의 욕망을 의도치 않게 부추기게 된다. 여성은 백인 남성의 에너지를 갉아먹거나 백인 남성을 배신해 버리곤 한다. 백인 여성이 섹슈얼리티의 차원에서 제국에 미치는 해로운 영향을 재현하는 경향에 대해 다른 해석이 나타나기도 한다. 백인 여성의 등장

185 memsahib는 과거 인도에서 신분 높은 기혼 여성, 흔히 백인 부인에 대한 경칭이다. — 옮긴이

이 동성 사회성과 토착민을 대상으로 하는 성매매의 안락한 구조를 방해한다는 것이다. 백인 여성은 이성애 관계에 있어서 애정, 의무, 상호성에 대한 기대를 불러일으키는 한편 백인 남성이 토착 여성을 이용하지 못하게끔 만든다(Ballhatchet, 1980: 5 참조). 즉 마님 이미지에 대해 흔히 이루어지는 여성 혐오적 묘사와는 사뭇 다른 의미에서, 백인 여성은 실로 인도 통치기의 섹슈얼리티를 교란시킨다.

전통적 재현물들을 관통하고 있으면서, 이 장의 주제인 백인 여성성의 보다 자유주의적 면모를 일깨우는 것은 페미니즘의 영향이다. 이는 부분적으로는 인종주의 이슈에 대한 관심에서, 부분적으로는 여성 독립을 북돋는 차원에서, 또 부분적으로는 당시의 도덕적 순수 운동과의 연결 속에서 드러난다. 페미니즘이 선교 사업과 마님의 역할 각각과 맺는 관계는 모호하다. 페미니즘은 독신 여성의 선교 사업과 도덕적인 양심에 힘을 실어 주는 한편, 인종주의와 제대로 된 마님의 존재가 없다는 사실에 대해서는 비판적이다(Midgely, 1992; Ware, 1992 참조).

전통적 시각과 페미니즘적 시각 각각의 내부에서 또는 때로는 그 반대로서, 〈가장 귀한 것〉의 뒤를 잇는 텍스트들 속 백인 여성은 양심적이고, 대의를 지니고 있으며, 무력한 인물들로 나타났다. 여성 인물들은 인도에서 영국이 하는 일에 대해 못마땅하게 여기지만, 이 못마땅함은 인도인을 어떻게 다뤄야 하는가의 차원에 머무르고, 인도인들이 다루어지고 말고의 문제로 나아가지는 못한다. 그들은 제국의 행동을 비판할 뿐 제국 자체를 비판하지는 않는다. 이는 영국을 제국의 자리에 놓는 것을 문제 삼지 않는 문명화 사업의 논리에 부합하는 것이지만, 지배자가 피지배자에게 하는 행동에 제동을 걸기는 했다. 기독교 원칙의 차원에서든, 또는 그러한 무례함과 잔혹성 자체가 도덕적 품위에 나쁜 예가 되기 때문에서든 말이다. 여성은 제국의 양심이면서 제국 몰락의 원인으로 여겨지기도 한다. 양심의 표현 자체가 제국적 지배의 단합된 목소리를 저해시켰기 때문이기도 하고(특히 선교사는 반체제 요소였다), 여성의 존재 자체가 영국의 통치를 약화시킨다는 케케묵은 생각이 지속되고 있었기 때문이기도 하다. 이는 특히 강간 문제나 영국 여성과 인도인 남성 사이의 관계의 차원에서 살펴볼 부분이다. 《인도로 가는 길》에서 아델라,[186] 《더 레인즈 케임》에서 에드위나,[187] 그리고 살펴볼 〈가장 귀한 것〉에서 대프니의 섹슈얼리티는 서사적 사건에 시동을 거는 기능을 했다. 이 여성 인물들이 인도에 오지 않았더라면 아무 일도 일어나지 않았을 것이다. 동시에 백인 여성들이 양심적으로 인도 통치를 비판하고 그 몰락을 야기한 한편으로, 그들은 무력하게 그려지기도 한다. 비판은 할지언정 무언가를 바꿀 힘은 없는 것이다. 뭔가 해 보려고 하다가도 실패하거나 오히려 해가 될 뿐이다(예를 들어 이는 루머 고든Rumer Godden의 소설 《검은 수선화》와 《물총새에 불이 붙듯》의 한 테마로 나타난다).

〈가장 귀한 것〉의 첫 세 에피소드에서 "내가 할 수 있는 건 아무것도 없어!"라는 대사는 "아무것도!"라는 메아리가 앞이나 뒤에 따라붙는 형태로, 여섯 번에 걸쳐서 여성 인물을 통해 나타난다. 그 반복성은 이 대사가 사용되고 발화되는 부자연스러운 방식을 통해 더욱 강화되는데, 그래서 이 대사는 그 주변의 다른 대사로부터 독립되어 상징성을 띤다. 이 대사는

186 아델라는 인종적 편견 없이 인도의 진면목을 접하고자 하는 영국 여성으로, 그의 약혼자는 이러한 아델라의 태도를 우려한다. 아델라가 젊은 인도인 남자 의사 아지즈를 알게 된 후 동굴로 소풍을 따라 떠났다가, 그가 자신을 덮치려 한다는 착각을 하고 도망치는 사건이 발생하면서 소설이 전개된다. — 옮긴이

187 영국인 여성 에드위나는 인도의 한 마을에 온 후 두 남성을 만난다. 옛 연인인 톰 랜섬, 힌두인 의사 라마 사프티다. 에드위나는 라마 사프티와 사랑에 빠지고 랜섬은 이를 경계하는 가운데 이야기가 전개된다. — 옮긴이

이후 이어지는 열 편의 에피소드에서 두 번 희미하게 메아리친 후, 최종 에피소드에서 무엇을 할 수 있고 할 수 없는지에 대한 질문을 반복적으로 강조하는 대화를 통해서 강력하게 회귀한다. 아무것도 못 한다는 것, 그리고 무無 그 자체는 드라마 전체의 기조음이다. 아무것도 못 한다는 것은 중심인물의 삶의 본질, 서사 구조의 전반적인 감정, 서사가 전개되는 설명적 틀로서 기능한다. 그리하여 아무것도 못 한다는 것은 특정한 백인 여성성의 복잡한 구성에 근간을 제공한다.

우선 〈가장 귀한 것〉의 내용이나 특징(드라마의 성공, 여성을 다루는 방식, 정치)에 대해 기본적인 설명을 하겠다.

〈가장 귀한 것〉은 그라나다 텔레비전Granada Television이 제작한 총 14회의 15시간짜리[188] 드라마다. 이 작품은 ITV(영국의 주요 민영 채널)에서 1984년 1월 3일부터 매주 방영되었고, 며칠 간격으로 채널4(대안적인 비주류 채널로 여겨짐)에서 재방송되었다. 첫 방송은 밤 9시 프라임타임이었는데, 이런 종류의 드라마로서는 시청률도 좋은 편이었다(에피소드당 800만 명 이상 시청). 더 중요한 것은, 이 드라마가 한때는 훌륭한 텔레비전 드라마의 전형으로 꼽혔으며[189] "퀄리티 텔레비전"[190]에 대한 논의와 1979년 이후 보수 정권하의 영국 텔레비전에 대한 규제 완화 논의에서 주요한 레퍼런스로 언급되었다는 사실이다. "이 모든 것에 작별을?Goodbye to All This?"이라는 제목의 텔레비전 규제 완화를 다룬 방영물의 일부로서

188 첫 화가 두 시간짜리였다.

189 시청률과 비평에 대한 논의는 Brandt, 1994를 참조하라.

190 케이블 TV의 발전과 더불어 1980년대부터 나타나기 시작한, 보다 정교하고 발전된 주제나 스타일을 보여 주는 TV 드라마를 일컫는다. 대표적인 예로 〈트윈 픽스*Twin Peaks*〉(1990~1991)나 〈소프라노스*The Sopranos*〉(1999~2007) 등이 언급된다. — 옮긴이

1990년 3월 런던 국립영화관National Film Theatre에서 전체 상영되었을 당시, 프로그램 노트는 〈가장 귀한 것〉을 "'퀄리티 텔레비전'의 정의를 물었을 때 누구나 댈 만한 드라마"라고 칭했다. 샬럿 브런스던Charlotte Brunsdon은 텔레비전과 관련한 퀄리티 개념에 대해 논하면서 〈가장 귀한 것〉(과 〈다시 찾은 브라이즈헤드*Brideshead Revisited*〉[191])이 "텔레비전의 픽션 콘텐츠에 관한 논의에서 영국이 보여 줄 수 있는 퀄리티의 정점에 달했다"고 말한 바 있다(1990: 85). 예술에서 뛰어남에 대한 폭넓은 개념과 관련해 〈가장 귀한 것〉이 갖는 지위의 측면에서든 국제적으로 중간 계급 대중문화 안에서 거둔 성공의 측면에서든 이 드라마는 중요한 징후적 텍스트다.

여기서 드라마의 내용을 완전히 요약하기에는 너무 복잡하다.[192] 주요 등장인물은 대프니 매너스, 하리 쿠마르, 로널드 메릭이다. 대프니는 세 번째 에피소드에서 죽고 하리는 그 뒤 별로 등장하지 않지만, 첫 세 에피소드에서 이 세 사람에게 일어난 일이 시리즈 전체를 끌고 간다. 극중 배경은 1942년 인도의 마야포어[193]다. 젊은 영국 여성 대프니는 인도에 와서 하리와 사랑에 빠진다. 하리는 인도인 부모 아래에서 태어났지만 영국에서 자라고 교육받은 후 최근에서야 인도에 왔다. (마하트마 간디의 투옥으로 인해) 정치적으로 혼란한 시기에 대프니와 하리는 사랑을 나누던 중 기습 공격을 받고 대프니는 강간당한다. 로널드 메릭은 그 지역의 경찰국장이다. 그는 하리를 포함하여 많은 청년들을 마구잡이로 잡

191 1981년 방영된 영국의 TV 시리즈로, 동명의 1945년작 소설을 각색한 내용이다. 찰스 라이더라는 남자가 브라이즈헤드 캐슬이라고 불리는 저택에 사는 플라이트 가문의 사람들을 알게 되면서 펼쳐지는 이야기로 종교와 인간 내면의 문제를 다룬다. — 옮긴이

192 좀 더 자세한 에피소드별 시놉시스에 대해서는 Granada Television, 1983을 참조하라.

193 드라마 속 또 다른 지명인 판콧, 미랏과 더불어 만들어 낸 지명이다.

아들인다. 그는 대프니와 하리가 연인이었음을 알고 있으며, 대프니에게 청혼했다가 거절당한 적도 있는 인물이다. 로널드는 하리를 구타하고 성적 고문을 하며 잔혹하게 심문한다. 그러나 하리는 대프니가 공격받고 강간당하던 시점에 자신이 함께 있었다는 사실에 대해 시인도 부정도 하지 않으려 한다. 하리가 몇 달간 감옥에 갇혀 있는 동안 대프니는 아이를 낳다가 죽는다. 그 아이(파르바티)는 대프니의 이모인 매너스 부인에게 입양된다.

(드라마상에서 '매너스 사건'으로 불리는) 대프니와 하리의 이야기에 직접 연관되지는 않더라도 이 시점에서 언급해야 할 또 다른 인물이 있다. 바로 선교사인 크레인 양인데, 그녀 또한 대프니와 하리가 공격당하던 그날 밤에 길을 가던 중 공격받았고, 그녀와 함께 있던 인도인 교사는 죽임을 당했다. 병원에서 크레인을 만난 대프니는 그녀를 위로한다. 후에 크레인은 분신자살을 택한다.

드라마의 나머지 부분은 로널드 메릭을 연결점으로 하여 새로운 등장인물들을 보여 준다. 그 중심부에는 판콧의 언덕 마을에 사는 군인 가족인 레이튼 일가가 있다. 레이튼 대령은 지역 연대의 장교로 전쟁 포로 신분으로 독일에 있고, 그의 부인인 밀드레드와 두 딸 세라, 수전이 남아 있다. 수전은 군 장교인 테디 빙엄과 결혼하여 미랏에 거주한다. 미랏에서 열린 결혼식에서 이제는 테디의 동료인 로널드 메릭이 신랑 들러리로 나온다. 로널드는 매너스 사건 이후 위협에 시달리고 있었고 그와 테디가 함께 타고 교회로 가던 차를 향해 돌이 날아오기도 한다. 로널드와 테디는 곧 버마에 배치되고 로널드는 기습 공격 속에서 테디를 구하려다가 실패한 후 심하게 다친다. 시간이 흘러 로널드는 테디의 아이를 가진 수전과 결혼한다. 그리고 결국 정체불명의 인도인에 의해 살해당한다. 매너스 사건에서 그의 악행에 대한 복수가 마침내 행해진 것이다.

레이튼 가족(밀드레드, 세라, 수전)은 레이튼 대령의 계모인 메이벨 레이튼과 가까이 살게 된다. 메이벨은 로즈 코티지라고 불리는 고급 거주 지역에서 은퇴한 선교사인 바비 배칠러와 함께 살고 있다. 바비는 자신의 친구와 그 동료인 크레인 양의 자기희생을 지켜본 트라우마를 갖고 있으며 자신의 소명에 대해서도 믿음을 잃은 상태다. 메이벨이 죽은 후 다른 마님들의 경멸과 무시 속에 바비는 로즈 코티지를 떠나다가 폭풍우로 인해 마차에서 떨어진 후 병원에서 죽을 때까지 말하기를 거부한다.

세라 레이튼은 판콧 마님들 중 바비의 친구였다. 세라는 3～10회에 걸쳐 가장 많이 화면에 등장하는 인물이지만 캘커타에서 나눈 하룻밤 사랑으로 임신하고 유산한 것 외에는 거의 별 사건을 겪지 않는 중심인물이기도 하다. 미랏에서의 수전과 테디의 결혼식에서 세라는 아흐메드 카심을 만난다. 아흐메드는 세라와 사랑에 빠지지 않으려 하지만 세라는 그와의 우정을 수년간 지속한다. 아흐메드는 힌두 의회당의 핵심 인사인 무슬림 M. A. 카심('MAK')의 아들이다. 인도 독립 며칠 전을 다루는 마지막 에피소드에서 아흐메드는 세라, 수전을 비롯하여 몇몇 영국인들과 미랏에서 란푸르까지 기차로 이동한다. 그런데 기차가 힌두 게릴라의 공격을 받게 되고 객실 밖으로 끌려간 아흐메드는 기차를 타고 있던 다른 무슬림들과 함께 살해당한다.

여기서 한 명만 더 언급하고자 한다. 가이 페론은 영국에서 학창 시절 때 하리 쿠마르를 알게 된 인물이다. 군 병장인 가이는 로널드 메릭 아래에서 일하게 된다. 이를 계기로 세라 레이튼을 만나게 되고, 비록 두 사람은 사랑을 나누지만 세라는 둘의 관계가 이 이상 진전되기를 원치 않는다고 선을 긋는다. 가이 또한 게릴라에 의해 기차가 공격 받던 때 세라, 아흐메드와 함께 있었다. 세라처럼 가이에게도 별 다른 사건이 일어나지는 않지만 가이가 등장하는 에피소드(10～14회)에서는 중심적인 역할로 나온다.

지금까지의 줄거리 설명에서 드러나듯, 〈가장 귀한 것〉은 온전히 여성만을 다루는 것은 아니지만 다양한 방식으로 여성 인물들에 초점을 맞춘다. 우선 에피소드 10회까지 여성인 대프니와 세라만이 다른 등장인물과 사건에 대해 청자, 관찰자, 질문하는 자로서 어떤 관점을 제공한다. 두 번째, 이 드라마는 여성을 위한, 그리고 여성에 대한 텔레비전 장르로 알려진 연속극soap opera과 관련된다(실제로 〈가장 귀한 것〉을 폄하하는 이들은 이 드라마를 그저 좀 더 나은 연속극이라고 부르기도 했다).[194] 〈가장 귀한 것〉은 액션과 멜로드라마를 피하고, 연속극처럼 개인사에 대한 수다와 소문에 상당 시간을 할애한다. 수다는 여성의 영역으로 여겨져 왔고, 연속극이 여성의 장르로 여겨지는 이유 중 하나다(Brundson, 1981 참조). 이에 더해 〈가장 귀한 것〉의 성공에는 의상과 세팅, 그리고 1980년대 초 복고풍 패션의 유행 속에서 여성이 전문성을 발휘하고 더 돋보일 수 있는 영역이 있었다는 점이 한몫을 했다. 세 번째, 〈가장 귀한 것〉에 등장하는 두 명의 남성 연인은 로맨스 장르에서 흔히 발견되는 종류의 인물이다. 하리와 아흐메드는 노려보는 듯한 인상인 데다 대하기 어려운 데가 있고, 여주인공만이 알아볼 수 있는 고통을 품고 있으며, 당연히 이국적이다. 〈가장 귀한 것〉이 로맨스와 구분되는 점이라면 이성애적 결합으로 끝나지 않는다는 점이다.

〈가장 귀한 것〉을 여성 중심적 텍스트로 보는 다른 접근법이 있다. 이 드라마의 아주 놀라운 특징 중 하나는 상징이 내세워진다는 점이다. 이러한 상징은 특히 여성 인물들과 관련될 뿐만 아니라 그중 가장 중요한 상징은 가부장제 가족이 인정하는 어머니-딸의 혈통을 우회하는 방식으

194 여성과 연속극에 대해서는 Geraghty, 1991을 참조하라.

로 여성에게서 여성에게로 전달된다. 그것은 나비가 수놓아진 레이스다. 메이벨 레이튼이 결혼할 때 메이벨의 어머니는 메이벨이 아이를 낳으면 세례 가운으로 사용하라고 레이스 두 개를 주었다. 아이가 없었던 메이벨은 레이스 하나를 자신의 **의붓**딸인 세라에게 주었고, 세라는 이를 수전에게 준다. 수전은 아비가 없는 자기 자식을 위해 사용한다. 즉 우여곡절이 많고 조각난 부계 혈통인 것이다. 메이벨은 다른 레이스 하나를 친구인 바비에게 주었는데 바비는 죽으면서 이를 (자신이 사랑했던) 세라에게 물려주었다. 자매, 계모, 친구, 연인으로 이루어진 연쇄 속에서 가부장적 관계는 우회된다. 등장인물을 묶어 주는 여성 혈통이 만들어지고 이는 드라마를 보고 해독하는 수용자에게 중요한 의미로 자리 잡는다. 여성의 의미 작용 연쇄가 수용자를 끌어들이는 것이다.

〈가장 귀한 것〉이 여성을 호명하는 또 다른 감각이 있다. 그것은 바로 자유주의다. 자유주의적 위치가 반드시 또는 배타적으로 여성적일 필요는 없지만 대체로 그런 편이고 자유주의를 옹호하는 남성은 덜 남성적이라고 여겨지기도 한다. 이런 시각은 드라마 속 몇몇 등장인물에 의해 드러난다. 대표적으로 로널드 메릭은 세라와 처음 만났을 때 그녀에게 "우리가 인도인을 대하는 방식에 문제가 있다는 이상한 생각에 사로잡힌 채 여기에 온" 영국 여성 중 하나일 것이라고 생각했다고 말한다. 이는 〈가장 귀한 것〉이 속한 텍스트 전통에서 중심적 여성 인물 유형을 불러일으킨다.

이 드라마에 대한 동시대의 많은 비평은 이 드라마가 좌파적이고 반제국주의적인 텍스트라고 평가한다.[195] 이에 대해 살만 루슈디Salman

195 우파와 좌파의 비평 모두 같은 방식의 해독을 하지만 약간의 차이는 있다. 조이 캐머런Joy Cameron은 〈더 스코츠맨*The Scotsman*〉(1984. 2. 2: 10)에서 "대영제국을 부수는 것이 이제는 유행처럼 되었다"라며 〈가장 귀한 것〉의 인기가 쉽게 설명된다고 했다. 브리가디어 에릭 랭

Rushudie(1991)를 비롯한 소수는 문제를 제기하기도 했다. 인도 통치기에 인도인의 경험보다 영국인의 경험에 대해 과도한 관심을 갖는 것은 논외로 하더라도, 영국 제국주의에 대한 비평이 제국주의의 정당성이 아니라 실패에 대한 차원에서 이루어진다는 점은 문제라는 지적이다. 인도인을 나쁜 방식으로 대하고 전형화하는 방식에 대해 비판할 뿐 인도에서 영국의 존재 자체에 대해서는 비평하지 않는 것이다. 인도 통치기를 다루는 방식이나 그 실패에 대한 설명이나 모두 보수적이고 인종주의적인데, 이에 대해서는 이후에 다루기로 한다. 그럼에도 불구하고 자유주의적이라고 여겨질 만한 어떤 감각이 있기는 하다.

인도 통치기를 이상적으로 다루는 재현은 드라마의 노스탤지어적인 톤보다는 드라마에서 반복적으로 나오는 그림인 '가장 귀한 것The Jewel in the Crown'과 등장인물인 매너스 부인을 통해서 이루어진다. 그 그림은 빅토리아 여왕이 인도에 방문했을 때 인도 왕자가 여왕에게 보석을 보여 주는 장면을 담고 있다. (그림을 하나씩 소유한) 바비와 크레인은 그림의 제목이 지칭하는 보석이란 빅토리아 여왕에게 내준 보석을 의미한다기보다는 "인도가 바로 보석이다"라고 말한다. 인도는 대영제국이 가진 것 중 가장 귀한 것이다. 그 그림은 인도 통치기의 이상을 보여 주는데, 이는 등장인물들이 '희망'이나 '약속' 등으로 다양하게 부르는 것으로, 등장인물이나 드라마가 의문의 여지 없이 이상화하는 것이다.

이 이상은 매너스 부인을 통해서 드러난다. 매너스 부인은 대프니와 하리 사이에서 태어난 파르바티를 입양하고 하리 사건이 조사받을 수 있도록 조치를 취하여 그가 풀려날 수 있게 돕는다. 이는 매너스 부인이

글랜즈Brigadier Eric Langlands는 〈데일리 텔레그래프*Daily Telegraph*〉(1984. 1. 17: 14)에서 이 드라마가 "부분적으로 매우 반영국적이다"라고 말했다.

개방적이고 인종적 편견이 없는 인물임을 보여 준다. 그 후 매너스 부인은 드라마에서 겨우 세 번 정도 더 등장하는데, 대사가 있거나 명확한 내러티브상의 목적이 있지도 않다. 길거리에서 세라와 마주치거나, 교회에 들어와 제단 앞에 무릎 꿇는 것을 바비가 보게 되거나, 매너스 부인의 차로 인해 마님들이 탄 차가 길 밖으로 벗어나거나 하는 장면들이다. 따라서 매너스 부인은 서사상 역할이 미약하며 아주 잠시만 등장하고 말도 거의 하지 않지만, 레이철 켐슨이라는 뛰어난 배우가 연기를 함으로써 매우 큰 중요성을 지닌 등장인물이다.

매너스 부인은 인도 통치기의 과거를 대표하는 인물이다. 매너스 부인의 차로 인해 마님들의 차가 길 밖으로 벗어났을 때, 한 여성이 매너스 부인의 존재를 궁금해하자 다른 여성이 "내가 뭐라도 알았으면, 우리는 다시는 저들을 안 볼 거야"라고 말한다. 이 마님들은 현재의 체제를 대표하는 이들로, 실제로는 무언가를 알긴 하지만 매너스 부인이 보여 주는 높은 이상까지 고려할 여유는 없는 이들이다. 그러나 드라마는 그러한 이상을 보여 주려 하고 매너스 부인은 그 이상을 기쁨에 넘치는 빛의 형태로 체화한다. 매너스 부인이 마지막으로 등장하는 세 장면에서 그녀는 크림색 베일이 달린 부분 가발을 쓰고 있다. 세라가 매너스 부인을 보았을 때 매너스 부인은 차 뒷좌석에 타면서 황홀한 듯한 미소를 띤 채 햇빛을 향해 얼굴을 들어 올리고, 그녀가 쓴 베일은 햇빛을 받아 빛이 난다. 교회에서 매너스 부인은 소리 없이 갑자기 들어와서는 제단 앞에 무릎을 꿇은 뒤 떠나는데 문이 닫히지 않아서 햇빛이 그녀의 얼굴과 베일에 떨어진다. 매너스 부인이 마님들의 차로부터 멀어지는 장면으로 그녀는 완전히 이들의 세상을 떠나는 듯한데, 그 순간 그녀는 베일을 걷고 파르바티와 가정부를 향해 미소짓는다. 매너스 부인은 현명하고, 개방적이고, 고요한, 인도 통치기의 빛이다.

이러한 과거 인도 통치기의 빛나는 모습과 더불어, 〈가장 귀한 것〉은 인도와 인도인들에 대한 식민주의적 시각을 폭로함으로써 인도 통치기의 실패도 보여 준다. 마지막 에피소드에서의 학살 이후 세라는 인도 통치기의 폐단을 꼬집는 말을 한다. "인도 300년 역사를 우리는(영국은) 완전히 엉망진창 피투성이의 무분별한 세계로 만들어 놓았어." 그러나 집단 폭력이 제국주의의 산물이라는 생각, 현존하는 갈등의 복잡한 양상이 영국 정부에 의해 강화 및 극화되었다는 생각(Chandavarker, 1990)은 드라마에서 잘 드러나지는 않는다. 드라마가 역사를 해석하는 방식은 오히려 판도라의 상자라는 개념을 통해 제시된다. 이는 드라마 속 에피소드 하나의 제목이자 가이와 브로노프스키 백작[196]이 해당 에피소드 속에서 언급하는 란푸르 지역 신문에 실린 기사 제목이기도 하다. 신문 기사는 인도가 독립하면 "과거 인도를 괴롭혔지만 지금까지는 영국의 권력과 법 아래에 감금되어 있던 악령들을 풀어놓는" 꼴이 될 것이라고 주장한다. 가이와 브로노프스키는 이것이 "예리한 평"임에 동의한다. 인도는 고질적이고 본질적인 폭력이 있던 국가이고 그 폭력성은 인도 통치기를 통해 저지되어 왔다. 인도 통치의 실패란 이 폭력성을 뜯어고치고, 치명적인 부족주의와 근본주의적 맹신을 지닌 인도인을 문명화시키지 못했다는 실패다.

그러나 〈가장 귀한 것〉이 자유주의적이라고 고려할 만한 요소가 있다면, 이 드라마가 제작된 시기인 초기 대처 정부와 관련된다. 대처 정부의 정책과 태도는 전반적인 변화를 가져온 것으로 널리 알려져 있는데, 자유주의적 가치가 무능하고 해로운 것으로 여겨지고 안락한 생활을 영위하는 교육받은 엘리트, 즉 이른바 '여론 형성층chattering classes'의 도

196 미랏 지역의 주지사로 아흐메드 카심이 모시는 인물이다.

락 정도로 여겨지게 만들었다. 대처리즘의 등장에 대한 한 가지 반응은 대처리즘의 등장이 신흥 부유 노동 계급의 부상과 일치한다는 것이다. 공공 서비스에 대한 중간 계급의 감각이나 오래된 토리당의 노블레스 오블리주와는 달리, 이들은 사회적 의제를 제시해 본 적도 없고, 야심 있고, 물질주의적이고, 무감각하고, 인종주의의 조짐을 보이는 이들이다. 이는 〈가장 귀한 것〉에서 혐오스러운 인물로 등장하는 로널드 메릭을 통해 표현된다. 로널드 메릭은 낮은 계급 출신의 경찰이고(대처 정부에 동조하는 관할 구역 소속), 인종주의적이며, 무엇보다 대처 정책을 지지하여 민족주의자인 동시에 '나약한' 전통 가치를 경멸한다. 〈가장 귀한 것〉의 자유주의는 대처리즘의 편에 선 이들을 악당으로 만드는 방식에서 나타난다. 공적 영역에서 지배 원칙으로서의 선함이 몰락하는 것에 대한 탄식이 응집된 형태의 자유주의인 것이다.

〈가장 귀한 것〉이 다른 여러 가지 정치색을 지닌 식민주의 텍스트와 공유하고 있는 자유주의적인 면은 강간 모티프의 사용에 있다. 인도 통치기 문학 속 강간을 연구한 제니 샤프가 지적하듯, 강간은 식민주의적 상상 속에서 꾸준히 또는 필수적으로 등장해 온 이미지가 아니다. 강간은 1857년 인도 항쟁 이전 문학에서는 거의 발견되지 않다가 이후에 "대對반란 활동이 도덕적 질서를 되찾으려는 활동이었다고 기록되기 위한 전략"(1993: 6)으로서 흔하게 사용되었다. 〈가장 귀한 것〉은 이 모티프를 사용하되 모호하게 배치한다. 대프니는 강간당하지만 이 경험이 대프니를 고통에 빠트리지는 않는 것으로 나온다. 마치 이 드라마는 인종주의 서사에서 고질적으로 이용되는 흑인-백인 강간이라는 서사 장치를 사용한 것이 드라마의 자유주의적 성격에 어긋난다고 여겨서 모든 문제를 로널드의 사건 해결에 대한 문제로 넘겨 버리는 듯하다. '매너스 사건'이라는 명칭에도 불구하고 세라나 가이처럼 동정 어린 인물들은 하리를 더 걱정한다. 하리 또한 (로널드에 의해) 강간당함으로써 이 사건은 여성 강간 사건으로부터 멀어진다. 그러나 동성애에 대한 불안 때문인지, 또는 하리조차도 다른 인도인처럼 드라마에서 주변화된 인물이기 때문인지(등장인물들은 끊임없이 하리를 걱정하지만 드라마가 하리의 시점을 보여 주는 일은 거의 없다), 제국주의의 은유로서의 강간의 위력은 충분히 드러나지 않는다. 특히 제국주의적 맥락에서 남성-여성 강간의 성적 권력 문제가 지닌 복잡성은 다루어지지 않는다. 자유주의적 면모는 역사 속에서 착한 백인, 특히 백인 여성의 무력감을 드러낼 뿐이다.

〈가장 귀한 것〉은 영국의 인도 통치기 최후의 나날들에 관한 이야기이지만 그 이야기를 다루는 방식은 그 역사에서 전형적이면서도 소외되어 있는 백인 인물들을 통해서다. 더욱이 이것이 텔레비전의 드라마 형태로 전달되었다는 점은 그 선형적인 역동성을 희석시킨다. 이러한 드라마와 서사의 세계라는 측면이 백인 여성성을 아무것도 하지 않는, 무의 존재로 구성한다.

〈가장 귀한 것〉에서 정말로 무언가를 하는 것처럼 보이는 권력과 역사의 영역은 남성들의 영역이다. 다른 텔레비전 드라마에서 공적 권력의 세계는 (미국 프라임타임 연속극의 경우) 여성들의 세계이거나 (영국 연속극의 경우) 가정이나 지역 공동체 같은 실제 삶과는 무관한 양상으로 느껴진다. 그와 반대로 〈가장 귀한 것〉에서 주요 등장인물들에게 중요한 것은 권력과 '인도'라는 제국주의 프로젝트의 세계이고, 그들 자신은 그 프로젝트의 주변부에 놓여 있다.

등장인물이 주변부에 놓이는 이유는 무엇보다 대부분의 등장인물이 여성이기 때문이지만, 다른 요소가 강하게 작용하는 측면도 있다. 이는 주요 남성 등장인물들도 주변화되게 만드는 요소이기도 하다. 가장 중요한 인도인 등장인물인 하리와 아흐메드는 인도에 '속해' 있지 않다. 하리는 영국에서 자라고 교육받았으며 인도 말을 전혀 할 줄 모른다. 아흐메드는 아버지가 힌두당의 거물인 무슬림으로 그 자신은 정치에 아무 관심도 없고 소속감을 느끼지 않는다. 하리와 아흐메드 모두 각각 정도는 다르지만, 마찬가지로 소속감을 느끼지 못하는 영국 여성과 연결되어 있다. 고아인 하리는 대프니와 연결되어 있다. 대프니 또한 고아로, 가족이 알고 지내던 인도인인 채터지 부인을 자신의 이모로 삼아 함께 산다. 아흐메드는 세라와 연결되어 있다. 그녀를 아는 브로노프스키에 따르면 세라 또한 아흐메드처럼 어떤 소속감을 느끼지 못하는 것으로 보인다. 다른 요소들은 텍스트 상에서 중심적인 인물들을 사회적으로 주변화시킨다. 하리와 대프니처럼 로널드와 가이도 가족으로부터 떨어져나온 고아다. 로널드와 바비는 미천한 출신 때문에 다른 대부분의 영국인 등장인물들의 혐오를 받으며 그들 스스로도 이를 의식하고 있다. 로널드, 브로노프스키, '소피' 딕슨[197] 그리고 아마 바비까지 동성애자다. 브로노프스키, 루드밀라 수녀,[198] 안나 클라우스[199]는 백인이지만 영국인은 아니다.

마지막 에피소드에 이르기까지 여성은 서사의 중심에 있다. 중요한 남성 인물도 있긴 하지만 하리는 일찍 사라져 버리고 테디는 즉임을 당한다. 로널드만이 대프니, 세라, 바비만큼의 비중을 갖지만 드라마 내내 자비 없는 인물이자 다른 등장인물들이 끔찍하게 여기는 대상으로 나온다. 드라마의 초점은 여성들에 있으며, 이들에게 세 가지 서사적 가능성이 주어진다. 실패할 일을 하거나, 지루하고 못된 모습을 보이거나, 또

197 로널드가 다쳤을 때 그를 돌보는 병원 잡역부다.

198 마야포어에서 아프거나 죽어 가는 이들을 위한 안식처를 운영하는 러시아 여성이다.

199 마야포어의 독일계 유대인 망명 의사다.

는 세라의 경우처럼 오로지 듣고 관찰하기만 하거나.

드라마에서 여성들이 하는 일은 두 가지 종류가 있는데 모두 실패로 귀결된다. 첫 번째는 대영제국주의가 여성에게 부여한 역할로, 크레인 양과 바비가 보여 주는 문명화 사업의 형태다. 크레인 양은 매우 상징적인 인물로, "내가 할 수 있는 건 아무것도 없어! 아무것도!"를 처음으로 외치는 인물이다. 이후 바비는 이 말을 되풀이하면서도 자신이 이 말을 하고 있는지 의식하지 못한다. 둘 다 자신이 실패했다고 느끼며, 자신이 가르친 아이들이 신에게 가까워지지 못했다고 여기고, 신이 없을지도 모른다고까지 믿게 된다. 결국 크레인 양은 분신하고 바비는 미쳐 버린다.

다른 종류의 행동은 더 급진적이지만 그렇다고 특별히 강력한 효과를 내지는 않는 것으로, 대프니를 통해 잘 나타난다. 처음부터 대프니는 무언가를 변화시키는 일을 하고 싶어 한다. 대프니가 병원에 배치받은 첫날, 병원의 수간호사가 수긍하지 못할 것들(인도인에 대한 정책)이 있을지 모른다고 아무렇지 않게 이야기했을 때, 대프니는 바뀌어야만 하는 것들이 있게 마련이라고 말한다. 또한, 대프니는 지역의 위원에게 인도인인 자신의 '이모' 채터지 부인이 전쟁 주간 행사에 참여하지 못하는 상황에 대해 불만을 전달하기도 한다. 이런 행동은 자그마한 것들이고 제대로 이행되지 않지만, 대프니가 이렇게 무언가를 할 수 있는 것은 하리에 대한 사랑 때문이다. 그녀는 지역 위원에게 채터지 부인에 대해 이야기할 때는 조용히 말을 전하지만 몇 분 후 자신의 영국인 동료가 있는 앞에서 하리에게는 큰 소리로 인사를 한다. 대프니가 함께했던 다른 남성들처럼 하리도 사립학교 출신이지만 인도인이기에 행사에 참여하지 못하고 기자 신분으로만 나타났다. 대프니는 모두가 보고 들을 수 있는 상황에서도 그에게 말을 걸 뿐만 아니라 자신들의 동료를 내버려두고 하리에게 다가와 그의 영역으로 들어간다. 그 외에 대프니가 (마을의 '인도인' 영역에 사는) 하리와 이모와 저녁 식사를 하기 위해 기꺼이 '다리를 건너거나'(실제로든 은유적으로든), 하리에게 그 어떤 영국 여성도 보고 싶어 한 적 없는 힌두 사원에 데려다 달라고 하는 등의 장면에서 공간적 위반은 반복적으로 이루어진다. 그러나 무엇보다 대프니의 위반적인 행동은 로널드 메릭의 충고를 거스르고 채터지 부인의 반대를 무시한 데서 나타난다. 대프니는 하리를 저녁 식사에 초대하고, 비비가르 정원[200]으로 그를 안내하고, 하리가 자신을 밀어내는 데도 버티고, 하리가 떠나려고 할 때 그의 손을 잡아끌며 사랑을 나누자고 했다. 이로 인해 대프니는 강간과 공격을 당한 후 다시는 하리를 보지 못하게 되고 아이를 낳다가 죽게 되고, 하리 또한 투옥된 채 강간당하는 상황에 이른 것이다.

대프니는 이 드라마에서 가장 매력적이고 굳건하며 용감한 인물이다. 그러나 구조적인 차원에서는 수많은 인도 통치기 픽션에서 그러하듯 대프니는 모든 고통의 원인이다. 채터지 부인은 대프니를 판도라에 비유한다. 강간 사건이 있기 전에도 채터지 부인은 대프니와 하리의 관계에 대해 불안감과 반감이 뒤섞인 형태로 의견을 분명히 해 왔다. 이제 채터지 부인은 대프니에게 이렇게 말한다.

> "나는 너 때문에 두려웠는데, 이제는 너 때문에 모두를 두려워해…… 너는 어떤 것에도 기죽지 않아. 네 실수, 그 대단한 실수에도. 다락방에서 그 빌어먹을 상자를 열어 버린 판도라처럼"

200 비비가르 정원은 대프니가 채터지 부인과 살던 집 옆에 있던 정원으로 채터지 부인의 집을 지은 백인 남성의 소유지였다. 그 남자는 자신의 인도인 정부를 그곳에 머무르게 했는데, 대프니는 하리에게 그 남자가 자신의 정부가 다른 인도인 애인과 바람 피우는 현장을 목격하고 두 사람을 죽였다는 이야기를 해 준다. 대프니는 로맨스와 위험의 공간을 하리에게 소개한 셈이다.

이 말에도 대프니는 다정하게 미소지을 뿐이다. 대프니의 위반적인 '실수'는 곧 일어날 일의 원인이다. 하리의 체포, 고문, 강간, 투옥까지.

물론 이런 사건들을 대프니 탓으로 돌리는 것은 부당하지만, 드라마는 채터지 부인의 대사를 통해 우리가 대프니를 탓할 자격을 준다. 판도라의 상자라는 개념은 드라마의 훨씬 뒷부분에서 사용된다. 위에서 말했듯 영국이 철수하면 그동안 영국 지배하에 잠들어 있던 인도의 악령의 고삐가 풀리고 말 것이라는 데에서 언급된다. 여기에 더 숨은 뜻을 부여할 필요가 없을지도 모르지만 드라마 전체에 같은 대사가 메아리치는 이 드라마의 특성상 이러한 언급과 채터지 부인의 대사를 충분히 연결지어 볼 만하다. 영국은 실패했기 때문에 철수한다. 영국의 실패는 영국 여성들이 섹슈얼리티를 드러내고 진취적 정신을 의심하여 제국의 뼈대를 약화시켰기 때문이다. 인도의 악령을 풀어놓은 것은 여성들이 아니지만 영국이 더 이상 악령이 봉인된 상자의 뚜껑을 닫고 있을 수 없었던 이유는 여성들 때문이다.

대프니의 행동은 대혼란을 만들어 낸다. 드라마에서 그 어떤 여성도 이렇게 하지 않았다. 그런 낌새조차 없었던 것은 아니지만 말이다. 마님의 전형적인 모습이라 함은 아무것도 하는 일이 없이 앉아서 두려움에 떠는 것이다. 드라마 속 카메오들은 지루하고, 얄밉고, 어리석고, 허영심 있고, 인종주의적인 여성의 모습을 반복한다. 그 양극단에서 세라의 이모인 페니는 끊임없이 사람들의 등급을 계산하는 멍청한 여자이고, 밀드레드는 늘 손에서 술잔이 떠나지 않으며 남편이 독일의 포로수용소에 있는 동안 그의 부하와 성관계를 맺고, 바비처럼 불쌍한 나이든 여성에게 악의적인 모습을 보여 주는, 한마디로 나쁜 여자다. 경멸스러울 정도로 텅 빈 백인 여성의 인생은 하리가 재판도 없이 몇 주간 심문 받는 신 중간에 밀드레드와 그 친구 니키가 나오는 신을 끼워 넣음으로써 강력한 효과를 발휘한다. 하리가 나오는 신의 심각함과 강렬함은 밀드레드와 니키의 가벼운 오만함과 대조를 이루며, 법정에서 하리의 서면이 읽히는 소리 너머로 니키의 웃음소리가 편집됨으로써 그 간극은 확대된다.

백인 여성들은 할 일이 없고, 무언가를 하더라도 찝찝함을 자아낸다. 무언가를 하려고 하는 이들은 실패하거나, 미치거나, 혼란을 야기한다. 3회부터 드라마 전체에 연속성을 만들어 내는 인물인 세라는 이러한 맥락에 놓여 있다. 세라는 무언가를 하기보다는 듣는 인물이다. 로널드는 세라를 대프니와 비교하며 세라는 "사리분별을 할 줄 아는" 여성이고 "우리가 인도인들을 대하는 방식에 문제가 있다는 이상한 생각에 사로잡힌 채 여기에 온 영국 여자 중 하나"가 아니라고 말한다. 드라마 속에서 세라는 대프니의 자리를 메운다. 세라는 대프니와 '매너스 사건'이 상징하는 바(인도 통치기에 대한 고발)에 이끌리고, 아흐메드와의 관계에서 대프니의 경험을 반복하려는 듯하다. 그러나 그렇게 되지는 않는다. 아흐메드는 '영국 여자'와 얽히는 위험이 두려워 세라를 거부한다. 그러나 하리도 대프니를 거부했어도 대프니가 고집을 부렸었다. 세라는 고집부리지 않는다. 세라는 대프니의 행동을 반복하지 않는다.

이는 세라가 전혀 아무것도 하지 않았음을 의미하는 것이 아니라 얼마나 갑갑한 상황인지를 보여 주는 것이다. 세라는 진짜 무언가를 하고 세상을 향해 날개를 펼치려고 할 때마다 자신이 여러 이유로 못마땅하게 여기는 가족의 자리로 끌려온다. 세라가 전쟁에 보탬이 되기 위해 집을 떠날 계획을 세우자, 남편을 잃고 아이를 낳은 수전을 돌봐야만 한다. 기차에서의 학살 이후 세라는 미랏으로 돌아가 아흐메드의 죽음에 대해 알려 주고 싶어 하지만, 수전과 이모를 돌봐야 하기에 그러지 못한다. 마지막 예는 드라마에서 세라가 과연 무언가를 할 수나 있을지를 보여 주는 맥락에서 발생한다. 학살 후 기차가 도착한 역에서 세라는 물병을 채운다. 그러면서 가이에게 이게 자신이 할 수 있는 유일한 것이고, "다른 것은 할 수" 없다고 말하며 부상당하고 죽어가는 이들에게로 향한다. 잠시 후 시체가 치워진 플랫폼에서 둘이 대화할 때 세라는 "그 수도꼭지 앞에서 피 묻은 병을 채우면서 내가 이토록 미웠던 적이 없어. 작고 미약한 마님의 행동을 하면서." 가이가 "우리가 더 할 수 있는 일이 뭐가 있겠어?"라며 위로를 하자, 세라는 이 드라마에서 가장 강력하게 반복되는 문구를 비통한 심경으로 말한다. "아무것도. 우리가 할 수 있는 건 아무것도 없었어."

세라는 꼼짝하지 못하는 고정된 인물이다. 세라는 아흐메드를 원한다. 대신 가이가 다가오지만 세라는 더 이상 가까워지기를 거부한다. 세라는 세상으로 나아갈 수도, 미랏으로 돌아갈 수도 없다. 물병에 물을 채우는 것 이상 할 수 있는 것이 없다. 제럴딘 제임스가 세라를 연기하는 방식을 보면 움직임이 거의 없는데, 움직이려고 할 때조차도 아무것도 할 수 없음을 말 그대로 체화한 듯 어색하다. 그녀에게 남겨진 것이라고는 듣고 관찰하는 것뿐이다. 특히 세라는 남들이 들으려고 하지 않거나 신경도 안 쓰는 이들의 목소리를 들어준다. 매너스 부인, 늙은 바비, 과부가 되어 미쳐 버린 수전, 심지어는 악랄한 로널드까지. 세라는 그들의 말에 정말로 귀 기울이며 그 중요성을 이해하려고도 한다. 이 드라마에서 듣는다는 것은 중요한 위치다. 수다가 갖는 형태적 중요성을 본다면,[201] 듣는 등장인물의 위치는 시청자가 사건을 관찰할 수 있는 위치를 제공한다. 따라서 우리는 여러모로 세라와 동일시하고 그녀의 양심이 겪는 혼란감과 아무것도 할 수 없다는 것을 깨닫는 데서 오는 괴로움에 동일시하게 된다. 그러나

201 많은 이들이 텔레비전은 소리가 이미지를 지배하는 미디어라고 주장해 왔다(예를 들어 Ellis, 1982; Altman, 1986).

드라마가 결말에 다다를 때 우리는 세라가 지닌 중요한 위치에서 떠나 듣는 남성의 위치, 즉 가이 페론의 위치로 옮겨온다.

가이는 드라마의 2/3 지점인 10회가 되어서야 등장한다. 그의 등장과 함께 그때까지 여성 인물들에 가 있던 드라마의 초점이 그에게로 옮겨온다. 그의 캐릭터가 듣는 인물이자 관찰하는 주요한 인물이기 때문이기도 하고 11회부터는 남성들끼리만 등장하는 장면 자체가 훨씬 많아졌기 때문이기도 하다. 이와 함께 드라마의 서사 진행 속도는 강한 미스터리적 요소와 학살의 분위기로 인해 드라마 초반부처럼 다시 빨라진다. 마치 여성의 무력함이 마침내 남성의 행동으로 대체되는 듯하다.

가이는 전통적인 영웅의 차원에서 행동하는 것도 아니고 권력의 중심에 있는 것도 아니다. 그러나 가이가 위치한 주변부는 오히려 그에게 권위를 가져다준다. 이는 가이가 역사가라는 사실에 기인한다. 가이가 인도에 온 것은 제국의 임무를 수행하거나 어쩔 수 없이 거기에서 태어나서가 아니다. 가이라는 캐릭터는 듣는 자로서의 서사적 기능을 갖고 있을 뿐만 아니라 드라마 속 세계를 관찰하도록 되어 있다. 가이는 인도의 역사와 문화에 대해 전문가로서의 지식을 갖추고 있으며, 학자로서의 거리를 둘 줄 안다. 이러한 특징으로 인해 그는 이전까지 등장한 여성 등장인물들과는 구별된다. 가이는 사건에 감정적으로 얽매이지 않고, 무언가를 더 '할' 수 있다(가이는 소식을 알리기 위해 미랏으로 돌아가고, 하리에 대해 이야기하거나 걱정하기만 하지 않고 하리에게 접촉해 보려 한다). 무엇보다 하리 사건의 퍼즐 조각을 맞추는 것은 세라가 아닌 가이다. 드라마의 상당 부분이 이 퍼즐 맞추기를 중심으로 전개되고, 등장인물들이 무언가를 논의하는 과정에서 조각 그림을 맞추거나 십자말을 풀 듯이 "들어맞는군"이라는 대사를 하는 장면이 세 번 나온다. 이 대사가 마지막으로 등장하는 장면은 가이가 누군가에게 그리스 신화 속 필록테테스가 누구냐고 물었을 때다. 이것은 란푸르 지역 신문의 기사에 사용된 필자의 필명이다. 가이는 필록테테스가 아르고호에 탄 이들 중 하나였지만 냄새가 난다는 이유로 버려졌다가 "결국에는 그가 필요해져서" 트로이에 다다르게 된 인물이라는 답을 듣는다. 이에 가이가 "들어맞는군"이라고 말하는 것은 필록테테스가 하리 쿠마르임을 알아차렸을 뿐만 아니라 하리의 역사적 역할, 즉 버려졌지만 결국에는 다시 필요로 하게 될 인도인이라는 것을 깨달았음을 보여 준다. 이 깨달음의 순간은 가이가 획득하게 된 정보, 즉 하리에 대한 사건 문서, 소피 딕슨과 브로노프스키 백작의 회고 등을 통해 뒷받침된다. 가이가 이러한 것들을 알게 됨으로써 퍼즐 조각을 맞추게 된 것이다.

드라마의 마지막 부분에서 가이는 가장 아는 것이 많은 인물이 된다. 보이스오버로 처리된 그의 마지막 대사는 거리를 둔 자가 지닌 지혜와 시청자를 위한 희망을 전한다. 가이의 위치는 대프니와 세라의 위치처럼 인도와 제국 프로젝트에서 무력한 이의 위치이지만, 대프니와 세라가 경험한 고뇌나 판도라의 상자를 열었다는 책망을 떠안은 위치는 아니다. 선한 백인 남성은 할 수 있는 것이 많지는 않을지라도 적어도 무언가를 아는 위치가 될 수는 있다. 백인 여성은 무언가를 아는 것도 어려우며 그들이 지닌 앎조차도 해가 될 수 있다.

드라마에서 아무것도 하지 않는 백인 여성성을 구성하는 것은 어떤 사건들 앞에서 전형적이면서도 주변부적이고 무력한 위치에 여성을 놓는 설정만이 아니다. 서사의 구성 방식, 특히 텔레비전 드라마 형태를 사용한다는 점도 한몫을 한다. 여기에는 두 가지 측면을 살펴볼 수 있다. 첫 번째 측면은 시퀀스를 다루는 방식으로, 사건이 일어나는 순서, 속도와 서스펜스다. 두 번째는 드라마의 전체적인 연결 방식과 관련된 것으로,

시청자가 이전 에피소드에서 알게 된 사실을 바탕으로 다음 에피소드로 넘어가게 되어 있다는 점이다. 첫 번째 측면이 〈가장 귀한 것〉의 무기력한 분위기를 만들어 내는 역할을 한다면, 두 번째 측면은 시청자로 하여금 벌어지는 사건으로부터 주의를 돌려 본질적으로 고정된 더 넓고 전체적인 구조를 보게끔 한다. 시퀀스상의 무력함과 구조적인 고정성이 결합하여 드라마 그 자체에서 백인 여성성의 감정을 구현해 낸다.

〈가장 귀한 것〉의 세 가지 시퀀스적 측면을 살펴볼 필요가 있다. 속도, 사건의 순서, (에피소드 간이나 에피소드 내에서) 휴지休止를 다루는 방식. 속도의 측면에서 이 드라마는 많은 고전 드라마들과 비슷한 점이 있으며, 그중 이 드라마가 방영되기 얼마 전에 성공을 거둔 드라마인 〈팅커 테일러 솔저 스파이*Tinker Tailor Soldier Spy*〉[202](1979)와 〈다시 찾은 브라이즈헤드〉(1982)와는 속도가 느리다는 점에서 특히 유사하다. 드라마의 첫 번째와 마지막 두 에피소드는 그렇게 느리지 않지만, 그래도 이러한 종류의 드라마를 좋아하지 않는 사람이라면 마치 아무 일도 일어나지 않는 듯한 인상을 받을 것이다. 드라마의 느린 속도는 부분적으로는 대부분의 행동이 대화, 시선, 침묵으로 구성되어 있어 연속극과 체호프풍의 극을 섞어 놓은 것 같다는 점 때문이다. 또는 신을 끝내는 방식과도 관련이 있는데, 각 신이 서사적 기능을 다 하고도 제법 오래 끌기 때문이다. 이는 연속극에서 흔히 그러듯 해당 신의 감정을 끌며 강화하기 위해서이기도 하지만(Feuer, 1984 참조), 대개는 딱히 이렇다 할 감정이 있는 신이 아닌 경우가 많다. 그

202 1974년 출판된 동명의 소설을 각색하여 만든 TV 시리즈로, 소련과 영국 간의 이중 스파이를 소재로 한 이야기다. 드라마의 느린 속도감으로 인해 〈뉴욕 타임스〉의 TV 평론가가 "현대 TV 범죄물에 익숙한 시청자라면 적응을 좀 해야 할 것"이라는 평을 하기도 했다. 이 작품은 2011년 영화로 각색되었다. — 옮긴이

전형적인 예가 드라마 후반부에 가이가 세라에게 전화를 걸지만 세라는 부재 중이라서 이모인 페니가 받았을 때다. 페니가 세라는 집에 없다고 설명한 후 둘은 전화를 끊기 전 짧고 공손한 대화를 나눈다. 이 시퀀스는 페니가 수화기를 내려놓고 서성거리는 롱 테이크로 찍혔다. 여기에는 끌어 줘야 할 감정도 없고 페니가 나오는 숏이 특별한 서사적 목적을 지니지도 않는다. 그와 같은 무위의 기간temps mort을 사용한다는 것은 이 드라마의 전개가 달팽이 같은 속도임을 증명해 준다. 이는 이 드라마의 사색적인 성격에 부합하며, 느릿느릿 목적 없는 존재의 속도를 보여 준다.

분명한 목적지가 없는 드라마의 감정은 사건의 순서를 통해서도 전달된다. 드라마의 전체적인 구성은 시간순이지만, 서사가 앞으로 진전된다는 느낌은 별로 들지 않는다. 오히려 뭔가 추진되려는 느낌은 과거를 돌아보는 장면들로 인해 좌절된다. 이는 플래시백의 사용을 통해 명백히 구현되는데, 텔레비전 드라마로서는 이상하리만치 플래시백이 많이 사용된다. 14개 에피소드 중 겨우 3개 에피소드에서만 플래시백이 나오지 않는다. 이런 플래시백은 때로는 등장인물들이 과거를 이해하고 미스터리를 풀어가도록 하지만 대체로는 그런 기능조차도 하지 않는다. 그저 이야기의 전개를 붙잡고 끊임없이 과거로 주의를 끈다.

드라마 속 대화의 대부분은 과거에 대한 것으로, 이미 일어난 일, 특히 매너스 사건을 자꾸만 들추는 대화다. 그러한 반복적인 대화는 텔레비전 드라마에서는 흔한 일이다. 이는 에피소드마다 시청자들에게 사건의 요점을 되풀이해 주기도 하고 특히 연속극의 경우에는 사건에 대한 감정적인 반응을 해부해 보게끔 해 주기도 한다. 〈가장 귀한 것〉에서의 반복은 이러한 기능을 가지기도 하지만 더 이성적인 방식이면서, 벌어진 사건에 대한 감정을 다루기보다는 사건 그 자체를 이해하려는 노력에 가깝다. 또한 더 많은 사람이 과거에 대해 이야기할수록 더 사건에 대해 이해할 수 없게 되어 버려서 결국 헛된 반복에 그칠 뿐이다.

이와 같은 무기력한 시퀀스의 전개는 드라마 내에서 휴지를 다루는 방식을 통해 더 강화된다. 드라마상의 휴지는 보통은 서스펜스가 극대화된 지점에서 이루어져 클리프행어cliff-hanger[203]로 기능하고, 따라서 시청자들이 광고가 나가거나 한 주가 지나도 계속 그 드라마를 보게끔 만든다(Geraghty, 1981 참조). 〈가장 귀한 것〉에서 주목할 점은 이런 클리프행어가 거의 없다는 점이다.[204] 총 29번의 휴지 중 11번만이 클리프행어로 이용되었고 그중에서도 한 번(첫 번째 에피소드의 마지막 부분)만이 진정한 클리프행어로서의 서스펜스를 만들어 냈다(해당 장면은 채터지 부인이 자신의 집 계단에 서서 대프니가 정치적 폭동 중에 사라졌다는 말을 듣는 장면이다).

〈가장 귀한 것〉의 휴지는 대체로 쓸쓸하거나 뜬금없고, 말 그대로 텅 비어 있는 때가 많다. 죽는 장면에서 네 번, 광기의 장면에서 다섯 번 휴지가 있는 동안 그 어떤 것도 이후에 무슨 일이 벌어질지에 대한 기대감을 만들어 내지는 않는다. 강렬한 감정적 순간이 끝나는 순간은 등장인물로서는 그 감정(궁극적으로는 드라마의 이야기 자체)이 아무것도 아니게 되는 느낌을 전달한다. 대프니가 로널드의 청혼을 거절한 후 휴지가 시작되기 직전의 숏에서 대프니는 분노 같은 것에 차서 다른 곳을 보고 로널드는 실망감에 차 있는 것처럼 보이는 장면. 바비가 세라에게 크레인 양의 분신자살에 대해 알린 후 크레인 양이 자기 편지에 답한 적이 한 번도 없다고 말하고 바비와 세라가 침묵하는 장면. 세라가 미쳐 버린 수전의 손을 무력하

203 극의 절정 단계로 관객의 긴장감 및 기대감을 극도로 고조시키는 순간이나 사건, 혹은 그러한 기법을 사용한 영화를 말한다. 초창기 연작 영화에서 사건이 마무리되지 않고 다음 작품에서 그 사건이 해결되는 구성에서 유래된 용어다. — 옮긴이

204 이는 〈가장 귀한 것〉에 대해 함께 공부했던 대학원 수업에서 스티븐 맥그테스가 내게 처음 말해 준 사실이다.

게 잡는 장면. 때로 결말은 더 뜬금없거나(테디가 수전이 보낸 별로 중요하지 않은 편지를 읽으면서 화장실에 앉는 장면. 세라, 밀드레드, 페니가 각자 자기 할 말만 하듯 중요하지 않은 대화를 나누다 갑자기 조용해지는 장면) 정확한 감정적 또는 서사적 내용 없이 불안감을 조성한다(세라가 병원에서 로널드를 만나기 위해 기다리는 동안 한쪽 다리를 잃은 환자가 복도를 내려오는 것을 지켜보는 장면. 세라가 바비를 병원에 남겨두고 간 후 문에 걸려 있던 바비의 가운이 유령처럼 흔들리는 장면). 후반부 에피소드들에서 몇몇 휴지는 아래에서 이야기할 반복되는 상징들(불꽃, 나비 문양 레이스, "지키지 못한 약속"이라는 문구) 중 하나에 주목한다. 휴지 직전의 숏 중 상당수는 사람이 전혀 안 나오거나 적어도 중요한 인물은 등장하지 않는다. 인물이 프레임 바깥으로 나가 버리고 카메라만 남겨진 경우도 많다. 로널드와 테디를 태운 차가 테디의 결혼식장으로 향하던 중 돌이 날아오고 나서 로널드의 모습, 역에서 환승편을 기다리는 세라, 막사에 들어오고 있는 가이, 기둥 뒤로 사라지는 하리. 이처럼 시청자는 계속 등장인물 없이 텅 빈 화면을 보도록 남겨지게 된다.

시퀀스를 무기력하고도 황량하게 다루는 방식과 함께, 드라마는 서사 기능은 없지만 시청자가 이야기와 인물의 중요성을 더 넓은 시야에서 이해하게 하는 수단으로서 상징 체계를 구성하는 여러 이미지를 활용한다. 그중 "가장 귀한 것"이라는 그림, 나비 문양 레이스, 그리고 불의 고리 circle of fire가 있는데, 불의 고리는 불길 안에서 춤추는 시바신 조각상에서도 발견되고 여러 장면에서 등장하는 실제 둥근 모양으로 타오르는 불에서도 발견된다(예를 들어 크레인 양의 분신자살, 불 속에서 스스로 죽음을 향해 가는 전갈, 히로시마의 핵폭발과 교차 편집으로 보여 준 바비의 죽음, 드라마 최후의 숏[205]에

205 이 숏은 최초의 TV 방영본에는 나오는데 비디오로 출시된 버전에는 없다.

서 유리와 프레임으로 분해될 때까지 불 속에서 타오르는 그림). 이러한 이미지를 다루는 방식은 이들이 특정한 상징으로 다루어지고 있음을 분명히 보여 준다. 카메라는 이 이미지들에 충분히 머무르며, 대사나 행동은 이 이미지들에 의해 중단되고, 무언가를 알고 싶어 하는 인물들(대프니, 세라, 가이)이 생각에 잠겨 응시하는 모습이 클로즈업으로 나와 이 이미지들이 헤아려 볼 만한 의미를 지니고 있음을 부각시킨다. 또 이 이미지들의 정지 프레임으로 에피소드가 끝이 남으로써 시청자들은 그 상징적 중요성을 각인하게 된다.

상징은 드라마가 추진력을 얻지 못하는 원인이 되기도 하고 우리에게는 마치 그림 퍼즐 조각이나 십자말처럼 제시되어 가이, 세라와 함께 사건이 얼마나 '들어맞는지'를 생각하게끔 만들기도 한다. 시간적이고 시퀀스적인 드라마 구조를 그림 퍼즐이나 십자말처럼 고정되고 공간적인 것으로 여기게끔 함으로써 〈가장 귀한 것〉은 인물이 무언가를 '하는' 서사적 추동력을 더욱 약화시킨다.

더욱이 상징들은 무언가를 하는 것의 문제와도 일부 관련이 있다. 그림은 빅토리아 여왕이 인도를 방문하는 장면을 그린 것인데, 크레인 양과 바비가 지적하듯 일어난 적 없는, 지켜지지 못한 약속이다. 이는 역사적으로 무언가 하려고 했던 것의 실패를 상기시킨다. 우리는 반복적으로 레이스에 수놓아진 나비에 대해 "그물에 걸렸다"거나 "불쌍한 죄수들"이라고 표현하는 대사를 듣는데, 이는 아무리 애써도 도망치지 못하는 복잡한 상황에 갇혀 있는 등장인물들의 운명에 대한 상징으로 기능한다. 이를 인도 통치기 최후의 날들의 영국, 또는 그냥 인간의 조건 자체를 언급하는 것처럼 여길 수도 있지만, 이 레이스의 가장 명백한 연상물은 (위에서 언급했듯이) 배려심 있고 사려 깊고 고상하면서도, 벗어나지도 무언가를 하지도 못하는 복잡한 역사적 과정에 갇혀 있는 무력하고 무능한 백인 여성이다.

불의 고리는 이 모든 무능한 행위에 종지부를 제시한다. 크레인 양의 분신자살은 남편을 화장할 때 그 부인도 함께 화장시키는 사티suttee 풍습처럼 보인다. 크레인 양은 자신이 믿던 인도는 이제 죽었다고 느끼는 과부이며, 따라서 (채터지 부인의 대사처럼) "애도하는 착한 인도인 과부마냥" 하얀 옷을 입고 스스로에게 불을 지르는 것이 그녀에게는 순리다. 불길 속에서 스스로 타죽으려는 듯한 전갈은 세라에게는 "탈출구가 없는" 상황에서 용감한 행동을 하는 것처럼 여겨진다. 수전이 자신의 아들과 나비를 풀어 주리라는 믿음으로 아들을 레이스에 싸서 불길 속에 누이는 장면에서 레이스와 불의 상징은 결합한다. 아들을 레이스로 싸면서 수전은 인도 통치기의 하얀 순수함을 해방시킴과 동시에 다음 세대를 죽임으로써 인도 통치기에 끝을 가져오려고 한다.

이러한 예시들이 의미하듯, 파괴로서의 불은 비극적이거나 끔찍하게 보이지 않고, 오히려 자유와 구원을 가져다준다. 드라마는 이를 루드밀라 수녀가 "우주의 불, 창조와 파괴, 어둠과 빛, 그리고 총체의 원"이라고 표현한 불의 고리 안에서 춤을 추고 있는 시바 조각상을 통해 보여 준다. 이에 대해 대프니는 신의 날개가 "나는 듯한 느낌을 주어서 신과 함께 어둠 속으로 뛰어들어도 안전할 것 같은 느낌"이라고 덧붙였다. 서양에서 인도의 야만성과 후진성으로 여겨 온 사티 풍습 또한 대프니의 말 속에서는 무언가 긍정적인 것, "축복의 상태" 속으로 자발적으로 들어가는 것으로 여겨진다. 이러한 이미지의 종말, 제국주의의 이상이 담긴 그림이 산산이 부서지는 장면은 역사적 진취성이라는 부담감으로부터의 구원을 암시한다.

불의 고리 이미지를 통해 〈가장 귀한 것〉은 인도의 세계관을 제국의 상실을 다루는 틀로 이용한다. 인도 통치기는 끝이 났고 그 희망은 산산조각 났지만, 창조와 파괴의 우주적이고 영원한 순환 속에 들어간 형태가 된 것이기도 하다.

백인 여성은 열반이라는 개념을 통해 이러한 관념과 특별한 관계를 맺는다. 이는 일찍이 채터지 부인에 의해 설명된 바 있다. "힌두인에게 삶이란 망각을 향한 분투이고 물질적 세계는 환각이야." 백인 여성과 불의 고리에 의해 이루어지는 망각과의 연결은 대프니의 강간 사건 얼마 후 대프니와 루드밀라 수녀의 신에서 설명된다. 대프니가 루드밀라 수녀에게 이에 대해 말할 때, 당국은 대프니에게 하리에 대해 아무것도 말해 주지 않을 것이고 그의 고모인 샤리니 또한 아무 말도 안 해 줄 것이기에, 자신이 할 수 있는 것은 아무것도 없다고 말한다. 그리고 곧이어 이렇게 말한다.

> "이건 일종의 침묵이에요. 난 이게 이제 인도의 침묵인 것 같아요. 한참 떠들고 폭력을 휘두른 뒤의 침묵이요. 하리도 그래서 말을 안 하는 거예요. 하리가 그들에게 아무것도 말하지 않는 건, 말할 수 있는 게 없어서예요. 침묵밖에 할 수 있는 게 없어요."

이 말을 하는 동안, 듣고 있던 루드밀라 수녀와 시바 조각상에게 잠시 컷이 넘어갔다가 셋이(대프니, 루드밀라, 시바 조각상) 모두 한 프레임 안에 잡히는 숏으로 돌아온다. 대프니에게, 그리고 힌두 철학에 있어 시바의 중요성은 이때쯤에는 이미 분명해졌다. 대프니의 대사도 편집도 백인 여성의 무위를 침묵으로 의미화되는 망각에 대한 '인도'식의 시각에 연결짓는다.

이 침묵은 드라마 전체에 걸쳐 안절부절하는 영국의 상태를 넘어설 수 있게 된 백인 여성과 연결되는 모티프다. 매너스 부인은 그 최후의 빛이 나던 등장 장면에서 아무 말도 하지 않는다. (암리차르 학살의 희생자에게 돈을 기부하라고 지시한 다이어 장군에게 기부하지 않고 희생자에게 바로 기부한) 메이벨은 거의 말을 안 한다. (자신의 아들과 나비 레이스를 불의 고리 속에서 파괴하려/풀어 주려 했던) 수전은 정신이 나가서 침묵한다. 바비가 마침내 침묵에 빠지는 것은 이 테마를 더욱 진전시킨다. 병원에서 바비는 말은 하지 않고 침묵의 탑을 바라만 본다. 우리는 이곳이 파시교도인들이 자신들의 시체를 독수리가 먹도록 놔두는 곳이라는 이야기를 듣게 된다. 세라와 바비가 앉아서 파시교도들이 탑 주위를 도는 것을 지켜볼 때, 세라는 "신은 귀머거리라고 했죠? 그래도 침묵은 듣는지도 몰라요"라고 말한다. 바비는 이런 '인도'식의 우주 질서에 대한 이해에 수긍하며, 손을 들어 세라의 볼을 쓰다듬는다. 침묵, 망각은 드라마에서 고뇌로 경험되어 온 착한 백인 여성의 무위에 축복의 형태로서의 가능성을 부여한다. 백인 여성의 서사적 무력이란 곧 열반과 같다.

많은 식민주의 픽션에서처럼 〈가장 귀한 것〉의 백인 여성들은 제국을 비판하는 자유주의적 목소리를 내고 제국의 쇠퇴에 대한 책임이 있다고 비난받기도 한다. 여성들이 사회적으로 주변화된 이들이고 무언가를 하려고 하면 해만 입힐 뿐이기에, 이 여성들에게 유일하게 명예로운 위치, 유일하게 가장 백인적인 위치란 아무것도 하지 않는 위치다. 이들은 양심적인 존재이기에 고민하는 존재가 된다. 그러나 이것은 15시간의 무력한 시간 동안 이어지는 섬세한 고민이다. 드라마는 여성들과 다른 주변인들의 훌륭한 감수성을 그려낸다. 또한 이러한 무력한 무위 속에서 동양적인 신성함을 이끌어 낼 수 있음을 시사하기까지 한다. 여성들은 제국의 상실에 대한 비난을 감수하고 도덕적 고난의 스펙터클을 보여 준다. 이로 인해 그들은 그들의 서사적 존재 조건과 맞닿아 있는 가능성을 부여받게 된다. 바로 무無다.

# 6

# 하얀 죽음

죽음으로서의 백인성에 대한 장을 쓸 의도는 없었지만, 이 주제로 자꾸만 돌아오게 되었다. 기독교에서 죽음 이미지의 중요성, 서부극에서 죽음의 존재(죽이기, 사막, 무자비와 적막), 빛의 초월적 용해 이미지, 근육질 남성 영화에서 아수라장과 십자가 처형, 〈가장 귀한 것〉의 무에 대한 절망과 한 줄기 구원에서, 죽음이라는 주제는 계속 나타난다.

어떤 전통에서 죽음은 매우 생생한 경험이지만, 백인 전통에서는 대개 비물질성(순수 영혼)이나 아무것도 아닌 것과 같은 공백이다. 이것은 백인 정체성의 핵심이라고까지는 할 수 없어도 백인성의 논리들 중 하나다. 백인은 색을 지니고 있지만, 그 색은 색의 부재를 의미하는 색이기도 하며, 그 자체로 삶과 존재의 특성이다. 조명 문화의 투명한 재현에서 백인 얼굴은 종이나 화면 위에서 비어 있는 공간처럼 여겨진다. 특성 없이 바라보는 주체란 과연 주체이기나 한가라는 질문으로 이어진다. 한 사람을 백인으로 만드는 것이 신체가 아니라 정신이라면, 그럼 여기서 백인성과 백인이 지닌 힘과 소유물을 재생산하는 매개체로서의 백인 신체는 어디에 놓여 있는가?

1873년 월터 페이터Walter Pater[206]는 예술의 최정점이라고 여겨지는

206 월터 페이터(1839~1894)는 영국의 문학가이자 평론가로, 그가 남긴 글은 이후의 미학 운동과 마르셀 프루스트Marcel Proust, 제임스 조이스James Joyce, 에즈라 파운드Ezra Pound 등 모더니스트 작가들에게 영향을 미쳤다. — 옮긴이

고대 그리스 조각이 지닌 타의 추종을 불허하는 아름다움에 대해 썼다. 독일 예술사가 요한 빙켈만Johann Winckelmann을 따라, 페이터는 그리스 조각으로부터 추상과 빛의 자질을 발견해 낸다.

> 행위와 열정의 분노에 찬 핏빛 자국으로부터 추방된 저 흰빛은 인간에게 우연한 것이 아니라 삶의 우연들에 반하는 인간 내부의 고요한 신성을 드러낸다(Pater, 1915: 224).

이제 이 책에서 논의한 바를 요약해 보고자 한다. 인류(특히 '남성')는 고대 그리스 문명에서 정점을 찍었고 빅토리아 시대에 분명하게 백인으로 여겨졌다. 백인을 특별하게 만드는 것은 내부에서 나오는 빛으로, 현대인은 이를 되찾기 위해서만이 아니라 보기 위해서도 안간힘을 써야 한다. 이 하얀 빛은 피, 열정, 움직임, 즉 한마디로 삶에 의해 더럽혀진다('때묻는다'). 백인성에 대한 더 넓은 재현 속에서 백인성을 향한 분투 그 자체가 백인성의 기호이지만 페이터에 따르면 백인성을 되찾는 것은 삶을 털어 버리는 것, 다름 아닌 죽음을 뜻한다.

백인성과 죽음의 주제는 많은 형태를 띠고 나타난다. 백인은 죽음과 특별한 관계를 맺는 것처럼 보인다. 죽음을 갈망하면서도 다른 이들을 죽음으로 몰아넣는 것이다. 죽음이란 절실히 바라는 것이 될 수도 있지만 무서운 것이 될 수도 있다. 이 장에서는 결론보다는 코다coda로서, 이미지의 무시무시함에 대해 주로 논할 것이다. 일부 스타 이미지에서 발광하는 초월성이나, 〈가장 귀한 것〉의 열반의 개념 같은 데서 살펴본 것과 같은 죽음의 더 양호한 이미지는 20세기에 들어서고는 덜 나타나기 때문이다. 백인과 죽음의 연결이 지닌 무서움(때로는 공포스럽고 때로는 음산한)이야말로 내가 쓰기를 꺼리며 조심스러워했던 주제다. 백인을 비극적이거나 슬프게 만들어서 '우리도 피해자다,' '우리도 억압받는다,' '불쌍한 우리' 같은 위치에 놓을 위험이 있기 때문이다. 이는 불평등과 고난을 퍼뜨려 온 백인의 역할을 간과한 채 고통을 평등화해 버릴 위험이 있다. 그러나 백인과 죽음의 연결이 백인이 권력을 갖게 된 방식의 논리적인 결과라면, 우리의 죽음에 대한 인식은 우리가 권력을 포기하게 만드는 한 방식일 수도 있다.

서구 예술에서 죽은 백인의 몸은 숭고의 광경이자 미의 대상이었다. 십자가의 그리스도가 고난의 이미지인 한편, 고난 자체가 초월적 미의 일부이기에 그리스도는 아름답게 여겨지기도 한다. 빅토리아 시대에 죽음(특히 아이들, 소녀들의 죽음)은 비극보다는 아름다움과 관련된 것으로서 회화와 사진의 피사체로 여겨졌다. (예를 들어 헨리 피치 로빈슨의 베스트셀러인 《페이딩 어웨이*Fading Away*》[1858]나 마거릿 캐머런의 《죽은 아이*The Dead Child*》[1868]).[207] 죽음에 담긴 순수한 희열은 《톰 아저씨의 오두막》 속 에바의 죽음에서 표현되며, 여기에는 3장에서 논의된 초월적 광경과 빛의 레토릭이 사용된다.

> 아이는 완전히 지친 듯 베개에서 숨을 헐떡이고 있었다. 크고 맑은 눈은 위를 향해 고정되어 있었다. 아, 저 눈은 하늘을 향해 무엇을 말하는 건가! 지상의 삶은 지나갔고 지상의 고통 또한 지나간다. 저 얼굴에 나타난 **의기양양한 밝음**은 너무나 장엄하고 신비로워서 슬픔의 흐느낌마저 억눌렀다. ……

207 로빈슨에 대해서는 Harker, 1988, 캐머런에 대해서는 Hopkinson, 1986을 참조하라. 죽은 아이 사진 장르에 대해서는 Bartram, 1985: 151~153을 참조하라.

**밝고 영광스러운** 미소가 에바의 얼굴에 퍼졌고, 에바는 띄엄띄엄 말했다. "아! 사랑, 기쁨, 평화!" 에바는 마지막 숨을 내뱉은 후 죽음에서 영생으로 넘어갔다(Stowe, 1981: 427~428; 강조 추가).

《옥스퍼드 영어 사전》은 "하얀 죽음"을 1910년경 결핵을 지칭하는 용어로 제시하고 있고, 수전 손택Susan Sontag(1979)과 브램 딕스트라Bram Dijkstra(1986)는 19세기 당시의 불치병에 대한 인식 속에서 "숭고한 창백"의 중요성을 논한다. 하얀 죽음의 아름다움과 그를 갈망하는 낭만은 특히 19세기 영국과 독일 시에서 잘 드러난다(Praz, 1933).

일부 기독교 영화는 이러한 감정을 다룬다. 이탈리아와 할리우드 영화(〈쿠오바디스〉[1912, 1924, 1951], 〈십자 성호*The Sign of the Cross*〉[1914, 1933], 〈파비올라*Fabiola*〉[1917, 1949], 〈벤허〉[1925, 1959], 〈성의*The Robe*〉[1953]) 속 순교자들은 승리에 차 빛이 흩뿌려지는 가운데 천상의 합창이 흘러나오는 미장센 속에서 죽음을 향해 간다. 로베르 브레송Robert Bresson의 두 영화는 신의 은총의 순간으로서의 죽음으로 끝이 난다. 〈당나귀 발타자르*Au Hasard Balthasar*〉(1966)에서 평생 학대받은 당나귀는 마치 하얀 구원의 상징 같은 양떼에 둘러싸인 채 죽음을 맞이한다. 〈무셰트*Mouchette*〉(1967)에서도 마찬가지로 학대받는 주인공 소녀는 비탈을 굴러 내려가 강에 빠져 죽고, 구원가와 같은 클라우디오 몬테베르디Claudio Monteverdi의 〈마리아의 노래*Magnificat*〉가 흘러나오는 동안 카메라는 그 강을 응시한다.

그러나 죽음의 빛나는 아름다움은 오늘날의 우리와는 동떨어져 있다. 종교적 서사는 케케묵었고 브레송은 이례적인 인물이다. 모든 것이 초월, 천상, 은총에 대한 깊은 신념에 달려 있던 때가 있었다. 그러한 종교적 믿음은 서구에서, 특히 백인들 사이에서 쇠퇴했다. 물질적 성공을 추구하며 거듭난 기독교도, 여기 지금이라는 정신적 가치를 통해 치유의 힘을 믿는 '뉴 에이지New Age'[208]의 실천들도 죽음을 주요하게 끌어안고 있는 것으로 보인다. 하얀 죽음의 영광에 대한 믿음이 부재한 상태에서, 백인에게 안겨진 감정은 예전처럼 아름답기만 한 것이 아니다.

사하라 이남의 아프리카인이 처음 유럽인을 보았을 때 그들을 죽은 사람이나 살아 있는 시체로 여겼다고 한다. 백인은 죽음을 체화하고 있을 뿐 아니라 죽음을 가져온다는 치명적 인식이 있었다고 할 수 있다. 벨 훅스는 "백인성이 흑인의 삶에서 자신의 존재감을 느끼는 방식은 상처주고 다치게 하고 고문을 하는 끔찍한 방식임"을 이야기한다(1992: 169). 흰색으로 치장한 KKK단의 이미지는 죽음을 가져오는 이미지다. 〈국가의 탄생〉에서 KKK단이 포위된 백인들을 구하기 위해 말을 타고 달려오는 장면은 분명 구원을 가져오는 이미지로 보이도록 의도된 장면이겠지만 지금 시점에서 보면 흰 화면에서 흰 소용돌이를 일으키며 오는 그 광경은 아프리카계 미국인들에게 죽음을 가져오는 모습으로밖에는 보이지 않는다. 조엘 핀러Joel Finler가 관찰한 바와 같이, KKK단을 자연광이 떨어지는 곳에 배치하고 흰 연기가 피어오르는 사이로 윤곽이 드러나게 하는 것과 같은 구성에서는 오로지 흰 죽음만이 보인다.

백인성과 죽음을 가져오는 것 사이의 연결은 홀로코스트 당시에 절정에 달했다. 한편에서 이는 비백인에게 죽음을 야기하는 백인의 또 다른 예시이면서 오스트레일리아나 아메리카가 만들어지는 과정에서 일어난 학살과 노예의 역사에 지나지 않는다. 그러나 홀로코스트는 백인성과 죽음의 상징에서 특별한 위치를 갖는다. 백인이 자신들의 특별한 미덕으로 자랑해 온 문명화 능력이라는 것이 대규모의 인류 파괴로 재현되는 듯

208 무신론과 물질주의의 부상 속에서 기존의 서구식 문화적, 종교적 가치를 탈피하려는 운동으로, 개개인의 내적 능력과 잠재력, 영성, 경험 등에 무게를 싣는다. — 옮긴이

하기 때문이다. 유럽 땅에서 (백인성의 경계를 훼손한다고 인식된) 유대인을 비롯한 다른 인간 '때dirt'를 삭제하는 데 사용된 가치는 바로 질서정연함, 체계적임, 숨겨진 추함 같은 것들이었다. 로레인 한스베리Lorraine Hansberry의 말처럼, "(백인이 아니면) 누가 이 모든 사람을 **과학적으로** 불구덩이에 넣을 수 있겠는가?"(hooks, 1992: 170에서 재인용).

백인이 그들 자체도 죽은 자들이면서 죽음을 가져오는 자들이기도 하다는 관념은 공포 문학과 영화에서 흔히 암시된다. 무엇이 공포를 야기하며 어떻게 전달되는가는 문화 및 역사적으로 특수성을 지닐지라도 공포라는 감정 자체는 분명 보편적이다. 그런데 장르로서의 공포는 몇몇 흥미로운 예외를 제하고는 서구에서 백인 장르로 정립된 것으로 보인다. 아프리카계 미국인 영화 중에서 액션, 스릴러, 음악, 드라마 장르가 많은 것에 비해서 공포 영화는 소수만 만들어졌다. 공포란 무엇이 우리를 겁먹게 하는가를 다루게 되어 있다. 백인이 백인성과 죽음의 관계를 탐구해 보게끔 해 주는 것은 문화적인 영역을 통해서다.

뱀파이어 신화는 핵심적이다. 뱀파이어는 죽은 자이면서 죽음을 가져오는 자다. 뱀파이어는 죽어 있기 때문에 창백하고 유령처럼 하얗다. 그들은 살아 있는 자의 피를 빨아들임으로써 생명을 유지하고 피를 마시는 순간에 생명의 색인 빨강으로 물들어 보인다. 해머Hammer사[209]의 영화들은 뱀파이어의 충혈된 눈이 핏빛으로 반짝이는 것을 보여 주곤 한다. 프랜시스 포드 코폴라Francis Ford Coppola 감독이 만든 영화 속 드라큘라는 포식을 했을 때 더 젊어 보이고, 창백하기는 해도 피를 마시기 전처럼 늙거나 죽음의 흰색으로 보이지는 않는다. 뱀파이어의 힘이 그

209 1950년대 중반부터 1970년대 사이에 주로 프랑켄슈타인, 드라큘라, 미이라가 나오는 고딕 호러 장르 영화를 만들던 영국 영화사다. — 옮긴이

스스로의 죽음을 의미하듯 그들이 죽음을 가져오는 것 또한 흼을 통해 암시된다. 뱀파이어의 희생자는 몸에서 혈색이 빠져나가 점차 창백해지면서 죽어가기 때문이다.

뱀파이어의 공포는 색에서 표현된다. 섬뜩한 흰색, 생명의 피가 없어 귀신같이 흰 모습이다. 섹슈얼리티의 은유이기도 한 뱀파이어의 무는 행위는 죽음으로 몰고 가는 행위로서, 마치 백인들이 통제할 수 없는 섹슈얼리티를 두려워하는 것과 일맥상통한다. 그러나 뱀파이어가 사람의 피를 마셔야 하듯, 백인은 섹슈얼리티를 필요로 한다. 뱀파이어는 자신이 통제할 수 없는 리비도에 시달리는 백인 남성 또는 여성이다. 뱀파이어의 행위 속에서 백인 사회(뱀파이어)는 먹고 살아가면서도 자멸의 위협에 시달린다. 뱀파이어란 이토록 위협적이기에 주류 백인이 아닌 이들, 즉 유대인(Gelder, 1994: 13~17 참조), 남동 지역 유럽인(〈드라큘라〉와 그 파생 작품들에서는 트랜실바니아로 설정됨), 뉴올리언스[210](앤 라이스Anne Rice의 《뱀파이어 연대기*Vampire Chronicles*》) 출신에게 뱀파이어의 역할이 부여된다. 공포 영화는 두 마리 토끼를 다 잡으려 한다. 우리에게 백인성의 공포감을 선사하면서도 동시에 가장자리의 백인에게 그 역할을 부여하는 것이다. 백인성의 공포, 죽은 상태이면서 죽음을 야기한다는 공포를 생생하게 전달함과 동시에 그 공포로부터 거리를 두는 것이다.

죽음으로서의 백인성이라는 주제는 조지 로메로 감독이 만든 '시체' 3부작 공포 영화인 〈살아 있는 시체들의 밤〉(1969), 〈시체들의 새벽*Zombies: Dawn of the Dead*〉(1978), 〈시체들의 날*Day of the Dead*〉(1985)에서도 유사하게 다뤄진다. 이 영화들에서는 어떤 이유에서인지 죽은 자들이

210 1990년대 초반 흑인 음악가들이 모여들면서 뉴올리언스는 흑인 문화의 중심지가 되었다. — 옮긴이

좀비로 살아 돌아온다. 좀비들이 백인이라는 점은 여러 방식으로 제시된다. 첫 번째 영화에서 좀비들의 피부가 정말 백인임을 보여 준다. 이후 두 편의 영화에서는 대부분의 좀비가 백인이고, 백인이 아닌 좀비들도 죽은 자들이기 때문에 피부가 하얘진 상태다. 〈시체들의 새벽〉에서 좀비들은 가게 진열창으로 보이는 마네킹들과 시각적으로 어우러진다. 하나같이 하얀 마네킹은 원칙적으로는 다양한 피부색을 추구하지만 실제로는 본질적으로 백인적이라고 느껴지는 미국 교외의 소비주의의 꿈을 구성하는 일부다. 가장 인상적인 것은, 좀비(〈시체들의 날〉의 결말에서는 좀비들이 세계를 거의 지배한다)에 맞서거나 도망칠 수 있는 주인공들은 흑인뿐이거나(〈시체들의 밤〉), 흑인 남성과 백인 여성이거나(〈시체들의 새벽〉), 백인 여성과 게이로 보이는 아일랜드인과 카리브해인 커플(〈시체들의 날〉)이다. 〈시체들의 새벽〉과 〈시체들의 날〉에서 흑인 남성은 힘을 발휘하는 핵심적 인물이다.

나는 다른 지면에서 이 상징에 대해 길게 논한 바 있다(Dyer, 1993: 157~160). 여기서 강조하고 싶은 것은 시체를 게걸스레 먹어치우는 또 다른 시체로서 그려지는 백인들의 충격적인 이미지가 끊임없이 반복 생산되는 방식이다. 영화의 상당 부분에서 우리는 백인이 백인을 먹어치우는 모습을 본다. 〈시체들의 밤〉과 〈시체들의 날〉의 클라이맥스 시퀀스에서 공포의 정도는 한껏 올라간다. 〈시체들의 밤〉에는 백인 몇 명이 들판을 따라 제각각의 움직임으로 느리게 움직이는 것을 보여 주는 항공 숏이 있다. 이는 좀비를 보여 주는 전형적인 숏이기에 우리는 그 백인들이 좀비라고 추측하게 된다. 그러나 영화가 이 인물들을 지면 높이에서 보여 주는 숏으로 넘어가면 우리는 이들이 좀비를 죽이러 온 (대부분이 백인인) 자경단임을 알게 된다. 백인은 산 자든 죽은 자든 구분이 안 되는 것이다. 모든 백인은 죽음을 가져오고, (인간 감정의 차원에서) 모든 백인은 죽은 자다. 이후 이들은 영화의 음산한 결말에 이를 때까지 집에 갇혀 있는다. 영화는 작고 외딴 농가에 갇힌 인물들을 중심으로 진행된다. 등장인물 중 흑인인 벤만이 영리하고 용감할 뿐, 다른 백인들은 공포에 질려 긴장 상태에 빠지거나 서로를 파멸로 몰고 간다. 벤만이 생명을 상징한다고 할 수 있다. 영화 결말에서 백인 자경단은 그를 쏴 죽인다. 백인은 죽은 자이고 죽음을 가져오는 자이면서, 누가 살아 있는 꼴을 못 보는 자들이다. 〈시체들의 날〉은 이미 좀비들이 점령한 세상에서 산 자들의 마지막 남은 전초지인 군부대를 배경으로 한다. 영화 결말에 다다르면 백인 여성과 아일랜드인-카리브해인 게이 커플은 섬으로 도망치지만 그 전에 우리는 좀비들이 군부대까지 공격해 들어와 영화 속 백인성을 대표하는 인물을 갈가리 찢어놓는 것을 보게 된다. 좀비들이 그의 사지를 말 그대로 찢어발기는 동안 그는 끔찍한 발작성 웃음을 내지르는데, 마치 동족에 의해 파괴되는 이 순간이 백인성의 절정이기라도 한 듯한 웃음이다.

비존재로서의 백인성에 대한 불안은 죽음을 가져오는 죽은 자라는 차원에서만 반드시 표현되는 것은 아니다. 이는 보다 정적이고 황량한 형태를 띠기도 한다. 백인성의 공포에 대한 가장 유명한 표현 중 하나는 허먼 멜빌Herman Melville의 《모비딕*Moby-Dick*》(1992) 42장에 나온다(Kovel, 1988: 234~46; Boime, 1990: 4~5). 서술자는 흰색의 아름다움과 미덕을 이야기하며 이를 백인의 피부 및 색조와 연결시키면서도 여기에는 "어떤 명명 못할 공포"(Melville, 1992: 207)가 있다고 한다. 이는 흰색이 "시선을 얼어붙게 만드는" 송장의 "대리석 같은 창백함"(208)과 같기 때문만이 아니라 흰색의 공백이 무의미와 무가치를 불러일으키기 때문이라고 설명한다.

> 그 색의 불확정성이 우주의 냉혹한 공허함과 광대함을 희미하게 보여 주며 절멸감으로 우리의 등을 찌르는 것 아닐까? 혹은 흰색은 본질적으로

색이라기보다 색이 보이지 않는 상태이면서 모든 색이 구체화된 상태이지 않을까? 넓은 설경이 공백이지만 의미로 가득 차 있는 것은, 무색이면서도 모든 색의 무신론과 같아서 우리를 움츠러들게 하는 것은 이런 이유에서일까?(212)

그렇다면 백인이라는 것은 그 스스로에게 공포다. 《모비딕》에서는 이것이 깊이를 모르는 비이성적인 혐오의 대상인 흰 고래에게르 외재화된다. 서술자의 말처럼 "그렇다면 당신은 이 맹렬한 추적에 경탄하겠는가?"(같은 책).

현대 픽션은 이러한 인식을 다양한 톤으로 구현해 낸다. 톰 디피에로Tom DiPiero는 백인성과 남성성이 모두 정체성이라기보다는 "정체성의 부재를 인식하고 보이는 히스테리적인 반응"(1994: 117)으로 재현되는 양상을 논한다. 디피에로는 〈덩크 슛*White Men Can't Jump*〉[211](1992)이나 〈그랜드 캐년*Grand Canyon*〉[212](1992) 같은 영화에서 '착한 남성'인 백인 남성 주인공들이 뒤틀리고 코믹한 모습으로 구성되는 것을 보며 영화가 "백인 남성이란 다른 이들이 자신의 정체성을 정해 주도록 함으로써 정당화되는 위치임을 승인"(132)하고 있다고 말한다.[213]

백인의 비존재를 다루는 또 다른 동시대적 양식을 보려고 하는데

211 내기 농구를 즐기는 흑인 시드니(웨슬리 스나입스)와 백인 빌리(우디 해럴슨)가 의기투합하여 농구 챔피언십에 도전하는 이야기를 다룬 코미디 영화다. — 옮긴이

212 백인인 변호사 맥(케빈 클라인)은 흑인 슬럼가를 지나다가 위기에 처하는데, 흑인 트럭 운전수 사이몬(대니 글로버)이 그를 돕는다. 서로 다른 처지에서 각자의 고충을 가진 두 사람, 그리고 맥의 친구인 데이비스(스티브 마틴)는 함께 그랜드캐년을 방문하며 삶의 위기를 성찰한다. — 옮긴이

213 〈그랜드 캐년〉의 백인성에 대한 또 다른 논의는 Carby, 1993; Giroux, 1993을 참조하라.

여기에는 종말에 다다른 듯한 황량한 인식이 나타난다. 바로 〈에일리언 *Alien*〉 영화들(1979, 1986, 1992)과 〈블레이드 러너〉(1982)로 대표되는 SF 영화 속 안드로이드 인물들이다. 이 영화들은 박스 오피스 성적에서뿐만 아니라 비평[214]에서도 큰 성공을 거두었다. 또한 비디오로 출시되었을 때도 성공적이었는데, 이후에도 〈에일리언〉은 시퀄 영화들이 제작되었고 1992년에는 〈블레이드 러너〉의 감독판이 개봉하기도 했다.

〈에일리언〉 시리즈에는 다인종 배우들이 캐스팅되었지만 각 영화는 백인 여성(시고니 위버가 연기하는 리플리)과 아마도 역시나 백인성의 은유라고 할 수 있을 "모든 곳에 스며든 보이지 않는"(Kuhn, 1990: 9) 권력으로서의 기업체 간의 대립이 중심부에 자리 잡고 있다. 기업 대표들은 백인 남성들로, 그들의 목표는 지구에서 멀리 떨어진 행성에서 조우하게 된 원시적이면서 변화무쌍한 생명체인 에일리언이 지닌 힘을 이용하려는 것이다. 회사의 대표는 애시(백인적이다)라는 이름의 안드로이드로, 그는 인간이 아닌 백인이다.[215] 이 사실은 아프리카계 미국인 승무원이 애시의 머리를 잡아당겼을 때 드러난다. 흑인이 백인의 무無를 드러내고 그의 영혼이 들어 있는 뇌를 꺼내 파괴해 버리는 장면이다. 승무원들은 이 손상된 머리에 일시적인 전기적 생명을 주어 에일리언을 무찌를 방법을 찾

214 이와 관련해 현대 SF 픽션물에 대한 아네트 쿤Annette Kuhn의 책(1990)에서 주요한 참고 영화로 언급되고 있으며, 〈블레이드 러너〉만 다루는 책 또한 출판 예정이다.

215 안드로이드가 백인이 아니었던 적이 있었나? 인간이 아닌 인간에 대한 관념은 매우 백인적인 느낌이 드는 데가 있다. 한동안 박스 오피스의 최고 스타였던 아널드 슈워제네거는 파시스트 이미지는 물론 매우 백인적인 이미지를 바탕으로 안드로이드나(〈터미네이터〉[1984], 〈터미네이터 2〉[1991]), 인간이 아닌 자(〈토탈 리콜*Total Recall*〉[1990]), 화면 밖으로 나온 영화 속 영웅(〈마지막 액션 히어로*The Last Action Hero*〉[1993]) 등을 연기해왔다. 작품명과 동일한 이름의 영웅인 로보캅RoboCop은 금발에 푸른 눈을 가지고 있으며 온순한 성격의 치명적인 반인半人이다.

아낸다. 애시가 에일리언은 무찌를 수 없는 존재라고 말하자 승무원 중 하나는 애시가 에일리언을 동경하고 있음을 깨닫는다. 애시는 "나는 에일리언의 순수성을 동경해"라고 말하고, 이후 익스트림 클로즈업 숏에서 "양심이나 회한, 도덕성의 환각에 가려지지 않은 그 순수성"이라고 덧붙인다. 한 번도 제대로 살아 있었던 적이 없으며 현재는 절반의 생명만 붙어 있는 백인 남성의 입에서 언급된 순수성과 감정의 부재란 백인성이 열망하는 본질이다.

백인성의 결정체, 인류 열망의 최고점으로서의 안드로이드는 〈블레이드 러너〉(〈에일리언〉과 마찬가지로 리들리 스콧이 연출)에서 더 잘 다루어진다. 이 영화는 백인이 아무것도 아님을 더욱 날카롭게 제시한다. 주인공인 데커드(해리슨 포드)는 도망간 레플리컨트를 추격하고 죽이는 일을 전문으로 하는 형사다. 레플리컨트는 외양이든 행동이든 인간과 구별이 되지 않는 로봇이다. 데커드가 쫓는 레플리컨트들은 우주 식민지에서 노예이기를 거부하며 지구에서 인간처럼 살고자 도망간 이들이다.

영화의 주요 등장인물들(데커드, 레플리컨트들, 기업의 수장, 발명가)은 모두 백인이지만 배경에 등장하는 인물들은 주로 '동양인'이다(이 자체는 서구에서 아메리카 원주민, 또는 미국 문화에서 흑인의 중심성이 줄어들고 환태평양 지역 국가들이 위협적인 경제적 성장을 하고 있다는 사실을 암시한다). 영화의 배경은 미래의 LA로, 대재앙과 같은 오염에 시달린다. 먼지, 끊임없이 내리는 비, 무너지는 건물, 게다가 바글거리는 동양인들도 오염의 일부로 여겨진다. 높은 건물이 토해 내는 짙은 먹구름 같은 산업 쓰레기가 도시를 부유하는 오프닝 숏은 데커드가 찾은 도시의 중심부로 넘어간다. 층층이 쌓인 건물과 네온사인 위로 비가 끊임없이 내리고 거의 '동양' 혈통의 사람들로 바글거린다. 영화 속에서 이들은 비우호적인 존재도 적도 아니긴 하지만, 그래도 황화yellow peril라는 인종주의적 담론의 차원에서 묘사된다. 작은 가게를 꾸리느라 바쁘고 의사소통이 잘 안 되는 대규모의 인구로 묘사되는 것이다. 어느 순간 데커드는 레플리컨트 중 하나인 조라('동양적' 외모는 아님)를 쫓게 된다. 조라는 이집트 모티프와 타조, 뱀 등이 가득한 오리엔탈리즘풍의 이국적 시장 같은 곳에서 뱀 쇼를 하는 자다. 〈블레이드 러너〉의 미래 세계는 필립 K. 딕Philip K. Dick의 《안드로이드는 전기 양의 꿈을 꾸는가?*Do Androids Dream of Electric Sheep?*》에 기초하고 있는데, 이 소설엔 오리엔탈적 요소가 많이 사용되는 것에 대한 설명이 일부 나온다. 이들은 지구의 스모그와 다른 행성에 대한 약탈로부터 벗어나 이주할 여력이 있는 자들이라는 것이다. 그러나 이러한 설명이 없다면 그저 동양인들이 빠르게 번식하여 생태계적으로 잘못된 방식으로 세상을 지배한 것 같아 보인다.

백인 등장인물들은 이러한 맥락과 대조되며 나타난다. 황인종이 가득한 배경은 주인공들의 백인성을 부각시킨다. 가장 하얀 색조를 지닌 것은 레플리컨트들이며, 특히 데커드에게 가장 격렬하게 저항하는 로이(룻거 하우어)와 프리스(대릴 한나)는 창백한 얼굴에 탈색된 금발을 갖고 있다. 코카시아계 중 최상위에 있다고 여겨지는 게르만적 특성이 강한 하우어의 캐스팅은 특히 시사하는 바가 있다. 데커드와 대립하는 최후의 순간에 로이는 그리스도와 같은 이미지로 나온다. 아랫도리만 걸친 채 손에 스스로 못을 박아 넣은 뒤 소멸하는 순간 하얀 비둘기를 날려 보내는 것이다. 이와 같은 가장 강력한 백인성의 표출[216]과 달리 인간으로서의 백인성은 한

216 몇몇 비평(예: Ruppert, 1989: 10~11; Silverman, 1991: 114~116)은 레플리컨트들과 아프리카계 미국인들 사이의 평행 구도를 언급한다. 누군가 레플리컨트를 '스킨 잡skin jobs'이라고 부를 때, 데커드는 보이스오버로 이 표현이 이전 시기의 '검둥이nigger'에 상응하는 것이라고 설명한다. 레플리컨트인 로이는 데커드에게 노예로 사는 것이 어떤 건 줄 아느냐고 묻는다. 레플리컨트가 옛날 흑인들의 위치를 갖는 것처럼 보이긴 해도 이런 평행 구도에 대해 레플리컨

편으로는 레플리컨트의 존재에 책임이 있는 인물들, 다른 한편으로는 데커드에게 걸쳐서 나타난다. 전자의 경우에는 레플리컨트를 만들어 내는 기업의 수장인 타이렐 박사(조 터켈)와 레플리컨트 설계를 맡은 J. F. 세바스찬(윌리엄 샌더슨)이 있다. 둘 다 바글거리는 도시를 내려다볼 수 있는 높은 위치의 (세바스찬의 경우 지저분하긴 해도) 화려한 공간에 살고 있으며, 비인간과만 어울린다. 타이렐은 레플리컨트 '딸'인 레이철(숀 영)과 레플리컨트 부엉이와 살고, 세바스찬은 난쟁이 기계 군인 및 다른 로봇들과 살고 있다. 타이렐은 냉철하고 이성적이다. 세바스찬에게는 피부 질병이 있는데, 이는 마치 그가 사는 건물처럼 노화해 죽음을 향해 가고 있음을 보여 주는 듯하다. 즉 영화 속 대표적인 백인 인물들은 인간적 교류가 없이 죽음을 향해 살아가는 여위고 창백한 존재들이다.

이제 데커드를 들여다볼 차례다. 영화의 '감독판'[217] 중 먼저 공개된 버전에서는 데커드가 레플리컨트라고 추측된다. 이는 데커드가 자기 자신을 감각하는 두 가지 방식인 기억과 꿈을 통해 암시된다. 기억과 꿈은 매우 내면적이고 사적인 인간의 영역으로서 진정한 인간의 지표처럼 여겨지는데, 영화는 기억과 꿈을 신뢰할 수 없는 것으로 만든다. 기억은 사진을 통해 재현된다. 어느 장면에서 데커드는 피아노에 앉아 사진, 즉 자신의 개인사를 바라보고 있다. 그러나 이 세계에서 기억 및 과거의 자신에 대한 증거처럼 보이는 사진은 레플리컨트에게 입력하여 그들이 더 인간처럼 보이게끔 만드는 데에도 사용된다. 영화 속에서 처음으로 파괴되는 남성 레

트가 아프리카계 미국인을 의미한다고 해석할 필요는 없다. 레플리컨트는 미래에서 억압받는 자들로, 이는 백인이 두려워하는 자신들의 미래 또는 이미 진행되는 현실이다. 이민자들의 유입과 차별 철폐 조처를 거친 미래에 우리가 검둥이일지도 모른다.

217 감독판의 두 버전에 대해서는 Strick, 1992를 참조하라.

플리컨트인 레온은 사진을 옷 속에 숨기고 그가 진짜 살았던 것으로 믿고 싶었던 삶에 대한 부적으로 간직한다. 타이렐의 '딸'인 레이철은 자신이 인간이라는 증거로 데커드에게 사진을 내놓지만, 레이철이 레플리컨트라는 사실은 그녀와 데커드, 그리고 우리 모두가 아는 사실이다. 레온과 레이철은 자신들이 진짜 살아 있다는 이 증거에 진심을 갖고 처절하게 매달린다. 둘 다 인간이 되고 싶어 하는 비인간이다. 피아노에 놓인 가족 사진을 지켜보는 데커드의 우울한 시선은 그저 노스탤지어가 담긴 것일 수도 있지만 한편으로는 인간의 삶을 살아 왔다는 환각을 바탕으로 만들어진 자기 정체성에 대한 비통함을 암시하기도 한다.

이러한 해석은 영화의 결말에 이르러 꿈의 문제와 관련해서야 뚜렷해진다. 데커드는 유니콘에 대한 생생한 꿈을 꾸면서 아무에게도 말하지 않는데, 이것은 아마 자신의 내면을 혼자서만 알고 있을 때 자신이 인간이라고 확신할 수 있기 때문일 것이다. 그러나 다른 누군가가 이 꿈을 알고 있다. 데커드의 상사인 개프(에드워드 제임스 올모스)는 늘 자기가 머문 자리에 작은 종이접기를 남겨놓는 특징이 있는데, 이는 그가 사건이 일어나기 전 미리 아는 능력이 있다는 것을 보여 준다. 영화 마지막에 데커드가 도주할 때 개프는 은박지로 접은 유니콘을 남겨놓으며 자신이 데커드의 꿈을 알고 있다는 것을 암시한다. 이것은 데커드가 레플리컨트여야만 가능한 일이다(개프가 데커드의 프로그램에 접속할 수 있어야 하므로). 따라서 기억과 꿈은 진짜 인간을 확인시켜 주는 조각들인 것 같지만 결국은 환상일 뿐인 것이다.

개프와 레이철은 이에 한 차원을 더한다. 개프는 (뾰족한 수염과 반짝이는 눈을 가진) 히스패닉이고 레이철은 분홍빛 붉은 볼에 조형적인 모양의 까만 머리를 가지고 있으며, 둘 다 어둠의 캐릭터다. 개프는 데커드에 대해 알고 있다. 레이철은 진정한 감정을 느끼는 것 같은 낌새를 보인다. (이것은 모든 레플리컨트들에게 발견되는 조짐으로, 레플리컨트들이 제거되는 이유이기도 하다. 로봇/노예 신분에 불만을 느낄 여지가 있기 때문이다.) 이 두 어둠의 '백인' 캐릭터들은 냉담하고 하얀 백인 남성의 무無에 뚜렷하고, 현실적이고, 믈리적인 무언가를 더해 준다. 개봉판은 데커드와 레이철이 도망쳐 지구를 떠나는 듯한 서정적 장면으로 끝이 난다. 어두운 여성이 느낀 진정한 감정(레이철은 눈물을 흘린다)이 텅 빈 하얀 남성을 구원해 준다. '감독판'에는 이런 결말이 빠져있다. 어두운 여성은 하얀 남성을 구원해 주지 못한다. 픽션 속 흑인 캐릭터의 역할에 대해 토니 모리슨이 말한 것처럼 어두운 남자가 하얀 남자를 안다는 사실만이 남겨져있다. 그러나 이 사실은 썩 편하지 않다. 우리의 존재는 알려져 있지만 텅 빈 거짓말로서만 존재한다.

데커드는 하얀 피부를 가지고 있지만 색조가 하얗지는 않다. 데커드는 비교적 영웅적 면모를 보이지만(기지 있고 연민 어린 인물) 상징적 백인이 아니다. 즉 썩 덕망 있거나 (해리슨 포드의 잘생긴 외모에도 불구하고) 썩 아름다운 인물이 아니다. 그러나 이러한 점이 그를 우리 시대의 전형적 백인으로 만들어 준다. 데커드는 동양인도 아니고 동양인이 세상을 점령하는 동안 약간 물러서 있는 듯 보이기까지 하지만, 그는 공격적이거나 악의적인 백인 또한 아니다. 데커드는 그저 평범하다(남성이기 때문에, 백인 여성보다 더 평범한 인간이라고 할 수 있다). 이것이 그가 지닌 재현적인 힘이다(데커드는 백인[남성]으로 특정되는 있음에도 인류의 중심적이고 대표적인 인물로 재현된다). 그러나 〈블레이드 러너〉가 계속 컬트 영화로 회자되는 이유는 백인 남성이 유색인 떼로부터 거리를 두면서도 의지할 만한 자아가 없다는 의혹을 다루고 있기 때문이다.

뱀파이어와 좀비 영화는 물론 〈블레이드 러너〉에서 암시적으로 제시되고 〈에일리언〉 3부작에서 명백하게 드러나는 것은 재생산의 문제다. 뱀파이어와 좀비, 안드로이드는 어떻게도 성적으로는 재생산을 할 수 없다. 데커드, 타이렐, 세바스찬, 레이철은 빠르게 번식해 가는 동양인 떼와 대조를 이루는 비생식적 기계 또는 기계 제작자다. 한편 에일리언은 재생산을 하는 괴물로, 질로도 남근으로도 변화하는 형태를 갖고 있으며 〈에일리언〉에서는 남성의 배에서 태어나고 〈에일리언 2〉에서는 거대한 자궁 속에서 태어난 것으로 밝혀진다. 에일리언은 재생산하지 않는 사회에 갑자기 튀어나온 존재다. 〈에일리언〉과 〈에일리언 2〉에서는 무성애적이라고 할 수 있는 우주선에서 갑자기 나타났고 〈에일리언 3〉에서는 남자들만이 사는 행성에서 나타났다. 리플리 캐릭터는 〈에일리언 2〉와 〈에일리언 3〉를 거치면서 점차적으로 재생산의 문제와 연결된다. 〈에일리언 2〉에서 리플리는 우주선에서 에일리언의 습격이 있은 후 살아남은 소녀와 모녀 관계 같은 것을 형성하고, 이후에 엄마 에일리언과 여자 대 여자로 맞선다. 〈에일리언 3〉에서 리플리는 에일리언을 임신하여 영화 후반에 '자신의' 아기를 가슴에 품고 함께 거대 용광로에 몸을 던져 죽는다. 재생산의 문제는 백인이거나 안드로이드에 가까운 인간의 재생산하지 않는 세계와 통제 불가의 재생산 에너지로 가득 찬 무시무시한 에일리언의 세계로 양극화된다.

〈에일리언 2〉를 논하면서 에이미 토빈Amy Taubin은 이러한 이미지를 역사적 맥락에 놓고 그 역사적 의미를 제시한다.

> 리플리가 전형적인 중상위층 와스프라면, 에일리언 여왕은 레이건/부시 시대의 단골 희생양과 닮았다고 볼 수 있다. 정부로부터 생활 보조금을 받는 흑인 어머니, 억제되지 않는 재생산의 욕망으로 인해 열심히 일하는 납세자들의 등골이 휘도록 하는 국가 경제의 기생충 말이다(Taubin, 1993: 95~96).

바버라 크리드Barbara Creed(1990)의 주장처럼, 재생산의 공포는 영화 속에서 집어삼키고, 분비물을 흘리고, 구멍을 벌리고, 역겹게 분출하는 '괴물-여성적' 이미지에 대한 남성의 편집증적 반응만으로 나타나는 것이 아니다. 그 공포란 특히 비백인의 끊임없는 번식을 경악스러워하는 백인의 인식, 비백인이 백인보다 섹스와 재생산에 있어서 더 우월하다는 깊은 의혹, 진정한 백인이라는 것과 재생산을 잘한다는 것이 서로 양립 불가능하며 그 결과 백인은 비백인 무리에 의해 집어 삼켜질 것이라는 공포다.

〈에일리언 3〉(1992)가 개봉했을 때는 서구 사회에 에이즈가 화두가 된 지 약 10년쯤 되었을 때인데 토빈은 이렇게 말한다(1993: 98~99).

> 에이즈는 영화 속 어디에나 있다. 에이즈는 섹스와 마약을 둘러싼 위험 속에 있다. 에이즈는 남성뿐인 커뮤니티를 공격하는 죽음의 생명체에 대한 은유 속에 있다. 에이즈는 깎은 머리라는 도상 속에 있다. …… 에일리언의 지하 은신처, 물이 새는 파이프와 하수도 터널은 괴물-여성뿐만 아니라 동성애에 대한 공포를 재현한다. 여기에는 이성애 성교와 항문 성교가 뒤엉켜 있다.

대중적 상상 속에서 가장 흔한 에이즈의 원인은 통제되지 않는 아프리카의 이성애적 성욕과 백인의 성적 퇴락의 절정인 퀴어를 결합한다. 과도한 재생산 욕구는 가장 비뚤어진 비생식적 구성원을 동원하여 백인 세계를 망쳐놓는다. 이것이 바로 〈에일리언 3〉 속 세계에 대한 황폐한 상상이다.

위에서 설명했듯 〈에일리언〉에서 회사의 안드로이드 애시가 자신의 머리를 떼내자 그 '혈관'으로부터 하얀 액체가 흘러나온다. 맥박이 뛰듯 흰 액체가 분비되는 모습은 1970년대 후반에 흔했던 이성애 포르노물에서 사정하는 장면과 꼭 닮아 있다. 그가 에일리언의 '순수성'을 극찬하는 익스트림 클로즈업에서 그의 얼굴은 이 하얀 정액 같은 것으로 뒤덮여 있다. 포르노에서 사정하는 장면은 생식의 순간과 오르가슴의 순간을 분리시키는 쾌락의 장면이다. 포르노가 인기를 얻고 그 안에 사정 장면이 반드시 포함되면서 섹스는 비생식적인 이미지로 굳어지는 한편, 인종화된 사회에서 성애적 재생산은 항상 인종적 재생산으로 읽힌다. 포르노는 인종적 종말을 암시하는 서구 섹슈얼리티의 이미지를 생산해 낸다. 〈에일리언 3〉에서 정액에 뒤덮인 안드로이드/백인의 잘린 머리는 죽음의 순간에 섹슈얼리티를 허무하게 전시하는 듯한 그로테스크한 장면이다.

백인성의 텅 빔과 재생산의 종말에 대한 의혹은 〈폴링 다운*Falling Down*〉(1993)처럼 SF 장르가 아닌 영화에서도 중요하게 등장한다. 이 영화로 논의를 마무리 지으려고 하는데, 그 이유는 이 영화가 백인 정체성의 문제를 명쾌하게 다룬 최근 흥행작으로서 인상적인 분석들로 이어진 사례이기 때문이다(Clover, 1993; Davies, 1995a, 1995b; Kennedy, 1996; Pfeil, 1995; Pratt, 1995; Gabriel 1996). 개인적으로 모두 흥미로웠던 〈블레이드 러너〉, 좀비 영화, 〈에일리언〉 시리즈를 다루면서 백인성의 무 및 죽음에 대한 의구심이 이 시대 문화에 지배적으로 반영되어 있다는 것을 알 수 있었다. 〈폴링 다운〉은 이미 잊혀지기 시작한 반면 앞의 영화들은 비디오로도 잘 팔리고 컬트 문화로 이어진 것을 보아 무언가 시사하는 바가 있다고 생각한다. 컬트 영화는 깊이 자리잡고 있으면서 완전히 드러나지는 않는 공포와 매혹에 매달리며 상상 속에서 떠나지 않는다. 한편 〈폴링 다운〉은 하얀 죽음에 대한 공포를 갖고 있으면서도 그래도 우리 안에 생명이 있을 가능성이 있다는 결연함을 보여 준다.

이 영화는 백인 남성에 대한 죽음, 또는 어쨌거나 멸종 위기의 백인 남성에 대한 알레고리로 읽히기 쉽다. 영화 속 중심인물은 마이클 더글러스가 연기하는 인물로, 그의 차 번호판에 새겨진 글자대로 디펜스D-FENS라고 불린다. 디펜스는 LA의 무더운 어느날 교통 체증 속에서 차를 버려두고 도시를 가로질러 베니스 해변에 있는 자기 집까지 걸어가기로 한다. 이러한 여정 모티프로 인해 이 영화는 곧장 백인 남성 모험 서사에 위치한다. 이 점은 남자 주인공이 가는 길에 장애물을 만남으로써 더 강화되며, 또한 정글 같다는 느낌도 이를 뒷받침한다. 정글 같다는 것은 이 개념이 미국 도시를 표현하는 클리셰이기 때문만이 아니라 그 지역의 지리적 혼란과 지역민의 적대적 태도 때문이기도 하다. 그런데 디펜스의 여정을 따라가는 동안 우리는 그가 자신의 정체성을 보장해 주던 모든 것을 잃어버렸다는 사실을 알게 된다. 직업(화이트칼라로 일하던 방위산업체에서 정리 해고당함), 부인(이혼함), 부모로서의 역할(접근 금지 처분이 내려져서 영화상 그날 오후에 열리는 딸의 생일 파티에 가지 못하게 됨). 그는 아무것도 아닌 것이다. 더욱이 디펜스의 여정은 집으로 향하지 못한다. 그가 베니스 해변에 도착했을 때 그곳은 (외부 이민자들과 뉴 에이지풍의 개발로 인해 변해 버려서) 더 이상 그가 알아볼 수 있는 곳이 아니었다. 디펜스가 아내와 딸이 사는 집에 도달했을 때는 그가 오는 것을 알아챈 아내와 딸이 이미 도망간 후였다. 디펜스는 아내와 딸을 쫓아서 부두를 넘어, 육지를 넘어, 갈 수 있는 데까지, 마치 서쪽을 향한 백인의 팽창 그 끝 지점에 가려는 듯하고 여기서 그는 영화 내내 그를 쫓던 경찰인 프렌더게스트(로버트 듀발)의 손에 죽는다. 디펜스의 죽음은 영화가 보여 줄 수 있는 유일한 논리적 결론이다. 할리우드 영화에서 살인자들이 사건을 빠져나가는 것을 잘 보여 주지 않기 때문이기도 하지만 이야기가 디펜스를 데려갈 곳이 (말 그대로, 비유적으로, 역사적으로) 아무 데도 없기 때문이기도 하다.

백인성의 막다른 길 또는 죽음의 의미는 재생산과 관련해서도 제시된다. 스릴러에서 흔히 사용되는 모티프대로, 디펜스와 프렌더게스트는 공통점이 많아 보인다. 디펜스는 이혼을 하면서, 프렌더게스트는 아이가 돌연사하면서 하나뿐인 자식을 잃은 상태다. 그들의 재생산은 망하고 실패한 것이다. 영화 마지막에 디펜스가 프렌더게스트와 결전을 벌이며 총을 꺼내들었을 때 그가 꺼낸 총은 강한 무기가 아니라 딸의 물총으로, 힘없는 남근처럼 물을 찔끔찔끔 흘릴 뿐이다. (그러나 잠시 후에 프렌더게스트의 무기는 작동한다는 점을 다시 짚어보겠다.) 더욱이 주드 데이비스Jude Davis(1995a: 150)가 주장하듯, 디펜스는 이 가짜 총을 꺼내들어서 프렌더게스트가 자신을 죽이게끔 하여 그 결과 자기 딸이 생명 보험금을 탈 수 있도록 자신의 죽음을 어느 정도 유도한 것으로 보인다. 디펜스는 현대 사회에서 백인 남성 부모가 할 수 있는 유일한 제대로 된 행동을 한 것이다. 즉 자신을 죽여 재생산을 기업이 돌보도록 하는 것이다.

백인 남성성의 생식적 무능은 디펜스가 군용 물자 판매점을 운영하는 네오나치를 만나는 장면에서도 드러난다. 그 남자(프레더릭 포레스트)는 경찰 라디오를 엿들어서 디펜스가 누구인지도 알고 있고, 자기와 같은 생각을 지닌 동료와 원칙을 따르는 자경단을 스스로 구별할 줄 안다고 생각하는 인물이다. 그는 경찰이 상점에 와서 탐문할 때 디펜스를 숨겨주지만 디펜스가 이러한 백인 우월주의자가 내미는 연대의 손을 뿌리치자 그를 배반하고 경찰에 넘기기 위해 수갑을 채우려고 하다가 결국은 디펜스에게 죽임을 당하고 만다. 많은 비평이 지적하듯, 이 신의 분명한 목적은 디펜스를 백인 우월주의자와 구분짓는 것이다. 디펜스가 백인일지라도 파시스트는 아니라고 말하는 것이다. 그러나 디펜스는 상점 주인과 아주 깔끔하게 구분이 지어지지는 않는다.[218] 상점 주인과 맞붙은 이

218 존 가브리엘John Gabriel이 〈폴링 다운〉에 대해 몇몇 사람들과 인터뷰한 내용을 보면, 이 신은 '결정적'이다(1996: 141). 인터뷰 참가자 중 데이브는 "디펜스가 (네오나치를) 쏜 것은 그에

후에 디펜스는 더욱 자경단원처럼 행동하고, 군인처럼 옷을 입고, 상점 주인은 감히 하지 못했던 난동을 일으킨다.

백인성을 극단으로 가져가는 이 신은 동성애를 내포한다. 상점에는 명백히 게이인 (백인) 남성 둘이 있었다. 디펜스 앞에서 있어 보이고 싶어 했던 상점 주인은 이 둘에게 혐오 발언을 퍼붓지만 디펜스는 별 반응을 보이지 않는다. 상점 주인이 디펜스를 공격할 때, 그는 디펜스에게 달려들어 뒤에서 올라탄 듯한 자세를 취하고는 감옥 속 흑인 수감자에게 강간당할 것이라며 조롱한다. 머레이 프랫Murray Pratt이 살펴본 바에 따르면, 이 지점에서 "영화는 잠시 통제력을 잃고 "이리 줘, 이리 줘"라는 말을 반복하는 나치의 입을 흐릿한 초점으로 보여 준다"(1995: 100). 이로부터 영화는 자유주의적 메시지를 도출하고 싶었던 것이 분명하다. 상점 주인의 동성애 혐오가 분명 자기 안의 동성애를 억압하는 동안, 디펜스는 동성애 혐오자가 아님을 보여 주는 것이다. 상점 주인은 디펜스를 뒷방으로 데리고 가서 광기 어린 남성성에 취한 듯 파시스트의 우물과 바주카포를 보여 준다. 프랫은 여기에서 이 어두운 공간에서의 광기 어린 공격과 조금 전 상점에 있던 게이 커플이 보여 준 더 점잖은 동성애의 이미지 사이에 암시적인 대조가 이루어지고 있다고 본다. 마크 홀Mark Hall 또한 에이즈 시대에 새로이 악마화된 게이바와의 비유를 하며 유사한 지적을 한다.[219]

그러나 이 신이 디펜스를 동성애로부터든 동성애 혐오로부터든 분

게서 자기 자신의 모습을 발견했기 때문"이라고 말한다. 데이브에 따르면, "그 남자가 마이클 더글러스 캐릭터로부터 무언가를 끄집어낸 것이다. …… 디펜스는 다른 녀석에게서 자신의 모습을 발견하는 것을 참을 수가 없었던 것이다"(같은 책: 145).

219 UC 산타크루즈의 한 세미나에서.

리시켜 관련 없는 것처럼 보이게 한다면, 한편으로는 폭력, 백인성, 동성애를 결합한다. 두 백인 게이 남성은 성애적 폭력과 관련된 것을 사러 온 것이 분명한 손님들이다. 성애적 코드가 더 명백하게 드러나는 부분은 그들 중 몸통이 다 드러나는 러닝셔츠를 입고 있던 남자가 상점 주인이 조롱했을 때 맞서 싸우려는 듯 다가가서는 진열 상품들을 깨부수고 떠났다는 점이다. 디펜스는 상점 주인을 죽인 후 게이 남성들이 구경하던 진열대에 있던 복장을 꺼내 입고는 상점 주인의 바주카포로 무장한다. 따라서 성애적 기호에서나 실제 액션에서나 게이 남성들은 상점 주인만큼이나 폭력적이고, 상점 주인은 게이 남성들만큼이나 동성애적이며, 디펜스 또한 이러한 폭력의 성애적 문화와 무관하지 않은 인물이다. 폭력, 백인성, 동성애성이 하나의 연속선상에 놓이고, 디펜스, 가게 주인, 게이 손님들이 또 연속선상에 놓인다.

왜 이 시퀀스는 강박적인 동성애성을 드러내는가? 디펜스를 동성애 혐오로부터 분리하는 것이 공공연한 목적이라고 하더라도, 그럴 필요가 왜 있는가? 동성애성은 한편으로는 게이 운동과 게이 시장의 성공 때문에, 한편으로는 에이즈 때문에 1990년대에 엄청나게 이목을 끌었다. 이는 서구 섹슈얼리티의 역사에서 중요한 시금석이었다고 할 수 있다. 소비주의 문화에 스며든 동성애성은 이성애 섹스의 밋밋함에 감칠맛을 더해 주었지만, 한편으로 동성 간 섹스는 에이즈를 연상시키며 비생식적 형태의 섹슈얼리티이기에 죽음으로서의 섹스에 대한 공포를 나타내기도 했다. 유색인 게이와 레즈비언의 운동에도 불구하고, 대중적 재현물 속에서 동성애성은 지독히도 백인적이다.[220] 이는 부분적으로는 앞에서 말했듯 백인성

220 워윅대학교에서 유색인 레즈비언과 게이의 재현을 주제로 박사 과정을 밟고 있는 잉런 추아Ying-Len Chua에 따르면, 유색인 게이 남성이 재현되는 아주 드문 경우에조차도 이들이

이 정상적 이탈의 재현조차도 식민화해 버렸기 때문이고, 또한 백인의 생식적 무능력에 대한 공포를 극화하기 위함이기도 하다. 따라서 백인 문화의 수사학은 백인성, 동성애성, 섹스를 몽땅 동일하게 취급한다. 나는 이것이 〈폴링 다운〉의 저변에 있는 불안감이라고 생각한다. 백인의 섹스가 퀴어의 섹스라는 불안 말이다. 이는 삼중적으로 불안의 근원이 된다. 일단 그 자체로 변태적이다. 그리고 (에이즈라는 형태로) 죽음을 가져온다. 또 무엇보다, 모든 백인 불안의 핵심에서 논의되듯, 비생식적이다.

〈폴링 다운〉의 톤은 매우 양가적이다. 디펜스는 관객이 동일시하는 인물로 제시되는가, 아니면 그 또한 알레고리로서 제시될 뿐인가? 그는 평균적인 백인 남성 계급을 대변하는가, 아니면 그렇게 생각되기에는 너무 신경증에 시달리는 인물로 보이는가? 그의 경험은 누구나 해 보았음직한 경험인가, 아니면 특정 인종이나 젠더에 국한된 경험인가? 우리는 그를 진지하게 받아들여야 하는가, 아니면 영화가 가끔 의도한 대로 그를 비웃어야 하는가? 이런 양가성은 적어 놓고 보면 그렇게 모순적인 것은 아니다. 신경증을 갖는다는 것은 평균적인 백인 남성의 조건이라고 생각할 수도 있다. 이런 양가성은 백인 남성을 전형적이면서도 동시에 개인화된 인물로 제시하기 위해 흔히 사용되는 재현의 전략임은 분명하고, 백인 남성의 실수와 실패에 대한 유머 또한 그들을 평균적 인류를 대변하는 것처럼 보이게 만들 수 있다. 디펜스가 마주하는 문제 중 일부가 "교통 체증, 거슬리는 범퍼 스티커 …… 사람들의 무례한 태도" 등과 같이 진짜로 "누군가에게 영향을 미치고 불쾌하게 할 수 있는 것들"(Cover, 1993: 8)이라는 사실은 캐롤 클로버Carol Clover가 주장하듯, 그의 여정에서 마주하는 수많은 다른

다른 유색인 레즈비언이나 게이 네트워크 및 커뮤니티에 속해 있는 것처럼 보이는 일이 전혀 없고 거의 항상 백인 연인이 있는 것으로 재현된다. 동성애의 세계는 백인의 세계인 셈이다.

갈등이 지닌 인종적이고 젠더화된 측면을 은폐하는 효과를 낼지도 모른다(Kennedy, 1996 참조). 다시 말해, 백인 남성 재현이 양가적인 톤을 갖는 것은 자연스러운 일인 듯하며, 백인의 특수성과 인간 규범으로서의 백인, 그 둘 간의 조화 안에서 힘이 나온다.

그러나 디펜스에 주목해 볼 때, 우리는 백인성 그 자체에 대한 영화의 양가성을 포착하게 된다. 한편으로 그의 뻣뻣한 태도와 과도하게 깔끔한 머리 스타일은 너무 극단적으로 보일 정도인데, 우리가 그에 대한 호칭을 차 번호판의 상징적인 문자로 대체한다는 사실은 그를 추상적으로 만들고, 그가 네오나치 백인 우월주의와 연결되는 것은 너무 날카롭게 암시된다. 다른 한편으로 디펜스가 나오는 신들은 영화 속에서 가장 강렬하고 마이클 더글러스만이 출연자 중 유일한 스타급 인물이며 그가 겪는 역경(정리 해고와 이혼을 당하고, 공손한 태도를 보여도 불친절한 응답이 돌아오는 것)과 그의 외모는 많은 관객에게 짠해 보였기에 영화가 흥행하고 관객의 환호를 받았다. 결국 마이클 더글러스를 어떻게 보는가에 달려 있는 문제다. 내게는 늘 거슬리지만, 연달아 흥행 영화에서 주인공 역할을 끌고 갈 능력은 있는 이다.

그러나 디펜스는 영화에서 백인성을 대변하는 유일한 인물이 아니다. 일단 그의 부인인 베스(바버라 허시)가 있다. 디펜스나 프렌더게스트보다는 비중이 훨씬 적지만 베스는 모성의 차원에서 제시된다. 베스는 디펜스의 여정에서 중요한 부분, 즉 재생산을 의미한다. 만약 빌(디펜스의 진짜 이름)이 남성 위계의 끝에 있다면, 베스는 적어도 조금이라도 나은 위치에 있는 여자다. 허시가 그 역할에서 보여 준 것에도 불구하고 백인성에서 여성의 역할에 대해서는 거의 다루어지지 않았다.

프렌더게스트도 있다. 이미 언급했듯, 그와 디펜스는 공통점이 많아 보이는데, 자기 딸과 접촉할 수 없다는 것뿐만 아니라 만족스럽지 못한 결혼을 했고(디펜스는 이혼했고 프렌더게스트는 아내의 신경질에 맞춰 준다), 직업을 잃었고(디펜스는 정리 해고당했고, 프렌더게스트는 어차피 제대로 된 경찰 일은 못하고 내근직만 하던 차에 이른 퇴직을 하기로 하고 출근하는 마지막 날이었다. 두 사람 다 방위 산업의 서로 다른 분야에서 일한 셈이다), '새로운,' 즉 아시아계 인구에 대해 무지하다(디펜스가 한국인 슈퍼마켓 주인을 만나는 장면과 프렌더 게스트가 자기 일본계 미국인 동료가 한국어를 할 줄 알 것이라 넘겨짚는 장면은 공명한다). 무엇보다 프렌더게스트는 자신에게 들어온 무작위처럼 보이는 사건 보고들을 끼워 맞추어 디펜스의 존재를 알아채고, 직감적으로 그를 알아본 후 추격한다. 영화의 결말에서 프렌더게스트는 디펜스를 닮아 있다. 자신의 남성성을 되찾은 듯, 아내와 상사에게 자기 할 말을 내지르는 모습을 보여 주기 때문이다.

이 모든 것은 프렌더게스트가 또 다른 디펜스임을 암시한다. 그러나 프렌더게스트가 보여 주는 겉으로 드러나는 차이점(프렌더게스트의 따뜻하고 온화한 성격, 로버트 듀발의 좀 더 섬세한 연기)은 디펜스/더글러스의 극단적인 캐릭터가 훼손할 우려가 있는 백인성의 사회적 지위를 안정시키는 데 중요한 역할을 한다. 선을 넘지 않는 프렌더게스트/듀발의 태도는 백인 남성의 특권이라고 할 수 있는 평범함의 위치에 그가 편안히 안착하도록 해 준다. 이것은 그가 사건을 좇는 경찰 역할이라는 사실에 의해 더 강화된다. 보고 듣기는 해도 자신이 심문당하듯 무언가를 보여 주거나 말해야 할 일은 없는, 특성 없는 주체의 고전적 버전인 것이다. 이로써 그가 디펜스를 쏜 것은 더 중요한 의미를 갖게 된다. 더 안전한 세상을 만들기 위해 백인 남성이 백인 남성을 죽여야만 하는데, (구릿빛의 근육질 영웅처럼) 그 또한 너무 백인이어서는 안 된다. 그는 평범한 인물이어야 하고, 서구에서 그 위치를 백인 외에 다른 이가 맡는 경우는 거의 없다.

프렌더게스트는 백인 남성의 중심성(비가시성, 평범함)을 다시 확보한다.

그러나 확실한 것은 아니다. 영화는 프렌더게스트의 모습으로 끝나지 않는다. 마지막 장면에서 카메라는 베스의 집으로 트래킹해 들어가 TV 화면을 비추는데, 거기에는 빌, 베스, 아델(딸)의 비디오가 재생되고 있다. 이 비디오는 조금 앞 장면에서 베스와 아델이 어디로 갔는지를 모른 채 디펜스/빌이 혼자서 보고 있던 것이다. 처음에는 그 비디오가 백인 핵가족의 행복했던 때를 회상시켜 주는 것 같지만, 곧 빌이 베스에게 소리를 지르고 울고 있는 아델을 억지로 목마에 태우려는 모습이 나오면서 그동안 짐작만 되던 그의 폭력적인 면모가 자명해지자, 디펜스의 얼굴에는 자기 자신의 모습을 보고 굳어 버린 듯한 표정이 드리운다. 〈폴링 다운〉은 이 비디오의 이미지로 끝이 난다. 빌이자 디펜스이자 평범한 백인 남성이 항상 폭력의 조짐을 안고 있음을 보여 주는 이미지다. 이후 그 비디오가 끝나기도 전에 화면은 갑자기 암전되며 영화가 끝난다.

만약 〈폴링 다운〉이 빌/더글러스의 영화라면, 1990년대에 부상한 담론에 부응하여, 백인성, 특히 백인 남성성이 위협을 받고 탈중심화되고 분노해 있다는 관념을 보여 주는 것처럼 느껴질 것이다. 프렌더게스트의 영화라면, 문화적으로 더 강력해졌을지라도 그 위치를 유지하는 것은 더 어려워진 평범함, 즉 특성 없는 주체 위치를 되찾는 영화처럼 보일 것이다. 그러나 마지막 이미지가 메시지라면, 이는 좀비 영화나 〈에일리언〉 시리즈, 〈블레이드 러너〉에서도 발견되는 더 깊은 불안감에 대한 영화라고 할 수 있다. 즉 백인은 아무것도 아니고 전성기가 지나갔으며, 항상 그래왔듯 죽은 상태라는 불안감을 다룬다. 〈폴링 다운〉의 성공은 새로이 조명되고 있는 우월주의 및 모든 것이면서도 특정한 무언가는 아닌 위치를 차지하는 헤게모니와 우리의 텅 빔을 구현하게 될 자멸에 대한 공포 사이에서 동시대 백인성이 구성되는 상황을 잘 표현했기 때문일 것이다.

〈폴링 다운〉은 양가적으로 인식되는 극단적 백인성과 백인성을 곧 평범성으로 제시하는 평범한 백인성 둘 다에 대한 재현을 담고 있다. 이 장에서 다루어진 다른 영화들 또한 이 두 백인성을 다룬다. 과도한 이미지를 지닌 뱀파이어는 평범하고 지루한 적대자를 마주한다. 〈에일리언〉 시리즈에서는 순수성에 목을 매는 얼굴 없는 회사와 그 회사의 로봇 대표는 주인공 리플리를 포함하여 덜 순수하고 더 평범한 백인이 사는 미래 세계의 일부로 나온다. 〈블레이드 러너〉는 백인/안드로이드 내에서, 또 로이와 프리스의 공격적이고 탈색된 백인성과 데커드의 보다 평범한 백인성 사이에서 구별 짓기를 한다.

평범한 백인성과 백인 헤게모니와의 관련 속에서 극단적 백인성의 기능에 대해 간략히 논의하면서 이쯤에서 마무리하고 싶다. 대부분의 백인과 백인에 대한 재현물들은 빛이 나는 처녀도, 다른 사람들의 문제를 해결해 주는 근육질의 남성도, 무언가를 해야 한다는 딜레마 속에서 아무것도 못하는 특권화된 주변인도 아니다. 이 책 전체에서 다루어진 백인적 특징은 긴장되고, 뻣뻣하고, 굳어 있고, 곧고, 뻗어 있고(굽어 있지 않은), 정확하고(융통성이 없고) 통제되면서 통제하는 백인이다. 이런 특징으로도 백인의 이미지를 다 설명하지는 못할 것이다. 그러나 극단적이고 매우 하얀 백인 이미지는 평범성과 관계 속에서 기능적인 역할을 하고, 심지어 백인성을 평범한 것으로 정립하는 배경 및 조건이 되어주는 듯도 하다.

극단적 백인성은 평범한 백인성과 공존한다. 극단적 백인성은 예외적이고, 과도하고, 눈에 띈다. 이것은 백인성이 열망하는 형태이면서 두려워하는 것이기도 하다. 극단적 백인성은 극단적이지 않고 별로 흥미로운 데가 없고 밋밋한 백인성과 나란히 존재한다. 한편 비백인성은 이미 특이하고 눈에 띄고 예외적이다. 비백인성은 서구 문화 속 인간 개념과 관련하여 특정한 존재이고 평범성을 결여한다. 백인은 특수하지 않은 평범성의 위치, 인류의 공통성을 체화하고 대변할 수 있는 위치를 차지할 수 있는 유일한 특정 집단이다.

백인성의 극단적 이미지는 주의를 분산시키는 기능을 한다. 백인이 어떠한가에 대한 이미지는 정해져 있지만, 그로부터 거리를 두는 것도 가능하다. 극단적 백인성은 그야말로 극단적이다. 어떤 혼란의 시기에(제국의 힘이 정점인 파시스트 시대라든지) 백인이 스스로를 이런 이미지로 본다면, 이런 특수 시기 외에는 자신들이 극단성을 보지 못해 왔다는 사실로부터 위안을 얻을 것이다. 이런 이미지들에서 보이는 백인의 특수성은 분명 자기들의 일상적 특성이 아니기 때문에, 백인은 자기들이 별로 특수한 존재가 아니라고 믿을 수 있다. 따라서 극단적 백인성은 백인적이라고 특징지어지지 않으면서도 백인들이 스스로를 발견하게 만드는 어떤 여지를 남긴다. 즉 비특수성, 평범성의 여지다. 극단적 백인성과 밋밋한 비백인적 백인성의 결합이 의미하는 것은 백인들이 인류의 정점을 갈망하는 정신을 소유하고 있다고 주장하면서도 동시에 가장 평범하고 눈에 띄지 않는 인류의 대변자로서 편안하게 말하고 행동할 수 있다는 것이다.

이 책의 주제에 대해 열심히 자신의 견해를 나누어 주었던 코베나 머서에게 감사를 표한다. 또한 내가 책을 쓰는 동안 자신의 생각, 사례, 논쟁거리를 들려주었던 사람들이 있다. 메리 알레마니 갤웨이, 호세 아로요, 크리스틴 배터스비, 아브타 브라, 조 브리스토, 샬럿 브룬스던, 앤시아 캘런, 루치아노 첼레스, 링옌 추아, 제리 커즌, 제니 커즌, 토니 크라이어, 폴 다크, 톰 디피에로, 리처드 펑, 제인 게인스, 앤 그레이, 래리 그로스, 스튜어트 홀, 메리 해머, 미리엄 핸슨, 실비아 하비, 마이클 햇, 리사 헨더슨, 폴 힐스, 힐러리 힌즈, 앤 캐플란, 리엄 케네디, 앨 라밸리, 크리스 루비, 토미 랏, 폴 맥도널드, 새리타 맬릭, 조르지오 마리니, 앤젤라 마틴, 대릴 무어, 존 오스본, 빅터 퍼킨스, 마이클 피렛, 머레이 프랫, 이안 라시드, 페미 샤카, 재키 스테이시, 헬런 타일러, 지네트 빈센도, 톰 워프, 앤 윌슨, 재닛 울프.

이 책의 일부는 여러 자리에서 발표된 바 있다. 에딘버러(필름하우스), 런던(현대미술학회), 토론토(유클리드아트센터)를 비롯해 버밍엄, 브리스틀, 어바나샴페인, 시카고, 다트머스, 데이비스, 이스트런던, 갤웨이, 예테보리, 하버드, 킬, 루벤, 나폴리, 노스웨스턴, 옥스퍼드, 리딩, 잘츠부르크, 산타크루즈, 사라고사, 지겐, 스탠포드, 스톡홀름, 스토디브룩, 투르쿠, 워윅 등 대학에서 발표한 내용들이다. 나를 초청해 준 각 대학의 즈최 측과 그 자리에 참석해 함께 이야기를 나누어준 모든 이들에게도 감사드린다.

3장은 〈필름헤프테트*Filmhäftet*〉 87호와 마리루이제 앙거러Marie-

Luise Angerer가 엮은 《젠더의 몸. 육체. 성. 정체성*The Body of Gender. Körper. Geschlechter. Identitäten*》(Vienna: Passagen Verlag, 1995), 4장은 해리 스테코풀로스Harry Stecopoulos와 마이클 우에벨Michael Uebel이 엮은 《인종과 남성성 주체*Race and the Subject of Masculinities*》(Durham NC: Duke University Press), 5장은 1996년 〈스크린〉 37권 3호에 각각 짧은 버전으로 수록되었다.

마지막으로, 책에 이미지를 사용할 수 있도록 배려와 허락해 준 모든 기관들(과 개인들)에게도 감사를 전한다. 이 책에서 사용된 모든 이미지의 저작권 소유자에게 연락하려 노력했다. 저작권 문제가 있다면 라우틀리지출판사에 연락을 바란다.

# 참고 문헌


1장

Alba, Richard D. (1990). *Ethnic Identity: The Transformation of White America*. New Haven: Yale University Press.

Allen, Theodore W. (1994). *The Invention of the White Race Volume 1*. London: Verso.

Austen, Jane (1985). *Northanger Abbey*. London: Penguin. (First published 1818.)

Bailey, Cameron (1988). "Nigger/Lover: the Thin Sheen of Race in Something Wild," *Screen* 29(4), pp.28~40.

Bakshi, Parminder (1994). "The Politics of Desire; E. M. Forster's Encounters with India" in Davies, Tony & Wood, Nigel (eds), *A Passage to India*. Buckingham: Open University Press, pp.23~64.

Battersby, Christine (1989). *Gender and Genius: Towards a Feminist Aesthetics*. London: The Women's Press.

Berger, Carl (1966). "The True North Strong and Free" in Russell, Peter (ed.), *Nationalism in Canada*. Toronto: McGraw-Hill, pp.3~26.

Berenstein, Rhona J. (1996). "White Skin, White Masks: Race, Gender, and Monstrosity in Jungle-Horror Cinema" in *Attack of the Leading Ladies: Gender, Sexuality, and Spectatorship in Classic Horror Cinema*. New York: Columbia University Press, pp.160~204.

Bernal, Martin (1987). *Black Athena: The Afroasiatic Roots of Classical Civilisation*, Volume I: "The Fabrication of Ancient Greece 1785-1985." London: Free Association Books.

Bhabha, Homi (1983). "The Other Question: the Stereotype and Colonial Discourse," *Screen* 24(6), pp.18~36.

Blackburn, Julia (1979). *The White Men: The First Response of Aboriginal People to the White Man*. London: Orbis.

Bogle, Donald (1973). *Toms, Coons, Mulattoes, Mammies and Bucks: An Interpretipe History of Blacks in American Films*. New York: Viking Press.

Bonnett, Alastair (1993). "Foreover 'White'? Challenges and Alternatives to a 'Racial' Monolith," *New Community* 20(1), pp.173~180.

Bonnett, Alastair (1996). "'White Studies': The Problems and Projects of a New Research

Agenda," *Theory, Culture and Society* 13(2), pp.145～155.

Bruckner, Pascal (1983). "Le sanglot de l'homme blanc: Tiers-Monde, culpabilité, haine de soi, Paris: Editions du Seuil," Buscombe, Edward (ed.) (1988), *The BFI Companion to the Western*. London: André Deutsch/BFI Publishing.

Carby, Hazel V. (1992). "The Multicultural Wars" in Dent, Gina (ed.), *Black Popular Culture*. Seattle: Bay Press, pp.187～199.

Carby, Hazel (1993). "Encoding White Resentment: Grand Canyon — a Narrative for Our Times" in McCarthy & Crichlow: 236～247.

(charles), Helen (1992). "Whiteness — the Relevance of Politically Colouring the 'Non'" in Hinds, Hilary, Phoenix, Ann & Stacey, Jackie (eds), *Working Out: New Directions for Women's Studies*, London: Falmer. pp.29～35.

(charles), Helen (1993). "'Queer Nigger': Theorizing 'White' Activism" in Bristow, Joseph & Wilson, Angelia R. (eds), *Activating Theory: Lesbian, Gay, Bisexual Politics*, London: Lawrence & Wishart: 97～106.

Cleaver, Eldridge (1969). "Soul on Ice, London: Jonathan Cape," Coetzee, J. M. (1988), *White Writing: On the Culture of Letters in South Africa*. New Haven: Yale University Press.

Cumberbatch, Guy & Negrine, Ralph (1992). *Images of Disability on Television*. London: Routledge.

Davy, Kate (1995). "Outing Whiteness?," *Theatre Journal* 47, pp.189～205.

D'Emilio, John & Freedman, Estelle B. (1988). *Intimate Matters: A History of Sexuality in America*. New York: Harper & Row.

Dines, Gail & Humez, Jean M. (eds) (1995). *Gender, Race and Class in Media*. Thousand Oaks: Sage.

DiPiero, Thomas (1994). "White Men Aren't," *Camera Obscura* 30, pp.113～137.

Doane, Mary Anne (1991). "Dark Continents: Epistemologies of Racial and Sexual Difference in Psychoanalysis and the Cinema" in *Femmes Fatales: Feminism, Film Theory, Psychoanalysis*. New York: Routledge, pp.209～248.

Dyer, Richard (1988). "White," *Screen* 29(4), pp.44～65. (Reprinted in Dyer, 1993a: 141～163.)

Dyer, Richard (1993a). *The Matter of Images: Essays on Representations*. London: Routledge.

Dyer, Richard (1993b). "Seen To Be Believed: Problems in the Representation of Gay People as Typical" in Dyer 1993a: 19～51.

Dyer, Richard (1995). "Into the Light: The Whiteness of the South in The Birth of a Nation" in King, Richard &Taylor, Helen (eds), *Dixie Debates*. London: Pluto, pp.165～176.

Dyson, Lynda (1995). "The Return of the Repressed?: Whiteness, Femininity and

Colonialism in The Piano," *Screen* 36(3), pp.267~276.

Fanon, Frantz (1967). *The Wretched of the Earth*. Harmondsworth: Penguin. (First published in French in 1961.)

Fanon, Frantz (1970). *Black Skin, White Mask*. London: Paladin. (First published in French in 1952.)

Feagin, Joe R. & Hernán, Vera (1995). *White Racism: The Basics*. New York: Routledge.

Frankenberg, Ruth (1993). *White Women, Race Matters: The Social Construction of Whiteness*. London: Routledge.

Frankenberg, Ruth & Mani, Lata (1993). "Crosscurrents, crosstalk: race, "post coloniality" and the politics of location," *Cultural Studies* 7(2), pp.292~310.

Fredrickson, George M. (1981). *White Supremacy: A Comparative Study in American and South African History*. New York: Oxford University Press.

Frye, Marilyn (1983). "On Being White: Thinking Toward a Feminist Understanding of Race and Race Supremacy" in *The Politics of Reality: Essays in Feminist Theory*. Trumansburg NY: Crossing Press, pp.110~127.

Fryer, Peter (1984). *Staying Power: The History of Black People in Britain*. London: Pluto.

Gaines, Jane (1988). "White Privilege and Looking Relations: Race and Gender in Feminist Film Theory," *Screen* 29(4), pp.12~27.

Gilman, Sander (1985). *Difference and Pathology: Stereotypes of Sexuality, Race and Madness*. Ithaca: Cornell University Press.

Gossett, Thomas F. (1965). *Race: The History of an Idea in America*. New York: Schocken.

Green, David (1984). "Classified Subjects: Photography and Anthropology, the Technology of Power," *Ten* 8 14, pp.30~37.

Green, David (1986). "Veins of Resemblance: Photography and Eugenics" in Holland, Patricia, Spence, Jo & Watney, Simon (eds), *Photography/Politics: Two*. London: Comedia, pp.9~21.

Haraway, Donna (1990). "Reading Buchi Emechta: Contests for Women's Experience in Women's Studies," *Women* 1(3), pp.240~255.

Harding, Sandra (ed.) (1987). *Feminism and Methodology: Social Science Issues*. Milton Keynes: Open University Press.

Hart, Lynda (1994). *Fatal Women: Lesbian Sexuality and the Mark of Aggression*. London: Routledge.

Hartmann, Paul & Husband, Charles (1974). *Racism and the Mass Media*. London: Davis-Poynter.

Hoch, Paul (1979). *White Hero, Black Beast: Racism, Sexism and the Mask of Masculinity*. London: Pluto.

Hodge, David L. (1975). "Domination and the Will in Western Thought and Culture" in

Hodge, David L., Struckmann, Donald L. & Trost, Lynn Dorland (eds), *Cultural Bases of Racism and Group Oppression*. Berkeley: Two Riders Press, pp.8~48.

hooks, bell (1991). "Representing Whiteness: Seeing Wings of Desire" in *Yearning: Race, Gender and Cultural Politics*. London: Turnaround, pp.165~172.

hooks, bell (1992). "Madonna: Plantation Mistress or Soul Sister?" and "Representations of Whiteness in the Black Imagination," in *Black Looks: Race and Representation*. Boston: South End Press, pp.57~64, 165~178.

Horsman, Reginald (1981). *Race and Manifest Destiny: The Origins of Racial Anglo Saxonism*. Cambridge MA: Harvard University Press.

Ibson, John (1981). "Virgin Land or Virgin Mary? Studying the Ethnicity of White Americans," *American Quarterly* 33(3), pp.284~308.

Ignatiev, Noel (interviewee) (1994). "Treason to Whiteness is Loyalty to Humanity," *Utne Reader*, November/December, pp.82~86.

Jan Mohamed, Abdul R. (1985). "The Economy of Manichean Allegory: The Function of Racial Difference in Colonialist Literature," *Critical Inquiry* 12, pp.59~87.

Jeater, D. (1992). "Roast Beef and Reggae Music: The Passing of Whiteness," *New Formations* 18, pp.107~121.

Jhally, Sut and Lewis, Justin (1992). *Enlightened Racism: The Cosby Show, Audiences and the Myth of the American Dream*. Boulder: Westview Press.

Jordan, Winthrop D. (1977). *White over Black: American Attitudes towards the Negro 1550-1812*. New York: Norton, (First published 1968.)

Kaplan, E. Ann (1983). "Is the Gaze Male" in *Women and Film: Both Sides of the Camera*. New York: Methuen, pp.23~35.

Katz, Jackson (1995). "Advertising and the Construction of Violent White Masculinity" in Dines & Humez, pp.133~141.

Kealiinohomoku, Joann (1983). "An Anthropologist Looks at Ballet as a Form of Ethnic Dance" in Copeland, Roger & Cohen, Marshall (eds), *What is Dance?* Oxford: Oxford University Press, pp.533~549.

Kovel, Joel (1988). *White Racism: A Psychohistory*. London: Free Association Books. (First published 1970.)

Krajewski, Bruce (1994). "Wittgenstein's Remarks on Colour as Remarks on Racism," *West Coast Line* 28(1-2), pp.96~108.

Levine, Judith (1994a). "The Heart of Whiteness: Dismantling the Master's House," *Voice Literary Supplement* 128, pp.11~16.

Levine, Judith (1994b). "White Like Me," *Ms*. March-April, pp.22~24.

Lloyd, David (1991). "Race under Representation," *Oxford Literary Review* 13(1-2), pp.62~94.

Lott, Eric (1993). "White Like Me: Racial Cross-Dressing and the Construction of American Whiteness" in Kaplan, Amy and Pease, Donald (eds), *Cultures of United States Imperialism*. Durham: Duke University Press.

Lovejoy, Arthur O. (1936). *The Great Chain of Being*. Cambridge MA: Harvard University Press.

Lutz, Catherine A. & Collins, Jane L. (1993). *Reading National Geographic*. Chicago: University of Chicago Press.

McCarthy, Cameron & Crichlow, Warren (eds) (1993). *Race, Identity and Representation in Education*. New York: Routledge.

McClintock, Anne (1995). *Imperial Leather: Race, Gender and Sexuality in the Colonial Context*. London: Routledge.

MacDonald, J. F. (1983). *Blacks and White TV: Afro-Americans in Television since 1948*. Chicago: Nelson-Hall.

McIntosh, Peggy (1988). "White Privilege and Male Privilege: A Personal Account of Coming to See Correspondences through Work in Women's Studies," Wellesley College Center for Research on Women Working Papers Series 189. (Reprinted in Andersen, Margaret & Collins, Patricia Hill (eds), *Race, Class, and Gender: An Anthology*. Belmont CA: Wadsworth, 1992, pp.70~81.)

McNelly, Cleo (1975). "Natives, Women and Claude Lévi-Strauss: A Reading of Tristes tropiques as Myth," *The Massachusetts Review*, Winter, pp.7~29.

Malbert, Roger & Coates, Julia (1991). *Exotic Europeans*. London: South Bank Centre.

Malcomson, Scott L. (1991). "Heart of Whiteness," *Voice Literary Supplement March*, pp.10 ~14.

Mayne, Judith (1993). "White Spectatorship and Genre-mixing" in *Cinema and Spectatorship*. London: Routledge, pp.142~156.

Michaels, Walter Benn (1989). "The Souls of White Folks" in Scarry, Elaine (ed.), *Literature and the Body*. Baltimore: Johns Hopkins University Press, pp.185~209.

Miles, Robert & Phizacklea, Annie (1984). *White Man's Country: Racism in British Politics*. London: Pluto.

Morgan, Tracy (1994). "Pages of Whiteness: Race, Physique Magazines and the Emergence of Gay Public Culture, 1955-1960," *Found Object* 1(4), pp.108~126.

Morrison, Toni (1992). *Playing in the Dark: Whiteness and the Literary Imagination*, Cambridge. MA: Harvard University Press.

Mosse, George L. (1978). *Towards the Final Solution: A History of European Racism*. London: J. M. Dent.

Mulvey, Laura (1975). "Visual Pleasure and Narrative Cinema," *Screen* 16(3), pp.6~18.

Nairn, Tom (1968). "The Three Dreams of Scottish Nationalism," *New Left Review* 49, pp.3

~18.

Nead, Lynda (1988). *Myths of Sexuality: Representations of Women in Victorian Britain*. Oxford: Blackwell.

Nederveen Pieterse, Jan (1992). *White on Black: Images of Africa and Blacks in Western Popular Culture*. New Haven: Yale University Press.

Norman, Philip (1992). "The Shock of the Neo," *Weekend Guardian* 30–31 May, pp.4~6.

O'Kelley, C. G. & Bloomquist, L. E. (1976). "Women and Blacks on TV," *Journal of Communication* 26, pp.179~192.

Omi, Michael & Winant, Howard (1986). *Racial Formation in the United States*. New York: Routledge.

Owens, Craig (1983). "The Discourse of Others: Feminists and Postmodernism" in Foster, Hal (ed.), *The Anti-Aesthetic: Essays on Postmodern Culture*. Port Townsend WA: Bay Press, pp.57~82.

Parekh, Bikhu (1994). "Superior People: The Narrowness of Liberalism from Mill to Rawls," *Times Literary Supplement* 4743, pp.11~13.

Perkins, T. E. (1979). "Rethinking Stereotypes" in Barrett, Michèle, Corrigan, Philip, Kuhn, Annette & Wolff, Janet (eds), *Ideology and Cultural Production*. London: Croom Helm, pp.135~159.

Phillips, Mike (1993). "White Heroes in the Hall of Fame," *Black Film Bulletin* 1(4), p.30.

Piper, Adrian (1991). "Passing for White, Passing for Black," *Transition* 58, pp.4~32.

Poliakov, Léon (1974). *The Aryan Myth: A History of Racist and Nationalist Ideas in Europe*. London: Heinemann/Sussex University Press,

Rentschler, Eric (1990). "Mountains and Modernity: Relocating the Bergfilm," *Newp German Critique* 51, pp.137~161.

Ridgeway, James (1990). *Blood in the Face; The Ku Klux Klan, Aryan Nations, Nazi Skinheads and the Rise of the New White Culture*. New York: Thunder's Mouth Press.

Robinson, Cedric J. (1983). *Black Marxism: The Making of the Black Radical Tradition*. London: Zed Books.

Roediger, David R. (1991). *The Wages of Whiteness: Race and the Making of the American Working Class*. London: Verso.

Roediger, David R. (1994). *Towards the Abolition of Whiteness: Essays on Race, Politics and Working Class History*. London: Verso.

Roman, Leslie G. (1993). "White Is a Color! White Defensiveness, Postmodernism, and Anti-racist Pedagogy" in McCarthy & Crichlow: 71~88.

Ross, Karen (1995). *Black and White Media*. Oxford: Polity.

Rouillé, André & Marbot, Bernard (1986). *Le Corps et son image: photographies du dix-*

*huitième siècle*. Paris: Contrejour.
Saïd, Edward (1978). *Orientalism*. London: Routledge & Kegan Paul.
Saïd, Edward (1993). *Culture and Imperialism*. London: Chatto & Windus.
Saxton, Alexander (1990). *The Rise and Fall of the White Republic: Class Politics and Mass Culture in Nineteenth-Century America*. London: Verso.
Scarry, Elaine (1985). *The Body in Pain: The Making and Unmaking of the World*. New York: Oxford University Press.
Seiter, Ellen (1995). "Different Children, Different Dreams: Racial Representation in Advertising" in Dines & Humez: 99~108.
Sharpe, Jenny (1993). *Allegories of Empire: The Figure of Woman in the Colonial Text*. Minneapolis: University of Minneapolis Press.
Shohat, Ella (1991). "Gender and the Culture of Empire: Toward a Feminist Ethnography of the Cinema," *Quarterly Review of Film and Video* 13(1–2), pp.45~84.
Shohat, Ella & Stam, Robert (1994). *Unthinking Eurocentrism: Multiculturalism and the* Media. London and New York: Routledge.
Skidmore, Thomas E. (1974). *Black into White: Race and Nationality in Brazilian Thought*. New York: Oxford University Press.
Slotkin, Richard (1973). *Regeneration through Violence: The Mythology of the American Frontier 1600~1860*, Norman: University of Oklahoma Press.
Slotkin, Richard (1988). "Violence" in Buscombe, 1988: 232~236.
Smith, Henry Nash (1950). *Virgin Land: The American West as Symbol and Myth*. New York: Knopf.
Stanley, Liz (1977). "The Problematic Nature of Sexual Meanings," Manchester: British Sociological Association Sexuality Study Group.
Stollery, Martin (1994). *Alternative Empires: Soviet Montage Cinema, the British Documentary Movement and Colonialism*. University of Warwick PhD thesis.
Taylor, Helen (1989). *Scarlett's Women: 'Gone with The Wind' and its Female Fans*. London: Virago.
Thomas, Deborah (1990). "Blonde Venus," *Movie* 34/5, pp.7~15.
Tompkins, Jane (1992). *West of Everything: The Inner Life of Westerns*, New York: Oxford University Press.
Troyna, Barry (1981). "Images of Race and Racist Images in the British News Media?" in Halloran, J. D. (ed.), *Mass Media and Mass Communications*. Leicester: Leicester University Press.
van Dijk, T. A. (1987). *Communicating Racisin*. London: Sage.
Veblen, Thorstein (1899). *The Theory of the Leisure Class: An Economic Study of Institutions*, New York: Macmillan.

Vigarello, Georges (1989). "The Upward Training of the Body from the Age of Chivalry to Courtly Civility" in Feher, Michael, with Naddaf, Ramona and Tazi, Nadia (eds), *Fragments for a History of the Human Body Part II*. New York: Zone, pp.148~199.

Village Voice (1993). "White Like Who?" *dossier*, 18 May, pp. 24~41.

Ware, Vron (1992). *Beyond the Pale: White Women, Racism and History*. London: Verso.

Weiskel, Thomas (1976). The Romantic Sublime, Baltimore: John Hopkins University Press.

Wilson, C. J. & Gutiérrez, F. (1985), *Minorities and Media*. Beverley Hills: Sage.

Young, Lola (1996). *Fear of the Dark: 'Race,' Gender and Sexuality in the Cinema*. London: Routledge.

Zimet, S. G. (1976). *Print and Prejudice*. London: Hodder & Stoughton.

2장

Allen, Louise (1995). "Salmonberries. Consuming k d lang" in Wilton, 1995: 70~84.

Allen, Theodore W. (1994). *The Invention of the White Race* Volume I: "Racial Oppression and Social Control." London: Verso.

Angeloglou, Maggie (1970). *A History of Make-up*. London: Studio Vista.

Barthes, Roland (1965). *Le Degré zéro de l'écriture*. Paris: Gonthier. (First published in 1953.)

Bastide, Roger (1967). "Color, Racism, and Christianity," *Daedalus* 96(2), pp.312~327.

Bernal, Martin (1987). *Black Athena: The Afroasiatic Roots of Classical Civilisation Volume I; "The Fabrication of Ancient Greece 1785~1985."* London: Free Association Books.

Bernard, Bruce (1987). *The Queen of Hearts*. London: MacDonald Orbis.

Birren, Faber (1963). *Color: A Survey in Words and Pictures*. New Hyde Park NY: University Books.

Boime, Albert (1990). *The Art of Exclusion: Representing Blacks in the Nineteenth Century*. Washington: Smithsonian Institution Press.

Bonnett, Alistair (1993). "Forever 'White'? Challenges and Alternatives to a 'Racial' Monolith," *New Community* 20(1), pp.173~180.

Bright, Susie (1993). "White Sex," *Village Voice*, 18 May, pp.34~35.

Child, Francis James (ed.) (1965). *The English and Scottish Popular Ballads*. New York: Cooper Square Publishers. (First published 1882~1884.)

Curtis, Liz (1984). *Nothing But the Same Old Story: The Roots of Anti-Irish Racism*. London: Information on Ireland.

Curtis, L. Perry Jnr. (1971). *Apes and Angels: The Irishman in Victorian Caricature*. Newton Abbot: David & Charles.

Dikötter, Frank (1991). *The Discourse of Race in Modern China*. London: Hurst.

Evarts, Arrah B. (1919). "Color Symbolism," *Psychoanalytic Review* 6, pp.129~234.

Foucault, Michel (1975). *Surveiller et punir*. Paris: Gallimard.

Gage, John (1993) *Colour and Culture: Practice and Meaning from Antiquity to Abstraction*. London: Thames & Hudson.

Gaines, Jane (1988). "White Privilege and Looking Relations: Race and Gender in Feminist Film Theory," *Screen* 29(4), pp.12~27.

Gergen, Kenneth J. (1967). "The Significance of Skin Color in Human Relations," *Daedalus* 96(2), pp.390~406.

Gilman, Sander (1991). *The Jew's Body*. New York: Routledge.

Goethe, Johann Wolfgang von (1840). *Theory of Colour*. London: John Murray. (Translated by Charles Locke Eastlake; first published in Gerinan in 1810.)

Goldberg, David Theo (ed.) (1990). *Anatomy of Racism*. Minneapolis: University of Minnesota Press.

Goldberg, David Theo (1993). *Racist Culture: Philosophy and the Politics of Meaning*. Oxford: Blackwell.

Grimes, William (1994). "The Man Who Rendered Jesus for the Age of Duplication," *New York Times*, 10 September, Section C, pp.3, 18.

Gummere, Francis B. (1889). "On the Symbolic Use of the Colors Black and White in Germanic Tradition," *Haverford College Studies* 1, pp.112~162.

Haggard, H. Rider (1958). *King Solomon's Mines*. Harmondsworth: Puffin. (First published 1885.)

Haley, Shelley P. (1994). "Classical Clichés," *Women's Review of Books* 12(1), pp.26~27.

Hall, Lesley A. (1991). *Hidden Anxieties: Male Sexuality, 1900~1950*. Cambridge: Polity.

Hamer, Mary (1993). *Signs of Cleopatra: History, Politics, Representation*. London: Routledge.

Hamer, Mary (1996). "Black and White Viewing Cleopatra in 1862" in West, Shearer (ed.), *The Victorians and Race*. Aldershot: Scolar Press.

Heather, P. J. (1948). "Colour Symbolism," *Folk Lore* 59, pp.165~183.

Hodge, John L. (1990). "Equality: Beyond Dualism and Oppression" in Goldberg, 1990: 89~107.

Hodge, John L., Struckmann, Donald L. & Trost, Lynn Dorland (eds) (1975). *Cultural Bases of Racism and Group Oppression*. Berkeley: Two Riders Press.

hooks, bell (1982). *Ain't I a Woman: Black Women and Feminism*. Boston: South End Press.

hooks, bell (1992). "Representations of Whiteness," in *Black Looks: Race and Representation*. Boston: South End Press, pp.195~178.

Hughes-Hallett, Lucy (1990). *Cleopatra: Histories, Dreams and Distortions*. London: Bloomsbury.

Jenkyns, Richard (1980). *The Victorians and Ancient Greece*. Oxford: Basil Blackwell.

Jordan, Winthrop (1977). *White over Black: American Attitudes Towards the Negro 1550~1812*. New York: Norton. (First published University of North Carolina Press, 1968.)

Kovachevski, Christo (1991). *The Madonna in Western Painting*. London: Cromwell Editions and Sofia: K & M Publishing.

Kovel, Joel (1988). *White Racism: A Psychohistory*. London: Free Association Books. (First published 1970.)

Lebow, Richard Ned (1976). *White Britain and Black Ireland: The Influence of Stereotypes on Colonial Policy*. Philadelphia: Institute for the Study of Human Issues.

Lerner, Michael (1993). "Jews Are Not White," *Village Voice*, 18 May, pp.33~34.

Lowe, Donald M. (1982). *The History of Bourgeois Perception*. Brighton: Harvester.

Malbert, Roger (ed.) (1991). *Exotic Europeans*. London: South Bank Centre.

Maynard, Steven (1994). "What Color is Your Underwear? Class, Whiteness and Homoerotic Advertising," *Border/Lines* 32, p.49.

Michaels, Walter Benn (1989). "The Souls of White Folk" in Scarry, Elaine (ed.), *Literature and the Body*. Baltimore: Johns Hopkins University Press, pp.185~209.

Miles, Robert (1989). *Racism*. London: Routledge.

Mohanty, Satya P. (1991). "Drawing the Color Line: Kipling and the Culture of Colonial Rule" in LaCapra, Dominick (ed.), *The Bounds of Race: Perspectipes on Hegemony and Resistance*. Ithaca: Cornell University Press, pp.311~343.

Morrison, Toni (1992). *Playing in the Dark: Whiteness and the Literary Imagination*. Cambridge MA.: Harvard University Press.

Mosse, George (1978). *Toward the Final Solution: A History of European Racism*. London: J. M. Dent.

Poliakov, Léon (1974). *The Aryan Myth: A History of Racist and Nationalist Ideas in Europe*. London: Heinemann Sussex University Press.

Roediger, David R. (1991). *The Wages of Whiteness: Race and the Making of the American Working Class*. London: Verso.

Sartre, Jean-Paul (1949). "Orphée noir" in *Situations*, III. Paris: Gallimard, pp.229~286. (First published as an introduction to Senghor, Léopold Sédar (ed.), *Anthologie de a nouvelle poésie nègre et malagache*, Paris: Presses Universitaires, 1948.)

Saxton, Alexander (1990). *The Rise and Fall of the White Republic: Class Politics and Mass Culture in Nineteenth-Century America*. London: Verso.

Schiller, Gertrud (1971). *Iconography of Christian Art*. London: Lund Humphries. (First published 1966.)

Shaka, Femi (1994). *Colonial and Post-Colonial African Cinema: A Theoretical and Critical*

*Analysis of Discursive Practices*. University of Warwick PhD thesis.
Sloan, Patricia (ed.) (1991). *Primary Sources: Selected Writings on Color from Aristotle to Albers*. New York: Design Press.
Spurgeon, Caroline (1958). *Shakespeare's Imagery and What It Tells Us*. Cambridge: Cambridge University Press.
Stacey, Jackie (1994). *Star Gazing: Hollywood Cinema and Female Spectatorship*. London: Routledge.
Stacey, Jackie (1995). ""If You Don't Play, You Can't Win": Desert Hearts and the Lesbian Romance Film" in Wilton, 1995: 92~114.
Steinberg, Leo (1983). *The Sexuality of Christ in Renaissance Art and in Modern Oblivion*. New York: Pantheon.
Stowe, Harriet Beecher (1981). *Uncle Tom's Cabin; or, Life Among the Lowly*. Harmondsworth: Penguin. (First published 1852.)
Taylor, Clyde (1988). "The Master Text and the Jeddi Doctrine," *Screen* 29(4), pp 96~104.
Trost, Lynn Dorland (1975). "Western Metaphysical Dualism as an Element in Racism" in Hodge, Struckmann & Trost: 49~89.
Vincendeau, Ginette (1992). "The Old and the New: Brigitte Bardot in 1950s France," *Paragraph* 15, pp.73~96.
Wagatsuma, Hiroshi (1967). "The Social Perception of Skin Color in Japan," *Daedalus* 96(2), pp.407~443.
Ware, Vron (1992). *Beyond the Pale: White Women, Racism and History*. London: Verso.
Warner, Marina (1976). *Alone of All Her Sex: The Myth and the Cult of the Virgin Mary*. London: Weidenfeld & Nicolson.
Warner, Marina (1994). *From the Beast to the Blonde*. London: Chatto & Windus.
Westmore, Frank & Davidson, Muriel (1976). *The Westmores of Hollywood*. London: W. H. Allen.
Wilton, Tamsin (1995). *Immortal, Invisible: Lesbians and the Moving Image*. London: Routledge.
Young, Lola (1996). *Fear of the Dark: 'Race,' Gender and Sexuality in the Cinema*. London: Routledge.

3장

Altman, Rick (1984). "Towards a Theory of the History of Representational Technologies," *Iris* 2(2), pp.111~124.
Alton, John (1949). *Painting with Light*. New York: Macmillan.
Andrew, Dudley (1981). "Broken Blossoms. The Art and the Eros of a Perverse Text,"

*Quarterly Review of Film Studies* 6(1), pp.81~90.

Arnheim, Rudolf (1956). *Art and Visual Perception*. London: Faber and Faber.

Arroyo, José (1996). "Money Train," *Sight and Sound* 6(6) NS, pp.46~47.

Barnouw, Erik (1984). "Torrentius and His Camera," *Studies in Visual Communication* 10(3), pp.22~29.

Bastide, Roger (1967). "Colour, Racism and Christianity," *Daedalus* 96(2), pp.312~327.

Battersby, Christine (1989). "The Idea of Genius," unpublished lecture at the National Portrait Gallery, London, 20 October.

Baxter, Peter (1975). "On the History and Ideology of Film Lighting," *Screen* 16(3), pp.83~106.

Bergman, Gösta M. (1977). *Lighting in the Theatre*. Stockholm: Almqvist & Wiksell International.

Bernal, Martin (1987). *Black Athena: The Afroasiatic Roots of Classical Civilisation*, volume 1, London: Free Association Books.

Bordwell, David, Staiger, Janet & Thompson, Kristin (1985). *The Classical Hollywood Cinema: Film Style and Mode of Production to 1960*. New York: Columbia University Press.

Brownlow, Kevin (1968). *The Parade's Gone By*. London: Secker & Warburg.

Bynum, W. F., Brown, E. J. & Porter, Roy (1981). *Dictionary of the History of Science*. London: Macmillan.

Chanan, Michael (1980). *The Dream that Kicks: The Prehistory and Early Years of Cinema in Britain*. London: Routledge & Kegan Paul.

Clair, Jean (ed.) (1994). *L'Âme au corps: arts et sciences 1793~1993*. Paris: Gallimard.

Clarke, Michael (1981). *The Tempting Prospect: A Social History of English Watercolours*. London: British Museum.

Coe, Brian (1981). *The History of Movie Photography*. London: Ash & Grant.

Coleman, A. D. (1985). "Lentil Soup," *Et cetera Spring*, pp.19~31.

Coutard, Raoul (1966). "Light of Day," *Sight and Sound* 35 (1), pp.9~11.

De Maré, Eric (1970). *Photography*. Harmondsworth: Penguin. (First published 1957.)

Dijkstra, Bram (1986). *Idols of Perversity: Fantasies of Feminine Evil in Fin-de-siècle Culture*. New York: Oxford University Press.

Dyer, Richard (1978). "Resistance through Charisma: Rita Hayworth and Gilda" in Kaplan, E. Ann (ed.), *Women in Film Noir*. London: British Film Institute, pp.91~99.

Dyer, Richard (1993). "A White Star," *Sight and Sound* 3(8) NS, pp.22~25.

Dyer, Richard (1996). "Into the Light: the Whiteness of the South in The Birth of a Nation" in King, Richard H. & Taylor, Helen (eds), *Dixie Debates*. London: Pluto, pp.165~176.

Dyson, Lynda (1996). "The Return of the Repressed? Whiteness, Femininity and Colonialism in The Piano," *Screen* 36 (3), pp.267～276.

Edwards, Elizabeth (ed.) (1992). *Anthropology and Photography 1860～1920*. New Haven: Yale University Press.

Factor, M. (1937). "Standardization of Motion Picture Make-up," *Journal of the Society of Motion Picture Engineers* 28(1), pp.52～62.

Fanon, Frantz (1970). *Black Skin, White Mask*. London: Paladin. (First published in French in 1952.)

Fielding, Raymond (ed.) (1967). *A Technological History of Motion Pictures and Television*. Berkeley: University of California Press.

Foucault, Michel (1975). *Surveiller et punir. Naissance de la prison*. Paris: Gallimard.

Foucault, Michel (1980). "The Eye of Power" in Gordon, Colin (ed.), *Power/ Knowledge: Selected Interviews and Other Writings 1972～1977*. New York: Harvester, pp.146～165.

French, Brandon (1978). *On the Verge of Revolt*. New York: Frederick Ungar.

Frye, Marilyn (1983). "On Being White: Thinking Toward a Feminist Understanding of Race and Race Supremacy" in *The Politics of Reality: Essays in Feminist Theory*. Trumansburg NY: Crossing Press, pp.110～127.

Gage, John (1993). *Colour and Culture: Practice and Meaning from Antiquity to Abstraction*. London: Thames & Hudson.

Gaines, Jane (1988). "White Privilege and Looking Relations: Race and Gender in Feminist Film Theory," *Screen* 29(4), pp.12～27.

Ginsburg, Madeleine (1981). *Wedding Dress 1740～1970*. London: HMSO.

Gish, Lillian with Pinchot, Anne (1969). *The Movies, Mr. Griffith and Me*. New York: Prentice-Hall.

Green, David (1984). "Classified Subjects," *Ten* 8 14, pp.30～37.

Green, David (1986). "Veins of Resemblance: Photography and Eugenics" in Holland, Patricia, Spence, Jo and Watney, Simon (eds), *Photography/Politics: Two*. London: Comedia, pp.9～21.

Greenhill, Richard, Murray, Margaret & Spence, Jo (1977). *Photography*. London: Macdonald.

Grover, Jan Zita (1995). "Visible Lesions: Images of the PWA" in Creekmur, Corey K. and Doty, Alex (eds), *Out in Culture: Gay, Lesbian, and Queer Essays on Popular Culture*. Durham: Duke University Press, pp.355～381.

Gunning, Tom (1991). *D. W. Griffith and the Origins of American Narrative Cinema*. Urbana/Chicago: University of Illinois Press.

Handley, C. W. (1935). "Lighting for Technicolor Motion Pictures," *Journal of the Society of*

*Motion Picture Engineers*, 25(5), pp.423～431.

Handley, C. W. (1967). "History of Motion-Picture Studio Lighting" in *Fielding* 1967: 120～124. (First published in the *Journal of the Society of Motion Picture and Television Engineers*, October 1954.)

Hansen, Miriam (1991). *Babel and Babylon: Spectatorship in American Silent Film*. Cambridge MA: Harvard University Press.

Happé, L. Bernard (1975). *Basic Motion Picture Technology*. London: Focal Press.

Harrell, Al (1986). "The Look of The Color Purple," *American Cinematographer February*, pp.51～56.

Henley, Nancy M. (1977). *Body Politics*. Englewood Cliffs, NJ: Prentice-Hall.

Hernton, Calvin C. (1969). *Sex and Racism*. London: André Deutsch.

Higashi, Sumiko (1978). *Virgins, Vamps and Flappers: The American Silent Movie Heroine*. Montreal: Eden Press.

Hills, Paul (1987). *The Light of Early Italian Painting*. New Haven: Yale University Press.

Hoadley, Ray (1939). *How They Make a Motion Picture*. New York: Thomas Y. Crowell.

Hodge, John L., Struckmann, Donald K. & Trost, Lynn Dorland (eds) (1975). *Cultural Bases of Racism and Group Oppression*. Berkeley: Two Riders Press.

Hollander, Anne (1989). *Moving Pictures*. New York: Knopf.

Ihen, Wiard B. & Arwater, D. W. (1925). "The Artistic Utilization of Light in the Photography of Motion Pictures," *Transactions of the Society of Motion Picture Engineers* 21, pp.21～37.

Jacobs, Lea (1991). "Lasky Lighting" in Usai, Paolo Cerchi & Codelli, Lorenzo (eds), *L'eredità De Mille*, Rome: Edizioni Biblioteca dell'Imagine, pp.250～259.

Jones, Bernard E. (1911). *Cassell's Cyclopaedia of Photography*. London: Cassell.

Jordan, Winthrop D. (1977). *White over Black: American Attitudes towards the Negro, 1550～1812*. New York: Norton.

Kent, Neil (1987). *The Triumph of Light and Nature: Nordic Art 1740～1940*. London: Thames & Hudson.

Kindem, Gorham A. (1979). "Hollywood's Conversion to Color: The Technological, Economic and Aesthetic Factors," *Journal of the University Film Association* 31(2), pp.29～36.

Koschatzky, Walter (1970). *Watercolour: History and Technique*. New York/Toronto: McGraw-Hill.

Krauss, Rosalind (1978). "Tracing Nadar?," *October* 5, pp.29～47.

LaCapra, Dominick (ed.) (1991). *The Bounds of Race: Perspectives on Hegemony and Resistance*. Ithaca: Cornell University Press.

Lalvani, Suren (1993). "Photography, Epistemology and the Body," *Cultural Studies* 7(1), pp.442~465.

Lemagny, Jean-Claude & Rouillé, André (eds) (1987). *A History of Photography: Social and Cultural Perspectives*. Cambridge: Cambridge University Press.

Lesage, Julia (1985). "Artful Racism, Artful Rape: Griffith's Broken Blossoms," in Steven, Peter (ed.), *Jump Cut: Hollywood, Politics and Counter-Cinema*. Toronto: Between the Lines, pp.247~268.

Liggett, John (1974). *The Human Face*. London: Constable.

Lowe, Donald M. (1982). *The History of Bourgeois Perception*. Brighton: Harvester.

Lynton, L. (1988). "School Daze — Black College is Background," *American Cinematographer* 69(2), pp.67~70, 72.

McBride-Mellinger, Maria (1993). *The Wedding Dress*. New York: Random House.

McDannell, Colleen & Lang, Bernhard (1988). *Heaven: A History*. New Haven: Yale University Press.

Maas, Jeremy (1984). *Holman Hunt and the Light of the World*. Aldershot: Wildwcod House.

Maddow, Ben (1977). *Faces: A Narratire History of the Portrait in Photography*. Boston: New York Graphic Society. (Photographs compiled and edited by Constance Sullivan.)

Malkiewicz, Kris (1986). *Film Lighting*. New York: Prentice-Hall.

May, Lary (1983). *Screening Out the Past: The Birth of Mass Culture and the Motion Picture Industry*. Chicago: University of Chicago Press.

Medved, Harry and Michael (1984). *The Hollywood Hall of Shame: The Most Expensive Flops in Movie History*. New York: Putnam.

Miles, Robert (1989). *Racism*. London: Routledge.

Millerson, Gerald (1972). *The Technique of Lighting for Television and Motion Pictures*. London: Focal Press.

Mills, Frederick S. (1921). "Film Lighting as a Fine Art: Explaining Why the Fireplace Glows and Why Films Stars Wear Halos," *Scientific American* 124, pp.148, 157~158.

Milner, Victor (1930). "Painting with Light" in Hall, Hal (ed.), *Cinematographic Annual 1*, pp.91~108.

Mohanty, Satya P. (1991). "Drawing the Colour Line: Kipling and the Culture of Colonial Rule" in LaCapra: 311~343.

Mulvey, Laura (1975). "Visual Pleasure and Narrative Cinema," *Screen* 16(1), pp.6~18.

Nead, Lynda (1988). *Myths of Sexuality: Representations of Women in Victorian Britain*. Oxford: Basil Blackwell.

Neale, Steve (1985). *Cinema and Technology: Image, Sound, Colour*. London: Macmillan/British Film Institute.

O'Dea, William T. (1958). *The Social History of Lighting*. London: Routledge & Kegan Paul.

Owen, David (1993). *Make Better Home Videos*. Slough: Foulsham.

Reid, Francis (1992). *The Stage Lighting Handbook*. London: A & C Black.

Remise, Jac, Remise, Pascale & van de Walle, Regis (1979). *Magie lumineuse: du théâtre d'ombres à la lanterne magique*. Paris: Ballard.

Rentschler, Eric (1990). "Mountains and Modernity: Relocating the Bergfilm," *New German Critique* 51, pp.137～163.

Revault d'Allones, Fabrice (1991). *La Lumière au cinéma*. Paris: Seuil/Cahiers du cinéma.

Reynolds, Graham (1971). *A Concise History of Watercolour*. London: Thames & Hudson.

Ronchi, V. (1970). *The Nature of Light: A Historical Survey*. London: Heinemann.

Rosen, Marjorie (1974). *Popcorn Venus: Women, Movies and the American Dream*. New York: Avon Books.

Rouillé, André & Marbot, Bernard (1986). *Le Corps et son image: photographies du dix-neuvième siècle*. Paris: Contrejour.

Russell, Sharon A. (1973). *Semiotics and Lighting: A Study of Six Modern French Cameramen*. Boston: UMI Research Press.

Salt, Barry (1983). *Film Style and Technology: History and Analysis*. London: Starword.

Seiberling, Grace with Bloore, Carolyn (1986). *Amateurs, Photography and the Mid Victorian Imagination*. Chicago: University of Chicago Press.

Simonson, Lee (1968). "The Ideas of Adolphe Appia" in Bentley, Eric (ed.), *Theory of the Modern Stage*, Harmondsworth: Penguin, pp.27～50.

Slive, Seymour (1962). "Realism and Symbolism in Seventeenth-Century Dutch Painting," *Daedalus Summer*, pp.469～500.

Stacey, Jackie (1994). *Star Gazing: Hollywood Cinema and Female Spectatorship*. London: Routledge.

Steele, Valerie (1985). *Fashion and Eroticism*. Oxford: Oxford University Press.

Sternberg, Josef von (1955～1956). "More Light," *Sight and Sound* 25(2), pp.70～75, 109～110.

Stowe, Harriet Beecher (1981). *Uncle Tom's Cabin; or, Life Among the Lowly*. Harmondsworth: Penguin. (First published 1852.)

Stroebel, Leslie & Zakia, Richard (eds) (1993). *The Focal Encylopedia of Photography* (3rd ed). Boston: Focal Press.

Tagg, John (1988). *The Burden of Representation: Essays on Photographies and History*. London: Macmillan.

Tey, Jocelyn (1980). "Silent Screen Heroines: Idealisations on Film," *American Classic Screen* 5(1), pp.6～8.

Trachtenberg, Alan (1983). "Brady's Portraits," *The Tale Review* 73(2), pp.230～253.

Underhill, James (1995). *Angels*. Shaftesbury, Dorset: Element.

Valentine, Joseph (1939). "Make-up and Set Painting Aid New Film," *American Cinematographer February*, pp.54~56, 85.

Vardac, A. Nicholas (1968). *Stage to Screen: Theatrical Method from Garrick to Griffith*. New York: Benjamin Blom. (First published 1949.)

Veblen, Thorstein (1899). *The Theory of the Leisure Class: An Economic Study of Institutions*. New York: Macmillan.

Walker, Joseph B. & Walker, Juanita (1984). *The Light on Her Face*. Hollywood: ASC Press.

Ward, John & Stevenson, Sara (1986). *Printed Light*. Edinburgh: HMSO.

Warner, Marina (1994). *From the Beast to the Blonde*. London: Chatto & Windus.

Williams, Raymond (1974). *Television: Technology and Cultural Form*. London: Fontana.

Wilson, George (1986). *Narration in Light: Studies in Cinematic Point of View*. Baltimore: Johns Hopkins University Press.

Winston, Brian (1985). "A Whole Technology of Dyeing: A Note on Ideology and the Apparatus of the Chromatic Moving Image," *Daedalus* 114(4), pp.105~123.

Wright, Basil (1933). "Shooting in the Tropics," *Cinema Quarterly* 1(4), pp.227~228.

안내서

3장에서 참조한 사진, 영화, 영상 관련 안내서는 다음과 같다.

1892 Brothers, A., *Photography: Its History, Processes, Apparatus and Materials*, London: C. Griffin.

1910 *Comment obtenir de Bonnes Photographies*, Paris: Kodak, Société Anonyme Française.

1911 Jones, Bernard E., *Cassell's Cyclopaedia of Photography*, London: Cassell.

1912 Talbot, Frederick A., *Moving Pictures: How They Are Made and Worked*, Philadelphia: J. B. Lippincott.

1920 Gregory, Carl Louis (ed.), *A Condensed Course in Motion Picture Photography*, New York: New York Institute of Photography.

1924 McKay, Herbert C., *Motion Picture Photography for the Amateur*, New York: Falk.

1929 Wheeler, Owen, *Amateur Cinematography*, New York: Pitman.

1936 Deschin, Jacob, *New Ways in Photography*, New York: Whittlesey House.

1939 Barton, Fred B., *Photography as a Hobby*, New York: Harper & Barton Brothers.

1948 Archer, Fred, *Fred Archer on Portraiture*, San Francisco: Camera Craft Publishing Co.

1950 Hanson, Eugene M., *Glamour Guide: How to Photograph Girls*, American Photographic Publishing Co. (no place given).

1955 Lorelle, Lucien, *The Colour Book of Photography*, London: Focal Press. (Translation of Traité pratique de la prise de vue en couleurs, Paris: Publications Photo-Cinéma Paul Montel, n.d.)

1957 Bomback, Edward S., *Photography in Colour with Kodak Films*, London: Fountain

Press.

1957 De Maré, Eric, *Photography*, Harmondsworth: Penguin (reprinted at least five times up to 1970).

1963 Morgan, Willard B. (ed.), *The Encyclopedia of Photography*, New York: Greystoke Press.

1966 Fritsche, Kurt, *Das Grosse Fotofehlerbuch*, Leipzig: VEB Fotokinoverlag. (Published in translation as *Faults in Photography: Causes and Corrections*, London New York: Focal Press, 1968.)

1972 Millerson, Gerald, *The Technique of Lighting for Television and Motion Pictures*, London: Focal Press.

1977 Greenhill, Richard, Murray Margaret, & Spence Jo, *Photography*, London: Macdonald Educational.

1979 Hedgecoe, John, *John Hedgecoe's Complete Photography Course*, New York: Simon & Schuster.

1981 Craven, John & Wasley, John, *Young Photographer*, East Ardsley: E P Publishing.

1984 *Kodak How to Take Good Pictures*, London: Collins. (A revised edition of *The World's Bestselling Photography Book*.)

1985 Busselle, Michael, *The Manual of Male Photography*, London: Century Hutchinson.

1987 Haines, George, *Go Photography*, London: Hamlyn. (Reprinted as *Learn Photography*, London: Dean, 1992.)

1988 Blaker, Alfred E., *Photography: Art and Technique*, Stoneham, MA: Butterworth.

1990 Cheshire, David, *The Book of Video Photography*, New York: Knopf.

1990 Spillman, Ron, *The Complete Photographer*, Surbiton: Fountain Press.

1992 Langford, Michael, *Learn Photography in a Weekend*, London: Dorling Kindersley.

1992 Thomas, Philip, *Photography in a Week*, London: Hodder & Stoughton.

1993 Khornak, Lucille, *The Nude in Black and White*, New York: Amphoto.

1993 Freeman, Michael, *Collins Photographer's Handbook*, London: HarperCollins.

1993 Owen, David, *Make Better Home Videos*, Slough: Foulsham.

1993 Freeman, Michael, *Collins Complete Guide to Photography*, London: HarperCollins.

1993 Freeman, Michael, *Amphoto Guide to Photography*, New York: Amphoto.

1993 Stroebel, Leslie & Zakia, Richard (eds), *The Focal Encyclopedia of Photography* (3rd edn), Boston: Focal Press.

1994 Hedgecoe, John, *John Hedgecoe's New Book of Photography*, New York: Dorling Kindersley.

1994 London, Barbara & Upton, John, *Photography*, New York: HarperCollins (fifth edn).

이 목록은 서점, 대학, 공공도서관의 관련 섹션은 물론, 슈퍼마켓, 공항, 기차역 등에 마련된 책 판매대를 찾아본 결과다. 따라서 무작위라고 할 수 있다. 그 결과, 전문 서적 관련 출판

사부터 크고 작은 출판사에서 나온 책들, 다소 전문적인 내용부터 기초적이거나 간단한 텍스트, 특정 주제(아동, 누드)에 집중한 것부터 전반적인 주제를 아우르는 것까지 다양한 종류로 구성되어 있다. Buselle(1985), Freeman(1993), Greenhill et al.(1977), Khornak(1993), Langford(1992), London & Upton(1994)만이 비백인이 나오는 그림을 사용하고 있다.

4장


Abbruzzese, Alberto (1983). "Gli uomini forti e le maestre Pedani: Ideologie e pratiche dell'educazione fisica dal risorgimento al fascismo," in Farassino & Sanguineti: 57~65.

Bristow, Joseph (1991). *Empire Boys: Adventures in a Man's World*. London: HarperCollins.

Brunetta, Gian Piero (1975). *Cinema italiano fra le due guerra: Fascismo e politica cinematografica*. Milan: Mursia.

Caldwell, Lesley (1986). "Reproducers of the Nation: Women and the Family" in Fascist Policy in Forgacs, David (ed.), *Rethinking Italian Fascism*. London: Lawrence & Wishart, pp.110~141.

Cammarota, Domenico (1987). *Il cinema peplum*. Rome: Fanucci.

Cannella, Mario (1973/1974). "Ideology and Aesthetic Hypotheses in the Criticism of Neorealism," *Screen* 14(4), pp.5~60.

Chapman, David (1994). *Sandow the Magnificent: Eugen Sandow and the Beginnings of Bodybuilding*. Urbana: University of Illinois Press.

Cohan, Steve (1991). "Masquerading as the American Male: Picnic, William Holden and the Spectacle of Masculinity in Hollywood Film," *Camera Obscura* 25~26, pp.42~72.

Dalle Vacche, Angela (1992). *The Body in the Mirror: Shapes of History in Italian Cinema*. Princeton: Princeton University Press.

Della Casa, Stefano (1989). "Il mitologico-peplum" in Salizzato, Claver (ed.), *Prima della rivoluzione: Schermi italiani 1960~1969*. Venezia: Marsilio, pp.89~94.

Doan, William & Dietz, Craig (1984). *Photoflexion: A History of Bodybuilding Photography*. New York: St Martin's Press.

Dutton, Kenneth R. (1995). *The Perfectible Body*. London: Cassell.

Dyer, Richard (1992). "The Son of the Sheik," in *Only Entertainment*. London: Routledge, pp.99~102.

Dyer, Richard & Vincendeau, Ginette (eds) (1992). *Popular European Cinema*. London: Routledge.

Elley, Derek (1984). *The Epic Film*. London: Routledge & Kegan Paul.

Essoe, Gabe (1968). *Tarzan of the Movies*. New York: Citadel.

Fanon, Frantz (1970). *Black Skin, White Mask*. London: Paladin. (First published in French in 1952.)

Farassino, Alberto & Sanguineti, Tatti (1983). *Gli uomini forti*. Milan: Mazzotta.

Felice, Renzo De & Goglia, Luigi (1982). *Storiafotografica del fascismo*. Rome/Bari: Laterza.

Felice, Renzo De & Goglia, Luigi (1983). *Mussolini*. Il mito. Rome/Bari: Laterza.

Fury, David (1994). *Kings of the Jungle: An Illustrated Reference to Tarzan on Screen and Television*. Jefferson NC: McFarland.

Hansen, Miriam (1991). "Pleasure, ambivalence, fascination: Valentino and female spectatorship" in Gledhill, Christine (ed.), *Stardom: Industry of Desire*. London: British Film Institute, pp.259~282.

Hay, James (1987). *Popular Cinema in Fascist Italy: The Passing of the Rex*. Bloomington: Indiana University Press.

Holmlund, Christine (1989). "Visible Difference and Flex Appeal: The Body, Sex, Sexuality, and Race in the Pumping Iron films," *Cinema Journal* 28(4), pp.38~51.

Holmlund, Christine (1993). "Masculinity as Multiple Masquerade: The 'mature' Stallone and the Stallone Clone" in Cohan, Steven and Hark, Ina Rae (eds), *Screening the Male: Exploring Masculinities in Hollywood Cinema*. London: Routledge, pp.213~229.

Holtsmark, Erling B. (1981). *Tarzan and Tradition: Classical Myth in Popular Literature*. Westport CT: Greenwood Press.

Hunt, Leon (1993). "What Are Big Boys Made Of?: Spartacus, El Cid and the Male Epic" in Kirkham &Thumim: 65~83.

Jeffords, Susan (1994). *Hard Bodies: Hollywood Masculinity in the Reagan Era*. New Brunswick NJ: Rutgers University Press.

Jenkyns, Richard (1980). *The Victorians and Ancient Greece*. Oxford: Basil Blackwell.

Kennedy, Robert (1983). *Beef It! Upping the Muscle Mass*. New York: Sterling.

Kirkham, Pat and Thumim, Janet (eds) (1993). *Tou Tarzan: Masculinity, Movies and Men*. London: Lawrence & Wishart.

Lacassin, Francis (1982). *Tarzan, ou le Chevalier crispé*. Paris: Veyrier.

Lagny, Michèle (1992). "Popular Taste: the Peplum" in Dyer & Vincendeau: 163~180.

Leconte, Loredana (1996). "Fascino Latino: L'invenzione di Rodolfo Valentino" in Malossi, Giannino (ed.), *Latin Lover: A sud della passione*. Milan: Charta, pp.81~93.

Lott, Tommy L. (1995). "King Kong Lives: Racist Discourse and the Negro-Ape Metaphor" in Platt, Ron (ed.), *Next of Kin: Looking at the Great Apes*. Cambridge MA: MIT List Visual Arts Center, pp.37~43.

Milano, Comune di (1982). *Gli annitrenta*. Milan: Mazzotta.

Morton, Walt (1993). "Tracking the Sign of Tarzan: Trans-media Representation of a Pop-

Culture Icon" in Kirkham & Thumim: 106~125.

Nesteby, James R. (1982). "The Tarzan Formula for Racial Stereotyping" in *Black Images in American Films 1896~1954*. New York: University Press of America, pp.137~147.

Newsinger, John (1986). "Lord Greystoke and Darkest Africa: the Politics of the Tarzan Stories," *Race and Class* 28(2), pp.59~71.

Nubret, Serge (1964). "Rathor parle, ou comment on devient Titan," *Cinéma* 64 April, pp.59~65.

Sandow, Eugen (1904). *Body-building, or Man in the Making: How to Become Healthy and Strong*. London: Gale & Polden.

Sanguineti, Tatti (1983). "Mitologico, Muscle Man Epic, Peplum" in Farassino & Sanguineti: 87~99.

Segal, Lynne (1990). *Slow Motion: Changing Masculinities Changing Men*. London: Virago.

Siclier, Jacques (1962). "L'âge du péplum," *Cahiers du cinéma* 22 (131), pp.26~38.

Studlar, Gaylyn (1989). "Discourses of Gender and Ethnicity: The Construction and De(con)struction of Rudolph Valentino as Other," *Film Criticism* 13(2), pp.18~35.

Tasker, Yvonne (1993). *Spectacular Bodies: Gender, Genre and the Action Cinema*. London: Routledge.

Theweleit, Klaus (1987). *Male Fantasies*. Cambridge: Polity.

Torgovnick, Marianna (1990). "Taking Tarzan Seriously" in *Gone Primitive: Savage Intellects, Modern Lipes*. Chicago: University of Chicago Press, pp.42~72.

Turroni, Giuseppe (1980). *Luxardo: L'italica bellezza*. Milan: Mazzotta.

Valperga, Giuseppe (1983). "Mitologie popolari dell'uomo forte" in Farassino & Sanguineti: 67~68.

Wagstaff, Christopher (1992). "A Forkful of Westerns: Industry, Audiences and the Italian Western" in Dyer & Vincendeau: 245~261.

Walkerdine, Valerie (1986). "Video Replay: Families, Films and Fantasy" in Burgin, Victor, Donald, James & Kaplan, Cora (eds), *Formations of Fantasy*. London: Methuen, pp.167~189.

Warner, William (1992). "Spectacular Action: Rambo and the Popular Pleasures of Pain" in Grossberg, Lawrence, Nelson, Cary and Treichler, Paula (eds), *Cultural Studies*. New York: Routledge, pp.672~688.

Webster, David (1979). *Barbells and Beefcake: An Illustrated History of Bodybuilding*. Irvine (GB): Webster.

Williams, Tony (1990). "Missing in Action: The Vietnam Construction of the Movie Star" in Dittmar, Linda and Michaud, Gene (eds), *From Hanoi to Hollywood: the Vietnam War in American Film*. New Brunswick NJ: Rutgers University Press, pp.129~144.

Wyke, Maria (1996). "Herculean Muscle!: the Classizing Rhetoric of Bodybuilding," *Arion* 4(3).

5장

Altman, Rick (1986). "Television/Sound" in Modleski, Tania (ed.), *Studies in Entertainment: Critical Approaches to Mass Culture*. Bloomington: Indiana University Press, pp.39~54.

Ballhatchet, Kenneth (1980). *Race, Sex and Class under the Raj*. London: Weidenfeld & Nicolson.

Brandt, George W. (1994). "The Jewel in the Crown: The Literary Serial; or the Art of Adaptation" in Brandt, George W. (ed.), *British Television Drama in the 1980s*. London: Cambridge University Press, pp.196~213.

Brunsdon, Charlotte (1981). "Crossroads. Notes on Soap Opera," *Screen* 22(4), pp.32~37.

Brunsdon, Charlotte (1990). "Problems with Quality," *Screen* 31(1), pp.67~90.

Chandavarkar, Rajnaryan (1990). "'Strangers in the Land': India and the British since the Late Nineteenth Century" in Bayley, C. A. (ed.), *The Raj: India and the British 1600~1947*. London: National Portrait Gallery, pp.368~379.

Donaldson, Laura E. (1992). "A Passage to 'India': Colonialism and Filmic Representation" in *Decolonising Feminisms: Race, Gender and Empire-Building*. London: Routledge, pp.88~101.

Ellis, John (1982). *Visible Fictions: Cinema, Television, Video*. London: Routledge & Kegan Paul.

Feuer, Jane (1984). "Melodrama, Serial Form and Television Today," *Screen* 25(1), pp.4~16.

Geraghty, Christine (1981). "The Continuous Serial – a Definition" in Dyer, Richard et al. *Coronation Street*. London: British Film Institute, pp.9~26.

Geraghty, Christine (1991). *Women and Soap Opera*. Cambridge: Polity.

Granada Television (1983). *The Making of 'The Jewel in the Crown,'* London: Granada Publishing.

Greenberger, Allen J. (1969). *The British Image of India: A Study in the Literature of Imperialism 1880~1960*. London: Oxford University Press.

Islam, Shamsul (1979). *Chronicles of the Raj: A Study of Literary Reaction to the Imperial Idea towards the End of the Raj*. Totowa NJ: Rowman & Littlefield.

Midgley, Clare (1992). *Women Against Slavery: The British Campaign 1780~1870*. London: Routledge.

Parry, Benita (1972). *Delusions and Discoveries: Studies on India in the British Imagination 1880-1930*. London: Allen Lane/The Penguin Press.

Robinson, Andrew (1984). "The Jewel in the Crown," *Sight and Sound* 53(1), pp.47~50.
Rushdie, Salman (1991). "Outside the Whale" in *Imaginary Homelands*. London: Granta, pp.87~101.
Sharpe, Jenny (1993). *Allegories of Empire: The Figure of Woman in the Colonial Text*. Minneapolis: University of Minneapolis Press.
Ware, Vron (1992). "Britannia's Other Daughters: Feminism in the Age of Imperialism" in *Beyond The Pale: White Women, Racism and History*. London: Verso, pp.117~166.
Wollen, Tana (1991). "Over Our Shoulders: Nostalgic Screen Fictions for the 1980s" in Corner, John & Harvey, Sylvia (eds), *Enterprise and Heritage: Crosscurrents of National Culture*. London: Routledge, pp.178~193.

6장

Bartram, Michael (1985). *The Pre-Raphaelite Camera*. London: Weidenfeld & Nicholson.
Boime, Albert (1990). *The Art of Exclusion: Representing Blacks in the Nineteenth Century*. Washington: Smithsonian Institution Press.
Carby, Hazel (1993). "Encoding White Resentment: Grand Canyon — a Narrative for Our Times" in McCarthy, Cameron & Crichlow, Warren (eds), *Race, Identity and Representation in Education*. New York: Routledge, pp.236~247.
Clover, Carol (1993). "White Noise," *Sight and Sound* 3(5) NS, pp.6~9.
Creed, Barbara (1990). "Alien and the Monstrous-Feminine" in Kuhn, 1990: 128~141.
Davies, Jude (1995a). "I'm the Bad Guy?": Falling Down and White Masculinity in 1990s Hollywood," *Journal of Gender Studies* 4(2), pp.145~152.
Davies, Jude (1995b). "Gender, Ethnicity and Cultural Crisis in Falling Down and Groundhog Day," *Screen* 36(3), pp.214~232.
Dijkstra, Bram (1986). *Idols of Perversity: Fantasies of Feminine Evil in Fin-de-Siècle Culture*. New York: Oxford University Press.
DiPiero, Tom (1994). "White Men Aren't," *Camera Obscura* 30, pp.112~137.
Doll, Susan and Faller, Greg (1986). "Blade Runner and Genre: Film Noir and Science Fiction," *Literature/Film Quarterly* 14(2), pp.89~100.
Dyer, Richard (1993). "White" in *The Matter of Images: Essays on Representations*. London: Routledge, pp.141~163.
Finler, Joel W. (1995). *Hollywood Movie Stills*. London: Batsford.
Gabriel, John (1996). "What Do You Do When Minority Means You? Falling Down and the Construction of 'Whiteness,'" *Screen* 37(2), pp.129~151.
Gelder, Ken (1994). *Reading the Vampire*. London: Routledge.
Giroux, Henry (1993). "Living Dangerously: Identity Politics and the New Cultural Racism:

Towards a Critical Pedagogy of Representation," *Cultural Studies* 7(1), pp.1~27.
Harker, Margaret (1988). *Henry Peach Robinson: Master of Photographic Art 1830~1901*. Oxford: Basil Blackwell.
hooks, bell (1992). "Representations of Whiteness" in *Black Looks: Race and Representation*. Boston: South End Press, pp.165~178.
Hopkinson, Amanda (1986). *Julia Margaret Cameron*. London: Virago.
Kennedy, Liam (1996). "Alien Nation: White Male Paranoia and Imperial Culture in the United States," *Journal of American Studies* 30 (1), pp.87~100.
Kovel, Joe (1988). *White Racism: A Psychohistory*. London: Free Association Books. (First published 1970.)
Kuhn, Annette (ed.) (1990). *Alien Zone: Cultural Theory and Contemporary Science Fiction Cinema*. London: Verso.
Melville, Herman (1992). *Moby-Dick or, the Whale*. Harmondsworth: Penguin. (First published 1851.)
Newton, Judith (1990). "Feminism and Anxiety in Alien," in Kuhn, 1990: 82~87.
Pajaczkowska, Claire and Young, Lola (1992) "Racism, Representation, Psychoanalysis" in Donald, James & Rattansi, Ali (eds) *"Race," Culture and Difference*. London: Sage, pp.198~219.
Pater, Walter (1915). *The Renaissance: Studies in Art and Poetry*. London: Macmillan. (First published 1873.)
Pfeil, Fred (1995). *White Guys: Studies in Postmodern Domination and Difference*. London: Verso.
Pratt, Murray (1995). "'Under Construction': Masculine Norms and Family Values in Falling Down," *Thamyris* 2(1), pp.89~114.
Praz, Mario (1933). *The Romantic Agony*. Oxford: Oxford University Press.
Ruppert, Peter (1989). "Blade Runner, the Utopian Dialectics of Science Fiction Films," *Cineaste* 17(2), pp.8~13.
Silverman, Kaja (1991). "Back to the Future," *Camera Obscura* 27, pp.109~135.
Sontag, Susan (1979). *Illness as Metaphor*. New York: Vintage.
Stowe, Harriet Beecher (1981). *Uncle Tom's Cabin; or, Life Among the Lowly*. Harmondsworth: Penguin. (First published 1852.)
Strick, Philip (1992). "Blade Runner: Telling the Difference," *Sight and Sound* 2(8) NS, pp.8~9.
Taubin, Amy (1993). "The 'Alien' Trilogy: From Feminism to Aids" in Cook, Pam & Dodd, Philip (eds), *Women and Film: A Sight and Sound Reader*. London: Scarlet Press, pp.93~100.

# 찾아보기